JN429530

最高手 영업리더

성공영업의 Tip, 그 보따리를 풀어라!

최고의 영업리더의 정보미팅비밀노트 전격공개!

이호섭 노재환

도서출판 청람

책을 내면서…

조직을 이끄는 리더는 끊임없이 무언가를 이루기 위해 자신의 역량을 다해 그 무엇을 찾아내고 그 무엇에 씨를 뿌리고 물을 주고, 약을 치는 과정에 있어야 한다. 그 과정이 있기 때문에 리더는 항상 고민하고 현장을 떠나서는 살 수 없다.

저자들은 영업현장에서 30여 년 동안 영업을 하면서 어떻게 하면 매일 하루를 시작하는 정보미팅을 잘하고 영업을 스마트하게 할 수 있을까 하는 고민과 함께 모든 조직, 특히 영업조직의 리더들의 그런 고민거리를 해결하는 데 조금이라도 도움을 주고 싶었다.

이제서야 그 꿈에 조금 답할 수 있게 되어 기쁘다.

이 책에 소개된 이야기들은 동서양을 막론하고 오래 전부터 많은 사람들에게 귀감이 되어 매뉴얼로 소개되었던 글들을 모으고 또 영업현장에 맞게 조금 수정 정리하고 첨삭하였다.

좀 더 자세히 밝히면 현장에서 생각은 하고 있으나 실천하지 않았던 것들을 모으고 정리했다. 좋은 글들을 주제별로 모으고, 그것을 조직에 잘 전달할 수 있도록 공간을 만들고, 효과적인 Tool들을 소개하는 일이다.

책을 만들며 간절하게 바라는 점은 현장에서 내일의 목표를 위해 오늘도 힘차게 뛰고 있는 영업리더들에게 무언가 전해주고 싶었다. 특히, 이 영업부문에서 가장 우수한 인재로 조직에서 인정받고 우리 지점장이 최고라는 소리를 들을 수 있도록 하기 위해서 각종 미팅에서 유용하게 활용할 수 있는 Tip이 되었으면 하는 점이다.

본서는 총 11부로 구성하였다.

1부에서는 Salesman의 Vision과 목표, 그리고 Job의 가치와 Salesman의 자세 등 컨설턴트가 가져야 할 정신적 자세(Ship)에 대해 기술하였고, 2부에서는 상품 판매 확대를 위해 보험의 가치 중심의 종신보험 및 인구구조와 연계한 연금보험과 관련하여 전반적인 Needs 환기자료를 정리하였으며, 특히 종신보험은 Case Study 사례를 첨부하였다.

3부에서는 고객상담의 사례와 프로세스 단위 고객관리 Skill에 대해 정리하고, 4부에서는 매일같이 쓰는 핸드폰을 어떻게 영업에 활용할 것인가라는 이슈를 갖고 간단하게 명함을 정리하는 방법, 카카오톡을 영업에 활용하는 방법과 보험 등 Salesman이 학습하고 고객에게 전달하면 좋을 만한 정보를 매일 쉽게 습득할 수 있는 방법에 대해 정리하였다.

5부에서는 조직관리를 위한 리크루팅 리더십, 즉 신계약활동과 리크루팅 활동이 다르지 않음을 Salesman Ship 측면에서 논리적 배경을 만들고 후보자와 면담 시 사용 가능한 Tip을 정리하고, 6부에서는 보험영업에 필요한 상속과 증여관련 지식을 읽어보면 이해할 수 있게 사례중심으로 기술하고, 상속플랜을 활용한 종신보험 설계 Model도 기술하여 '상속의 대중화'와 연계 활용할 자료를 정리하였다.

7부에서는 왜 직장인, 자영업자, 맞벌이 부부가 은퇴설계를 안 할까라는 화두를 놓고 국민/퇴직/주택연금에 대해서 알아보고 자신의 노후는 자신이 책임져야 하는 필요한 은퇴설계 전략을 정리하였다.

8부에서는 조직의 리더로서 갖추어야 할 리더십, 특히 Sales 코칭 리더십에 대해 코칭의 원리와 그 사례를 함께 정리하였다. 그리고, 매일 행해지는 조회 운영의 Tip에 대해서 정리하였으며, 9부에서 조회 때 활용 가능한 SMS 사례, 유머, 건강 등 주변 지식과 팀웍 구축 게임 등 조직운영에 참고가 될만한 내용을 정리하고, 10부에서는 금융상품 및 용어에 대해 간단하게 정리하였다.

마지막 11부에서는 조직리더로서의 성장을 위한 필요역량뿐 아니라 후회 없고 효과적인 직장생활을 위해 참고가 될만한 사항과 영업조직 Leadership의 성공요건에 대해 기술하였다.

이 책을 통해서 매일 아침의 정보미팅이 기다려지고 그 교육을 듣는 세일즈맨들이 좋은 Tip을 얻어 하루의 일과를 자신감 있게 그리고 활기차게 시작했으면 좋겠다.

그리고, 이 책이 나오기까지 항상 위로와 격려를 아끼지 않은 우리의 사랑하는 가족들과 세상에서 가장 존경하고 자랑스런 나의 어머니에게 이 책 출간의 기쁨을 같이 나누고자 한다.

또한 저자와 함께 국민들의 인생금융과 재무설계에 여념이 없는 보험영업 컨설턴트들에게 감사와 존경의 마음을 전하고자 하며 본서의 출간을 위해 지원과 조언을 아끼지 않으셨던 도서출판 청람의 이수영 대표님과 바쁜 본인의 업무에도 불구하고 본서의 삽화를 그려주신 나영인 씨에게 감사를 드리고자 한다.

마지막으로 이 책의 시종일관을 주관해주신 우리의 하나님께 모든 영광을 드립니다.

2018년 12월
삼성생명 목동법인㈜ 은퇴설계 연구실에서
이호섭 · 노재환

이 책의 차례

Part 06 보험영업에 필요한 세금지식

Part 07 은퇴설계 전략

Part 08 Leader의 필요역량

Part 09 판매활동 Tip

Part 10 금융상품 및 용어 이해

Part 11 직장생활 Guide 101

본서의 효과적 활용방안

- 본서는 Salesman 대상 全 영업리더가 조직운영에 즉시 활용 가능한 이론적 배경이 될 지식과 현장의 사례와 그 Tip에 대해 기술하였고, 영업리더가 갖추어야 할 핵심역량과 가치에 대해 정리하였다.
- 우선, 본서를 참고하여 영업리더들이 R&R과 연계한 자신만의 조직운영 Concept를 정립하고, 자신이 맡고 있는 조직의 성장과 발전을 위한 큰 그림을 그리고 난 후 Salesman 대상 교육과 Coaching에 필요한 부문을 활용하기 바란다.
- 특히, 본서는 全 자료를 파워포인트로 작성하여 직접 활용 가능하게 제작한 바 파워포인트의 장점을 활용하여 필요한 자료를 부분부분 골라 활용바란다.
  - 내용을 활용목적에 맞게 스스로 재구성하여 자신만의 자료로 활용 가능
  - 예를 들어 연금상품 Needs 환기를 위해 상품자료와 은퇴설계 내용도 포함하여 활용하고, 리크루팅 후보자 대상 오리엔테이션 시에는 보험상품과 리크루팅 자료도 함께 활용 가능
- 통계 등 자료가 오래된 부분이 있다면 각 페이지별 제목을 인터넷에서 키워드로 찾아 update하여 활용하기 바랍니다.

Contents 구성

영업조직 리더가 매일 읽고,
영업인력을 대상으로 매일 교육해야 할 필수 자료로 구성

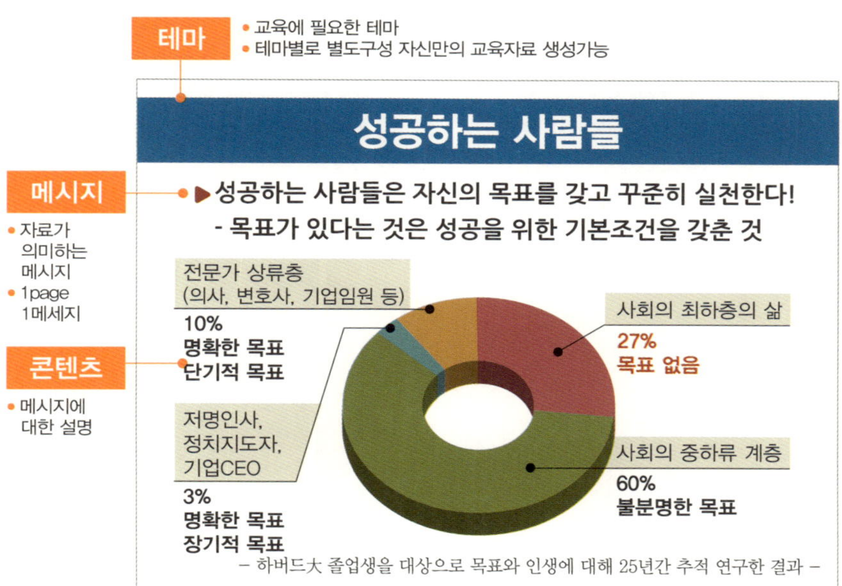

매뉴얼 활용 교육자료 구성 사례

교육 대상자에게 필요하다 판단된 자료를
각 영역에서 발췌, 영업관리자의 사상에 맞게 재구성 및 수정

最高手 영업리더 **성공영업의 Tip, 그 보따리를 풀어라!**

Part 01

Salesman의
Vision과
Job의 가치

Salesman의
Vision과 목표

Q. MDRT가 되고 싶은가?
Million Dollar Round Table

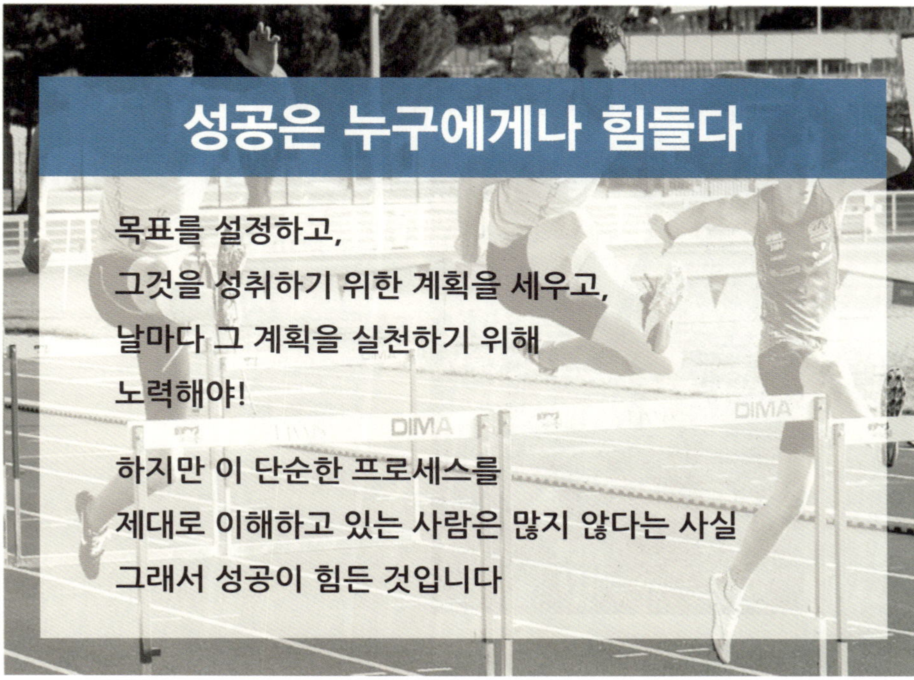
성공은 누구에게나 힘들다
목표를 설정하고,
그것을 성취하기 위한 계획을 세우고,
날마다 그 계획을 실천하기 위해
노력해야!
하지만 이 단순한 프로세스를
제대로 이해하고 있는 사람은 많지 않다는 사실
그래서 성공이 힘든 것입니다

참고

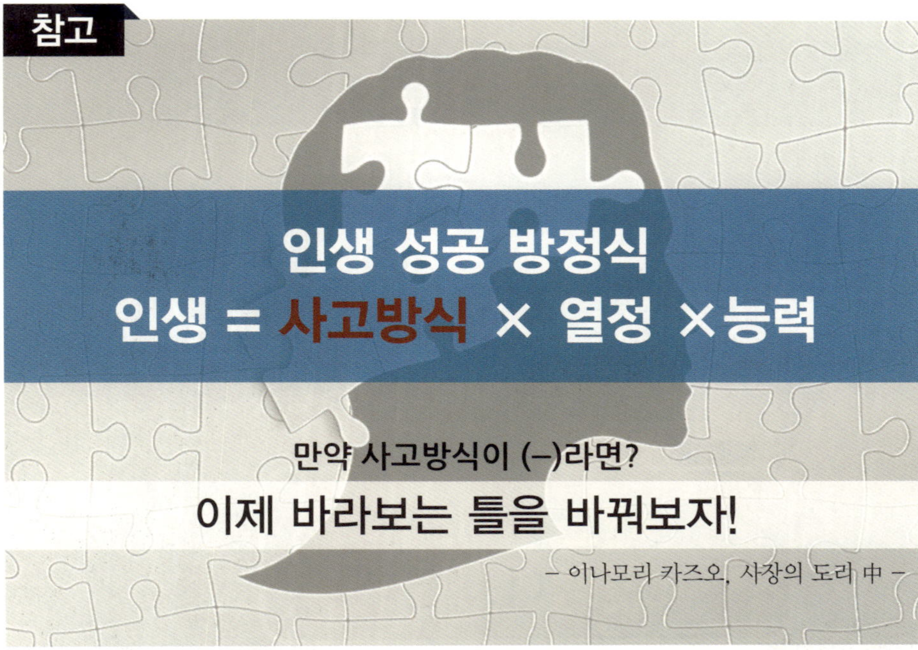
인생 성공 방정식
인생 = 사고방식 × 열정 ×능력
만약 사고방식이 (–)라면?
이제 바라보는 틀을 바꿔보자!
– 이나모리 카즈오, 사장의 도리 中 –

인생의 방향을 제대로 정하는 방법
"상상력,
큰 희망,
굳은 의지는
우리를
성공으로
이끌 것이다"
– 에디슨의 묘비명 中 –

성공의 법칙
JOB
성공 = 능력 × 노력 × 태도
* 우선 순위 : 태도>노력>능력
태도를 바꾸면
인생이 바뀐다

성공하는 사람들

▶ 성공하는 사람들은 자신의 목표를 갖고 꾸준히 실천한다!
- 목표가 있다는 것은 성공을 위한 기본조건을 갖춘 것

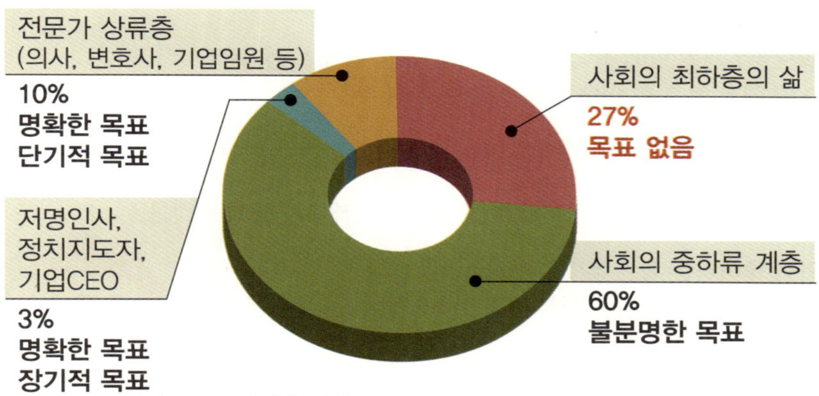

– 하버드大 졸업생을 대상으로 목표와 인생에 대해 25년간 추적 연구한 결과 –

성공을 이루는 제1의 Skill

▶ 성공한 사람의 3%는 목표를 갖고
종이에 목표를 기록하고,
上位 1%는 자신의 목표를 정기적으로 점검 관리한다
① 직업/사업/돈 ② 개인/가족 건강 ③ 자기개발/지식

"우리 중 약 95%의 사람은
자신의 목표를 글로 기록한 적이 없다"
– 존 맥스웰 –

목표를 찾아내는 7가지 방법 예시

1. 자신의 삶에서 가장 중요한 가치를 지닌 다섯 가지는 무엇인가?
2. 지금 나의 가장 중요한 인생 목표 세 가지는 무엇인가?
3. 앞으로 6개월 밖에 살 수 없다는 것을 오늘 알게 되었다면 어떤 일을 하고 또 어떻게 시간을 보내겠는가?
4. 복권에 당첨이 되어 갑자기 어마어마한 돈을 받았다면 어떻게 하겠는가?
5. 오랫동안 해보고 싶으면서도 두려움 때문에 해보지 못했던 것은?
6. 가장 좋아하는 일은 무엇인가?,
   자신에게 가장 커다란 자부심과 만족감을 주는 일을 무엇인가?
7. 절대로 실패하지 않는다는 가정하에 꼭 하고 싶은 일은 무엇인가?

미국, 보험 판매왕 폴 마이어의 사례

보험 세일즈맨들에게
각자의 꿈을 직접 쓰게 한 다음
사진으로 찍어 책상에 붙여 놓게 한 것만으로
18개월 만에 실적을 12배나 성장시킴

목표를 설정하고 그것을 제시하여
공감대를 형성하고 Remind 한다는 것이
얼마나 중요한가?

– 폴 마이어 –

게으른 백만장자 vs 부지런한 가난뱅이

부지런한 가난뱅이는 막연히 부자가 되고 싶어 하지만, 게으른 백만장자는 언제까지 어떻게, 어떤 방법으로 어느 정도 벌 것인지를 분명히 한다

금액과 기간을 정했다고 그 목표를 이룬다는 보장은 없다. 하지만 목표 달성 여부와 상관없이 목표를 세우면 목표가 없을 때보다 성공확률이 높다

실습

개인의 목표 수립 예시

- A4 용지에 네 가지로 영역을 구분, 본인의 목표를 기술하라
  - 목표는 단계별로 세분화해야 달성가능성이 높아진다

금주	금월
연말	3년 후

목표설정의 기본 원칙(C5 원칙)

Clear	명확
Concise	간결
Consistent	절실
Compelling	충실
Committed	일관

– 크리스 가드너 –

사례

끝까지 살아남은 사람들은?

나치 수용소에서 끝까지 살아남은 사람들은
가장 건강한 사람도,
가장 영양상태가 좋은 사람도,
가장 지능이 우수한 사람도 아니었다.
그들은 **살아야 한다는 절실한 이유**와
살아남아서 해야 할 구체적인 목표를 가진 사람들이었다.
목표가 강한 의욕과 원동력을 지속적으로 제공했기 때문에
살아남을 수 있었던 것이다.

– 빅터 프랭클, '죽음의 수용소' 중에서 –

꿈, Vision을 실현하라

꿈을 날짜와 함께 적어놓으면
그것은 목표가 되고,
꿈 + 날짜 = 목표

목표를 잘게 나누면 그것은 계획이 되며,
목표 ÷ 기간 = 계획

그 계획을 실행에 옮기면
꿈은 실현 되는 것이다
계획 × 실행 = 성취

– 그레그 S 레이드 –

사례 어느 프로 골퍼의 목표(사례)

목표가 되기 위한 조건
주체성, 객관성, 측정성, 시효성

꿈은
구체적이어야 한다

그러면 그 꿈은 실현된다

계획 실행 = 꿈 성취
계획한 것을 지금 할 것만 하면 된다

목표 ÷ 기간 = 계획
목표를 시간으로 나누는 것이 계획이 된다

꿈 + 날짜 = 목표
꿈에 날짜를 적는 순간 목표로 바뀐다

사례

체 게바라의 꿈

"모든 것은 꿈에서 시작된다
꿈 없이 가능한 일은 없다
먼저 꿈을 가져라
오랫동안 꿈을 그리는 사람은
마침내 그 꿈을 닮아간다"

–체 게바라–

의대를 졸업했으나 의사의 길을 걷는 대신 사회의 병을 고치는 혁명가가 되었다. 피델 · 라울 카스트로 형제와 만나 쿠바에서 바티스타 정권을 무너뜨리고 혁명을 성공시켰다. 제국주의를 몰아내고 라틴아메리카를 하나로 통합하려는 꿈을 가지고 있었다. 볼리비아 혁명 당시 볼리비아 정부군에 사로잡혀 총살당했다 [Daum백과].

꿈과 비전의 차이를 아시나요?

꿈은 靜的(정적)이며, 비전은 動的(동적)이다
꿈은 잊혀지지만, 비전은 항상 기억된다
꿈은 상상력이 필요하고, 비전은 인내가 필요하다
꿈은 욕구에서 나오고, 비전은 가치에서 나온다
꿈은 유혹이 天敵(천적)이고, 비전은 두려움이 天敵이다
꿈은 침대에서 일어나지만, 비전은 책상에서 벌려진다
꿈은 자기 안에서 나온 것이고, 비전은 외부로부터 부여된 것이다
꿈은 항상 자신이 돌봐주어야 하지만, 비전은 어느 순간 우리를 돌봐준다
꿈을 위해 목숨을 바치는 사람은 없지만, 비전을 위해 죽었던 사람들은 많다
꿈을 이룬 사람들은 부러움의 대상이지만, 비전을 이룬 사람들은 존경의 대상이다

FC(영업) Job은 고객으로부터 수많은 거절을 받고 또 그 거절에 마음의 상처를 받기 마련이다.
그러나, 그 상처를 치유하고 이겨낼 수 있는 힘은 바로 자신의 꿈과 비전이다.
즉, FC(영업) Job을 내가 왜 선택했고, 나는 이 Job을 통해 무엇을 이루려 했는가라는 물음에 답하라.

사례 오타니 쇼헤이가 고교 1년 때 세운 목표

몸관리	영양제 먹기	FSQ 90kg	인스텝 개선	몸통강화	축을 흔들리지 않기	각도를 만든다	공을 위에서 던진다	손목강화
유연성	몸 만들기	RSQ 130kg	릴리즈 포인트안정	제구	불안정함을 없애기	힘 모으기	구위	하체주도로
스태미너	가동역	식사 저녁 7그릇 아침 3그릇	하체강화	몸을 열지않기	멘탈 컨트롤하기	볼 앞에서 릴리즈	회전수업	가동역
뚜렷한 목표, 목적을 가진다	일희일비 하지 않기	머리는 차갑게 심장은 뜨겁게	몸 만들기	제구	구위	축을 돌리기	하체강화	체중증가
핀치에 강하게	멘탈	분위기에 휩쓸리지않기	멘탈	8구단 드래프트 1순위	스피드 160km/h	몸통강화	스피드 160km/h	어깨주위 강화
마음의 파도를 만들지 말기	승리에 대한 집념	동료를 배려하는 마음	인간성	운	변화구	가동역	라이너 캐치볼	피칭을 늘리기
감성	사랑받는 사람	계획성	인사하기	쓰레기 줍기	부실청소	카운트 볼 늘리기	포크볼 완성	슬라이더의 구위
배려	인간성	감사	물건을 소중히 쓰자	운	심판을 대하는 태도	늦게 낙차 있는 커브	변화구	좌타자 결정구
예의	신뢰받는 사람	지속력	플러스사고	응원받는 사람	책읽기	직구와 같은 폼으로 던지기	스트라이크에서 볼을 던지는 제구	거리를 이미지한다

오타니 쇼헤이(大谷 翔平, 1994년생)

일본의 프로야구 선수이며, 현재 메이저리그인 로스앤젤레스에인절스 오브 애너하임의 소속 선수(투수, 외야수)이다. 미국에서는 '일본제 베이브 루스'라는 별명으로도 알려져 있다[위키백과].

다이어트 성공을 위한 구체적 목표 예시

① 구체적이고 측정가능한 목표 설정

"55Kg까지 감량하겠다"

② 실천가능한 목표 설정

"빵과 커피를 끊고, 저녁 9시 이후 금식,
매일 아침 30분간 조깅을 한다"

③ 목표 달성 기한을 설정

"올해 10월까지 60Kg, 12월까지는 55Kg 도달"

소득목표를 활용한 목표 설정 예시(FC용)

S	구체적인 목표 (Specific)	나는 고객을 최우선으로 하는 名人 FC다! (현재형)
M	측정할 수 있는 목표 (Measureable)	매월 환산 230만 달성 * 소득 환산 기준
A	달성할 수 있는 목표 (Attainable)	현재 월 180만… 매일 고객 5명씩 더 만나자
R	현실적인 목표 (Realistic)	매월 종신보험 2건씩 더 판매하자
T	달성 기한이 정해진 목표 (Time Based)	12월까지 반드시 달성

그런데, 우리는 왜 목표를 포기하는가?

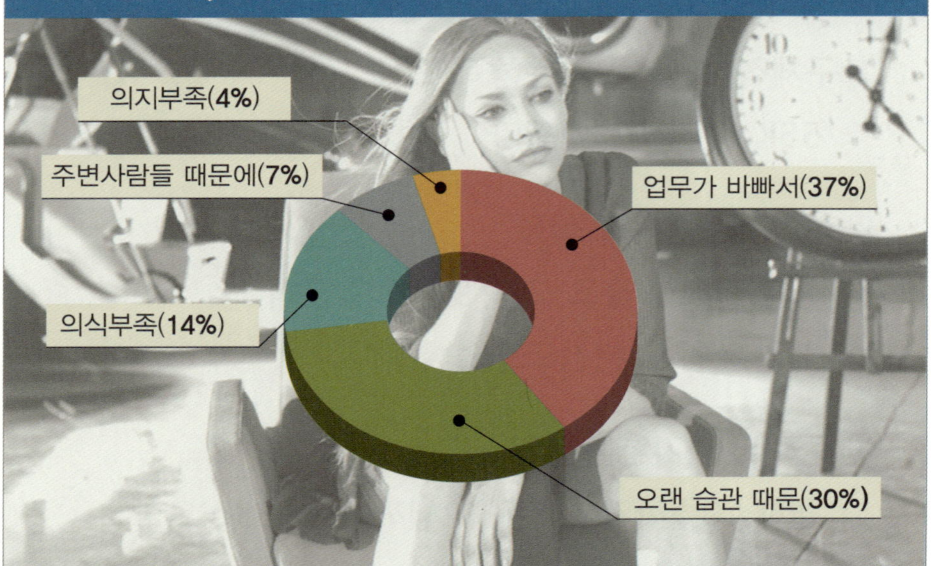

행동 변화를 방해하는 두 가지 장애물

▶ **건강을 유지하는 방법은 간단한데 왜 자신을 돌보지 않나?**

- 좋은 음식, 꾸준히 운동, 담배와 술, 스트레스 낮게 유지

  ① **뇌는 습득한 행동을 바꾸기 어렵도록 작용한다**

  - 즉, 사람은 본능이나 습관에 따라 행동한다

  ② **지금의 힘(Power of now)이 행동을 바꾸기 어렵게 한다**

  - 뇌는 금세 만족을 주는 일을 하고 싶도록 설정돼 있다

→ **실패하는 목표가 무엇이고 문제를 일으키는 원인, 즉 바꿔야 할 행동을 찾아 새롭게 대체할 습관을 뒷받침해줄 구조를 만들라**

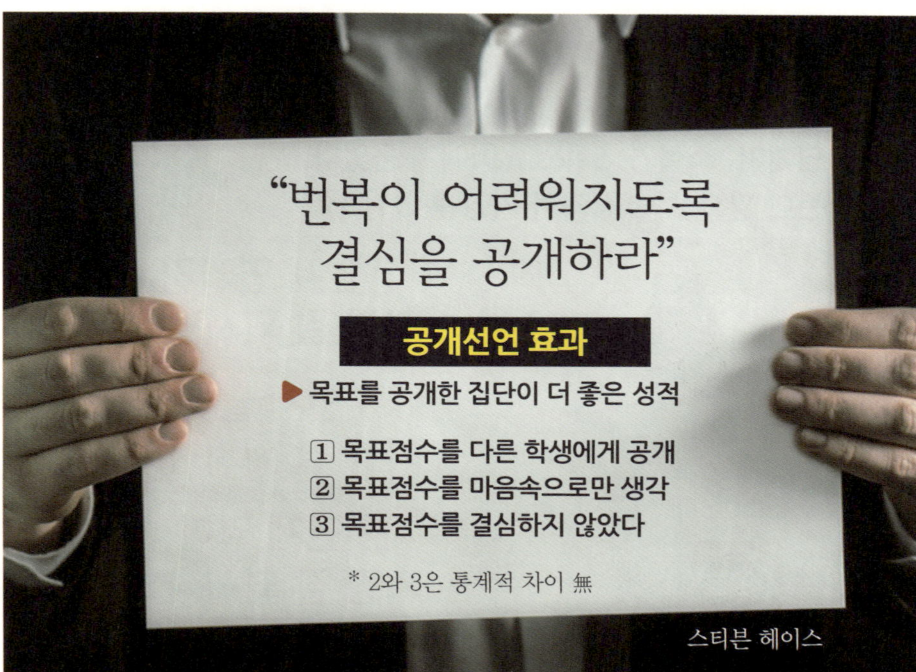

사례
960번의 쉼 없는 도전
하나의 꿈, 운전면허 취득을 위해 5년, 61개월간
960번의 도전으로 마침내 그녀의 꿈을 실현시킨 할머니
불굴의 의지를 보여준 전주의 차○○ 할머니!(당시 69세)

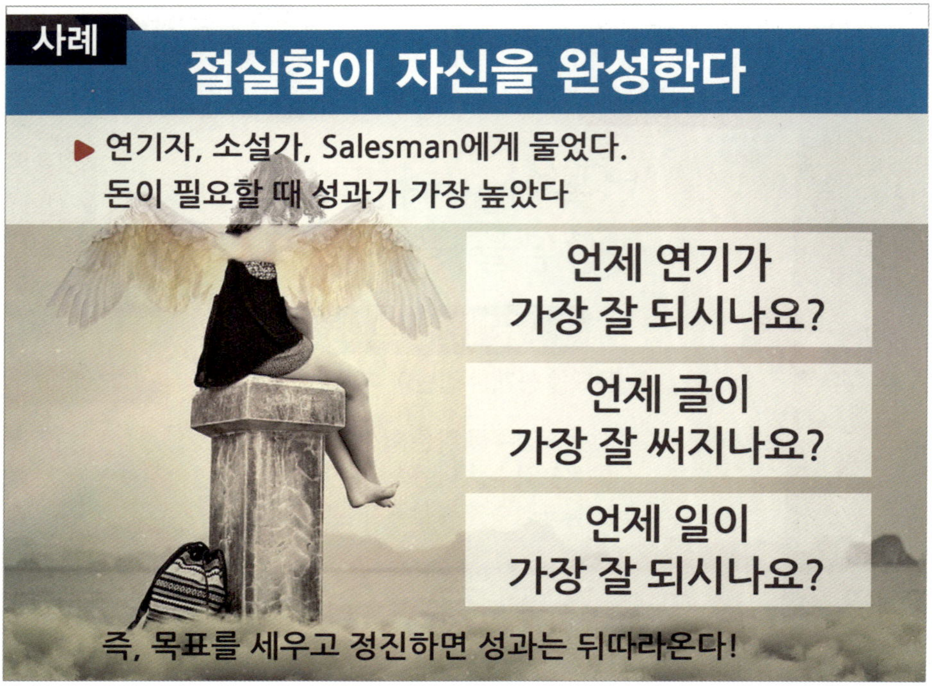
사례
절실함이 자신을 완성한다
연기자, 소설가, Salesman에게 물었다.
돈이 필요할 때 성과가 가장 높았다
언제 연기가
가장 잘 되시나요?
언제 글이
가장 잘 써지나요?
언제 일이
가장 잘 되시나요?
즉, 목표를 세우고 정진하면 성과는 뒤따라온다!

변화된 내일을 위해 오늘 해야 할 일은?

- 年末에
  '올해는 가장 행복한 한 해였다'
  라고 생각하려면
  지금 당장 무엇을 해야 할까?

- 우리의 내일을 위해 함께 생각해봅시다!

JUST DO IT!

내일의 成長을 위해 오늘 축적한 것은?

- 내일을 위한
  오늘 나의 굳은살은?
  - 발레리나의 발
  - 야구선수의 손

한국 양궁, 숨겨진 '루틴의 비밀'

▶ 자신의 장점을 계속 되새기며
자기 주문을 하는 문장을 적고, 또 적고…

- 어느 국가대표 양궁선수의 수첩의 경우 '나의 장점'을 나열하면서
  ① 심플하게 쏘는 것
  ② 내 자세 기술(감각)을 믿는다
  ③ '긍정적'이라고 적어 놓고 이어 '실수를 걱정하는 것은 이미지가 그려지는 것이므로 긍정적인 루틴만'이라고 표현했고 '루틴만 하면 잘될 거야, 루틴만 하면 된다'

* 루틴: 특정한 작업을 실행하기 위한 일련의 반복적 행동

Job의 가치와
Salesmanship

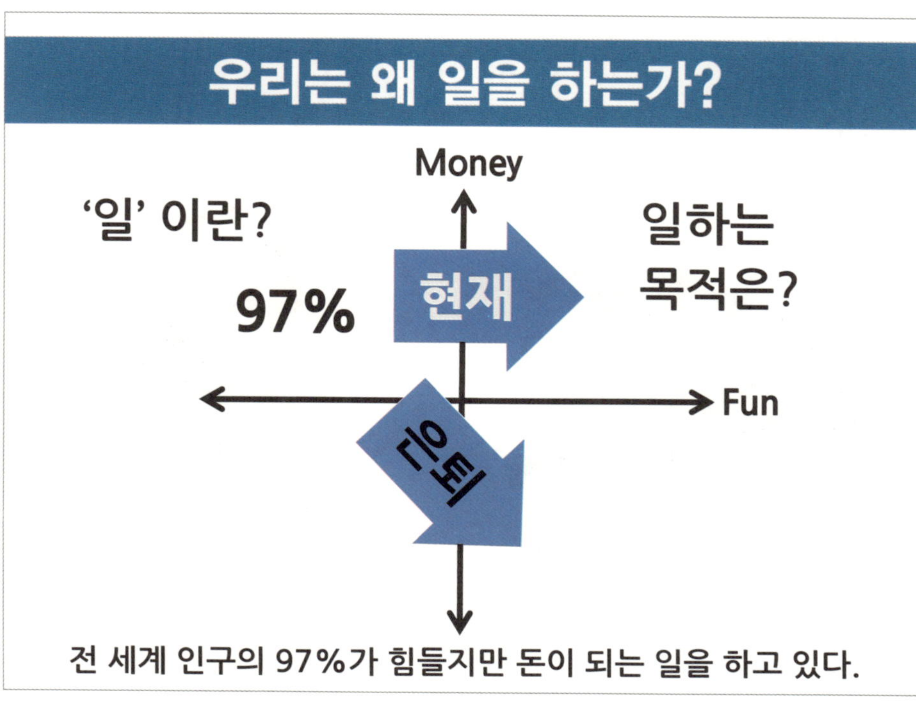
우리는 왜 일을 하는가?
Money
'일' 이란?
일하는
목적은?
현재
97%
Fun
전 세계 인구의 97%가 힘들지만 돈이 되는 일을 하고 있다.

무엇을 위해 일하는가?

- 지금 당신이 일하는 것은
  스스로를 단련하고,
  마음을 갈고 닦으며,
  삶의 가치를 발견하기 위한
  가장 중요한 행위라는 것을…

- 자기가 좋아하는 일을 추구하기보다는,
  자기에게 주어진 일을 좋아하는 것부터 시작하라!

– 경영의 神 이나모리 카쯔오(교세라) –

일을 잘하는 방법

- '왜' 그 일? 일 자체를 '제대로' 알아야 한다!

소득

가치

행복의 비결은 좋아하는 일을 하는 것이 아니라
자기가 하는 일을 좋아하는 것이다(피할 수 없으면 즐겨라!)

카지노에 없는 3가지
POKER
$1
$1
$4,186.25
거울, 시계, 창문! 이 세 가지의 공통점은?
자신의 삶을 돌아보게 하는 도구

사막을 달리는 30t 덤프트럭 운전수
내 인생의 운전대를 쥐고 있는 사람은 바로 나!

슈바이처 박사의 충고

노벨 평화상 수상 인터뷰 석상에서
현대의 모든 사람들이 가진 문제에 대해
조언해 달라는 요청에…

"글쎄요…
아마도 어떻게 살아야 할지를
전혀 생각하지 않는 것이
아닐까요?"

검정 점, 왼쪽 or 오른쪽 더 큰 점은?

▶ 왼쪽의 검정 점이 훨씬 더 커 보인다, 왜 그렇게 보일까?

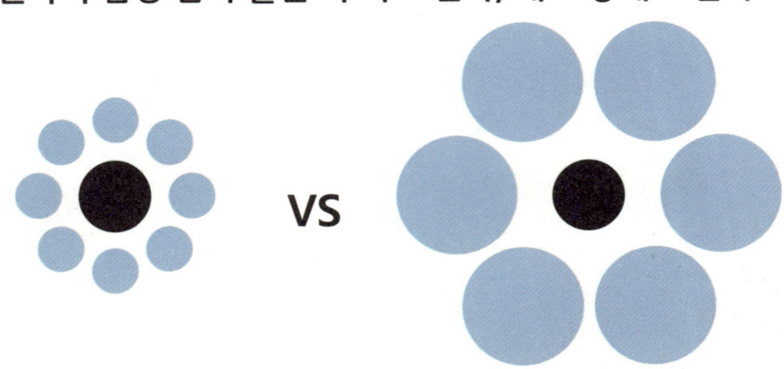

➔ 주위의 작은 파란색 점과 같이 검정 점을 바라보기 때문에 더욱 커보임

- 자신이 가진 틀 속에서 세상을 바라보기에 달라 보이는 것

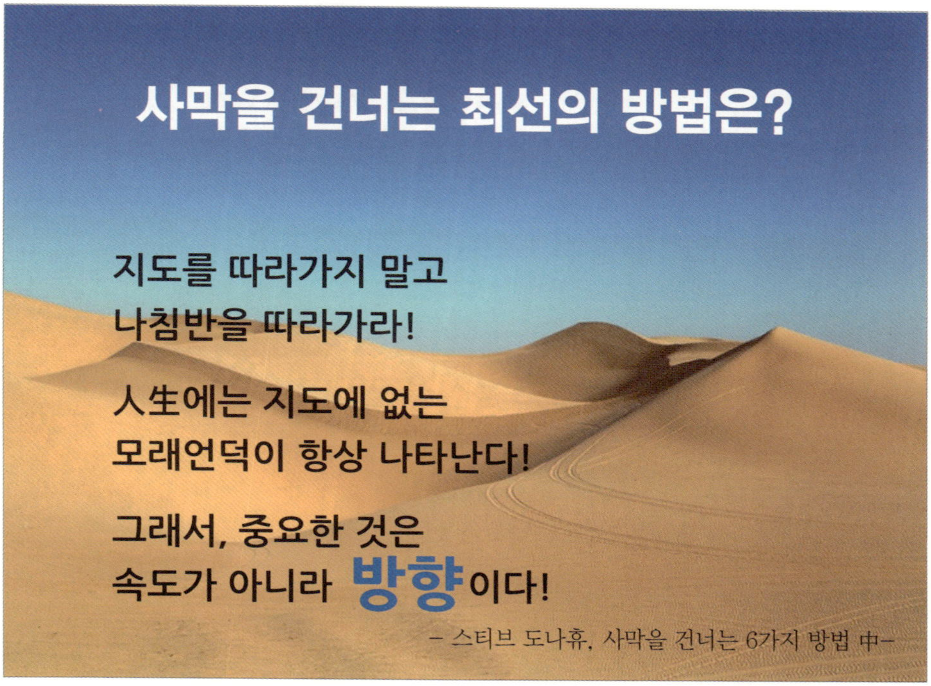
사막을 건너는 최선의 방법은?
지도를 따라가지 말고
나침반을 따라가라!
人生에는 지도에 없는
모래언덕이 항상 나타난다!
그래서, 중요한 것은
속도가 아니라 방향이다!
- 스티브 도나휴, 사막을 건너는 6가지 방법 中-

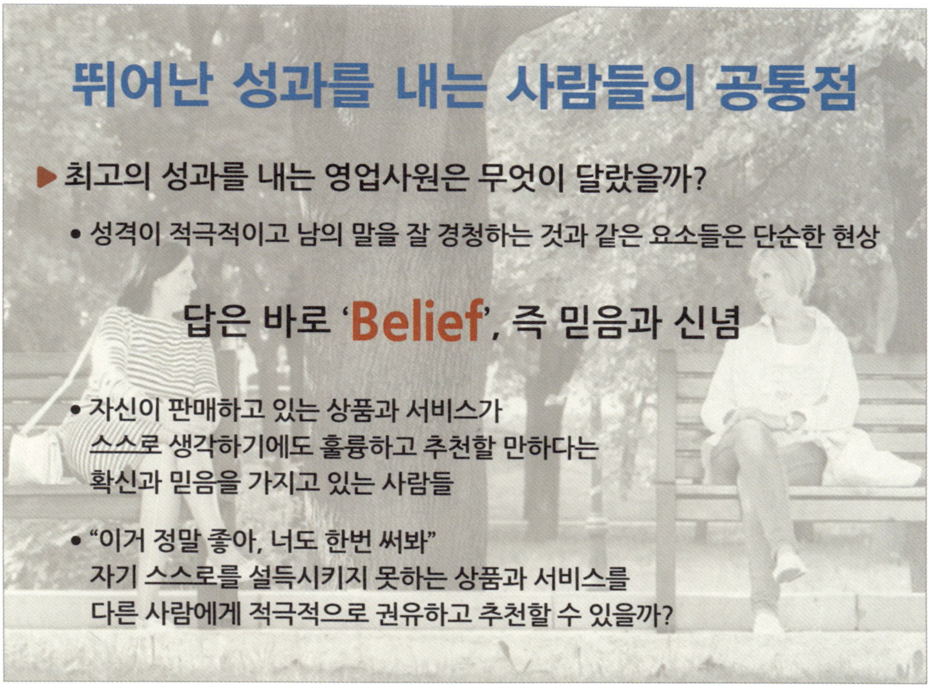
뛰어난 성과를 내는 사람들의 공통점
▶ 최고의 성과를 내는 영업사원은 무엇이 달랐을까?
• 성격이 적극적이고 남의 말을 잘 경청하는 것과 같은 요소들은 단순한 현상
답은 바로 'Belief', 즉 믿음과 신념
• 자신이 판매하고 있는 상품과 서비스가
스스로 생각하기에도 훌륭하고 추천할 만하다는
확신과 믿음을 가지고 있는 사람들
• "이거 정말 좋아, 너도 한번 써봐"
자기 스스로를 설득시키지 못하는 상품과 서비스를
다른 사람에게 적극적으로 권유하고 추천할 수 있을까?

성공하는 사람들의 7가지 습관

습관 1. 자신의 삶을 주도하라
습관 2. 끝까지 생각하며 시작하라
습관 3. 소중한 것부터 먼저 하라
습관 4. 상호 이익을 모색하라
습관 5. 경청한 다음에 이해시켜라
습관 6. 팀을 활용 시너지를 내라
습관 7. 몸과 마음, 영혼을 단련하라

– 스티븐 코비 –

성과는 배우려는 자세가 결정

"사람이 만든 책보다 책이 만든 사람이 더 많다"

P = M × A × E

Performance

- **Motive : 동기** 배우려는 자세
- **Ability : 능력** 학습으로 향상
- **Environment : 환경**

긍정어의 힘을 아시나요?

같은 말이라도 부정적인 언어보다는 긍정적인 언어가 인간관계에 더 효과적이라는 사실은 다 아시죠!

부정어: 소심하다, 일관성이없다, 완고하다, 수다스럽다, 소극적이다, 참견을 잘한다, 우유부단하다, 소란스럽다, 집착하다, 촌스럽다

긍정어: **주의 깊다**, **유연성**이 있다, 의지가 강하다, 적극적이다, **신중하다**, **배려**를 잘한다, 생각이 깊다, **활발하다**, **끈기 있다**, **소박하다**

"그럼에도 불구하고"

얼마 전 TV 프로에서 본인이 **암환자인 의사**가 본인이 관리 중인 중증 암환자 중 **2/3가 5년 이후 생존**해 있는데 그들의 공통점은 **긍정적인 Mind를 가졌다는 것!**
"나는 할 수 있다", 오늘 영업이 어려워도 긍정적이라면 성공할 수 있습니다.

올림픽 스타들에게서 확인된 '긍정의 힘'

▶ 실수를 하더라도 포기하지 않고 최선을 다한
한국 올림픽 영웅들의 울림이 큰 '캔두이즘(Candoism, 뭐든 할 수 있다)'

▶ 장혜진(29 · LH)은 여자 양궁 개인전 우승으로 2관왕
- 4년 전 런던올림픽 때는 대표팀에도 막판에 탈락했고
이번에는 기보배(28 · 광주시청)와 준결승에서 3점을 쏘는 실수까지
- "포기하지 않고 매사에 긍정적인 생각, 할 수 있다는 마음으로
끝까지 최선을 다했기에 좋은 결과가 따라왔다"

▶ 男 50m 권총 진종오(37 · kt), 세계 사격 최초로 올림픽 3연패 달성
- 결선 9번째 발에 6.6점, 마지막 10발 중 8발을 10점대 과녁에 명중
- 진종오는 "6.6점은 나를 일깨워준 인생의 한 발이 됐다"

▶ 박상영(20 · 한국체대) 펜싱 남자 에페
결승에서 "할 수 있다"는 혼잣말을 되뇐 뒤 10-14에서 15-14로 역전승

어려울 때일수록 항상 준비하는 것이 필요

씨를 뿌린지 5년 동안 싹을
틔우지 않지만 죽순이
나오기 시작하면 하루
최대 7~80cm씩 자라
1년만에 거대하게 성장한다

중국 四川省의 毛竹

생명보험의 가치

생명보험은 가족을 사랑하는 마음입니다

보험은 뜻하지 않은 재난이나 목돈이 필요한 일에 대비하여
사람들로부터 보험료를 받아 재난을 당했을 때나 목돈이 필요할 때
도와줌으로써 안심하고 경제활동을 할 수 있게 해준다

– 초등학교 6학년 사회 교과서 –

가족		사랑		보험
가장 소중한 것	+	가장 가치 있는 일	⟶	지킴

보험은 무엇인가?

▶ **우선, 보험에 대한 명확한 이해 필요**

- 인생은 승부의 연속!
- 그 인생의 승부 中 이기고 싶지 않은 단 하나의 승부는?

바로, 보험!

하지만 누구도 피해갈 수 없는
생로병사의 유일한 대비책

보험, 지인들에게 부담만 주는 것?

남자의 무릎높이만한
아기 코끼리

쇠사슬에 묶인
키 6m, 거대한 몸집의
늙은 코끼리

관념과 체념의 사슬

코끼리의 사슬처럼 체념하고 있나요?

자동차 vs 보험

눈에 보이고
파는 상품
스스로 Needs 환기

눈에 안보이고
팔리는 상품
설명해야 Needs 환기

FC Job은 무엇일까?

- 수학선생님
  - 382+295=677, 정답이 있어 ➔ 이해시키면
- 뱀 장사
  - "한 마리만 좁사바~", 정답이 없어

    ➔ 일어나지 않은 일에 신념을 갖고 설득 필요

▶ **FC는 보험의 가치에 대한 확고한 신념을 갖고 그 가치를 판매하는 컨설턴트(신념+지식)**

'고객을 위해서 일한다'는 말의 의미

[보험설계사 자격시험 문제]

Q. 보험설계사는 누구를 위해 일하는 사람?

A. 고객을 위해서 일하는 사람

'고객을 위해서 일한다'는 말은?

- **고객이 미처 예측하지 못하거나 인지하니 못한 위험에 대해 안내를 해주고 보호를 받을 수 있게 해주는 것이 기본**
- **기존고객의 보장내역이 바뀌진 환경에도 적절한지 중간점검을 해주고 추가된 위험이나 부족한 보장에 대해 안내를 해주는 것이 고객을 위해 일한다는 의미**

어떤 사람이 FC로 성공할까?

▶ FC 일을 잘하는 사람의 공통점

- 인성(人性)이 따뜻한 사람
- 상품, 세무 등 학습능력
- 고객과의 관계로 단정한 이미지

＊ 고능률 팀장 인터뷰 결과

세상에서 제일 무서운 癌(암)?

→ '다 암' (학습능력의 중요성)
다른 사람의 얘기는 듣지 않고, 다 알아요!

FC 인생 3모작

人生: 배우고 / 모으고 / 나누고

30세 · 60세

to have
배우고, 익히고, 경험하고

to achieve
성취하고, 성공하고

to give
인생의 목적을 찾고,
삶의 의미를 실현

FC: 배우고 / 컨설팅하고 / 관리해주고

성공 Sales Leader들이
갖추어야 할 신념은?

Professionalism
: 해당 분야에서의 전문적인 능력
• Positive : 긍정적, 적극적
• Responsibility : 책임감
• Objective : 목표, 목적성

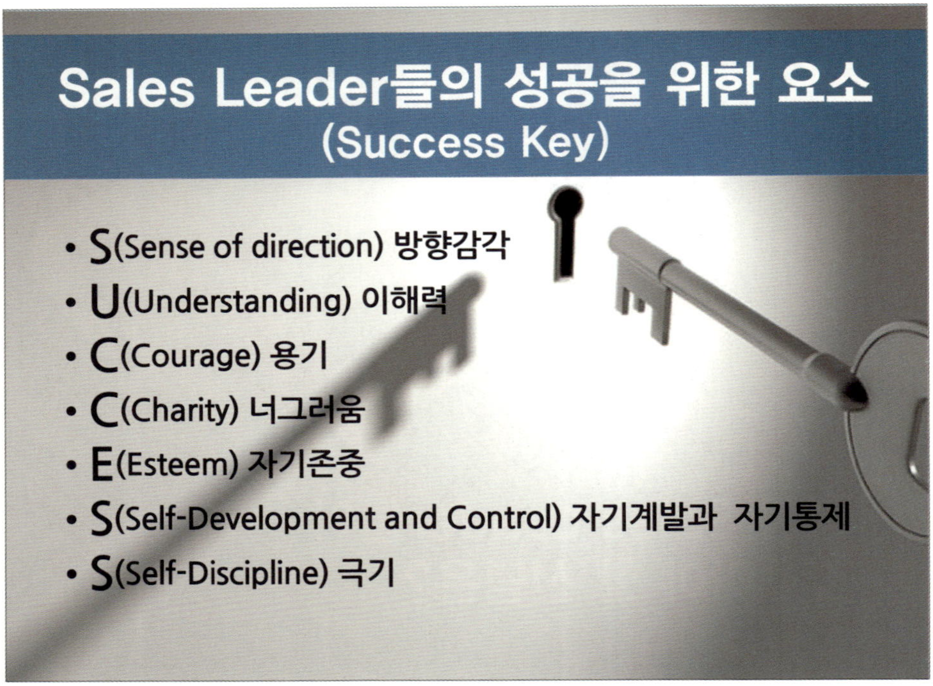
Sales Leader들의 성공을 위한 요소
(Success Key)
• S(Sense of direction) 방향감각
• U(Understanding) 이해력
• C(Courage) 용기
• C(Charity) 너그러움
• E(Esteem) 자기존중
• S(Self-Development and Control) 자기계발과 자기통제
• S(Self-Discipline) 극기

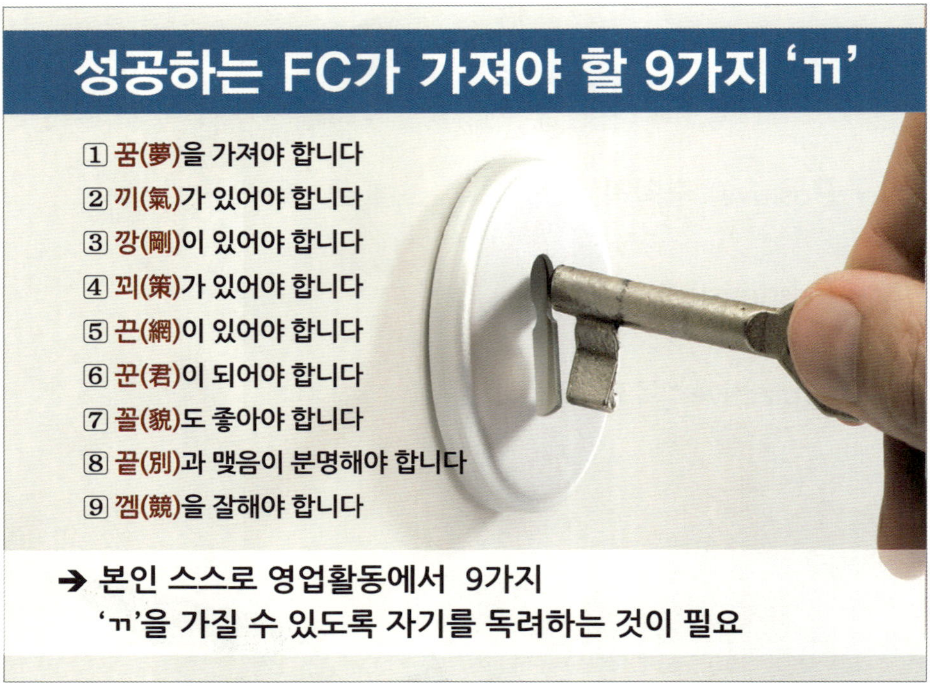
성공하는 FC가 가져야 할 9가지 'ㄲ'
1 꿈(夢)을 가져야 합니다
2 끼(氣)가 있어야 합니다
3 깡(剛)이 있어야 합니다
4 꾀(策)가 있어야 합니다
5 끈(網)이 있어야 합니다
6 꾼(君)이 되어야 합니다
7 꼴(貌)도 좋아야 합니다
8 끝(別)과 맺음이 분명해야 합니다
9 껨(競)을 잘해야 합니다
➔ 본인 스스로 영업활동에서 9가지
'ㄲ'을 가질 수 있도록 자기를 독려하는 것이 필요

'판매왕'의 공통점

1 세일즈맨십의 지식
2 상품지식과 경영일반지식, 마케팅지식
3 인간에 대한 지식
4 애사심, 충성심, 천직의식
5 인내와 끈기, 근면
6 긍정적, 적극적 사고
7 나의 탓으로 돌리고 반성…
8 남의 이야기를 많이 듣고 맞장구…

연봉 10억원의 성공하는 재무설계사(FC)의 5가지 공통점을 보면,
1. 목표를 **설정하고 달성 정도를 지속적으로 확인한다**
2. 강한 동기의식으로 무장한다
3. 포기하지 않는다
4. 시간을 효율적으로 관리한다
5. 고객과 특히, **부자고객과 친해지는 것을 가장 중요하게 생각한다**
즉, 최고의 FC가 되기 위해서는 올바른 자세, 고객과의 관계관리, 질 높은 서비스가 핵심이다

시간을 알려주는 사람, 시계를 만드는 사람

▶ 한번만 시간을 알려주는 사람보다는, 그가 죽은 후에도 **계속 시간을 알려 줄 수 있는 시계를 만드는 사람이 훨씬 가치 있는 일을 하는 사람이다**

▶ 한 개인의 일상이나 상품의 라이프 사이클을 뛰어넘어 **고객에게 꼭 필요한 재무설계를 미리 준비해 주는 것이 '시계를 만드는 것'과 동일하다**

짐 콜린스는 그의 저서 『Built to Last』에서 '시간을 알려주는 사람보다는 시계를 만드는 사람'이 훨씬 더 가치 있는 일을 하는 사람이라 말한다.
FC는 **1人 사업가로서 고객에게 다가올 미래를 사전에 인지하고 고객입장에서 미래를 설계, 사전에 준비할 수 있도록 해주는 것이 FC의 역할. 즉, 고객에게 시계를 만들어주는 것이다.**
FC Job의 본질을 우선 인식하고, 어떻게 하는 것이 진정으로 고객을 위하는지 늘 생각하라!

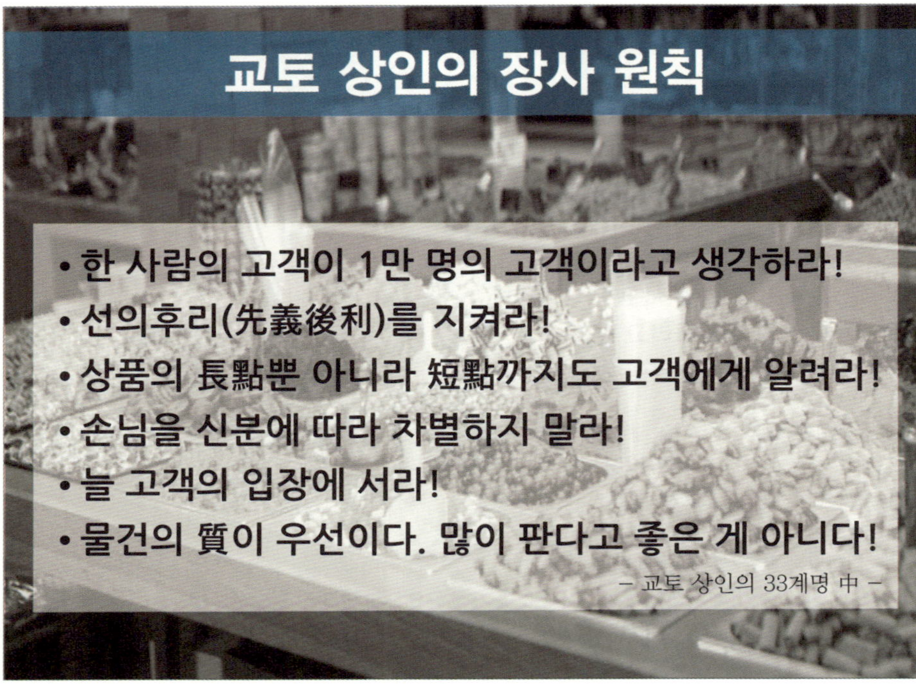

여러분! 자신을 믿으십시오!

▶ 80대의 피카소와 결혼한 서른 살의 젊은 여인, 자클린

"80살의 노인과 왜 결혼했느냐?"라고 묻자 그녀는
"나는 이 세상에서 가장 아름다운 청년과 결혼했어요.
오히려 늙은 사람은 나였지요"

피카소는 92세에 심장마비로 죽기 전까지 그림을 그렸다

※ 부경대학교 오영삼 교수팀의 65~84세 노인 9,653명 대상 설문 결과 건강하게 살기 위해서는 '자신이 스스로 젊다고 생각'해야 한다고 한다. 노인 자신이 늙었다고 생각하면 실제로 건강을 해친다

➔ 자신이 하는 일을 정말 사랑하는 사람은
산술적 나이와 상관없이 항상 아름다운 사람!
좋아하는 일에 몰입하다 보면 성과는 따라온다!

성공하려면 소득의 3%를 투자하라

• 날마다 Sales 분야에서 좀 더 Skill을 정비하고,
효율적으로 처리하는 데에 도움이 되는 새로운 것을 배워라

• Salesman은 **수시로 다른 사람의 얘기를 들어라!**
 – **Sales 분야에 관한 책**을 읽고,
 – 차 안에서, 길에서 **오디오프로그램**을 듣고,
 – 전문 Sales활동과 관련된 **세미나에 참석**하라!

• 그리고, 총수입의 3%를 자신에게 재투자하라!

• 마라톤에 출전하는 것처럼 자신을 위한 훈련계획을 구체적으로 짜고 실천하라!

– 브라이언 트래시 –

성공하는 사람들의 Pro 의식

인생은 도전이다!

- 도전에는 실패에 대한 두려움이 뒤따른다
- 그러나 도전했다가 실패하면 50%만 실패한 것이지만, 도전조차 하지 않으면 100% 실패한 것이다

올림픽 영웅의 캔두이즘(Candoism)

나는 할 수 있다!

- 박상영(20 · 한체대) 펜싱 男 에페 **결승, "할 수 있다"는 혼잣말로 10-14에서 15-14로 역전승**

노력하는 사람에겐 運(운)도 따른다!

- 세계적인 피아니스트에게 묻는다.
  "당신은 세계 최고의 실력을 갖추었다고 얘기하는데 왜 매일 3시간씩 연습을 하십니까?"
- 피아니스트가 답하기를
  "사실은 오늘도 조금씩 실력이 늘고 있어요"
  Salesman, 당신은 내일의 성공을 위해 오늘 무엇을 늘리고 있는가?

→運이 좋아 성공한 사람의 뒤를 살펴보라
그 성공 뒤에는 틀림없이 노력한 흔적이 보일 것이다

인생에 열정을 더하라!

"징기스칸도 열정이 없었다면
말 타는 목동에 불과했다"

→많은 사람이 꿈을 꾸지만
꿈을 이루지 못하는 이유는 열정이 없기 때문이다

열정에 관하여…

"청춘이란 인생의 한 시기가 아니라
어떤 마음가짐을 뜻하나니
나이를 더해가는 것만으로 사람은 늙지 않는다
이상을 잃어버릴 때 비로소 늙는다
세월은 피부에 주름살을 늘려 가지만
열정을 잃으면 마음이 시든다"

– 사무엘 울만 –

사례 日, 보험Sales의 神, '하라이치 헤이'

▶ 일본 보험 Sales의 神, '하라이치 헤이(原一 平)'의 은퇴 기자회견에서 어느 기자가 成功의 비결을 묻자,

"저는 그저 남보다 많이 걷고 뛰었을 뿐입니다.
Sales를 하고 있지 않을 때에는 Sales에 대한 이야기를 했고, Sales에 대한 이야기를 하지 않고 있을 때는 Sales에 대한 생각을 하고 있었습니다"

**→어떤 분야에서든지 성공한 사람들을 보면,
모두 다 자신의 일에 미쳐 있는 사람,
"熱情 없이 이루어지는 위대한 것은 아무것도 없다"**

그래서, 나는 오늘도 成長한다!

成功이 아닌 나 자신의 成長을 위해!

'하루에 최소한
한 발만 앞으로 내딛자!'

'오늘은 어제보다 1센티만이라도
앞으로 나아가자'

인생의 방향을 제대로 정하는 방법

"상상력, 큰 희망, 굳은 의지는
우리를 성공으로 이끌 것이다"

– 에디슨 –

인생의 방향을 제대로 정하는 방법

"최상의 것이
앞으로 올 것이다"

– 프랑크 시나트라 –

인생의 방향을 제대로 정하는 방법

"그는 본래의 자기보다
나아지려고 애썼다"

– 경비원에서 세계 최고의 베스트셀러 작가가 된 스티븐 킹 –

Part 02

상품판매 Needs 환기 및 설계 모델

생명보험과 손해보험

▶ **생명보험이란 피보험자가 사망하면 소정의 금액을 지급해주는 보험**
즉, 생명보험은 사람의 생명과 관련된 보험상품을 취급

- 종신보험이나 정기보험은 사망보험이라고도 불리우는 보험으로, 보험 가입자가 사망할 경우 또는 일정한 나이까지 살아있을 때 보험금을 지급하는 보험으로 기간이 정해진 定期보험과 사망할 때까지 보장하는 終身보험으로 구분

▶ **손해보험이란 사고로 인해 신체나 재산적 손해가 발생할 경우 보상해주는 보험으로 자동차보험이나 화재보험이 대표적인 보험**

- 자동차보험은 차량을 보유하고 있으면 반드시 가입해야 하는 보험으로 교통사고가 발생했을 때 운전자 및 동승자, 상대방 차량 운전자 및 동승자 그리고 운전차량 및 상대방 차량의 파손에 대해 보장해주는 보험
- 화재보험이란 우연한 화재사고로 재산적 손해가 발생할 경우 손해를 보장해주는 보험

▶ **제3보험은 생보와 손보 2가지 성격을 띠고 있는 보험을 말하는데 질병이나 상해를 보장하는 의료실비(실손보험), 간병보험 등이 대표적**

- 제3보험의 경우 생명보험사와 손해보험사 모두에서 취급하는 상품

생명보험과 손해보험 비교

구분	생명보험	손해보험
피보험자	보험사고의 객체인 사람	보험사고 발생시 손해보상을 받을 권리를 가진 사람
보험금 청구권자	보험수익자	피보험자
보험목적	사람에 한하며, 15세 미만자, 심신상실자, 심신박약자는 사망보험의 피보험자가 될 수 없다	사람, 법인, 물건 등 피보험이익 요건을 충족하는 것이면 모두 가능
피보험이익	개념이 존재하지 않음	보험가액
보험금지급범위	계약체결시 약정한 보험금	보험금액과 보험가액 범위 내에서 실손보상
보험자대위	불인정, 단 상해보험 등 실손보상 개념이 있는 경우 특약에 의해 보험자대위 인정 가능	인정

▶**제3보험** : 손해보험과 인보험(생명보험, 상해보험 등) 중 어느 한쪽으로 구분하기 어려운 보험으로 손해보험과 인보험 모두가 공통으로 영위할 수 있는 보험을 지칭
* 상해보험, 질병보험, 장기간병(개호보험)

생명보험과 손해보험 차이

1. **생명보험은 정액보상, 손해보험은 실손보상 원칙**
2. **사망보험금 한도의 차이(손보는 2억원 한도)**
3. **생명보험은 중복보장, 손해보험은 비례보상**
4. **생명보험은 모든 일반사망, 손해보험은 상해/질병사망 限**
5. **저축(성)보험의 만기 차이**
6. **계약 전 알릴 의무(고지의무) 위반으로 해지할 때 지급하는 금액의 차이**
7. **계약 후 알릴 의무(통지의무)에 대한 차이**
8. **보장 범위, 특약의 차이**

사망원인 1위, 암(癌)

2016.9.28 서울경제

▶ 가장 많은 원인은 33년째 '암', 심장질환 · 뇌혈관질환 뒤이어

* 사망률 : 인구 10만 명당 사망자수

- 2015년 사망자수 275,895명(2014년 比 +3.1%)
- **사망원인 1위는 암, 전체의 27.9%**(사망률 150.8명), 2위 심장질환의 3배
  - * 암종류 : **폐암 34.1명, 간암 22.2명**, 위암 16.7명(**男=女의 1.5배**)
- 심장질환, 뇌혈관질환, 폐렴 順이고 **자살로 13,513명 사망(10~30대)**
  - * **자살자수**/10만 명 **26.5명(70대 62.5명)**, OECD(평균 12명) 中 최악
- 알코올 관련 사망자 4,746명(전년 比 +5.8%), **하루 평균 13명 사망**

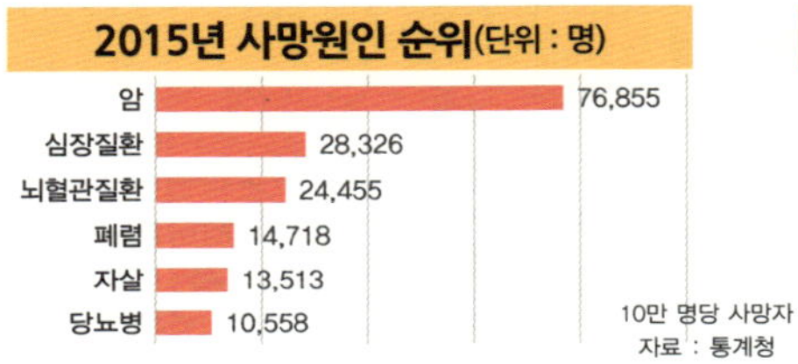

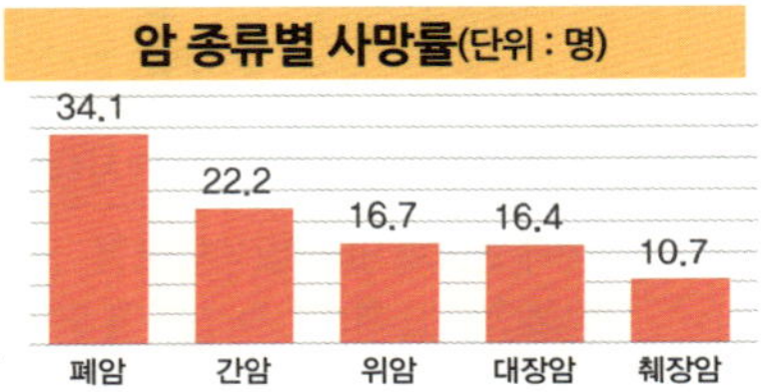

30대엔 위암, 4050은 간암 사망 많아

2016.9.28 중앙일보

▶ 사망원인 1위 암, 2위 심장질환, 고령화 탓 작년 사망자 最多

- **2015년 한국 사망인수는 276,000명, 1983년 이후 최다**
  - *** 국내 80세 이상 고령인구 자체가 많이 늘었기 때문**
- **사망원인 1위 암(조사망률 150.8명), 2위 심장, 3위 뇌혈관, 4위 폐렴, 5위 자살(26.5명)** * 암 : 30대 위암, 40~50대 간암, 60세 이상은 폐암
- **2015년 자살자수는 13,513명**
  - *** 하루 평균 37명 자살**
  2014년 比 소폭 감소 반면,
  OECD 회원국 中 자살률 1위

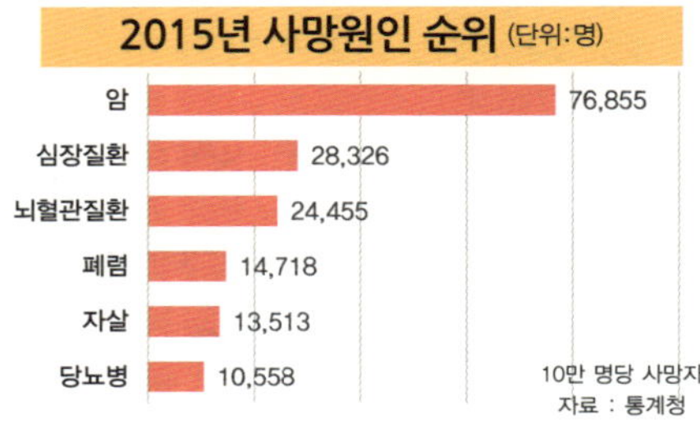

※ 2015년 인구 10만 명당 사망자수 (조사망률) 541.5명

참고

59세 이전 사망률 19.5%

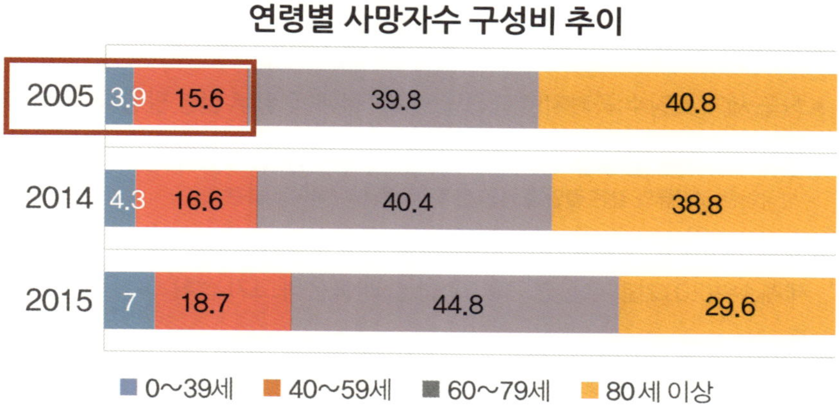

▶ **30대, 40대, 50대 가장 없는 가정을 생각해보셨나요?**

암환자 10명 중 7명은 완치된다

2016.12.21 매일경제

▶ **2014년 갑상샘 · 전립선암 등 생존율 높아, 평생 암 걸릴 확률 36%**

- **국내 암환자의 5년 이상 생존율 70% 돌파, 전국민 암 발생률 3년 연속 하락**
  * 의학계는 5년 이상 생존을 사실상 완치로 본다, 의학 기술발전과 조기검진 효과
- **암 종류별 5년 남녀평균 상대생존율**
  * 갑상샘 100.2%, 전립선 93.3%, 유방 92.2% / 간 32.8%, 폐 25.1%, 췌장 10.1%
- **2014년 새로 발생한 암환자수는 217,057명(전년 대비 –4.5%)**
- **우리나라 국민이 기대수명(82세)까지 생존할 경우 암에 걸릴 확률 36.2%**

자료 : 보건복지부

순위	남자				여자			
	암종류	발생자수	증감률	생존율	암종류	발생자수	증감률	생존율
1	위	20,087명	–1.4%	75.3%	갑상선	24,632	–28.2	100.1
2	폐	16,750	2.6	21.9	유방	18,304	5.6	92
3	대장	16,182	–3.3	78.1	대장	10,796	–3.0	73.4
4	간	12,058	–1.2	33.1	위	9,767	–1.9	72.7
5	전립선	9,785	2.0	93.3	폐	7,277	2.8	32.4
6	갑상선	6,174	–27.4	100.5	간	4,120	–0.6	31.9
7	췌장	3,191	6.3	9.8	자궁경부	3,500	–4.5	79.7

※ 증감률은 2013년 대비 2014년 수치. 생존율은 2010~2014년 암진단 후 5년 생존율이며, 갑상선암 생존율이 100을 넘는 것은 동일한 나이의 일반인에 비해 더 오래 살았다는 의미임.

부끄러운 한국의 세계 1위 건강지표

2017.6.14 시사저널

▶ 2030년 한국인 기대수명 男 84세, 女 90.8세로 세계 1위 예상

- 한국 세계 최장수 국가지만 대장암, 위암, 결핵 등 **일부 질병 발병률 세계 1위**
- 현재까지 **위암 발병률 1위**로 국내 위암은 전체 암의 15% 이상을 차지
  * 한국인은 **젓갈류와 같은 절인 음식을 전통적으로 좋아하는 식습관** 탓
- 세계 184개국 가운데 한국인의 **대장암 발병 인구가** 10만 명당 45명으로 **세계 1위**(2012년 기준)를 기록, **과한 술과 붉은색 고기 섭취**
- 한국의 **결핵 발병률은** 인구 10만 명당 86명으로, OECD 국가 중 20년째 1위
  * **결핵은 전쟁 시기에 창궐**, 당시 젊었던 사람이 결핵균에 감염된 채 살아 온 노인이 된 그들의 면역력이 떨어지면서 결핵균이 활성화
- 자궁적축률, 항생제 처방률, 호흡기 질환, 갑상선암 등이 세계 1위

화법

종신보험 왜 필요?

▶ 질문을 통해 종신보험의 가치 전달과 Job의 필요성 전달

- **남편이 한달 생활비를 안 주면?**
  → "빚지는데, 한달"
- **남편이 6개월 생활비를 안 주면?**
  → "안 되는데, 6개월 내가 일을 해야 할 듯"
- **그러면, 남편이 1년 생활비를 안 주면?**
  → "어쩔 수 없죠, 제가 1년 일을 해야죠?"

어느 날 아침에 남편을 아무리 깨워도 안 일어나면?

태어날 때는 순서가 있어도
장례식장 입장에는 순서가 없다!

인생의 브레이크는?
자동차 브레이크와 인생의 보장자산
- 브레이크 없이 자동차를 탈 수 있을까? 보장자산의 중요성

종신보험의 의미, 활용
1
가족 Cover
나 Cover
(연금전환)
종신보험
가입
자녀의 경제적
자립
2
가족 Cover
자녀 추가
Cover (사망보험금 상속)

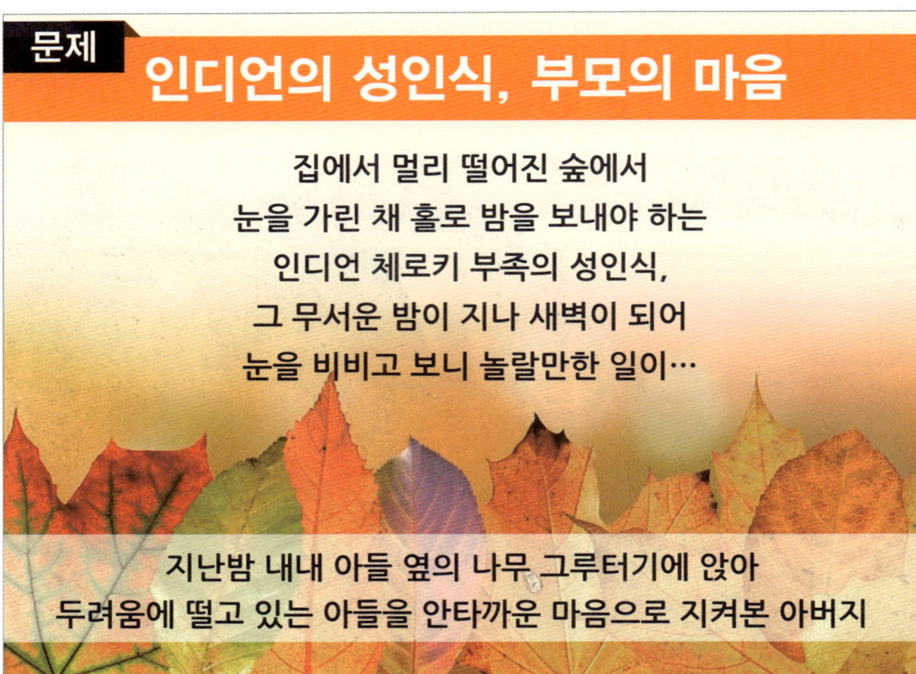
문제
인디언의 성인식, 부모의 마음
집에서 멀리 떨어진 숲에서
눈을 가린 채 홀로 밤을 보내야 하는
인디언 체로키 부족의 성인식,
그 무서운 밤이 지나 새벽이 되어
눈을 비비고 보니 놀랄만한 일이…
지난밤 내내 아들 옆의 나무 그루터기에 앉아
두려움에 떨고 있는 아들을 안타까운 마음으로 지켜본 아버지

한국인의 자녀 양육관

2016.12.14 중앙일보

▶ **육아정책연구소 '한국인의 자녀 양육관', 전국 20~50대 남녀 1,013명**

• '부모는 자녀의 뒤에서 도와주는 사람'이란 응답이 70.1%에서 72.9%로 증가

부모가 자녀에게
경제적 지원을 해야 하는 시기

- **대학 졸업까지**
  : 2008년 10명 중 6명(62.6%)
  → 2016년 **49.3%로 급감**
- **취업까지 : 14.7% → 23.6%**
- **결혼까지 : 10.2% → 12%**
- **결혼 후 안정될 때까지**
  : 0.6% → 3%로 크게 증가

➔ 20~30대 '캥거루족'을 용인하는 경향이 강해진 게 대표적

부모가 자녀에게 경제적 지원 언제까지 해야 하나?

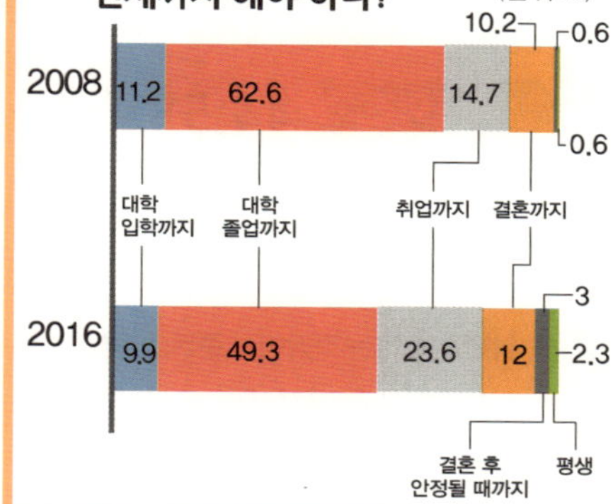

자녀 1인당 양육비 3억원

▶ **자녀 1인당 양육비 3억 896만원**

영아기 (0~2세) 3,064만원 + **유아기** (3~5세) 3,686만원 + **초등학교** (6~11세) 7,596만원

중학교 (12~14세) 4,122만원 + **고등학교** (15~17세) 4,719만원 + **대학교** (18~21세) 7,709만원

자료 : 2015년 보건복지부(재수, 휴학, 어학연수 제외)

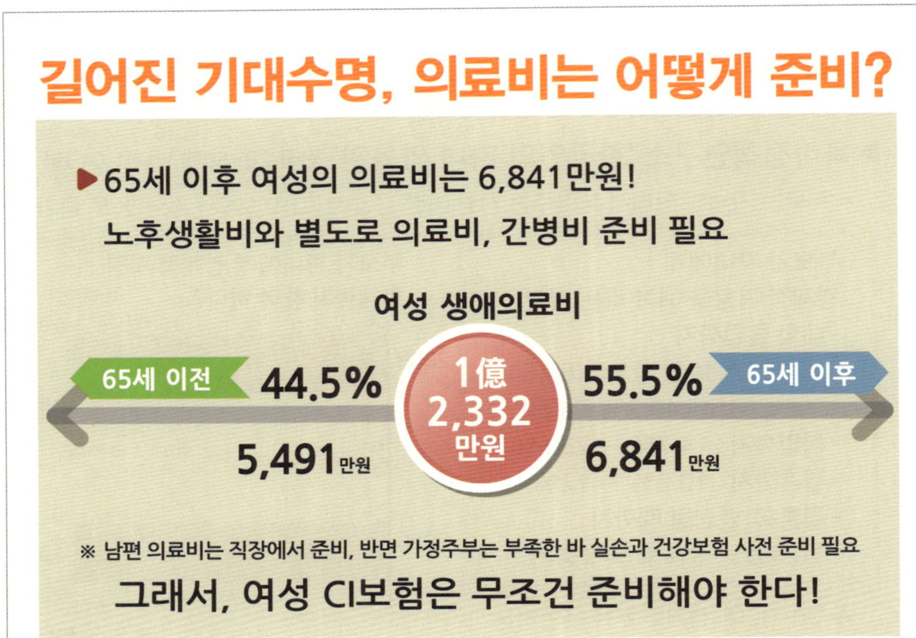

자료 : 2015년 한국보건산업진흥원

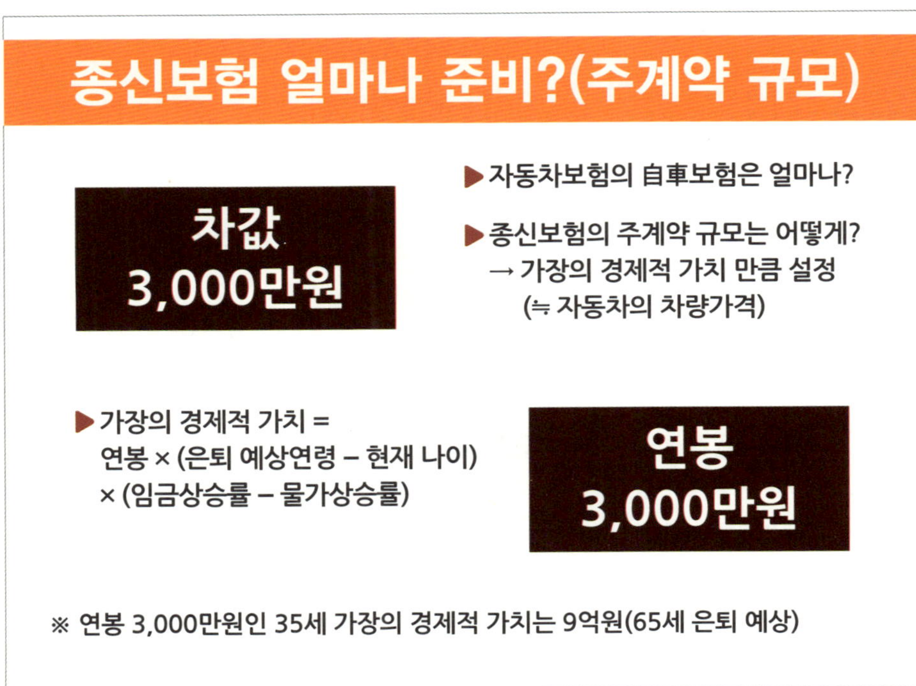

가장의 경제적 가치는 얼마?

▶ **1차 고객상담 종료 후 재방문을 유도하기 위한 자료로써 고객의 가족과 같이 계산해보도록 유도(2차 방문시 확인)**

※ 가장의 몸값(경제적 가치)은?
가장의 연령(35세), 가장 월수입(500만원), 예상 퇴직연령(65세)

가장의 은퇴 前까지 경제가치
= 월소득 × 12 ×
(은퇴연령 – 현재나이) ×
(소득상승률 – 물가상승률)

* 소득상승률 3%, 물가상승률 2% 가정

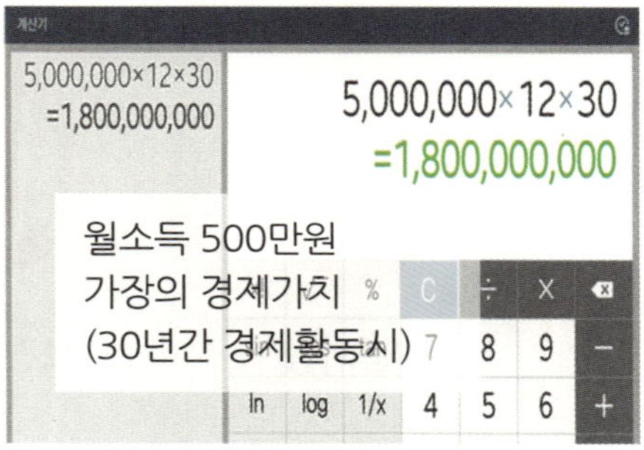

사망보험금 평균 3,000만원도 안돼

2016.12.14 중앙일보

▶ **1인당 평균 사망보험금은 2,926만원**(166,000건)으로 집계

- 도시가구 **월평균 소비지출액 259만원**(2015년 3분기) 기준
  약 1년간 지출할 수 있는 규모에도 못 미치는 수준
  * 삼성생명, 2006년~2015년까지 지급한 사망보험금 분석 결과

사망 원인별 지급금액 : 교통사고 7,948만원, 질병 2,220만원
사망원인 1~3위인 암, 심장, 뇌혈관질환으로 막대한 추가비용 필요

* 한국 보험가입 가구의 사망보장 금액은
가구 연소득의 1.7배, 1억 2,000만원 수준
미국 연소득의 3.5배, 3억 5,000만원 수준
→ 남겨진 가족의 필요자금 체크 필요

보험가입자 1인당 지급된 평균 사망보험금 추이(단위 : 만원)

사망원인별 사망보험금(단위 : 만원) ※ 최근 10년 평균

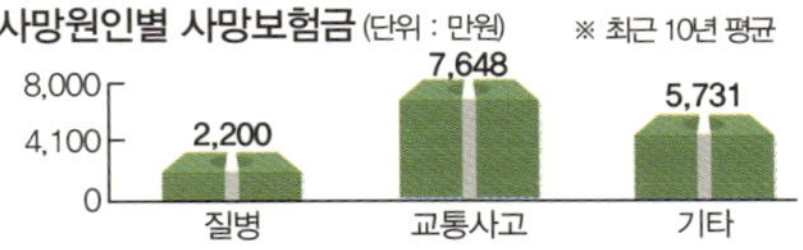

자료 : 삼성생명

저금리, 고령화 시대의 적절한 금융상품은?

- **저금리 :** 실질금리(−)시대 → 자산가치 하락 방지, 수익 확보
- **고령화 :** 평균수명 연장 → 장기 안정적 노후자금 준비
- **보장성 :** 생로병사의 위험 → 인생의 브레이크 장치 마련

➔ 현재의 투자형 상품, 그 중에서 변액보험이 답이다!

은퇴와 가족보장이 걱정인 가장

Case Study

▶ 가족보장을 위한 종신보험과 은퇴설계도 걱정인 40대 가장

초등학교 자녀 둘을 둔 가장, 만일의 사고를 위해 보장성 보험 준비가 마지막일 수 있는 시기(보험료 인상)와 은퇴준비를 시작해야 하는 시기

저금리 물가상승률 감안 변액종신보험(생VUL) 설계

계약자	피보험자	수익자
본인	본인	배우자

* 맞벌이라면 2건으로 나누어 맞보장 설계

- **현재는 가족보장을 위한 종신설계 후 향후 은퇴시점인 65세 판단**
  - 건강하고 직업이 있다면 그대로 남겨 놓아 사망보험금으로 자녀보장
  - 직업이 없고 은퇴자금이 없다면 연금으로 전환 자신의 노후보장
- **저금리 시기 물가상승률 감안 자산가치 하락 방지를 위한 변액보험 설계**
  - 가입과 동시 1억 보장 + UL 기능 + 적립금 생활자금 수령, 연금전환

자녀를 위한 돈 없는 부모의 준비

Case Study

▶ 자녀의 결혼 비용(목돈)이 걱정인 부모

* 평균 결혼비용은 2억 3,085만원 (2018년 결혼비용보고서, 듀오)

아직 결혼을 안 한 20대 자녀를 둔 부모, 향후 자녀의 결혼비용(2.3억원)이 걱정이라 조금이라도 지원해주고 싶은데 모아둔 재산이 별로 없는 부모

➡ **가난의 대물림 방지를 위한 사망보험금 활용 상속설계**

계약자	피보험자	수익자
아들	어머니	아들

- **모아 놓은 돈이 별로 없어 자녀의 결혼비용이 걱정이고 자녀에게 지금 주는 용돈 月 30만원은 별 의미가 없어 종신 月 30만원 설계**
- **'자녀에게 결혼비용은 지원 못한다'라고 우선 설득 後 종신보험 가입**
  ➔'어머니 이 보험 절대 깨지 말고 나중에 어머니 돌아가시면 사망보험금으로 자녀가 못 다 이룬 꿈을 이룰 수 있도록 준비' 필요

돈 없는 50대의 자녀 사랑법

Case Study

▶ 자녀보장 Needs가 있지만 보험료 납입이 걱정인 50대 가장

현재 고등학생인 자녀를 위해 종신보험을 준비하고 싶지만 현재 보험료가 비싸 최소 20년납 이상을 준비해야 하는데 60대 이후 계속 납입이 걱정!

➡ **20년납 가입 후 10년 경과 시점 자녀로 계약자 변경**

계약자	피보험자	수익자
본인	본인	자녀

- **최대한 길게 납입기간 설정 後 자녀가 성년이 되면 자녀로 계약자 변경**
  - 지금은 어떻게든 보험료 납입이 가능하지만 60세가 넘으면 어떻게?
  - 보험료 납입의 용이성 최대한 설명 : UL 기능과 월 대체보험료 등
- **향후 사망보험금의 비과세 요건 확인 필요**
  - 계약자 변경 후 10년 보험 비과세, 사망보험금의 상속세 과세 방법 등

미혼인 외아들과 어머니

Case Study

▶ 건강이 안 좋아지기 시작한 어머니, 그 옆을 지키는 아들

아직 결혼을 안 한 40대의 외아들이 어머니(65세)를 모시고 살고 있는데
아직 미혼인 아들은 '나 죽으면 그만인데 뭔 보험?'이라며 종신Needs가 없네!

본인 결혼 전(老老扶養) 만일의 사고에 대비한 종신설계

계약자	피보험자	수익자
아들	아들	어머니

- **어머니를 혼자서 모시고 살다가 만약 아들이 사망하면 홀로 남은 어머니의 노후를 위한 설계 필요**
  - 사망보험금 활용 자신의 사후관리와 노모의 생활자금으로 활용
- **어머니가 먼저 돌아가시면 수익자를 법정상속인으로 변경 후 본인이 결혼하면 새로운 가족이 보장을 받도록 사망시 수익자 추가 변경**

외손녀를 혼자 키우는 딸

Case Study

▶ 이혼 후 미성년 딸을 혼자 키우며 고생하는 딸을 위한 고민

결혼 후 딸을 낳아 잘 살다가 이혼을 하여 혼자서 딸을 키우고 있는데
할머니가 미성년인 손녀에게 만일의 경우에 대비 뭔가를 준비해주고 싶다!

(양육권 우선 확인) 사망시 수익자를 외손녀로 지정 설계

계약자	피보험자	수익자
할머니	딸	외손녀

- **우선, 미성년 손녀의 양육권 및 친권에 대한 확인 필요**
  - 법정상속인으로 수익자가 지정된 채 피보험자(딸) 사망시 보험료를 납입한 할머니, 향후 외손녀를 양육해야 하는 할머니가 아닌 미성년자인 손녀의 친권이 살아 있는 아버지에게 사망보험금 지급
- **사망시 수익자를 법정상속인이 아닌 특정인으로 지정하는 습관 중요!**

손주를 사랑하는 조부모

Case Study

▶ 사회적으로 성공한 할아버지의 '富의 이전'에 대한 고민

할아버지는 지금 중학교 2학년인 손주(미성년)가 커서
홀로서기가 가능하도록 지금 무언가를 준비해주고 싶어 한다!

조부가 아들 및 손자까지 3대를 감안한 종신보험 설계

계약자	피보험자	수익자
할아버지	아버지	손자

- **우선, 계약과 동시 할아버지 사망 후 보험계약의 상속과 관련 보험계약의 상속을 손자에게 하겠다는 유언장 준비**(손자는 상속인 아님)
- **할아버지 사망 후 계약자를 손자로 변경, 보험계약에 대한 상속세 납부**
  * (납입한 보험료+이자)보험계약에 대한 상속세 아버지가 납부
- **향후 아버지가 사망시 손자는 사망보험금에 대한 상속세 없이 수령 가능**

부동산 중심의 자산가

Case Study

▶ 자산의 대부분을 부동산으로 소유 중인 자산가

현재 50억 이상의 부동산으로 자산을 가지고 월세 등 임대소득으로
자산을 운용 중인 60대 이상 고객의 관심, **자산의 이전과 세금의 절세 관심**

부동산 상속에 따른 상속세 재원마련을 위한 종신설계

계약자	피보험자	수익자
자녀	본인	자녀

- **당해 부동산의 현 시점과 향후 20년 후 상속세 규모 Check**
  - 만약 본인 유고시 자녀에게 필요한 현재 상속세(현금납부 원칙) 규모, 그리고 향후 20년 후 자산가치 상승에 따른 상속세 규모 추정
- **20년 후 부동산 가치만큼의 상속세 재원 마련을 위한 종신보험 설계**
  - 부동산 승계에 따른 본인의 사망보험금 활용, 자녀의 상속세 재원 마련

대출이 있는 전문직 사업자

Case Study

▶ 대출은 있지만 사업이 잘되어 별걱정이 없는 전문직 사업자

사업소득 中 대출금 이자에 대한 비용처리로 실질적 이자부담이 별로 없고
현재 사업이 정상적으로 운영되고 있는 고소득 자영업자(의사, 중소기업 CEO 등)

사업자의 대출금 미상환 Risk에 대비한 종신보험 설계

계약자	피보험자	수익자
배우자(자녀)	본인	배우자(자녀)

- **전문직 사업자 대부분이 일정부분 대출을 활용, 사업 확장 및 운영 중**
  - 개인병원의사, 중소기업 CEO 등 장비를 갖춘 전문 사업장 운영
  - 대출의 이자를 소득세 신고시 비용으로 처리가능(단, 장부기재 필수)
- **반면, 전문직 사업자 본인 유고시 가족이 대체불가 사업이 대부분**
  ➔ 향후 대출금 未상환으로 인한 사업 자체도 운영 불가 상황 도래

상처한 배우자

Case Study

▶ 배우자가 돌아가시고 자산의 대부분이 자신 중심인 경우

배우자 사망 이후 홀로 자산 운용과 가족들을 부양하고 있는 사람으로
대부분의 자산이 본인 중심으로 구성 중인 사업가 등(배우자 공제 활용)

2차 상속, 자녀의 상속재원 마련 종신 설계(사전증여 병행)

계약자	피보험자	수익자
자녀	(홀로 남은)배우자	자녀

- **배우자가 상처한 경우 대부분의 자산이 남겨진 배우자로 전환될 확률 높음**
  - 상속세 배우자 공제(5~30억원) 금액이 큰 바 상속세 회피 용이
  - 반면, 향후 2차 상속 발생시 자녀들이 상속을 받을 경우 배우자 공제가 없는 바 막대한 상속세 납부 불가피
- **상속세 재원 마련을 위한 종신보험 준비 or 사전증여로 상속세 사전 회피**

사업을 운영하는 중소기업 CEO

Case Study

▶ 본인의 토지와 건물을 활용, 사업을 운영 중인 사업주

공장과 여관, 상가 등 상업용 건물을 가지고 사업을 운영하고 있으나
향후 상속 등의 문제를 예상 사전 증여 등으로 부의 이전을 생각하는 CEO

토지 or 건물의 사전증여와 상속세 재원마련 종신설계

계약자	피보험자	수익자
자녀	배우자	자녀

- **현재 운영 중인 사업장의 토지 or 건물만 우선 자녀들 대상 사전증여**
  - 사업운영권은 현재의 소유주에 귀속하고 토지 or 건물만 재임대 계약
  - 증여계약 체결 후 재임대하는 부분의 계약금 활용 증여세 납부
- **향후 나머지 부분(건물)의 상속세 재원 마련을 위한 종신보험 설계**
  - 사전증여한 부분의 月 임대료 활용 보험료 납부(상속세 절세 차원)

참고

미래 인구구조

2016.10.19 한국일보

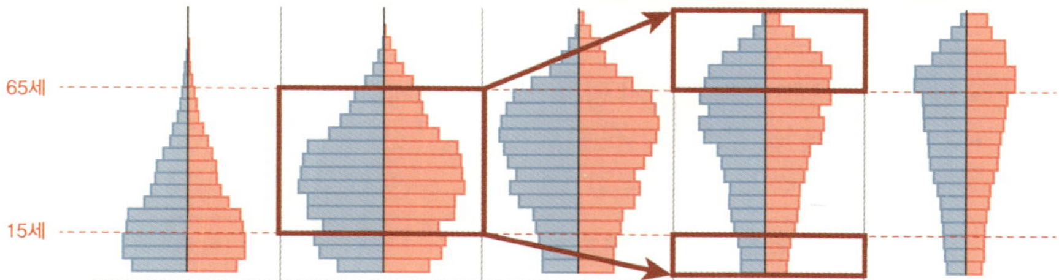

	1980년	2005년	2025년	2050년	2070년
총인구 (만명)	3,741	4,829	4,984	4,235	3,123
생산가능인구 (만명)	2,330	3,467	3,404	2,276	1,565
노인인구 (만명)	145	438	992	1,579	1,273
노년부양비	6.2	12.6	29.1	69.4	81.3

인구구조가 왜 이럴까요?

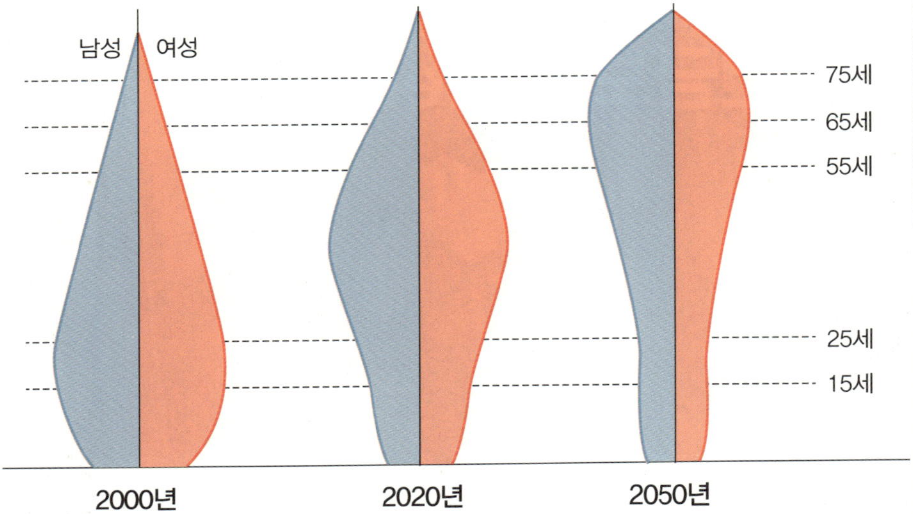

1,000명당 5.5건, 작년 혼인율 사상 최저

2017.3.23 중앙일보

▶ 혼인율 사상 최저 수준, 결혼하는 나이도 점점 올라가고…

- **조혼인율(1,000명당 혼인건수) 5.5건으로** 전년비 –0.4건, 1970년 통계 이후 최저
- **전체 혼인건수도 감소** : 2016년 28만 1,600건(전년비 –7%, –2만1,200건)
- 평균 결혼 연령 계속 높아져 **남자 32.8세, 여자 30.1세**
- **25~29세 혼인율 감소** : 2016년 남성 36.8건(전년비 –4.4건), 여성 66.5건(– 6.4건)

→ 불안한 일자리와 버거운 집값 탓에 연애, 결혼, 출산의 삼포시대 그림자 짙어져

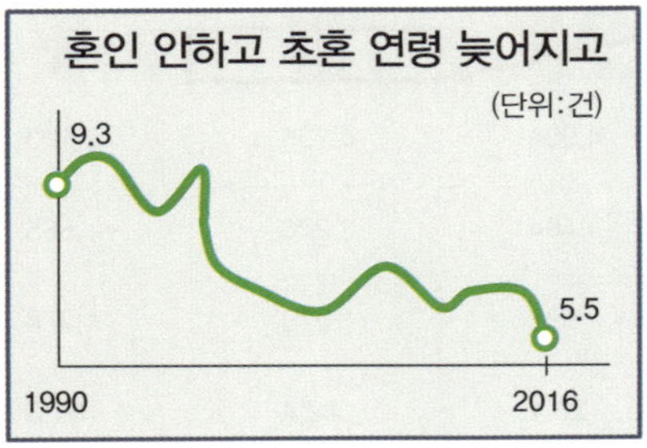

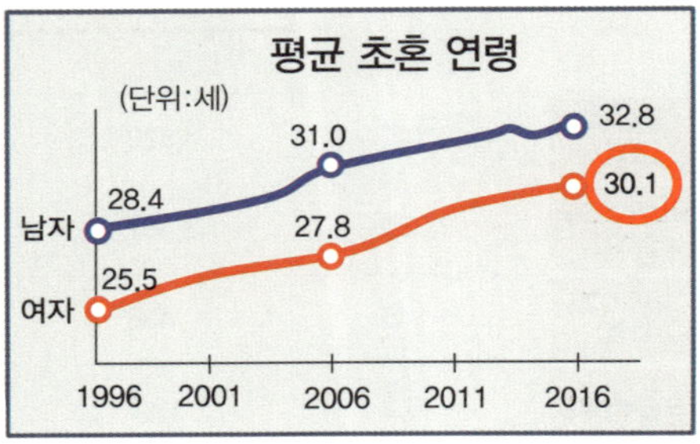

2017년 1~3월 아기 울음소리 사상 최저

2017.5.25 중앙일보

▶ 33,200명 출생, 작년보다 13% 줄어, '출산 절벽' 심화

- 2017년 1~3월 출생아수 9만 8,800명(전년比 –12.3%) → **연간 40만 명 하회**
  - * 통상 1~3월이 출생아가 가장 많고 연말로 갈수록 출생아수가 줄어드는 경향
- **2011년 출생아수 471,300명 → 2016년 406,300명** (40만 명선 턱걸이)
- 출생아수에 큰 영향을 주는 **결혼도 감소 추세**
  : 2017년 3월 혼인건수 2만 3,300건(지난해 대비 6.8% 축소)
- 저출산 해결을 위한 대선 공약으로
  - 대통령 직속 저출산고령화위원회 위상 및 역할 강화
  - **공공임대주택의 30%는 신혼부부에게 우선 공급**
  - 0~5세 아동에 대한 아동수당 도입
  - **육아휴직 확대 및 급여 인상 등**

줄어드는 출생아 수 자료 : 통계청 (단위:명)

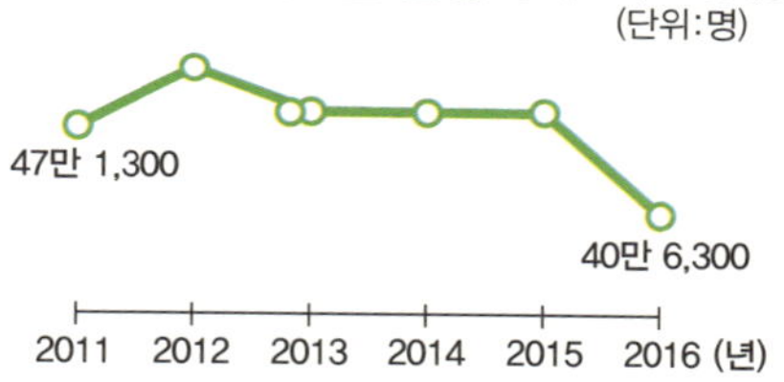

사망원인 1위 암, 혈관, 자살 OECD 中 최악

2016.9.28 서울경제

▶ 가장 많은 원인은 33년째 '암', 심장질환·뇌혈관질환 뒤이어

- 2015년 사망자수 27만 5,895명(2014년比 +3.1%)
- **사망원인 1위는 암, 전체의 27.9%**(사망률 150.8명), 2위 심장질환의 3배
  - * 암 종류 : **폐암 34.1명, 간암 22.2명,** 위암 16.7명**(男=女의 1.5배)**
- 심장질환, 뇌혈관질환, 폐렴 順이고 **자살로 13,513명 사망(10~30대)**
  - *** 자살자수 :** 10만 명 **26.5명(70대 62.5명),** OECD(평균 12명) 中 최악
- 알코올 관련 사망자 4,746명(전년比 +5.8%), **하루 평균 13명 사망**

2015년 사망원인 순위

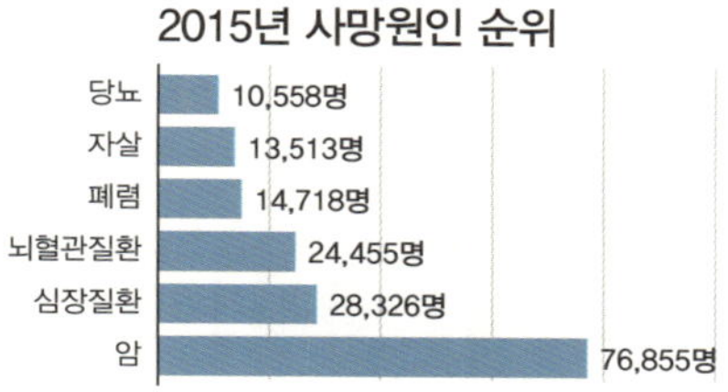

암 종류별 사망률 (단위:명)

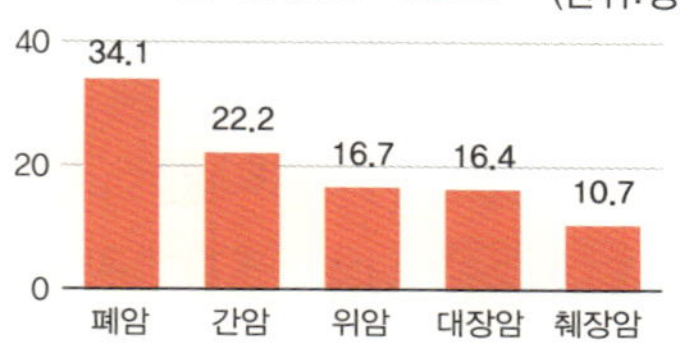

* 사망률 : 인구 10만 명당 사망자수 자료 : 통계청

반면, 암환자 10명 중 7명은 완치

2016.12.21 매일경제

▶ **2014년 갑상샘·전립선암 등 생존율 높아, 평생 암 걸릴 확률 36%**

- **암환자의 5년 이상 생존율 70% 돌파, 전 국민 암 발생률 3년 연속 하락**
  * 갑상샘 100.2%, 전립선 93.3%, 유방 92.2% / 간 32.8%, 폐 25.1%, 췌장 10.1%

의학계, 5년 이상 생존 사실상 완치, 의학 기술발전+조기검진 효과

- **2014년 새로 발생한 암환자수는 21만 7,057명(전년 대비 –4.5%)**
  * **우리나라 국민이 기대수명(82세)까지 생존할 경우 암에 걸릴 확률 36.2%**

암환자 5년 생존율 (단위:%) 자료 : 보건복지부

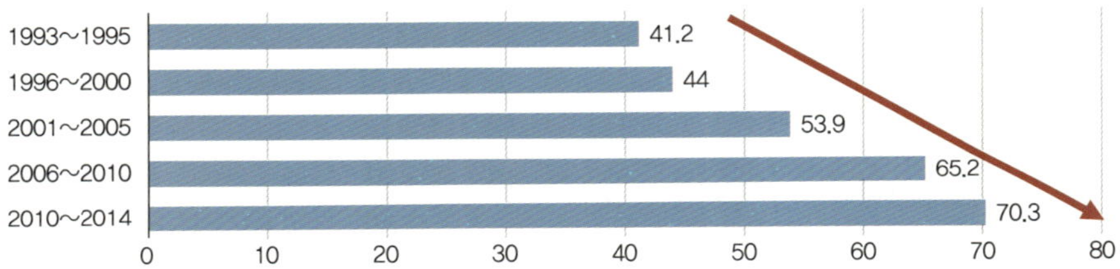

암환자 70% 5년 생존…유방암 전이 안 되면 생존율 98%

2015.12.23 중앙일보

▶ **기대수명까지 산다면 평생 한 번은 암 발병**

- **남자(78세)는 5명 中 2명(38.3%), 여자(85세)는 3명 中 1명(35%)**
- **남자는 70~80대에 발병, 여자는 40~50대 발병 확률 高**
  * 국내 암환자 10명 중 7명은 암 진단을 받고도 5년간 생존
    ➔ 암 보험 보장은 길게, 여자는 조기 가입, 남자는 비갱신형으로 준비

남녀 암 발생 5위 (단위 : %)

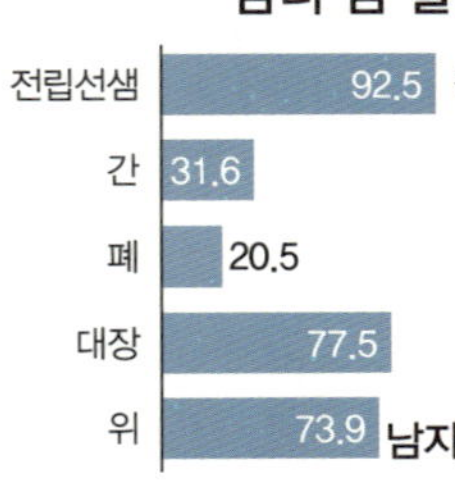

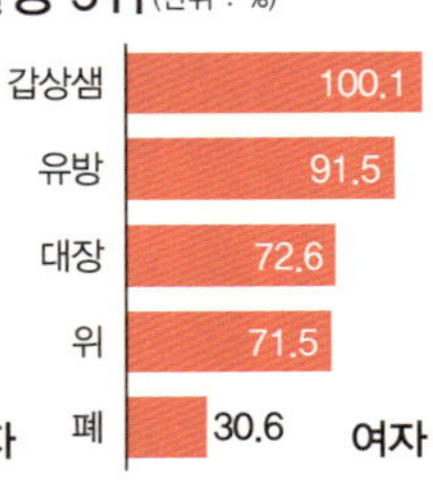

자료 : 보건복지부 국립암센터 2013년 국가 암 등록 통계

3명 중 1명은 암 한번은 걸리지만

	기대수명 (세)	기대수명 때까지 암에 걸릴 확률(%)
전체	81	36.6
남자	78	38.3
여자	85	35.0

고소득층, 저소득층보다 6.6년 더 산다

▶ 2015년 기준 한국의 기대수명 82.1세(여성 85.2세, 남성 79세)

- **상위 20%** 고소득층 기대수명 **85.14세, 하위 20%** 저소득층 **78.55세**
- 저소득층 기대수명은 **전체평균 82.1세보다 -3.55세, 더 벌어질 전망**
- **술, 담배에 따른 알코올성 간질환, 폐질환 발생이 저소득 남성에 집중**

* 저소득층은 흡연·음주·자살 등의 위험에 더 노출된 데다 병에 걸려도 치료를 받는 데 취약해 기대수명이 짧다. 반면 **고소득층은 평소 운동이나 건강검진, 병원진료 등 건강관리에 투자를 많이 하며 기대수명이 더 길다**

최근 6년간 소득 수준별 기대수명 비교 (단위:세)

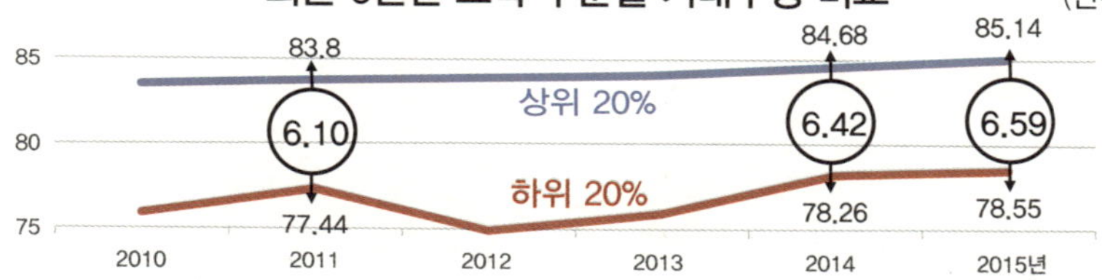

자료 : 더불어민주당 인재근 의원실

고령화 영향 … 국민과일 '바나나'

2017.7.19 연합뉴스

▶ **대형마트 과일 판매 2년째 1위, 구매고객 35%가 50대 이상**

- 고령화로 **바나나가 감귤을 제치고 대형마트 과일 판매 1위**
- L마트, 바나나를 산 고객 중 **50대 이상이 35%**로 전체 50대 비중을 크게 상회
  *전체 고객 중 50대가 차지하는 비중 22%
- 과육이 **부드럽고 소화가 잘되는 바나나가 환자나 이가 약한 고령자에게 인기**
- 인구의 1/4이 65세 이상인 **'초고령사회' 일본은 아시아 최대의 바나나 수입국**

국민이 선호하는 수입과일은…바나나 > 오렌지 > 포도 順(2017.7.19 연합뉴스)
전체 과일 수입량은 106만 4천t으로 2000년(46만t)과 비교해 2.3배 증가
2016년 수입과일 중 수입액 비중이 가장 높은 품목은 바나나(19.2%)

'인구절벽' 고민 놀이공원 문화테마파크로 전환

2016.9.6 서울경제

▶ '어린이' 타깃으로는 관람객 급감 못 막아…

전통문화체험·VR·IT접목, 어른들도 즐기는 공간으로 전환

* 통계청, 2016년 5~9세 아이 231만 명 → 2040년 191만 명으로 축소
10~14세 아이 231만 명 → 2040년 209만 명으로 축소

- 개장 40주년을 맞은 E랜드 올해 누적 방문객수 2억 2,000만 명, S랜드는 2010년 영업이익 10억원 → 2015년 2억원대 수준
- '인구절벽'에 E랜드도 문화테마파크로 변신
어린이를 주타깃으로 해서는 줄어드는 관람객수를 막을 수 없고
중국인 관광객으로도 한계가 있기 때문, **S랜드는 폐장설(동물원 중심)**

E랜드의 변화 : 삼성전자와 함께 가상현실(VR) 체험기기, QR코드 배치, 민속전통체험, 할로윈 축제, 호러메이즈, 호러사파리 등 **20~30대 고객을 타깃화**

65세 이상의 차량소유자 증가

2017.7.18 국민일보

▶ 65세 이상 차량소유자 전체 10% 육박

- 2007년 1,129대(6.9%) →
2016년 2,124대(9.7%, +1백만)
*** 75세 이상 고령운전자 면허 갱신주기 5년 → 3년**

- 청년층(만 20~29세) 차량 소유대수 축소
* 2007년 713,000대(4.3% 占) →
2016년 557,000대(2.6% 占)

- 자동차 등록대수
2006년 1,590만대 → **2016년 2,200만대**

고령자 자동차 등록 현황

연도	전체 대수 (단위:천대)	고령자 소유 대수(비율:%)
2007	16,428	1,129(6.9)
2008	16,794	1,230(7.3)
2009	17,325	1,304(7.5)
2010	17,941	1,266(7.1)
2011	18,437	1,411(7.7)
2012	18,870	1,546(8.2)
2013	19,401	1,676(8.6)
2014	20,118	1,807(9.0)
2015	20,990	1,927(9.2)
2016	21,803	2,124(9.7)

참고

인구구조 변화에 울고 웃는 업종

▶ 인구구조 변화 키워드 : 저출산·고령화·100세시대·1인가구

- 결혼과 출산이 줄고 고령화가 가속화하면서 1인가구 증가 中
  - 2016년 혼자 사는 가구는 539만 7,615가구(27.2% 占), 2015년비 +3.7%, 520만 3,440
  - 연령대 : 20대 17.2%, 30대 17.6%, 40대 15.6%, 50대 16.9%, 60대 13.8%, 70대 11.4%, 80대 이상 6.4%
  - 30대 男 11.3%, 40대 男 9.9%, 20대 男 9.3%, 50대 男 9.2%, 70대 女性 8.7% 순
- 3년 동안 예식장과 결혼상담소는 지속적으로 감소세
- 건강에 대한 관심이 높아 스포츠 관련 시설이 크게 증가
  - 당구장과 볼링장, 수영장과 실내·외 경기장, 낚시터 등 레저시설
  - 3년 사이 스포츠시설은 2,132개소에서 5,123개소로 140.3% 증가
  - 건강에 대한 관심과 고령화로 피부관리업은 58.8%, 헬스클럽은 41.3%, 의료용품가게는 20% 증가

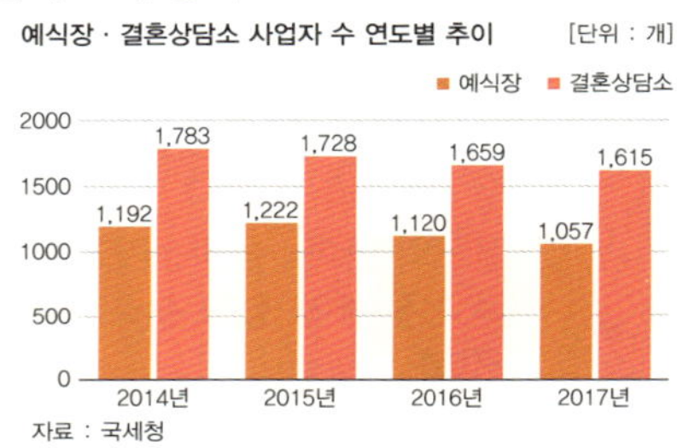

의식주마저 돈 안 쓰는 고령층, 내수 회복 '복병'

▶ 소득 늘면 소비도 증가하는 일반적 현상 2008년 이후 사라짐

- 2000~2007년 국민총소득 **4.5% 증가**, 가계소비 **4.6% 증가**
  2008~2010년 〃 **3.2%** 〃 , 〃 **1.9% 증가**
- **만 60세 이상 고령층의 급격한 소비 축소가 주요 원인**
  * 60세 이상의 평균 소비성향 67.5%(10년 전 比 −11.2%)
  → 모아둔 돈은 없는데 수명은 늘어 지출을 줄일 수밖에

글로벌 금융위기 이후 소득만큼 소비 안 늘어

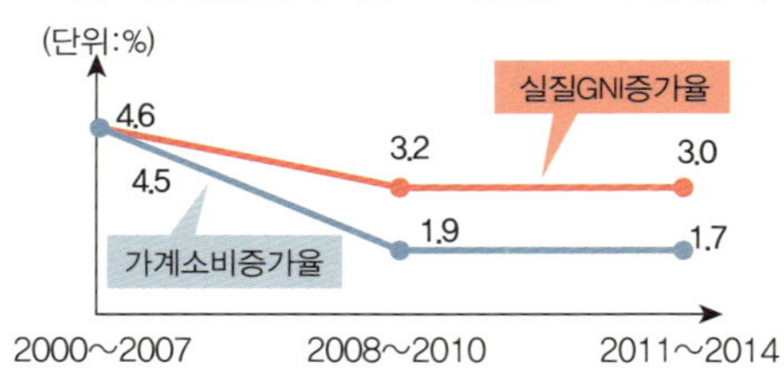

자료:한국은행

최근 10년 동안 지갑 더 닫은 고령층

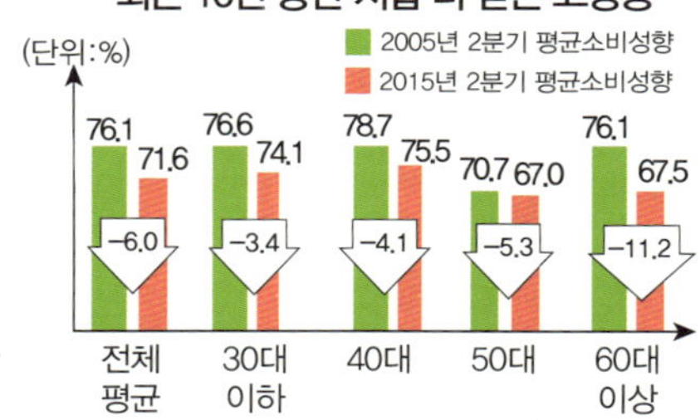

자료:통계청

'불안한 노년' 지갑 닫고 저축에 집착

▶ '저출산과 고령화'가 한국가계의 소비성향 위축시키고…

박모씨(40, 女) 6살 딸 발레학원 포기,
본인/남편 연금펀드/보험에 각각 20만원씩 가입

**→ 노후대비가 결과적으로 아이를 위한 길이라 생각
교육비 감소분이 소비가 아닌 노후대비 저축에 이용**

평균소비성향 추이 (단위:%)

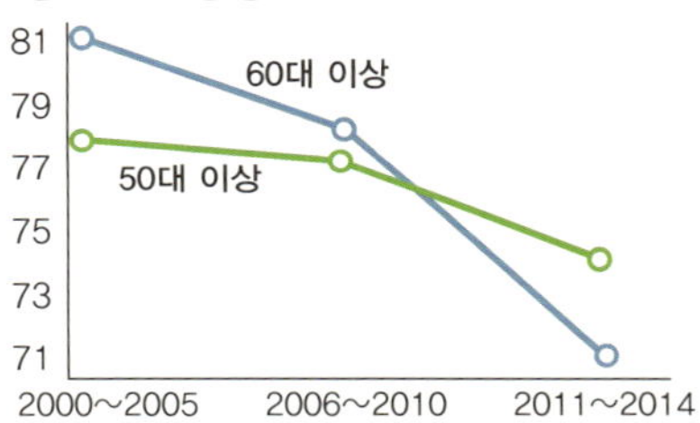

자료 : 한국은행

한·미·일 연령별 저축성향 비교 (단위:%)

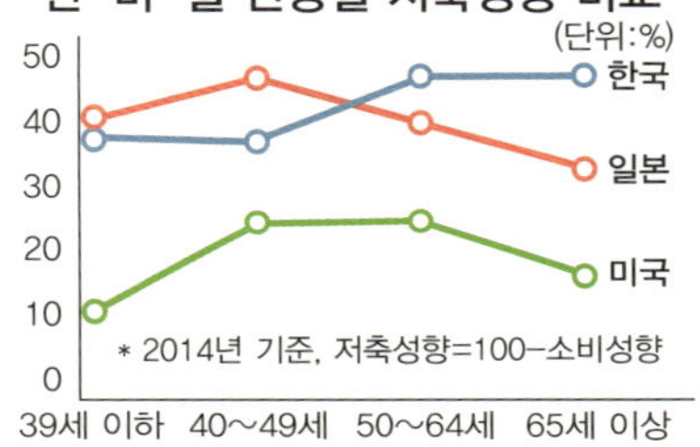

KDI의 경고…5년 뒤 고령화 충격 온다

2015.7.20 매일경제

▶ 고령화와 저성장 시대 우리는 준비돼 있는가?

한국 실질 국내총생산(GDP)성장률은
2011~2020년 3.4% → **2021~2030년 2.4%(△1%) 하락**
→ 2031~2035년에는 1.6%까지 떨어질 것으로 예상

▶ 성장률 하락의 직접적인 원인은 **취업자수 축소에 기인**

노동의 성장기여도(-) 수준으로 추락 예상
: 2011~2020년 연평균 0.6%
→ 2021~2030년 연평균 -0.1%)

KDI 예측 한국 경제성장률 (단위:%)

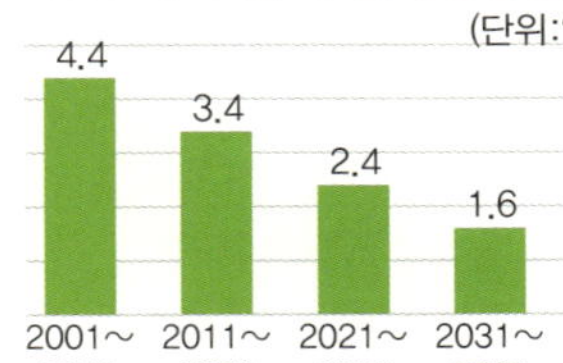

자료 : 한국개발연구원(KDI)

※ **인구구조의 고령화 → 노동공급 감소**, 산업구조/투자/금리 등 거시경제 전반에 부정적인 영향 **(제조업 or 수출 주력사업 他國으로 이동 가능)**

고령화, 부동산 시장 또 다른 뇌관

2015.12.23 중앙일보

▶ 인구 고령화가 가계부채에 미치는 영향이 3~4년 뒤인 2018년부터 본격화할 것(한은, 금융안정보고서)

자녀 출가 후(65~70세) 집을 팔기 시작, 사줘야 하는 35~59세 비중 축소
→ 물량 多, 수요 축소로 집값 하락 예상

처분가능소득 대비 금융부채 비율
→ 나이 많을수록 빚상환부담 커 (단위:%)

자료 : 통계청

※ 부동산 유동화와 고령층 소득보전 → 고령층이 한꺼번에 집을 팔지 않도록 주택연금제도 활성화, 고령층 맞춤형 일자리 확대, 실물자산보다 금융자산을 늘릴 수 있도록 조세제도 개선, 개인연금 가입 유도 필요

노인부부 월소득 108만원 13%가 '4중고'

지난 2월 경기도 안산의 임모(73) 씨는 아내 김모(72) 씨를 살해하고 경찰에 신고, 자신도 목숨을 끊으려던 임씨는 손목을 그어 위중한 상태로 발견
"사는 게 너무 힘들다"는 유서를 남긴 부부는 연립주택 반지하방에서 단둘이 살았는데 남편 임씨는 10년 넘게 신부전증을 앓았고, 아내 김씨는 폐결핵이 악화되면서 거동조차 할 수 없고 몸이 아파 돈을 벌 처지가 못됐다
가족이나 이웃과 왕래도 거의 없었다. 자녀가 있고, 독거노인이 아니어서 외부의 보살핌도 받지 못했다

▶ 한국 노인부부 가구는

1995년 71만 가구
2015년 128만 가구
2035만 292만(추정) 가구

자료 : 한국보건사회연구원

▶ 최저생활비 130만원보다 적은 월소득 108만원(연금+용돈 포함)
베이비 부머의 빈둥지 기간 19.4년
* 부모세대는 1.4년

▶ 노인부부 13%가 위기의 4중고 가구
* 4중고 : 경제(빈곤), 건강(질병), 소외, 무위(無爲)
노인부부 中 27.4%는 세 가지 문제

노인부부 평균 나이 72.5세, 자녀(평균 3.7명)와 한번도 왕래가 없는 비율 17%, 평균 2.4개의 만성질환

▶ 경제빈곤, 건강질병, 소외, 무위 4고(苦)

- 4고를 다 겪는 위기가구 13%
- 4고 中 3고를 겪는 취약가구 27.4%
- 월소득 108.4만원
- 앓고있는 만성질환수 2.4개
- 평균 나이 72.5세
- 경제활동참가비율 43.5%
- 자녀수 3.7명
- 노인부부끼리 평균 생활기간 13년

어르신 48% '빈곤', 엎친 데 덮친 '질병'

2017.6.27 조선일보

▶ 한국인 10명 中 9명은 노후자금 부족 ➔ 노후 생활비와 의료비 따로 준비 필요

- 60세 이상 고령자의 **노후자금 충분도 11.7%**, 일본 37.4%의 3분의 1
- **노후 생계가 막막하니** 2015년 **65세 이상 노인고용률 30.6%(OECD 中 2위)**, 75세↑ 노인고용률 17.9%(OECD 5년 연속 1위), **반면 노인빈곤율 48.6%(1위)**
- **의료비 中 건강보험 점유율** : 2010년 63.6% → 2015년 63.4%로 **제자리 걸음** 반면 **비급여 의료비 매년 증가** : 2010년 17.9조원 → 2013년 23.3조원

주요국 65세 이상 고용률(2015년)

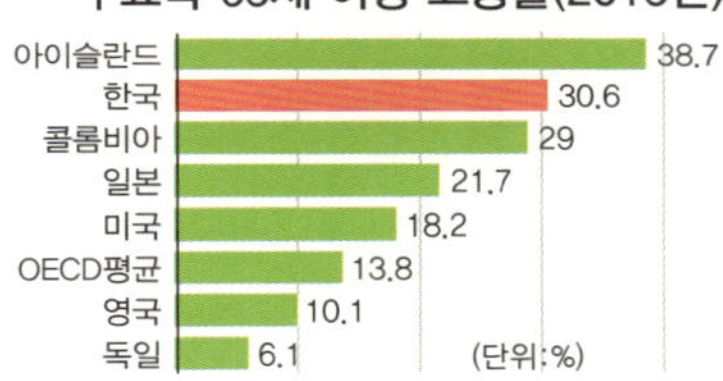

국가별 65세 이상 노인빈곤율

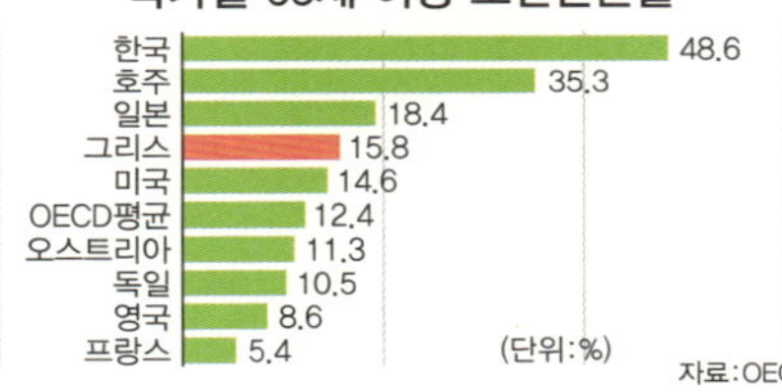

자료:OECD

빈곤율=가처분가구소득을 기준으로 중위소득의 50% 이하에 속하는 비율

홀로 남은 찬 방에서 견디기 버거운 삶

통계청, 2017년 고령자 통계

▶ 2016년 65세 이상 노인 1인가구는 129만 4,000가구로 집계

- 전체 노인가구 386만 7,000가구의 33.5%가 1인가구
- 65세 이상 독거노인은 132만 4,000여 명
  이 중 주소지 미거주를 제외한 **실제 독거노인은 59.7%인 79만 명**
- 연령별로는 **71~75세가 27.4%**, 76~80세 26.8%, 65~70세 20.2% 順
- **실제 독거노인 중 여성이 63만 9,000명(80.9%)** > 남성 15만 명(19.1%)
- 이웃과 57.3%, **가족과 73.3%가 왕래가 거의 없다**, 사회적 단절 심각

- **독거노인 27%만 노인돌봄 기본서비스 혜택**
  생활관리사가 독거노인의 집을 주 1회 방문하고, 주 2~3회 전화로 안부 확인
  "방문할 때마다 손을 꼭 잡고 '딸보다 낫다'고 하신다"
- 한해 전국서 1,000건 이상 / **무연고 사망자 5년 새 2배(고독사는 통계마저 없다)**

일본 고령층 '일부러 범죄' 늘어

2016.3.29 중앙일보

▶ 절도 등 경범죄 35%가 60세 이상, 기댈 곳 없는 독거노인 재범 많아
수감자 1인 비용, 기초연금의 5배 **"의식주 해결되고 병원 역할까지"**

- **200엔짜리 샌드위치 절도 → 2년형 선고 → 식사/잠자리 해결**
  *** 신규 수감자 中 60세 이상 2004년 9.8% → 2014년 17.2%**
- **기초연금 웃도는 고령자 수감자 유지비용 연 420만엔**
  *** 독거노인 기초연금 연 78만엔(최저생계비 98만엔)**

일본의 신규 수감자 중 60세 이상 비율(단위 : %)

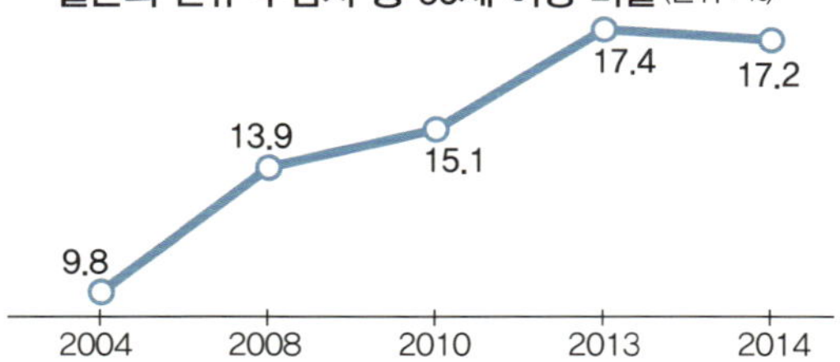

자료 : 일본 법무성 범죄백서(2015년)

늘어나는 캥거루족 '자녀 취업까지 경제지원'

▶ **육아정책연구소 '한국인의 자녀 양육관',** 전국 20~50대 남녀 1,013명

- 올해 조사 대상은 8년 전보다 자녀를 조용히 돕는 데 초점을 맞추는 경우 많음
  '부모는 자녀의 뒤에서 도와주는 사람'이란 응답이 70.1%에서 72.9%로 증가

  – 부모가 자녀에게 **경제적 지원을 해야 하는 시기에 대해 '대학 졸업까지'**
  2008년엔 10명 중 6명(62.6%) → 올해는 **절반 이하(49.3%)로 급감**
  – 대신 **'취업까지'란 응답이 14.7%→23.6%, '결혼까지' 10.2%→12%,**
  '결혼 후 안정될 때까지'는 0.6%→3%로 크게 증가

➔ 20~30대 '캥거루족' 을 용인 하는 경향 강해진 게 대표적

- **2008년과 비교해 청년 실업이 증가하고 초혼 연령이 올라가면서 부모와 함께 사는 성인 자녀들이 늘어났기 때문**

부모가 자녀에게 경제적 지원을 언제까지 해야 하나 (육아정책연구소)

(단위:%)

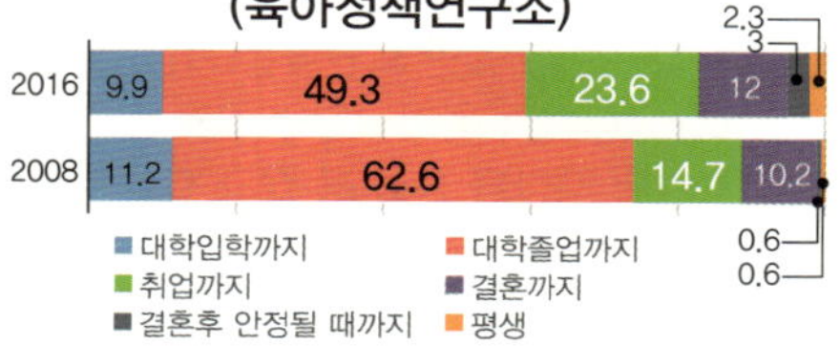

자녀 결혼비용 1억 3,000만원

▶ **고통으로 다가오는 자녀 결혼비용**(최근 5년 이내 자녀 결혼)

- **결혼자금 : 아들 평균 9,373만원, 딸 평균 4,167만원**
  * 결혼 부담 : 신랑 신혼집, 신부 혼수
- **'노후자금의 55%를 자녀 결혼에 썼다' → 부모 노후준비에 차질 2016년 초 평균 결혼비용 2억 7,400만원(듀오)**
- **2016년 초, 5년 이내 결혼한 이들의 49.7%는 '결혼비용 同一 부담'**

* 2016년 5월 삼성생명은퇴연구소 설문 결과

30만원 버거워 치매남편 요양 포기

2017.3.6 중앙일보

▶ **1인당 치매관리비용 2015년 2,033만원 → 2050년 3,929만원 의료비 53.3%, 간병비와 기저귀 등 비의료비도 32.7%占**

불어나는 치매관리비용 (단위: 원)

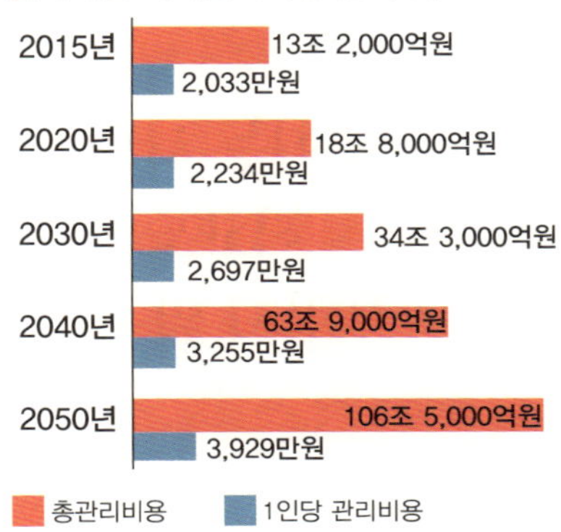

치매환자 한 명에게 들어가는 비용 (단위:%)

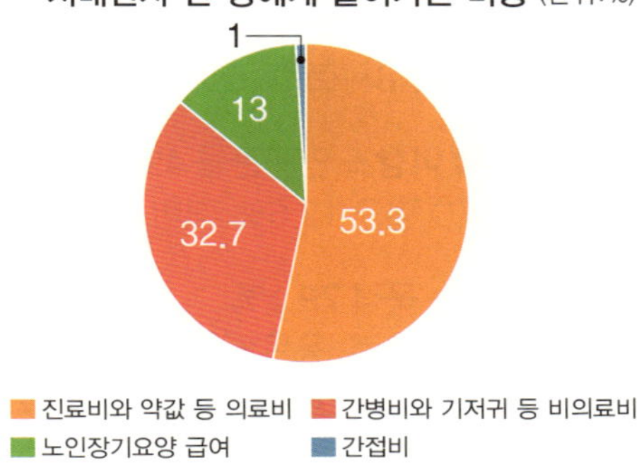

자료 : 보건복지부

부모 부양에 대한 인식

▶부모 부양은 누가? (한국여성정책연구원의 15세 이상 국민대상 설문결과)

- **가족이 부양 : 2002년 70.7% → 2014년 31.7% / 부모 스스로 : 9.6% → 16.6%**
- **실제 생활비(부모 스스로) : 2002년 44.8% → 2014년 50.2%**

* 60세 이상 본인이 생활비 마련 2002년 55.9% → 2015년 66.6%

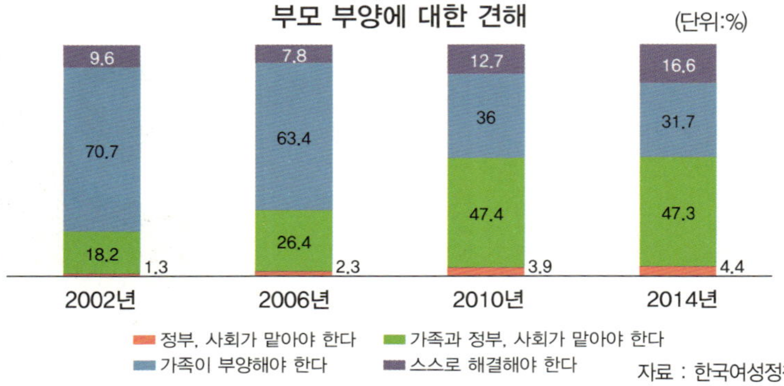

자료 : 한국여성정책연구원

어르신, 왜 일하십니까?

▶新 허기진 군상, '은퇴가 고통인 사람들'

- 한국인 평균 **퇴직연령 52.6세, 평균 기대수명 81.9세**
  정년까지 일할 비율 7.6%
- **한국 실질 은퇴연령 남성 71.1세,**
  여성 69.8세로 OECD 가입국 중 가장 높아
- **65세 이상 노인빈곤율 49.6%**
  OECD 평균 12.6% 대비 4배
- **일하는 목적 79.1%**
  생활비 마련, 용돈벌이는 8.6%뿐
  대다수의 노인에게 일자리는 곧 '生存'

"일 있는 사람이
최고로
부럽지 뭐…"

직장인 체감 퇴직 나이는
대기업 48.8세, 중소기업 50.8세

2016.6.2 중앙일보

▶ 대기업 직장인이 체감하는 퇴직 나이는 48.8세

- 중소기업 50.8세, 공기업 54.9세, **평균 50.9세(△ 1.2세, 2015년)**
  * **남성 51.7세, 여성 49.9세**
- 직급별 대리급 49.3세, 직무별 IT/정보통신/디자인 47세
- 고용안정성 보장받을 것이라는 기대 18.6%
  → 고용불안 해소, **정년 보장의 공무원으로 전환 생각 73%**

60세 정년, 연금 전 5년 '소득 크레바스'

2016.12.30 중앙일보

▶ 정년 65세로 연장 추진 왜? ← * 2016년 300인 이상, 2017년 全 사업장 정년 60세 적용

일자리 통해 노후준비 부담 덜고, 고령인력 활용해 생산인구 유지

> 2016년 고령자 통계에 의하면 53.1%가 노후준비를 하지 않고 있다
> 노후준비를 하는 사람도 국민연금과 예금, 적금의존도가 매우 높다

* 국민연금 수령시기 : 현재 61세, 2018년 62세(1957~1960년생), 2023년 63세(1961~1964년생)
2028년 64세(1965~1968년생), 2033년 65세(1969년생 이후)

➔ 정년과 국민연금 수령시기 差
국민연금 없이 5년을 견뎌야 한다

- 일본도 1998년 60세 정년 의무화, **2006년에는 정년을 65세로 연장**
- **2017년부터 생산가능인구(15~64세)가 줄어** 고령인력 활용 필요
  반면, 청년 일자리 줄일 수 있다는 지적

정년 이후 연금받는 시기 점점 벌어져…

자료 : 보건복지부

출생년도	법정정년	국민연금수령
1953~56년생	60	61(2016년)
1957~60 〃	60	62(2018년)
1961~64 〃	60	63(2023년)
1965~68 〃	60	64(2028년)
1969년생~	60	65(2033년)

노후준비는 개인의 몫

▶ 60세 이상 부모 4명 중 3명, '자녀와 같이 살고 싶지 않다'

- 자녀와 같이 살고 싶지 않음 : 2005년 52.5% → 2015년 75.1%
- 자녀와 떨어져 장래에 살고 싶은 곳 : 대부분 자기 집을 선호
  * 연령이 높아질수록 '양로 · 요양시설' 선호도 증가(80세 이상 18%)

향후 자녀와 동거의향 및 살고 싶은 곳

향후 자녀와 동거의향 (단위:명)

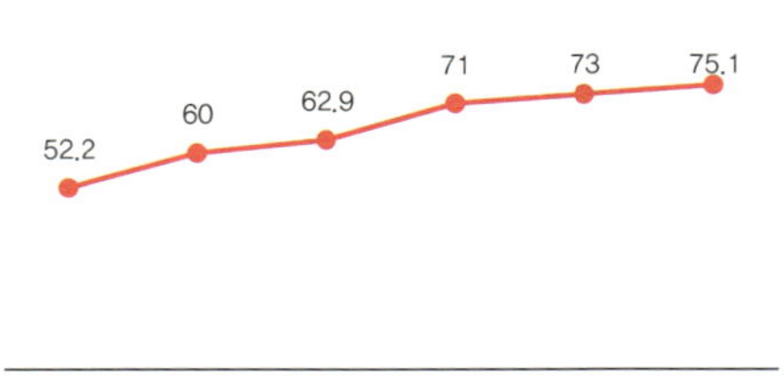

향후 살고 싶은 곳
양로 · 요양시설 (단위:명)

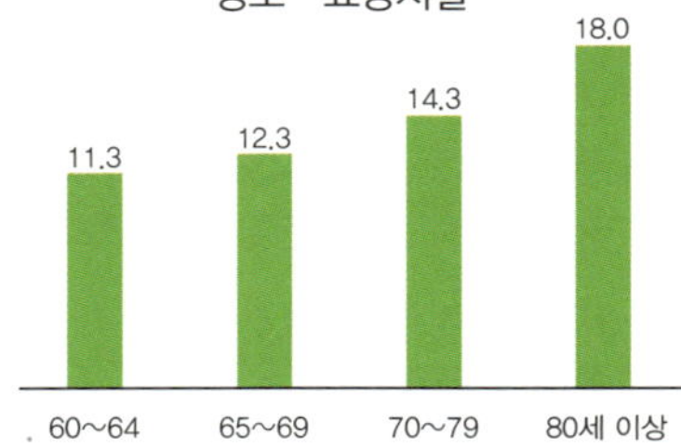

참고

부부 평균 필요자금 月 250만원

▶ 2015년 부부가구 (평균)노후 필요생활비 月 250만원

- 현재 준비자금 112만원 = 부족자금 月 138만원

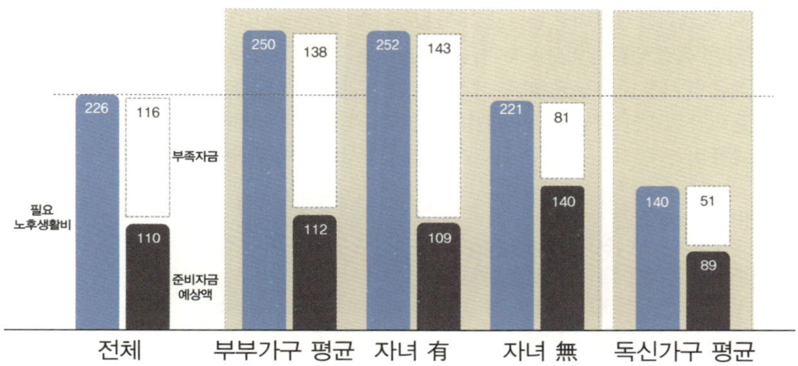

자료 : 2015 한국 비은퇴가구의 노후준비 실태, KB금융지주 경영연구소

참고

여성, 홀로사는 10년 어떻게?

▶ 준비 안된 노후 + 홀로 되는 10년 = 자녀의 '짐'

- 홀로 되는 10년을 위해 은퇴설계는 절대 여성중심으로

부부간 나이차이 4살 가정시

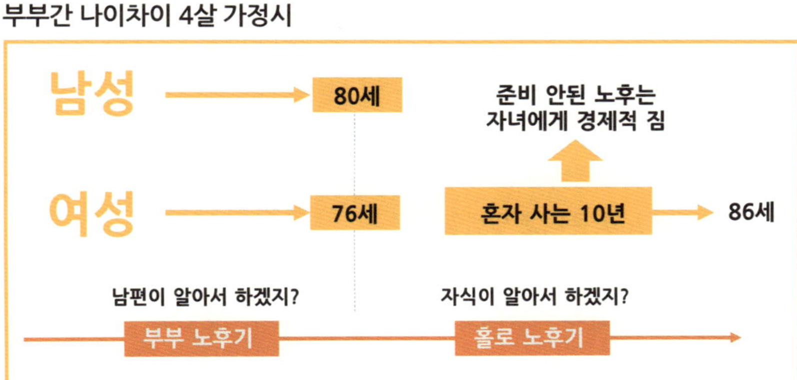

노후생활 기본비용 月 177만원, 10명 중 3명도 준비 못해

2017.12.14 중앙일보

▶ 한국인, 기본적인 노후생활을 위해 '月 177만원 이상' 필요 하지만 실제 이만큼 준비를 한 사람은 10명 중 3명에 불과

- 은퇴 후 적정한 생활비로 월평균 251만원, 최소 177만원(70%) 필요
  하지만, 적정 생활비 이상 노후자금을 준비하는 사람 8.8%, 최소생활비 27%뿐
- 노후준비 시작 나이 평균 44세, 그러나 45.8%가 아직 노후준비 시작도 못했다
  * 은퇴가 임박한 50~60대의 46.4%, 23.4%가 '노후준비 전혀 못하고 있다'
- 노후준비 부족으로 은퇴시기 늦어져(은퇴 희망시기 65세, 실제 은퇴연령 75세)

행복한 노후조건

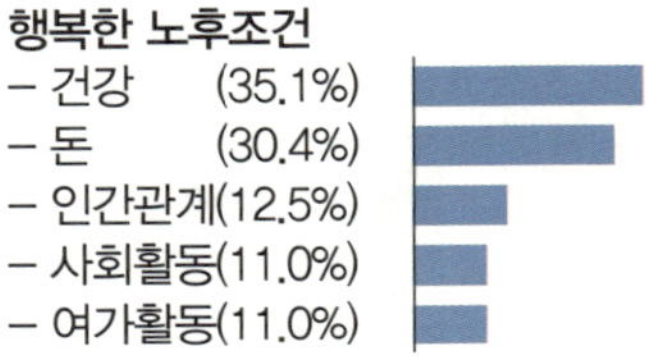

* KB 금융지주 '골든라이프 보고서'

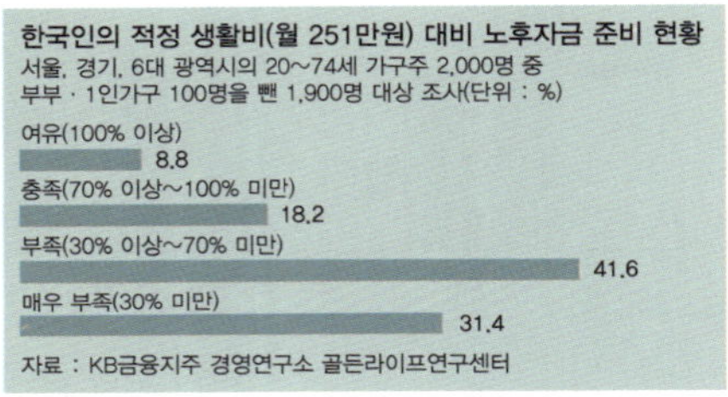

열에 일곱 '은퇴 후 필요소득 계산 안해봤다'

2015.11.26 매일경제

▶ 삼성생명은퇴연구소, '은퇴에 관한 부부의 일곱 가지 실수'

- 2014년 서울/5대 광역시, 25~74세 비은퇴가구 대표자 1,782명

삼성생명이 꼽은 예비 은퇴부부들의 7가지 실수

① 은퇴 후 필요한 돈을 계산해보지 않는다	67.4%
② 부부 중 1인만 재무적 의사결정에 참여한다	50.3%
③ 의료비와 장기 간병비를 준비하지 않는다	55.0%
④ 자녀 지원과 노후 준비를 맞바꾼다	66.5%
⑤ 은퇴 준비를 돈 문제로만 여긴다	
⑥ 은퇴 후 삶에 대해 부부간 대화가 없다	68.0%
⑦ 만일의 상황에 대비한 의사결정이 없다	

정리 고령화, 저성장, 저금리 시대 전략

▶ **저성장으로 평생소득 감소와 저금리로 투자수익률 감소한 반면, 고령화로 (평생)필요자금은 점점 늘어나는 것으로 전망**

- **기준금리** : 2008년 8월 5.25% → 2016년 6월 이후 2017년 10월 **현재까지 1.25%**
- **실질 GDP 성장률** : 2015년 2.8% → 2016년 2.8% → **2017년 2/4분기 2.7%**
- 2030년에 태어난 **남녀의 기대수명 : 여성 90.82세, 남성 84.07세**로 세계 1위

  * 2026년 65세 이상 1,200만 명 예상

➔ **불투명한 미래를 위한 대비는 '저축' 뿐**

국내총생산 및 경제성장률

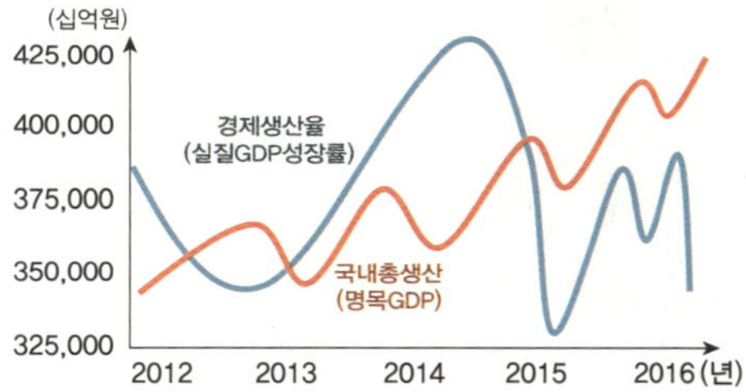

주요 시장금리 추이

자료:한국은행

정리 고령화와 보장자산

경력단절, 홀로 Risk, 병원비

1. 한국인 기대수명 남자 80세, 여자 86세 → 은퇴설계는 여자 중심으로!
2. 사망원인 암, 혈관, 자살 그런데 암환자 5년 이후 생존율 70.3%
   → 여자는 조기 가입, 남자는 비갱신형으로 준비
3. 1960년 15~64세 이하 경제활동인구 100명이 65세 이상 80명 부양 필요
   → 국민연금에만 의존? (69년생, 65세부터 국민연금 수령 예정)
4. 은퇴설계 4가지 요소
   → 은퇴 후 부부 생활비, 가장 의료비, 홀로 남은 여성 생활비 + 병원비
   그런데, 열에 일곱은 '은퇴 후 필요소득 계산 안 해봤다'
5. 은퇴 후 필요자금 월 288만원, 현실은 190만원 → 어떻게 준비?
6. 그런데, 53.3%가 국민연금에 의존, 월평균 52만원 수령 中, 2060년 고갈
7. 우선, 보장자산부터 준비하라! 특히, 여성 CI는 무조건 준비해야
   * 여성 CI로 자녀가 부담해야 할 자신의 병원비를 축소하라!
8. 가장의 종신보험 활용 홀로 남은 여성의 생활비를 마련하라!

Part 03

고객상담 및
고객관리 Skill

상담을 잘하고 싶다면 이렇게!

1 사전 준비 — **상담의 목표를 달성할 수 있도록 철저 준비**

- 장소 : 방해받지 않고 면담이 가능한 조용하고 격리된 장소
  (가능하면 외부 식당, 카페 등 사무실 外 장소)
- 준비 : **상담 주제, 상담 대상자의 신상/근황, 최근 관심사 등**

2 상담 실시 — **피상담자의 상담 분위기 조성 → ALL에 집중**

* **ALL : 효과적인 질문(Ask), 주의 깊은 관찰(Look), 적극적 경청(Listen)**

- 방　법 : **일반적인 것에서 시작 점차 세부적인 것으로 상담 범위를 좁혀감**
- 시　간 : 1시간 이내(시간보다는 횟수가 중요)
- **마무리 : 상담시 거론된 내용 요약, 문제 해결 및 조치계획 공유**

3 사후 관리 — **상담 결과에 대해서는 반드시 피드백 실시**

- 상담에 따른 문제해결, 조치 내용을 가능한 빠른 시간 이내에 명확하게 전달

최고의 고객상담 기법은?

▶ 최고의 고객상담 기법은 고객의 마음을 움직이게 하는 것!

"인간은 자존심 덩어리다
그래서 남의 말을 따르기는 싫어하지만
자신이 결정한 것에는 기꺼이 따른다
그러므로 남을 움직이려면 명령하지 마라
스스로 생각하게 하라!"

– 데일 카네기 –

상담 준비의 3단계

▶ 스스로를 세일즈맨이 아닌 진정한 컨설턴트라 생각하라!

상품이나 서비스를 팔고자 하는 대신 고객들이 어떤 일을 하는지에 대해 적절한 것을 물어보고, 당신이 세일하는 상품을 이용하여 고객의 목표를 이루도록 도와줄 방법을 모색하라! – 브라이언 트래시 –

- **상담 前 조사**: **잠재고객에 대한 최대한의 정보를 수집**하라! **관심사항**, 직장상황 등 **'사전조사 했다' 느낌이 들도록**
- **상담 前 목표**: **무슨 질문을 할 것인가 목록을 정리하고, 상담결과에 대한 목표 수립 (오늘 이것은 必히 상담)**
- **상담 後 분석**: **토의 내용 중 필요 사항은 세부적으로 기록** 재방시 상담내용 활용하면 고객은 언제나 감동

상담의 첫 단계, 첫인상의 중요성

▶ **미국 심리학자 솔로몬 애쉬의 실험**

먼저 피실험자들을 A, B 두 집단으로 나눈 뒤
한 인물의 성격 특성에 대해 말해주고 인물평을 하게끔 → 평가 결과는?
똑같은 말을 순서만 바꿨을 뿐인데도 A집단의 평가결과가 더 양호

A집단에게는 "똑똑하고 근면하며 충동적이고 비판적이며 고집이 세고 질투심이 강한 사람이다"

B집단에게는 "질투심이 강하고 고집이 세며 비판적이고 충동적이고 근면하며 똑똑한 사람이다"

고객의 구매프로세스 첫 단계, 부정

▶ **모든 잠재고객의 마음속에는 세일즈맨을 부정하는 장치가 있다**
→ 신뢰성 전이의 원리를 활용하여 의심 많은 고객으로부터 신뢰 확보 필요

"세일즈맨의 말에 속으면 안돼!"

"내가 물건을 사면 세일즈맨만 돈을 벌지!"

고객

"고객님, 정말 빠릅니다. 20년은 틀림없죠. 고객님의 은퇴 후 삶은?"

세일즈맨

상담의 시작, '고객은 당신을 신뢰하지 않는다'

▶ **고객의 부정적 태도, 자신감 결여 극복의 해독제는** '信用'

→ 절대적으로 믿을 수 있는 제품을 파는 믿을 만한 사람

- **세일즈맨의 신용 : 옷차림, 단정함, 장신구, 긍정적 태도**
- **회사의 신용 : 회사 평판, 상품 혹은 서비스 그 자체**
- **고객의 신용 : 고객의 추천서, 고객 중심의 상품 설명**

'세일즈맨 당신이 고객에게 주는 첫인상의 95%는 순전히 당신의 옷차림에서 시작'

세일즈맨에 대한 부정적 인식은?

▶ **세일즈맨에 대한 부정적 인식**

- "마음에 들지 않는 물건을, 강요에 의해 사거나, 비싸게 사게 되지 않을까?"

– 조 지라드의 최고의 하루 중 –

- **고객은 상품을 구매하고 나면 구매에 대한 부정적 인식에 대해 확인받고 싶어한다**

▶ 고객이 거절할 때 그것에 이의를 제기해서는 안 된다

- **구매를 꺼려하는 주된 문제점을 정확히 파악해**
  친절한 태도로 고객의 염려를 해결해주는 데 집중

사람의 마음을 사로잡는 6가지 지름길은?

– 로버트 치알디니, 설득의 심리학 –

사람의 마음을 사로잡는 6가지 불변의 법칙

① **상호성의 법칙** : 샘플을 받아본 상품은 사게 될 가능성이 높다(행사)
내가 도와준 사람이 나를 도와줄 확률이 높다(고객Keeping)

② **일관성의 법칙** : 자신이 선택한 상품과 서비스가
최고라고 믿고 싶어한다(청약철회 대응 방법)

③ **희귀성의 법칙** : 한정판매, 백화점 세일 마지막 날에 사람이 몰린다
홈쇼핑 쇼핑 호스트(55사이즈 마감) → 가입률 통계 활용

④ **권위의 법칙** : **賞 받은 상품**, 높은 직책, **유명한 인사**,
우아한 옷차림에 약하다**(주말에 볼 영화 선택 방법)**

⑤ **호감의 법칙** : **잘 생긴 피의자가 무죄 판결을 받을 가능성 高(복장)**

⑥ **공감의 법칙** : **'가장 많이 팔린' 상품은 '더 많이' 팔릴 것(판매통계)**

설득, 경험을 구성하는 다섯 가지로 말하라

Visual 시각
Auditory 청각
Kinesthetic 감각
Olfactory 후각
Gustatory 미각

▶ 우수한 세일즈맨은 고객을 설득할 때
현실에 아직 존재하지 않는 경험을 나타내는 단어를 사용하여
고객의 머릿속에 그려 고객이 스스로 설득되게 한다

우수 세일즈맨의 공통점은?

▶ 탁월한 세일즈맨의 공통점 중 하나는
함께 있는 사람을 편안하게 해주는 기술을 가졌다

– 브라이언 트래시–

* 감성마케팅이란 사전적 의미로는
고객의 기분과 감정에 영향을 미치는 감성적인 자극을 통해
고객과의 Relationship을 강화하는 것

그러면, 어떤 사람이 고객을 편안하게
해주는 기술을 가진 사람일까요?

Tip

반드시 성공하는 인간관계 15가지

▶ 세일즈맨이 지켜야 할 영업 성공의 길 = 인간관계의 성공

1. 상대방의 의견에 비판, 멸시, 불평을 하지 마세요
2. **진솔한 이해로 다가가서세요**
3. **상대방이 원하고 바라는 것에 귀 기울여 보세요**
4. 진심으로 타인에게 관심을 가져 보세요
5. **웃어봐요**
6. 상대방의 이름을 부르는 소리는 세상 그 어떤 것보다도 듣기 좋은 소리라는 것을 기억하세요
7. **좋은 경청자가 돼보세요**
   상대방이 자신에 대해 스스로 거침없이 말할 수 있도록 편한 분위기를 만들어주세요
8. **상대방의 관심사에 대한 이야기를 화제로 삼아보세요**
9. 진심 어린 맘으로 상대방이 본인에게 정말 중요한 사람이라고 느끼게 해주세요
10. 논쟁을 되도록 피하세요
11. 상대방의 의견에 절대로 "그건 아니야"라는 말은 하지 마세요
12. **자신이 틀렸을 때는 되도록 빨리 똑부러지게 인정하세요**
13. 친근하게 다가가세요
14. 상대방에게 "그렇지, 그렇지" 하는 반응을 이끌어내도록 해봐요
15. **자신보다 상대방이 더 많은 얘기를 할 수 있도록 해주세요**

고객을 편하게 하는 기술

▶ 돈 들지 않고
다른 사람들에게 호감과 존경을 받는 비결은?

- 남의 말을 **傾聽(경청)**하는 것!
- 남을 **칭찬**하는 것!

➔ **그런데, 식상한 칭찬은 감동이 없다!**
칭찬을 질문화법으로 바꾸어 한다면?

Tip

마음을 얻는 메시지, 이청득심

以 聽 得 心

(이청득심)

귀 기울여
경청하는 일은
사람의 마음을 얻는
최고의 지혜이다

– 마음을 얻는 지혜 '경청' 중 –

사례

소리없이 강한 힘, 경청(傾聽)

▶ 리더십 강사로 유명한 데일 카네기가 어느 날 한 만찬에서 저명한 식물학자를 만났는데 사실 **식물에 관해서는 전혀 문외한**이었던 카네기는 만찬이 끝나갈 때까지 새로운 식물의 품종개발 실험이나 실내 정원에 대해 이야기하는 학자의 이야기를 들었다

▶ 만찬이 끝날 즈음, 만찬의 주인과 식물학자, 그리고 카네기가 함께 만나게 됐다 그 자리에서 식물학자는 만찬의 주인에게 카네기에 대해 칭찬을 하기 시작했다 카네기를 흥미 있는 사람이라고 소개하며, **"가장 재미있는 대화가"**라고 말했다

▶ 그런데 그 날 카네기는 그 식물학자와 함께 시간을 보내면서 거의 한 마디의 말도 하지 않았다는 사실이다. 카네기가 한 일은 오직 한 가지였다 그것은 바로 그 **식물학자의 이야기를 진지하게 들어준 것**이었다

▶ 카네기는 **"다른 사람의 이야기를 진지하게 들어주는 경청의 태도는 우리들이 다른 사람에게 나타내 보일 수 있는 최고의 찬사 가운데 하나다"**라고 말한다

Tip

공감대를 형성하는 경청 방법은?

Family하게 들어라!

Family	우호적 감정
Attention	주목
Me too	맞장구
Interest	관심과 흥미
Look	응시
You are centered	말하는 네가 중심

성공경청사례

초한지에서 배우는 성공의 힘, 경청

▶ 성공하게 하는 힘 = 소통(疏通)

• 서로의 말을 傾聽(경청), 자신의 얘기를 諫言(간언)

한나라 유방

- 흙수저, 욕설, 술
- 직언한 사람에게 포상(경청)
- '如何' = '항상 묻는다'

如何(여하)

- 그 형편이나 정도가 '어떠한가'의 뜻
- 누군가에게 물을 때('어때')

초나라 황우

- 금수저, 힘의 장사, 용병술
- 남의 말을 안 듣고 지시만
- '何如' = '항상시킨다'

何如(하여)

- 그 형편이나 정도에 상관없이 '이렇게 해'의 뜻
- 누군가에게 시킬 때('해')

성공을 위한 대화의 법칙 3, 2, 1

▶ 다른 사람과 대화할 때에는

3분간 경청하고,

2분간 맞장구를 쳐주며,

1분간 말해야 한다!

설득력! 자신감, 태도, 외모 등이 어우러져 나온다

▶ 설득력의 가장 중요한 요소는 말하는 사람이 아닌 자신감

- 반짝반짝 빛나는 눈,
- 말하는 태도,
- 그리고, 표정이 무엇보다 중요
- 단정한 옷차림은 당연히 필수

➔ 싸구려 시계를 차고, 지저분한 수염을 기른 남자가
당신에게 "열심히 노력하면 성공한다"라고 말한다면
당신의 느낌은?

영업, 성공의 지름길 '질문'

▶ 영업의 모든 과정에서 質問을 해야 고객의 문제와 필요를 알아내 그에 적절한 해결책을 보여줄 수 있기 때문

➔ 고객과의 상담 전 준비를
평범한 컨설턴트는 본인의 상품설명에 초점을 맞춘다면,
우수한 컨설턴트는 어떤 질문을 할 지 미리 준비한다!

Tip

Backtracking을 자주 활용해라!

▶ Backtracking, 상대방이 말한 내용을 반복하거나 요약해서 다시 말하는 것으로 '맞아 맞아' 등 맞장구도 일종의 사례

- 판매 : 지금 쓰시는 제품은 어떻게 구입을 하셨나요?
- 고객 : 친구가 추천해줘서 구입하여 사용하고 있습니다.
- 판매 : 아~ 친구가 추천해주셨군요. 써 보시니 어떤가요?
- 고객 : 다소 불편한 부분이 정작 필요할 때 여기가 작동이 잘 안 되요.
- 판매 : 필요할 때 부분적으로 작동이 안 되어 불편하셨군요. ~~~

➔ 백트래킹을 사용할 경우, **상대방은 본인 자신을 잘 이해하고 있음을 느낌과 동시에 나에 대해서 깊은 신뢰감과 믿음을 느끼게 된다.**
일단, 신뢰감이 형성되면 상대방은 마음속 깊은 얘기를 하게 되기 마련

Tip

듣고 공감했으면 Story로 말하라!

▶ 의사결정은 좌뇌가 아닌 감성을 관리하는 우뇌가 결정
설득은 Fact(사실)보다는 Story로 이야기할 때 효과적

- 사　실 : "할머니가 돌아가시자 할아버지도 돌아가셨다"
- 스토리 : "할머니가 돌아가시자 할아버지도 상심하여 돌아가셨다"

➔ 차이가? 스토리는 그림이 그려진다!

➔ 스토리텔링은 자신의 이야기(진정성)를 할 때 가장 감동적
- 나는 누구인지, 나의 비전은 무엇인지,
왜 지금 일을 하게 되었는지, 왜 이 상품을 판매하는지…

Tip

강력한 Key word를 활용하라!

▶ 복사기, 줄 서있을 때 어떻게 하면 먼저 복사를 할 수 있을까?

- Case 1. 왜냐하면 ~~ 일로 제가 굉장히 바쁜 일이 있거든요
→ 94% 승락
- Case 2. 이유는 생략 후 죄송합니다만 제가 먼저 사용하면?
→ 60% 승락
- Case 3. 터무니 없는 이유라도 말하고 먼저 사용하겠다면?
→ 93% 승락

– 심리학자 연구 결과 –

➔ 설득의 효력은 **말의 정확한 이유보다 '왜냐하면'의 有無에 결정**
설득 당하는 사람의 입장(심리)에서는 막강한 영향력을 주는 단어

Tip

상품을 한 줄로 정리(Closing)

"나는 방송을 할 때
그 상품을 무조건 한 줄로 준비한다.
이것이 **상품의 본질이며 방송의 주제**가 된다"

▶ Shopping Host

• 1분에 1억을 파는 여자(Nickname)

• 2시간에 23억 매출

– 쇼핑호스트 정윤정의 '나는 30초가 다르다' 中 –

Tip

Closing, 내면적 욕구에 집중하라!

▶ **모든 구매결정은 감성적인 부분을 건드릴 수 있어야 성공!**

- **상대의 표면적 욕구가 아닌 내면적 욕구에 집중**

▶ [Y회장, Y그룹 회장] 젊은 시절 백과사전 외판원

- 연탄가게 주인에게 "혹시 백과사전 필요하지 않으세요?"
- 주인은 가격을 듣고 거절, **겉으로 한 말속의 본심을 읽음**
- "지금 이렇게 고생하시는 것도 자식을 위해서 아닙니까?,
  자녀분들이 가게를 물려받아 평생 연탄을 나른다면?
  아이들이 많이 배우고, 하고 싶은 일을 하며 살게 해야죠"

Tip

나 중심의 I-Message 활용하기

▶ **고객과의 상담 후 Feed Back을 할 때에는 상대방에 대한 지적보다 본인의 생각이나 느낌, 그리고 나의 바램을 중심으로 말하는 I-Message가 효과적**

구분	I-Message	You-Message
	'나' 중심의 전달방법	'너' 중심의 전달방법
대화방식	**'나'를 주어로 하여** 상대방에 대한 자신의 감정과 생각을 솔직하게 표현하는 방식	**'너'를 주어로 하여** 상대방의 행동에 대한 평가나 비평을 하는 방식
표현원리	**나는 … 문제행동 + (행동의 영향) + 자신이 느끼는 감정/기분**	**너는 … 하다**
사용 例	나에게 협의 없이 그 문제를 처리한 것 때문에 사실 조금 불쾌했네	어떻게 네 마음대로 그 문제를 처리할 수 있어?

상담에서 중요한 것은 표정관리

▶ 세일즈맨은 **얼굴을 관리해야 한다**

얼굴의 생김새가 아닌 자신감 있는 표정을 관리해야 한다

성공의 다른 표현은

자신만만하게 웃는 얼굴

– 회복탄력성 –

고객관리 TiP

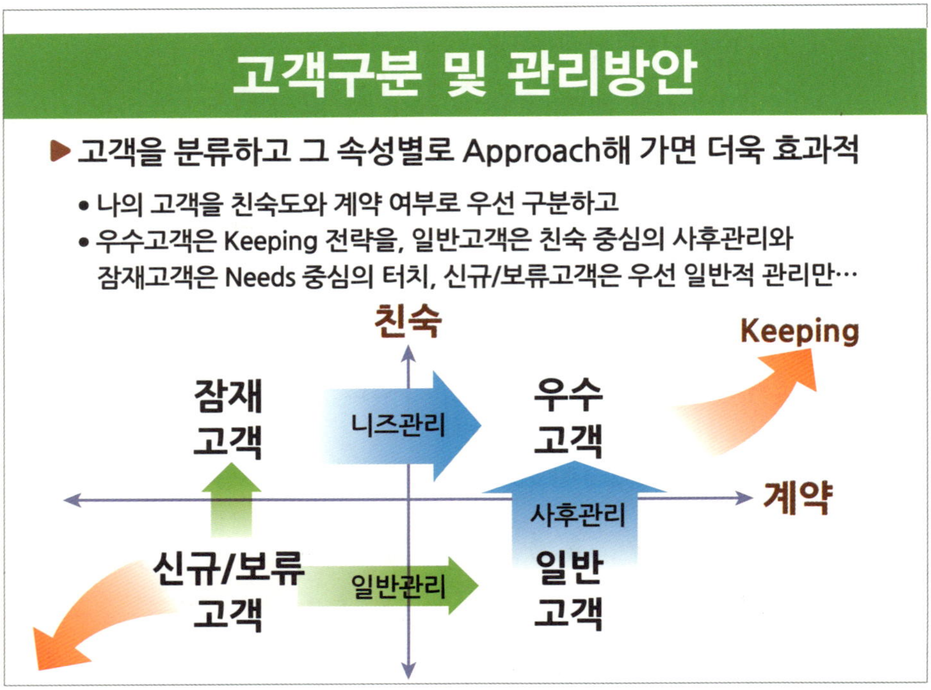
고객구분 및 관리방안
▶ 고객을 분류하고 그 속성별로 Approach해 가면 더욱 효과적
• 나의 고객을 친숙도와 계약 여부로 우선 구분하고
• 우수고객은 Keeping 전략을, 일반고객은 친숙 중심의 사후관리와
잠재고객은 Needs 중심의 터치, 신규/보류고객은 우선 일반적 관리만…
친숙
Keeping
잠재
고객
니즈관리
우수
고객
계약
사후관리
신규/보류
고객
일반관리
일반
고객

판매 프로세스 이해, 고객관리부터

▶ **판매 프로세스는 직선형이 아닌 순환형(Cycle)!**

- 직선형 프로세스는 새로운 계약을 위해 새로운 가망고객을 계속적으로 찾아내어 '가망고객 깔때기'에 넣어야 하는 반면
- **순환형 프로세스는 고객관리를 잘하면 고객발굴도 해결가능 즉 방문할 사람(신규고객)이 없다는 것은 고객관리/서비스 단계가 잘못된 것**

Tip 고객과의 1%의 공통점을 찾아내라!

▶ 성공적인 갈등관리의 비결은 101% 원리에 따라 사는 것이다 만일 세일즈맨 당신과 갈등관계에 있는 고집스런 사람이 있다면 **당신과 그 사람이 일치하는 1%를 찾아내라**

▶ **그리고 그 1%를 위해 당신의 100% 노력과 능력을 쏟아 부어라** 그 1%를 실마리로 해서 세일즈맨 당신과 그 사람을 함께 묶도록 하라

고객은 왜 나에게 보험을 살까?

– Little Red Book of selling –

1. **나는 나의 FC가 좋다(like)**
2. 내가 사는 상품을 내가 안다
3. **내가 사는 상품의 차이(회사/FC)를 안다**
4. 나는 이 상품의 가치를 안다
5. **나는 FC를 믿는다(believe)**
6. **나는 FC를 신임한다(confidence)**
7. **나는 FC를 신뢰한다(trust)**
8. **나는 FC가 편하다(comfortable)**
9. 나는 FC가 제시한 상품과 서비스가 나의 Needs와 맞다
10. 상품의 가격이 적정하다(가장 쌀 필요는 없다)
11. 이 상품과 서비스가 향후 나의 이익을 향상시킬 것이다
12. **나의 FC가 나를 도와주려 할 것이다(trying to help)**

▶ 고객이 보험을 구입하는 요소 12가지 中 FC 관련 항목 8가지!

사람의 마음을 얻는 것이 가장 어려운 일이다!

세상에서 가장
어려운 일이 뭔지 아니?

흠… 글쎄요,
돈 버는 일?
밥 먹는 일?

세상에서 가장
어려운 일은 '사람이 사람의 마음을 얻는 일'이란다.

내가 좋아하는 사람이
나를 좋아해주는 건 기적이란다

– 어린왕자 –

Tip

관계관리의 중요성

▶ 인생에서 성공의 8할은

다른 사람들과 잘 지내는 '**관계능력**'이 좌우한다

파느냐, 못 파느냐는 것은 고객과의 관계능력에 달려있다

성공과 출세에 가장 중요한 요소 세 가지

1. 다른 사람과 어울리는 능력(Relationship)
2. 좌절을 극복하는 태도
3. 감정조절 능력

– 美 보스턴大, 7살짜리 450名을 40년에 걸쳐 조사 –

Tip

Networking 7계명

① 집에서 뒹굴지 말고

② 혼자 밥 먹지 말고

③ 인맥의 허브가 되자

④ 자주 연락하고 많이 만나라

⑤ 인사는 누가 먼저? 내가 먼저!

⑥ 상가 조문은 관계 관리의 최고 場

⑦ 그냥, 소개를 부탁하라

Tip '그 고객만의 책'을 선물해보라!

▶ 책을 선물한다는 것은 매우 형식적인 것처럼 인식될 수 있으나
조금만 정성을 기울이면 **고객과 교감할 수 있는 다리를 만들 수 있다**

▶ **핵심은 '그 고객만의 책'**을 선물하라는 것
그러려면 **고객들이 읽고 싶어하는 관심이 있는 책을 알아야 한다**

▶ 어떻게? **직접 본인들에게 물어보면 된다**
이를 통해 각각의 고객들이 어떤 분야에 관심이 있는지도 알 수 있다

▶ 여기서 한번 더 정성을 들이자!
고객에게 책을 나눠주기 전에 **각각의 고객들에 대한**
짧지만 구체적인 칭찬, 격려, 응원의 메시지를 직접 적어주자!
설사 선물받은 책의 내용을 잊게 된다 하더라도
세일즈맨이 직접 자신만의 책을 선물해주었다는 기억은 결코 잊지 않을 것!

가망고객 발굴 영원한 과제 → 소개 마케팅

▶ **Sales 실패할 확률이 낮은, 즉 효율성이 높은 소개 활용!**

* **조 지라드의 '250명의 법칙'**
- 평생 동안 한 사람의 평균 인맥 '250명'
(1인당 결혼식장 방문객수 250명)
- 만약 식당의 종업원과 사장이 친절한 음식 맛있는 음식점
→ 知人 동반(소개한다)

생명보험이라는 눈에 보이지 않는 상품을 판다.
최종 목표는 '계약'이 아닌 계약한 고객으로부터 새로운 고객을 '소개'받는 일
– 가와나 오사무의 '가방은 손수건 위에' 中 –

Tip

소개받는 방법(고객발굴)

▶ 소개받는 방법 : 아무 때나, 습관처럼

- 소개를 요청하면 40%는 소개해주고, 30%는 절대 안 하고, 30%는 나의 태도에 따라 소개에 응함
- 내가 요청하지 않으면 아무도 나에게 소개 안 해준다
- 소개받은 후 가망고객을 A, B, C등급으로 분류, 지속 관리

**"모든 고민은 인간관계에서 비롯된다.
타인에게 미움받는 것을 두려워하지 마라.
모든 것은 용기의 문제다"**

– 기시이 이치로 · 고가 후미타게, 미움받을 용기 중 –

벤 호건의 연습론

하루를 연습하지 않으면 내가 알고
이틀을 연습하지 않으면 갤러리가 알고
사흘을 연습하지 않으면 온 세계가 안다

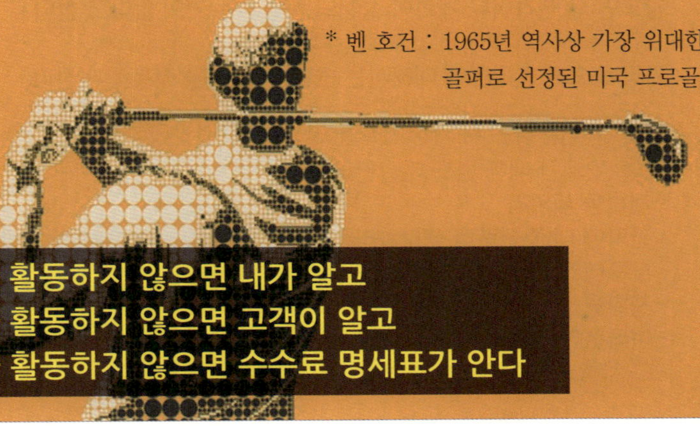

* 벤 호건 : 1965년 역사상 가장 위대한 골퍼로 선정된 미국 프로골퍼

하루를 활동하지 않으면 내가 알고
이틀을 활동하지 않으면 고객이 알고
사흘을 활동하지 않으면 수수료 명세표가 안다

일은 Pro 답게… '일 근육'을 키워라!

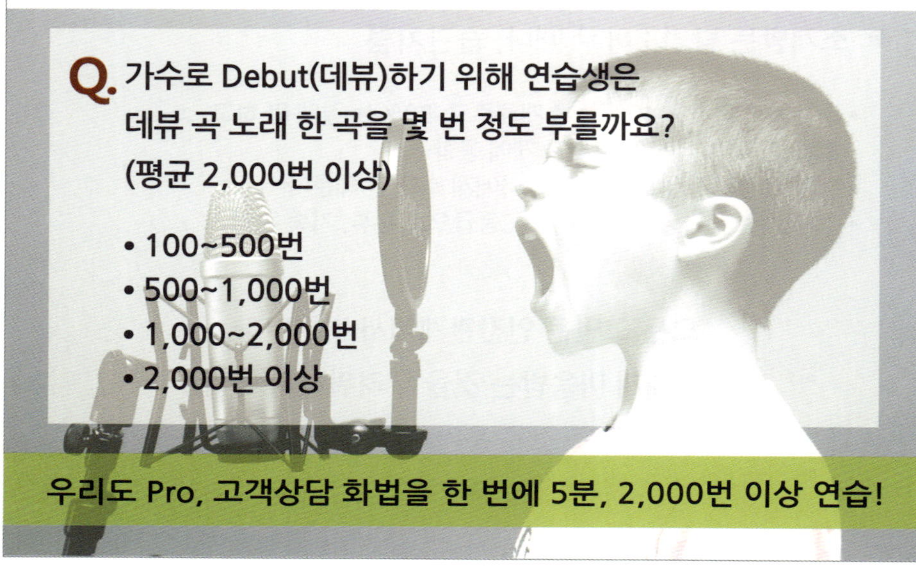

Sales, 72시간 내에 실천하라!

▶ 머릿속의 Idea는 무조건 72시간 내에 실행하라!

- 미국의 한 연구에 따르면,
  어떤 생각이나 계획을 머릿속에 떠올리고 나서 **이를 72시간 내에 실행하지 않으면 이 생각이나 계획이 실행되는 경우는 거의 없다고 한다.**
  그런 만큼 특히 자신이 스스로 선택한
  가장 중요한 항목들에 대해서는 반드시 '실행'을 적용해야 한다.

- 요컨대 책을 읽은 뒤 가장 중요한 세 가지를 선발했다면,
  이를 72시간 내에 반드시 실천하자!
  - **계획을 세워라**
  - **전략에 대해 신중히 생각하라**
  - 누구에게 도움을 요청할 수 있는가?
  - **계획을 실천하는데 구체적으로 어떤 것이 필요한가?**
  - **여러분이 계획한 것과 비슷한 행동을 성공적으로 실천한 사람이 누구인가?**
  - 그 사람으로부터 지도를 받을 수 있는가?

늦었다고 생각할 때 해야 할 일

뿌린 대로 거두는 것이다.
노력과 성실은 배반하지 않는다.
포기하고 싶은 그 순간,
바로 다시 시작하라.
인간에게 가장 큰 선물은
자기 자신에게 기회를 주는 것이다.

– 영화 '행복을 찾아서'의 실존 인물, Chris Gardner –

참고

보험과 확률

▶ 우리는 왜 로또를 살까?

로또가 다 맞을 확률은?
1/8,500,000
벼락맞을 확률보다 낮다

- 맑은 날 길을 걷다가 먹구름에 번개 맞을 확률 1/600,000
- 응급환자가 병원 응급실에서 독사에 물려 죽을 확률 1/4,600,000

▶ 한 해 신규 암환자수?

남성 대장암 23,406명
여성 갑상선암 34,255명
- 2016년 국립암센터 기준

- 2015년 신규 암환자 25만 명
  인구 50백만 명 감안
  한국인의 한 해 암 발병률 1/200
- 4인 가족 감안시 4/200=1/50
  가족 중 누군가 암에 걸릴 확률 1/50

매주 로또 사는 돈 1만원×4주 → 가족을 위한 암 보험 준비가 더 현명

사례

짚신 이야기

▶ **옛날 어느 마을에**
짚신을 파는 아버지와 아들이 있었는데…
아버지와 똑같이 짚신을 만들었는데
아버지의 짚신만 찾는 고객들

"왜 내 짚신은
인기가 없지?"

정성
(짚신 밑바닥을
문질러 마무리하는
아버지의 정성)

참고

MDRT 명언

"가망고객을 발굴할 수 있다면
당신은 무엇이든 할 수 있다.
가망고객을 발굴할 수 없다면
대안은 없다!"

– MDRT가 들려주는 성공법칙 –

Sales는 꿈과 희망을 파는 것

▶ Sales란?
상품이나 서비스가 아니라 꿈과 희망을 파는 것!

[세일즈 성공비결]

S ship 고객우선의 판매정신

A attitude 자신감 있는 태도

L love 세일즈에 대한 사랑

E energy 왕성한 활동

S Skill 의사결정을 지원하는 판매기술

신인과 팀장의 대화 (갈 데가 없어?)

▶ 계약할 곳과 사람을 만날 수 있는 곳

- 신인 : 팀장님,
  오늘은 제가 갈 데가 없어요??
  그래서 집에 갈래요….
- 팀장 : 무슨 소리야?
  갈 데가 얼마나 많은데!!....

– 순천만의 갈대 or 경포호수의 갈대 –

사례

나를 먼저 알리자(고객발굴)

▶ **"기름 한 방울 안 나는 나라, 경차 판매왕 자부심"**

- 2015년 판매한 298대 중 84대가 경차

- 자수로 양복의 등에 본인 이름 새겨 이름 홍보
- 대기업이 아닌 짐 많은 **20대 유치원, 체육교사 대상**
- 황금빛 명함(흰색 명함과 차별화)
- **고급차 마케팅 전개**(대형 케리어차 탁송)
- **고객문의 24시간 응대**

– 2015년 자동차 판매왕 양승호 –

"나는 자동차를 팔러 다니면 안되겠다, 나를 먼저 알려야 겠다"

사례

자필 DM(고객발굴)

- 자녀와의 약속, **"최선을 다하는 삶" → 본인 스스로 반성**
- **연락하고 싶은 지인** 50명 선정, 한 사람, 한 사람 **A4 2장 분량의 편지**
- FC가 **고객에게 느낀 점, 감사한 점(보험과 관련한 내용은 언급 없이)**
- **매일 하루에 4통의 편지 작성, 한 달간 꾸준히**
- 추가로 54명을 더 선정, 똑같은 편지
- **한 달 동안 104통의 고객편지 작성, 한꺼번에 발송! 그 결과는?**
- **그러나, 놀라운 사실은? → 고객으로부터 먼저 연락이 오기 시작**

일주일에 자필 DM 3통, 숨은 고객을 찾아라

사례

최선을 다하는 Call(고객발굴)

▶ **매일 본인이 수립한 Call 목표를 달성하기 위해**
본인의 1日 Call 목표 달성을 위해 전화기와 손을 테이핑

처음에 시도하기가 어렵지만 시작하면 주위사람도 동참한다!

사례

월별 활동 이슈

1月	2月	3月	4月	5月	6月
탁상용 달력 (생일,결혼) 가훈캠페인 (초,중 자녀) 택배:미용팩 DM:새해마음	가훈캠페인 (초,중 자녀) DM:癌 예방 35가지 음식 택배:대보름 (호두,땅콩)	새봄맞이 화분캠페인 입학마케팅 (교육자료) 택배:비트 (제주 무)	식목일 화분캠페인 (머니트리) 택배:3색 파프리카	가정의 달 표창장활동 (자녀,배우자 부모,선생님) DM:부부 10계명 택배:돗자리	현충일 (나라사랑 가족사랑) 전국여행정보 (맛집,여행)

7月	8月	9月	10月	11月	12月
초복,중복 (여름사냥) DM:여름휴가 가볼만한 곳 택배:맥주 땅콩,오징어	건강관리 (가족검진) DM:긍정의 힘 택배:옥수수	추석캠페인 (차례상) 택배:식용유, 김,가족양말 위생관련 생활정보DM	단풍여행 (가족여행) 택배:김장용 SET(장갑) DM:아름다운 길 100선	빼빼로데이 (가망고객) 수학능력평가 택배:사과	연말고객감사 (연하장발송) DM:때타올 택배:찐빵

항상 적어도 3개월 앞을 생각하며 이번 달 활동계획을 수립!

활동으로 나만의 먹구름을 만들라!

오늘 내가 만든 먹구름에서 내일 비가 온다!

Salesman의 Mental 관리

▶ **Sales는 Mental이 전부!**

- Sales로 성공하지 못하는 것은
  능력이 없어서가 아니라 능력을 발휘할 **의욕, Mental**이 없기 때문
- **Sales란 어렵다, 그것도 항상 어렵다!**
  하지만 세일즈맨은 항상 Sales 본분에 충실할 때 행복할 수 있다

당신의 마음과 신념이 바로 지금 당신이 가진 것을 결정
- 생각하는 만큼 얻고, 생각의 크기가 삶의 크기를 결정

Tip

지인시장 접근법

▶ 협력자로 만들고 싶은 지인을 대상으로 스파링 파트너 요구
→ 고객이 코칭을 해주다 보면 고객 스스로가 협력자로 변해있다

* 스파링파트너 : FC의 판매화법 R/P 상대를 고객에게 요구

거절에 대한 이해 1

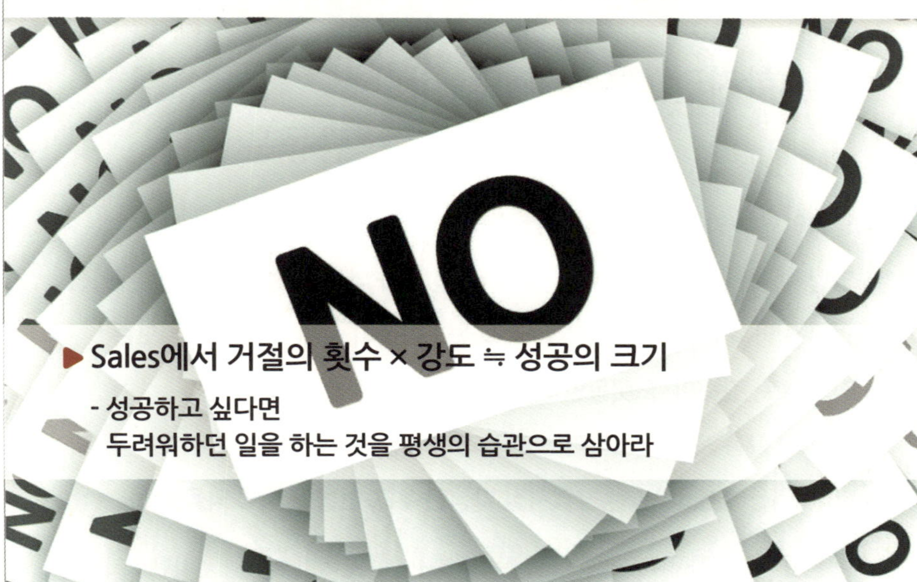

▶ Sales에서 거절의 횟수 × 강도 ≒ 성공의 크기

- 성공하고 싶다면
두려워하던 일을 하는 것을 평생의 습관으로 삼아라

거절에 대한 이해 2

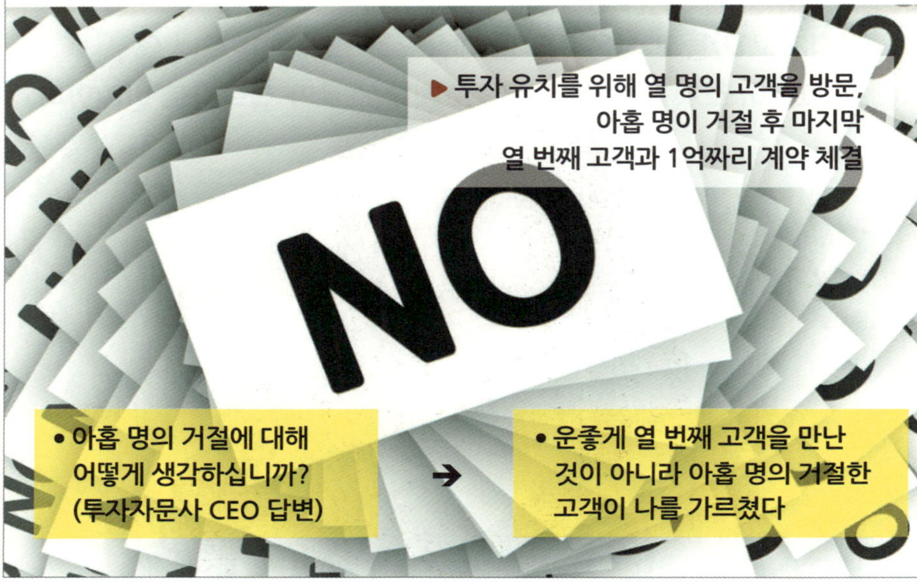

Tip

가방은 손수건 위에

▶ 사소하지만 색다른 행동 하나가
상대에게 미치는 감동은 크다!

- 영업인의 가방바닥은 신발 밑창과 같다 – 가방은 손수건 위에
- 영업사원은 손님이 아니다 – 구두 주걱, 주차 위치(특히 비오는 날)는 멀리
- 업무용 양복 vs 데이트용 양복, 로렉스와 가죽띠 시계 – 프로다운 모습
- 정면으로, 깊숙이, 오랫동안 하는 인사 – 진정성 있는 고객 섬김
- 명함 뒤 활용 프로필 스티커 – 자신과의 공통점
- 65세 회장에게 30년 전 창업시절 발행된 우표 선물 – ㅍ 추억을 선물

– 가와다 오사무(川田 修) 일본 푸르덴셜 사상 최단기간 최고의 컨설턴트로 선정 –

Tip

실수를 통해 배워라

▶ 성공은 최악의 선생님이다,
오로지 자신의 실수를 통해서만 배울 수 있기 때문이다

도자기 공예 수업

한 반을 두 팀으로 나누어 한 팀은 '작품 數'에 따라 평가를 받고,
또 다른 한 팀은 '작품의 完成度'에 따라 평가를 받도록 하였다
그 결과, 最高의 작품들은 모두 '수량'으로 평가받은 팀에서 배출!

– 웃음으로 삶을 디자인하라 中 –

'실패를 두려워하지 않고 실행에 옮기는 자세야말로
성공으로 가는 가장 빠른 지름길'

사례

꿈은 시간이 만드는 것

꿈은 재능이 아니라
時間으로 만드는 것!

• 모든 실력은 無名일 때(5年 기다림)
• 직장생활도 안 해본 여자가 무슨 강의야?
• 책장이 가득 차도록 마음으로 읽었다
• 20~30장씩 되는 원고를 외우고 또 외웠다

– 아트스피치커뮤니케이션 김미경 대표 –

대박 가게의 비결, '베푸는 Mind'

- 돈의 흐름, 돈의 길, 시장의 흐름을 안다!
  남들이 많이 가는 길을 가지 않는다!
- 그래서, 공부가 필요하다!
  시장의 변화에 중점을 두고,
  자신과 자신의 가게 경쟁력을 높이기 위해
- 필요한 기술을 습득해서 다시 가고 싶은 가게를 만든다!
- 하지만, '베푸는 Mind'가 더욱 중요
  즉, 사업가적 Mind로 자신의 가치를 소비자와 나누는 것

Tip

회복탄력성 향상을 위한 습관

- '감사하기'의 놀라운 힘
  - 심장박동수를 가장 이상적으로 유지시켜주는
    긍정적 정서가 바로 '감사하는 마음'
  - 성인 1분에 70번 기준,
    분노 or 좌절감 → 불규칙, 감사한 마음 → 규칙적으로 전환

① 매일 밤 잠자리에 들기 전에 그날 있었던 일들을 돌이켜보면서
감사할 만한 일들을 다섯 가지 이상 수첩에 적는다
② 잠들기 전에 하루를 돌이켜보며 수면(→ 기억의 고착화)
③ 며칠 후부터는 아침부터 감사한 일을 찾기 시작
즉, 일상 생활하는 동안 늘 감사한 일을 찾게 되는 습관화
④ 3주간 매일 '감사일기'를 쓰면 스스로 긍정적으로 변한 것을 느낄 수 있다

서른 장 벽돌의 기적(실천)

벽돌 공장에 다니는 한 소년이 있었다.
소년이 사는 마을의 도로는 포장이 안 되어 조금만 비가 내려도 걷기 불편했고 옷을 엉망으로 만들었다.
그러나 그 마을 어느 누구도 불평만 했지 막상 길을 고치려고 하지 않았다.
"이게 만약 우리 마당이라면…" 이라는 생각을 한 소년은 그 길을 벽돌로 포장해야겠다고 결심하고 그 다음날부터 소년은 자신의 급여로 벽돌을 사서 몇 년이 걸릴 지 모르는 일을 하루에 하나씩 그 길에 놓기 시작했는데 한달 뒤 기적이 일어났다.
소년이 벽돌로 길을 포장하는 모습을 본 사람들이 동참하기 시작해서 결국 두 달이 채 안 되어 마을 전체가 포장이 되었다.
이 소년이 바로 훗날 백화점의 왕으로 칭송받는 존 워너메이커이다.

어느 보험 왕의 하루

6:30 기상, 냉수 한잔 마시고 간단한 스트레칭
7:00 거울을 보면서 미소연습, '할수있다'는 긍정의 자기최면
7:30 삶은 달걀과 과일로 간단한 아침식사
8:30 사무실로 출근, 전날 활동사항 정리
9:00 고객이나 고객친인척의 경조사가 없는지 확인
9:30 방문해야 할 고객을 정하고 하루 동선을 결정
10:30 이동 중 차안에서 샌드위치로 이른 점심식사, 수면보충
12:00 경기도 소재 공단방문, 15명의 공단인력과 재무상담
14:00 휴식시간, 가벼운 산책과 체력단련
15:30 자동차보험고객의 보상이 만족스러웠는지 방문
17:00 병원에 입원한 우수고객(VIP) 병문안
18:30 중견기업 임원 사무실과 자영업자 가정방문
22:00 사무실로 복귀, 하루 업무정리
23:00 퇴근, 늦은 저녁식사, 집안일
0:00 간단한 운동과 샤워 후 취침

영업의 원칙, 기록하고 기록하라!

세일즈맨의 부족한 역량, '기록과 성찰'

* 기록하면 실수를 줄인다

매일 블로그에 자신이 만난 고객, **고객과 나눈 이야기, 자신의 다짐, 아쉬움, 다음 목표** 등을 자세히 적고, '필드 일기장'이라는 카테고리에는 **하루의 영업실적과 고충, 성과** 등을 자세히 남겼다(제약영업 8년차)

↓

『제약 회사 취업하기, 제약 영업 성공하기』 **책을 써서 제약 영업에 대한 지식 공유**

여러분도 한 번 영업활동 중 경험했던 본인의 이야기를 글로 써보시죠!

시간 도둑 10가지

1. **뒤로 미루기 : 거절에 대한 두려움 때문**
2. **상담 못 끝내고 다시 방문 : 완벽한 정보 없이 Sales에 임한 경우**
3. **준비 부족** : 고객정보도 모르고 엉성한 P/T → 고객의 불신 초래
4. 無知 : 상품에 대해 모르는 경우
5. **재차 확인 안 한 약속 : 거절에 대한 두려움 때문, 재차 약속확인 안 함**
6. **非효율적 방문 활동** : 방문지역 전체에 대해 非효율적 방문(동선)
7. **완벽주의** : 실패에 대한 두려움에 의한 무능력의 다른 한 행태
8. **산만함 : 고객의 말에 대한 이해 부족, 집중 못함**
9. **과다한 업무로 인한 피로** : 일주일에 5日 판매를 하면 5日은 일찍 자야…
10. **야망, 에너지, 욕구 결핍증** : 목표 불분명, 상사 불신, 동료와 관계 惡

– 브라이언 트레시의 Time power 中 –

SNS를 활용한 고객 관리

카톡친구추가 + facebook + Instagram

카페인

'카카오스토리', '페이스북', '인스타그램'의 앞 글자를 따서 만든 합성어. 습관처럼 SNS를 보면서 타인의 일상이 부럽고 본인은 불행하다고 느끼게 되면서 우울함을 겪는 것을 뜻함

직접 방문하지 않는 비대면 활동

문자 전화 편지 택배

카톡친구추가 + facebook + Instagram

카카오톡 페이스북 인스타그램

비대면 활동의 목적은?

고객과의 유대관계 강화를 위한 비대면 활동

비대면(非對面)

비대면 인증으로 고객을
더 **가까이 대면하라!**

무방문(無訪問)

FC, 내가 항상 고객님 옆에 있어요.
보험 하면 ○○○ FC 가 생각나게!

고객은 얼마나 기억하고 있을까?

▶ 에빙하우스의 망각곡선

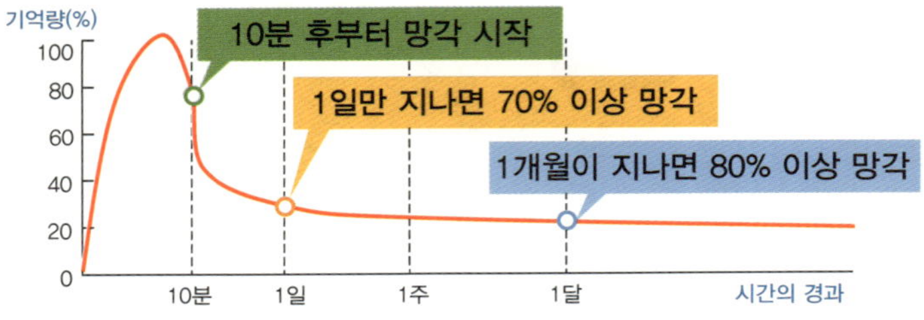

– 에빙하우스(1850~1909, 독일 심리학자) –

내일이면 70% 이상을 기억하지 못한다

두 번째 목표, FC 하면 나를 기억하게

잊기 전에 반복, 그리고 꾸준한 활동

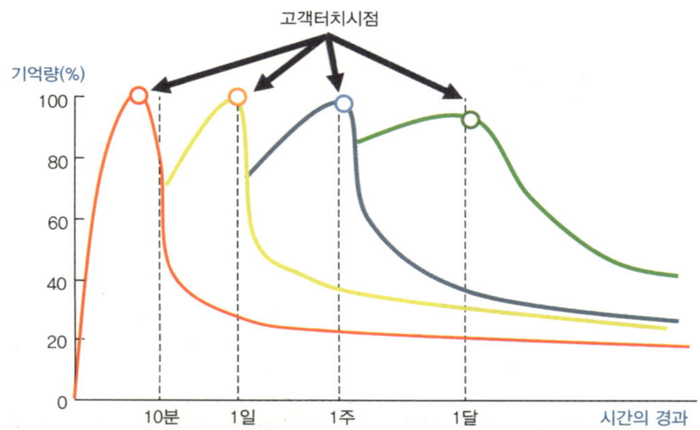

직접적인 방문만으로 고객이 나를 기억하기에는 시간적 한계

사례 '2030 보험설계사들'의 SNS 활용법

▶ 인스타그램 · 페이스북을 영업 채널로 활용

단순히 의사소통, 친목도모의 기능을 넘어
SNS를 설계사 자신의 브랜드화

"오로지 SNS만으로 영업 활동을 하는 설계사도 있다"

"전문 대행업체를 통해 SNS를 관리하는 설계사도 있는 걸로 안다"

- SNS 활용 우수 FC 인터뷰 中 -

마케팅보다 본인 활동 홍보, 신뢰 구축의 Tool로 활용

SNS 스타된 71세 할머니
유튜브에 자신만의 콘텐츠를 올림
조회수 100만 명 돌파
유튜브 스타 박막례 할머니
▶ 유튜브 조회수 100만 명, 나이는 숫자에 불과하다!

강남스타일 26억뷰 비밀
세계적인 열풍
조회수 26억뷰 돌파
싸이6甲
GANGNAM STYLE
▶ Sneezer(재채기하는 사람), 새로운 소식이나 경향을 전하는 사람
- 나의 SNS 메시지를 보고 본인의 지인에게 다시 전달, 고객이 나를 알린다

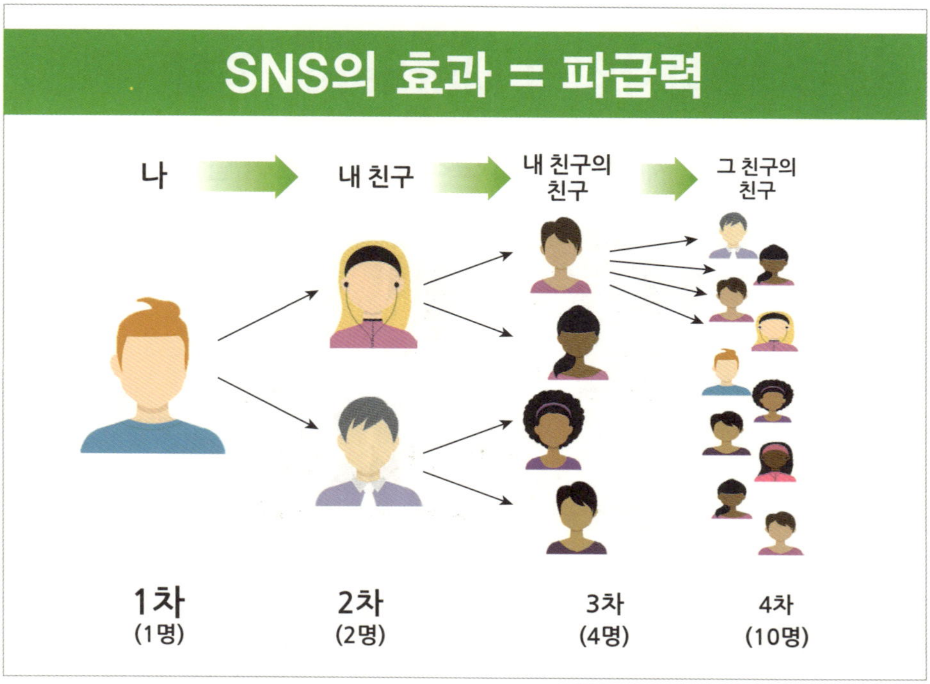
SNS의 효과 = 파급력
나
내 친구
내 친구의 친구
그 친구의 친구
1차 (1명)
2차 (2명)
3차 (4명)
4차 (10명)

참고
SNS 마케팅의 7가지 장점
SNS 마케팅
실시간 소통마케팅
다양한 인맥형성
체험단 빠르게 모집
기업메시지 전달효과
최단기간 파급효과
충성고객 확보
고객니즈 즉시파악

고객사업의 Marketer 역할

"사장님, 제 (보유/잠재)고객이 1,000名이 넘어요"

FC 보유고객에게 SNS를 활용해
사업주 고객을 홍보해주어 고객과 FC 서로에게 도움을 준다

사례

SNS 활용 고객관리

▶ 고객 사업장 방문 인증샷!, SNS 홍보

- 고객 사업장 직접 홍보
  - 메뉴, 상품 안내장 등
- 고객 명함을 다른 고객에게 전달
  - 저장된 명함 활용
- 본인의 SNS에 고객 방문 사진 등 FC 활동 노출

사례

月 통신비 59만원

▶ 기존의 판촉물보다 **'기프티 콘'**으로 고객관리

- **가망고객 및 보유고객관리시 활용, 月 50만원으로 상대적 저렴**
  가망고객 대상 세 번(×5,000원)을 보내면 대부분 감사 문자 전송
  답장 확인 후 고객 접근(기념일 등 활용시 더욱 효과적)
- **시의 적절한 타이밍과 고객의 접근 가능성이 매우 중요**

- 고객의 주소(지도)를 확인 후 "지나가다 매장을 봤다"라고 관심 표현
  * 사전에 고객의 주소를 지도로 확인 → 고객의 활용도가 낮으면 역효과
- 고객의 SNS에 여행 사진이 올라오면 '바로 커피 쿠폰' 발송
  * "고객님 휴게소에서 커피 한잔 하시며 즐거운 여행 보내세요!"

선물은 예상치 못하게, 부담 없게, 신속하게

그런데, 왜 SNS에 자기생활을 공개?

특히, 여성들 '보상받는 듯한 느낌을 받기 때문' 연구 결과

▶ 많은 사람이 트위터 · 페이스북 등
SNS에 일상사를 털어놓을 때 우리들의 뇌에서는
보상과 관련된 부분이 활성화되어
心理的으로 무언가 채워지지 않는 부분이
보충되는 것 같은 기분이 든다는 것

– 美 하버드大 심리학부 다이아나 타미르 박사팀 –

참고

감정을 생성하는 호르몬 DOSE

- **도파민** : 동기유발 물질, 보상추구의 물질, 웃음 = 도파민 주사
- **옥시토신** : 사랑의 호르몬, SNS에 '좋아요' 댓글이 달렸을 때 유대감을 통해 분비
- **세로토닌** : 지위상승 추구 호르몬, 칭찬을 받거나 세상의 주목을 받을 때 분비
  * 일이 진행되는 상황에서 자신감 넘치게 자신의 위치에 대해 인식, '미소' 라는 작은 행동, 즉 얼굴 근육을 움직이는 것만으로 분비 촉진
- **엔도르핀** : 격렬한 운동 후 느끼게 하는 물질, 고추 or 초콜릿 등을 먹을 때 분비

참고

얼굴 표정에 관한 연구

▶ **웃음은 충치 or 칼로리 걱정 없이 초콜릿바 2,000개 먹는 것과 같다**

뇌는 얼굴 표정과 자세, 긴장 상태 등을 분석해 우리의 감정 상태를 판단한다
즉, 웃을 때와 똑같이 입술, 볼, 눈가 근육을 쓰면 뇌는 웃을 때와 같이 반응
"나도 행복한 게 틀림없어! 서둘러 엔도르핀과 세로토닌을 두 배로 내보내자!"

참고

SNS 활용 고객 확보/관리 방향

① 우선, SNS에서 '친구 맺기' ➔ 고객과의 관계 구축
- 좋아요, 댓글 등 활용 고객의 관심사항 파악 및 공감대 형성

② 업무보다 가치관, 취미 중심 노출 ➔ 고객의 호감도 제고
- 일상적인 대화하듯, "아~하, 이 FC는 이런 분이구나" 느끼도록

③ (사진, 동영상) 전문가적 정보 제공 ➔ 고객 Loyalty 제고
- 상품, 판매활동, 고객의 반응 등 비즈니스 관련 전문가적 신뢰

④ 지속적인 Up Date ➔ FC의 성실도 피력
- 만약, 최근 활동이 2015년인 사진을 본 고객의 느낌은?

▶ 2016년 4월 현재 전 세계적으로 매월 4억 명이 사용 中
사용자의 70% 가량이 여성, 35세 미만이 90% 사용 中 → 점점 고령자로 확산 中

인스타그램(Instagram)의 특징

▶ 인스타그램 Instagram = 인스턴트 + 텔레그램

* 세상의 순간들을 포착하고 공유한다

1. **간편함**
   - '닉네임' 사용 가능, 수시 변경도 가능
   - 사진, 동영상 업로드 가능(자체 보정 가능)
2. 팔로잉시스템, 뉴스피드시스템 등 **페이스북과 트위터의 장점을 합침**
   - 나를 팔로잉한 대상의 활동을 모두 볼 수 있음
   - 원하는 개인과 기업 또는 브랜드 소식을 간편하게 받아 볼 수 있음
3. **이미지화가 강함**
   - 폴라로이드 사진을 연상하게 하는 정사각형 모양의 사진크기
4. **해시테그 29개까지 가능**
   - 원하는 단어 태그 검색 가능

인스타그램 직접 해보기 1

① 인스타그램 회원 가입하기
- 구글 플레이 스토어에서 인스타그램 다운로드

- **이메일 주소 입력**
  * Facebook으로 간단 가입 가능
- **프로필 정보 입력**
  * 프로필 수정 가능

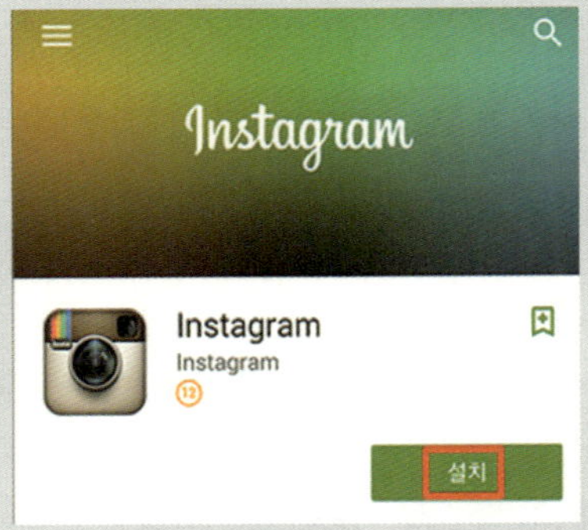

인스타그램 직접 해보기 2

② 인스타그램 계정 추가

- 옵션의 가장 밑부분 계정 추가 활용
- 비즈니스 계정으로 전환도 가능
  즉, 개인적 인스타그램과
  비즈니스 목적으로 분리 운영 가능

- 간단하게 이름만으로도 가입 가능
  단, 이름은 신경 써서 작성 필요
  검색방법 중 하나가 이름

인스타그램 직접 해보기 3

③ 해시태그 활용(29개까지)

- 자신의 사진을 올릴 때
  다른 사람의 검색을 감안
  단, 띄어쓰기 인식 不可
  *** 용인 에버랜드 → 용인으로 검색**
- **전 세계 모든 유저가 검색 가능**

참고

해시태그 활용

▶ **해시태그는 '나는 이것을 찾고 싶다' 라는 의사 표시**
마케팅 캠페인 효과를 높이기 위해 시장 세분화,
목표시장 결정 표현

- (例) 수능을 끝낸 수험생 대상 할인쿠폰을 뿌리고 싶은 음식점 사장님
  - 인스타그램에 #수능, #음식점 이름, #메뉴 등을 달아서 사진 게시
- (例) 하나의 해시태그로 공통된 관심사를 가진 사람들을 하나로 묶을 수 있음
  - #먹스타그램을 검색하면 음식에 관심 or 음식점 정보가 필요한 사람

인스타그램 직접 해보기 4(사진올리기)

화면 하단에 카메라 모양 선택

핸드폰 · PC에 저장한 사진 선택

나만의 사이버공간 만들기

인스타그램 직접 해보기 5(영업활용)

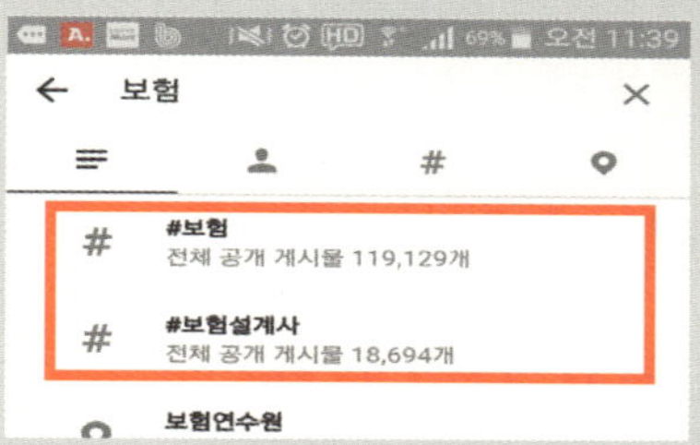

주의

- 너무 일상만 나타내면 효과 無
- 고객이 알아두면 좋을 정보 제공
- 너무 직접적인 것은 광고로 인식
- Needs 환기 가능한 신문 정보
- Needs 환기 가능한 통계 정보
  영어로 검색하면 전 세계 정보
- 본인이 열심히 활동하는 정보
- 본인 활동과 연계 시간 활용소식

세계적인 미래학자의 조언

"21세기 문맹인은
글을 모르는 사람이 아니라
새로운 것을 배우지 않는 사람"

– 앨빈 토플러 –

그녀의 끝 없는 도전

– 미국의 육상선수이자 모델, 영화배우인 에이미 멀린스 –

육상선수 모델 영화배우

그녀의 이름은 에이미 멀린스

그녀의 끝 없는 도전

그녀에게는 숨겨진 비밀이 하나 있었습니다
태어날 때부터 그녀는 두 다리가 없었습니다
자신에게 닥쳐온 온갖 역경과 어려움을 오히려 도전의 발판으로 삼아 이겨냈습니다

그래도, 계약서는 손으로 직접 쓴다

Part 04

스마트폰을 활용한 고객관리

모바일 결제 대국 중국, 거지도 스마트폰 구걸한다

2017.11.17 조선일보

▶ 작년 모바일 결제액 60조 위안 … 미국의 50배 규모

- 중국 남부 대도시 선전의 택시기사 쉬자량 씨는 요즘 택시 강도를 당할까 걱정하지 않는다. 종일 영업해도 **현금을 받는 일이 거의 없어진 덕분에** "예전엔 밤만 되면 강도를 당할까 두려웠지만 이젠 **차 안에 현금이 별로 없으니 마음 졸일 없다", "위폐 걱정할 일도 사라졌다"**

- **모바일 결제** 2011년 1,000억 위안(약 16.6조원), 인당 신용카드 : 0.31장(미국 2.9장)

  → **2016년 60조 위안(약 1경원),** 미국의 50배 수준, **광군제 1일간 28조원 거래**

  *** 중국은 신용카드 단계를 생략하고 현금 없는 사회로 직행(핸드폰 QR코드)**

- **韓 · 中 · 日 현금사용 비율 2015년 일본 65%, 중국, 50%, 한국 10%**에서 최근 중국의 알리페이, 위챗페이의 급속한 전파로 **한국과의 격차 훨씬 축소**

문제제기

스마트폰 어떻게 활용?

- 아침에 **일어나서(알람), 날씨(활동)**를 확인하고
- 오늘 **고객의 집을 지도**를 확인하고, **교통편**도 알아보고
- **신용 및 교통카드**를 스마트폰에 심어 전철을 타고
- 차 안에서 **DMB, HDTV, 동영상**을 보면서
- 중간에 **톡** 등 **메시지를 확인**하고
- 고객들에게 **안부인사도 톡**으로 하면서 사무실로 출근…

이제 핸드폰을 활동과 연계해서 활동의 質을 향상시켜 보시죠!

FC의 스마트기기 활용 현황

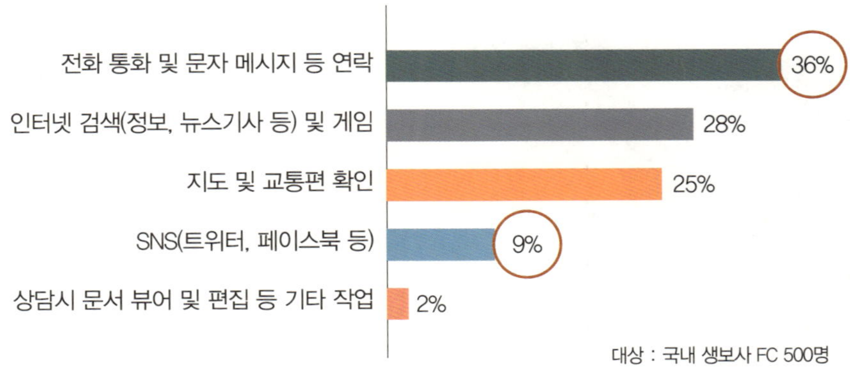

대상 : 국내 생보사 FC 500명
기관 : 카이로스 세일즈 연구소

핸드폰 기능 中 전세계적으로 가장 많이 사용되는 기능은? 시계

스마트폰으로 이런 것을 할 수 있다

▶ 고객관리

- 휴대폰에 저장된 본인의 지인을 체계적으로 관리하고,
- 주기적인 터치로 고개발굴의 어려움을 해소할 수 있다

고객관리

▶ 활동관리

- 저장된 전화번호만으로도 인맥과 (가망)고객관리를 할 수 있다
- 보험 · 금융관련 정보전달로 자신의 전문성을 알릴 수 있다
- 특히, SNS를 활용하면 본인의 시장관리 및 확대가 가능하다

Today's Approach Point

Q FC님, 고객 관리는 잘 하고 계신가요?

A 네, **고객의 명함을 받아서**
테블릿에 옮기고 또 PC와 동기화시켜서
친숙자료도 가설자료, 청약자료도 발행하죠

Q FC님, 그러면 휴대폰에는 또 별도로
주소, e-mail 등을 입력하나요?

A 예, 전화를 하려면 별도로 입력해야죠?

주소도 입력하기에 어려워 나두었더니 택배 보내려니 명함을 다시 찾아야 하네…

명함관리 앱 활용하기(리멤버)

리멤버
(Remember)

- 명함을 사진 찍으면 명함의 모든 정보가 한방에 정확히 입력, 휴대폰의 주소록과 연계 저장도 가능
- 언제, 어디서나 검색도 가능
  - PC에서도 검색 가능(http://remember.co.kr)
- 비즈니스 인맥 구축을 위한 다양한 기능 활용 가능
  - 문자대화, 선물, 명함 전달 등

리멤버_설치

▶ 앱 스토어에서 리멤버 설치 후 명함 추가 버튼 클릭

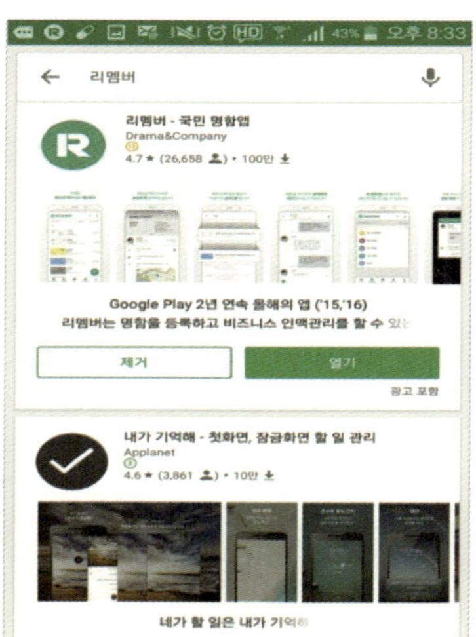

리멤버_**명함 촬영**

▶ **리멤버 초기화면에서 명함 촬영, 자동으로 명함 저장**

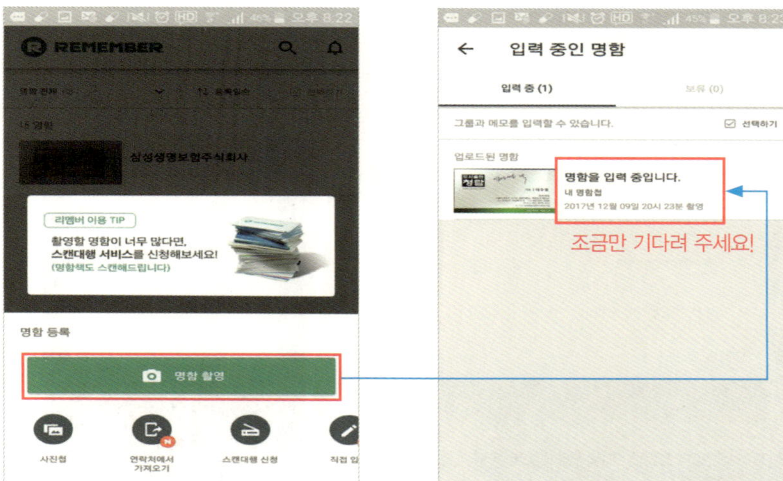

리멤버_**명함 저장**

▶ **명함의 정보를 자신의 핸드폰 주소록에 저장하고 추가 편집 및 공유 가능**

- 미팅 혹은 통화 정보도 저장 가능

휴대폰 연락처에 저장

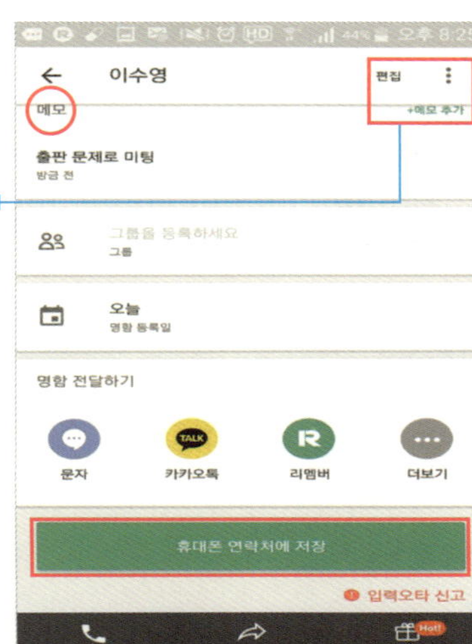

리멤버_**연락처 저장**

▶ 명함을 **개인 휴대폰 연락처**에, e-메일 계정에 저장 가능

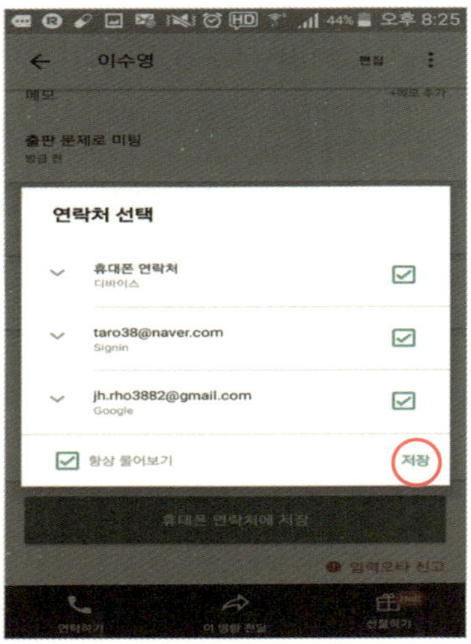

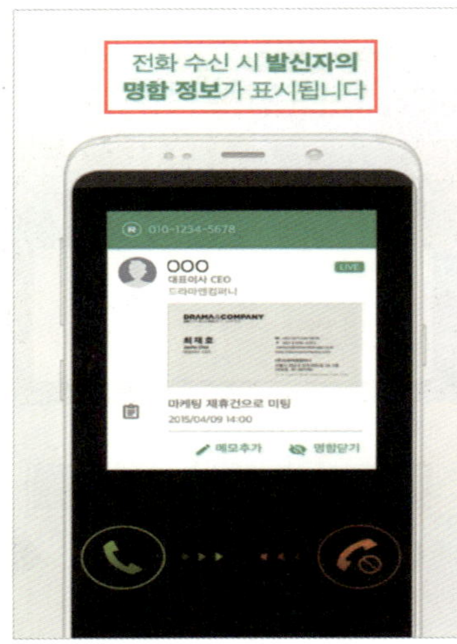

리멤버_**메모 입력**

▶ 명함 사진과 명함의 모든 정보 저장, 추가로 **메모 입력 가능**

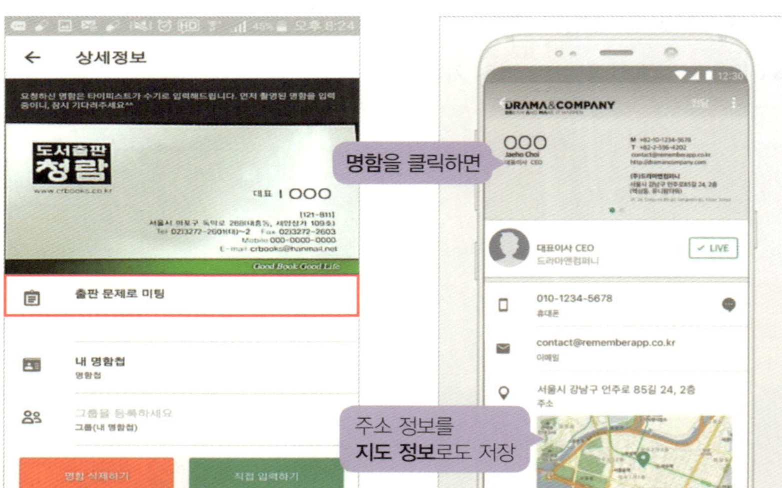

리멤버_**명함 전달**

▶ **명함의 정보를 공유도 가능**

- 고객을 또 다른 고객에게 소개 가능
  - * 인맥의 허브로도 활동 가능

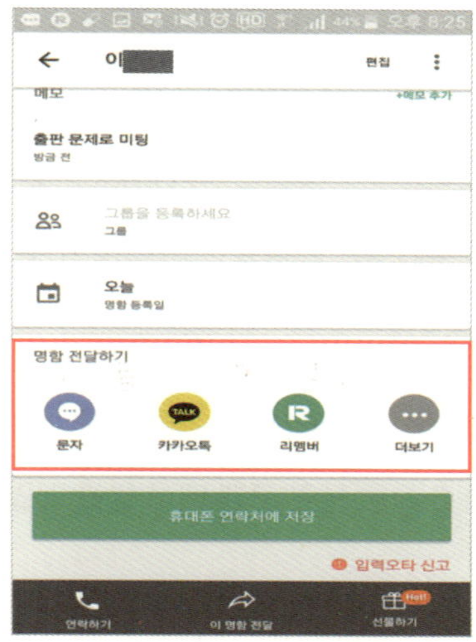

- **문자, 카카오톡으로 명함을 공유하고 더 보기를 누르면 메일로도 공유 가능**

리멤버_**추가 기능**

▶ **리멤버 내에서 문자 송수신도 가능**

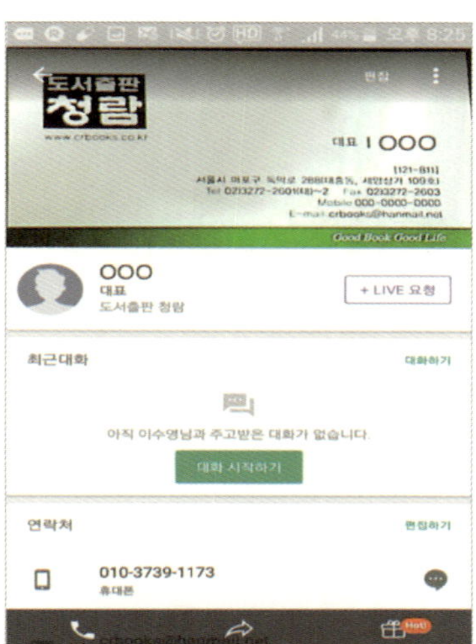

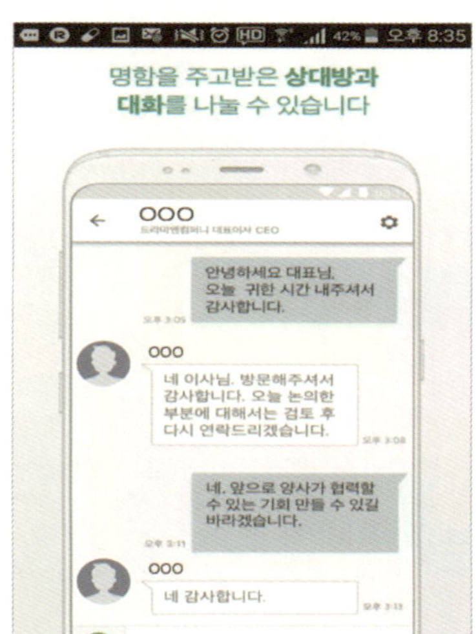

참고

리멤버 활용

1 **고객으로부터 받은 명함을 쉽게 입력 가능**(구글주소록과 동기화 가능)
- 성명, 전화번호, **e-메일, 주소 등 명함에 기재된 내용 전부 일괄 입력**
  고객 문자메시지, 카톡 등 고객 Touch 용이
  고객 택배시 별도 주소록 관리 불필요 → 주소록을 Excel로 전환 가능
- 고객 속성 등 고객 Grouping 가능 → **'나의 고객카드'로 활용 가능**

2 추가적으로 필요한 사항 추가 수기 입력 가능
- **고객의 생일**, 고객과의 약속과 **만남의 결과 등을 기록**

3 **고객에게 본인 및 지인 등 소개 가능**
- 본인 정보 공유, 사람, 맛집 등 입력된 정보 공유, 소개

4 Group 단위 고객 대상 **일괄 메일 및 메시지 기능 활용 가능**

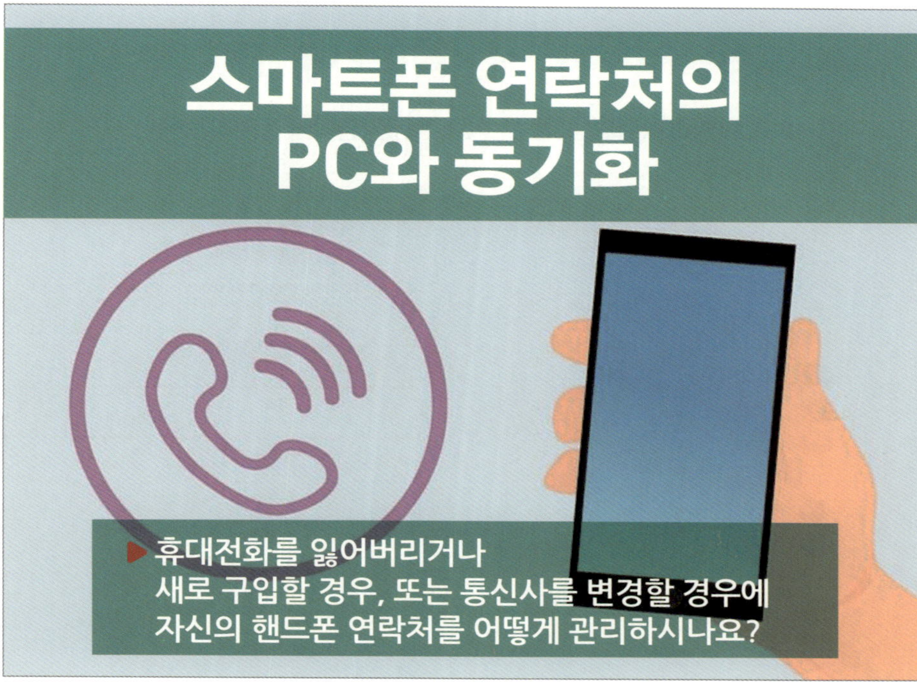
스마트폰 연락처의
PC와 동기화
휴대전화를 잃어버리거나
새로 구입할 경우, 또는 통신사를 변경할 경우에
자신의 핸드폰 연락처를 어떻게 관리하시나요?

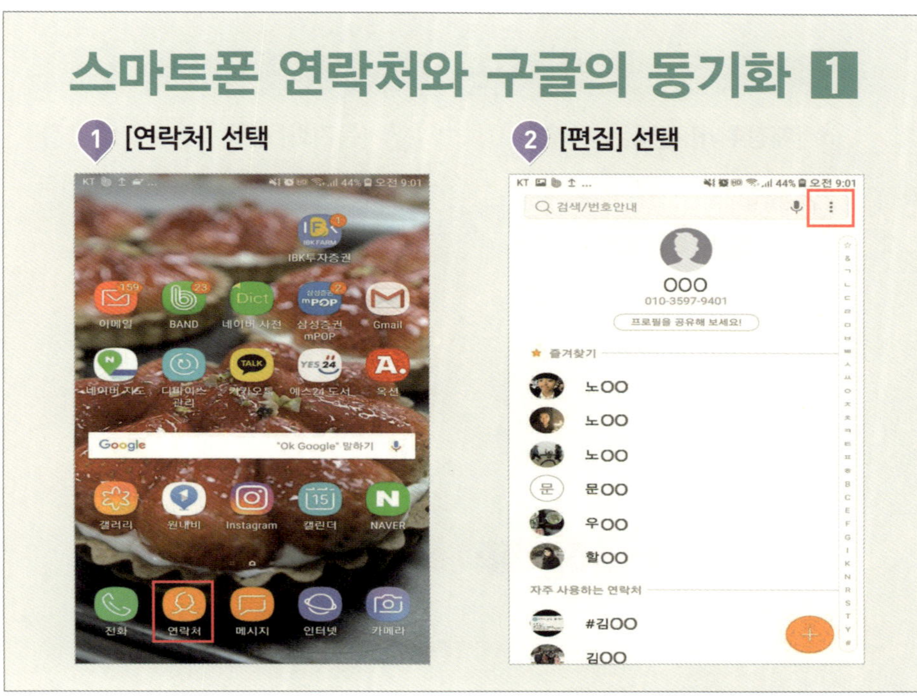
스마트폰 연락처와 구글의 동기화 1
1 [연락처] 선택
2 [편집] 선택

스마트폰 연락처와 구글의 동기화 2

3 [연락처 관리] 선택

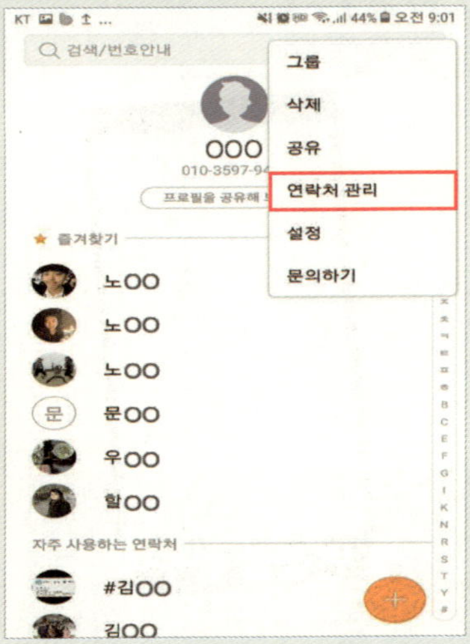

4 [연락처 동기화] 선택

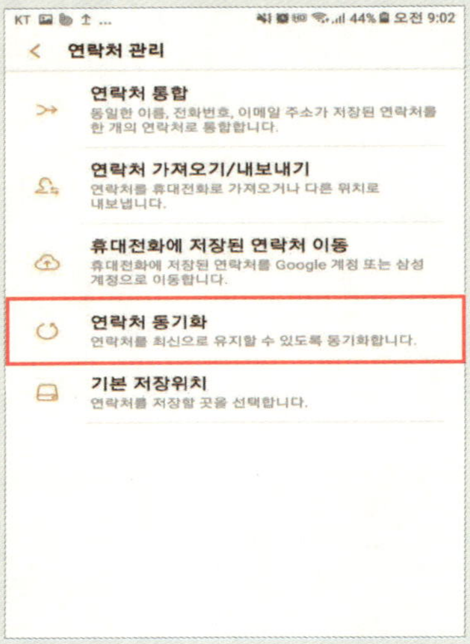

스마트폰 연락처와 구글의 동기화 3

5 [계정추가] 선택

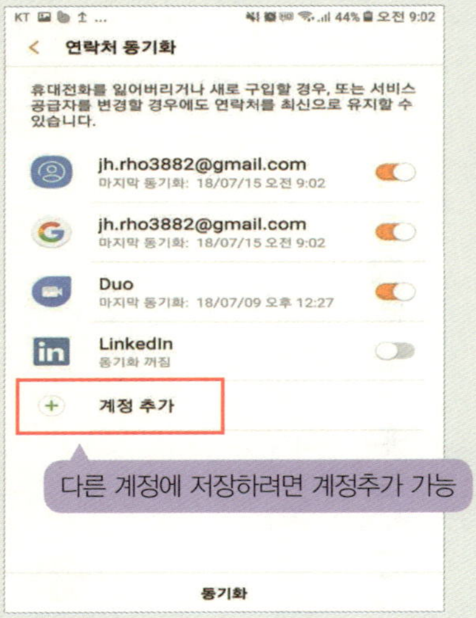

6 [동기화] 선택

스마트폰 연락처와 구글의 동기화 4

7 [연락처 가져오기] 선택

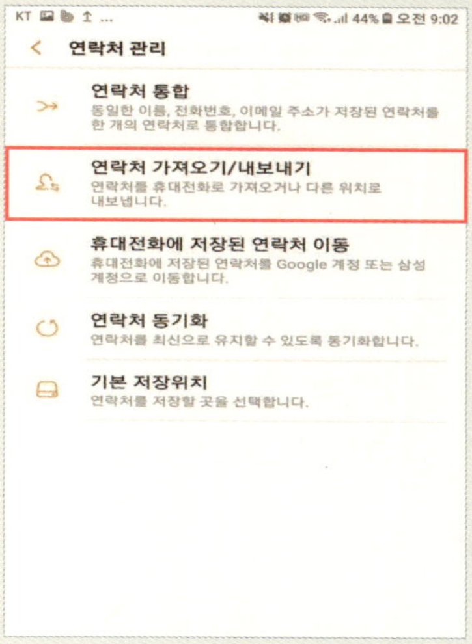

8 [가져오기] 선택

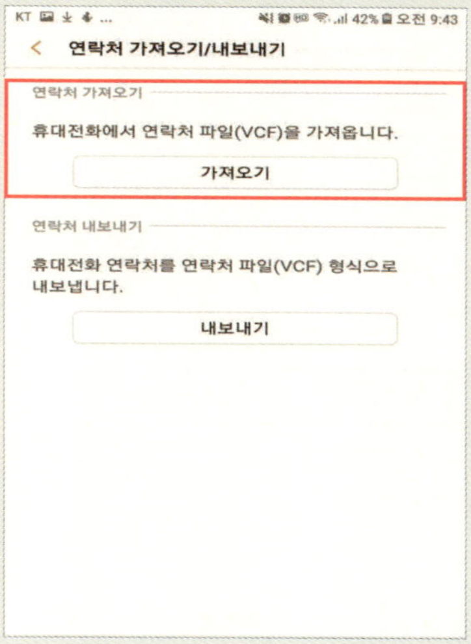

스마트폰 연락처와 구글의 동기화 5

9 [연락처 가져올 곳] 선택

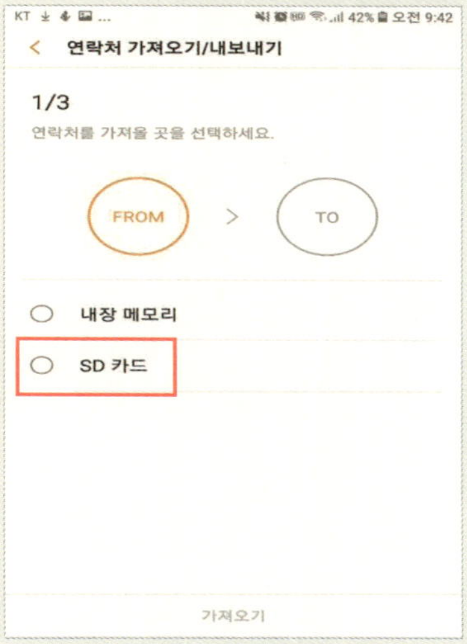

10 [계정] 선택

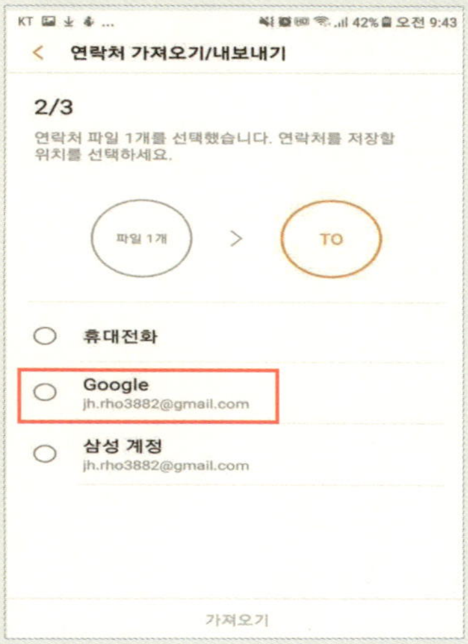

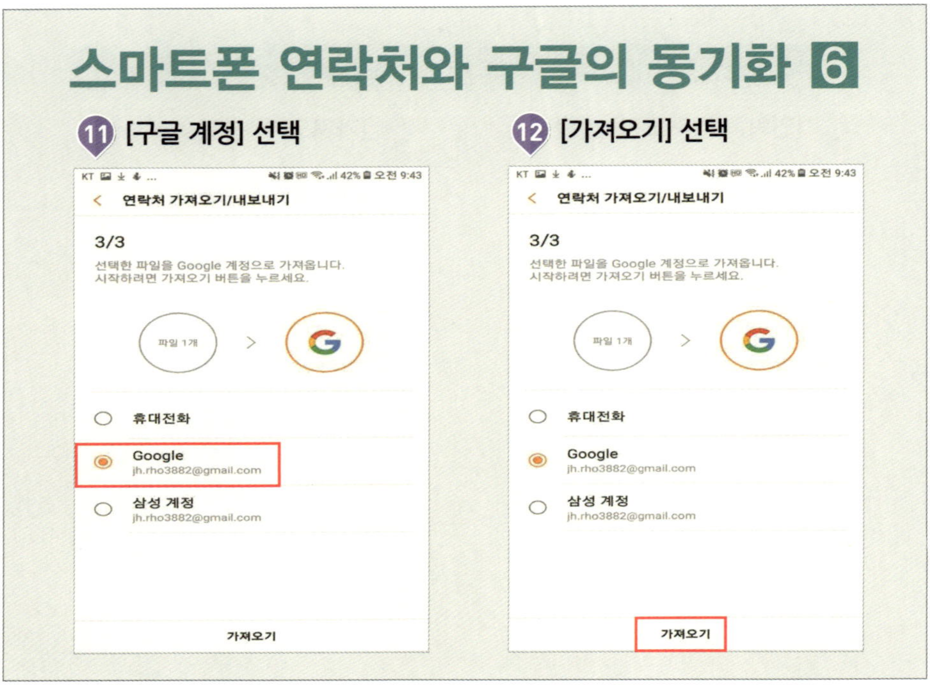
스마트폰 연락처와 구글의 동기화 6
11 [구글 계정] 선택
12 [가져오기] 선택
연락처 가져오기/내보내기
3/3
선택한 파일을 Google 계정으로 가져옵니다.
시작하려면 가져오기 버튼을 누르세요.
파일 1개
휴대전화
Google
jh.rho3882@gmail.com
삼성 계정
jh.rho3882@gmail.com
가져오기

카카오톡 활용하기

카카오톡_**친구관리**

▶ **매일 아침 고객인사대상 Check**

- **카카오톡에 변화가 생긴 고객 터치**
  - 고객에게 관심을 줄 수 있는 기회
  - 카카오톡 사진 옆에 **'빨간점'** 표시
    '프로필사진 교체한 고객?'
- **개별 문자를 통해**
  변화된 글과 사진에 관심 표현
  - SNS 특성상 개인의 작은 변화라도 알아주는 사람에게 호감

인물 : "어머, 대문사진 멋지네요" - 칭찬
경치 : "멋진데 여행 다녀오셨나 봐요"

카카오톡_1:多 채팅(멀티 카카오톡) 1

▶ **고객에게 중요한 정보를 카카오톡을 활용하여 여러 명의 고객에게 보내고 싶지만 단체로 영업 혹은 광고로 인식**

* 단체 카카오톡에서 바로 탈퇴하는 등 문자를 보낸 사람의 이미지 실추

- **'멀티 카카오톡(어플)' 활용 10명 단위 문자 보내기**
  - 10명 단위 단체로 문자가 발송 가능하지만 **받아 보는 사람은 1:1로 보낸 것 같이 보이기에 효과적**
- **통신사의 그룹관리 기능활용 문자 보내기**
  - 연락처 입력할 때 사전에 그룹화해 놓고 단체문자 발송

    * 단, 연락처 입력 후 사전에 그룹을 분리할 필요가 있고 또한 문자메시지이기에 문자 개봉 여부는 확인 불가

TALK

카카오톡_1:多 채팅(멀티 카카오톡) 2

MULTI KAKAO TALK

멀티 카카오톡

▶ **10명 이상에게 단체문자를 발송하는 어플리케이션**

- **한번의 입력으로 그룹 채팅방이 아닌 1:1채팅 형태로 최대 10명 단위씩 전송 가능**

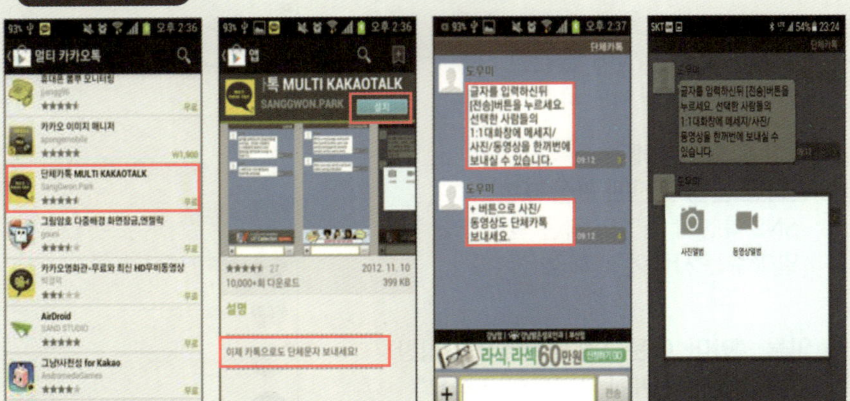

카카오톡_음성으로 카카오톡 1

▶ 운전 中 카카오톡을 하려면?

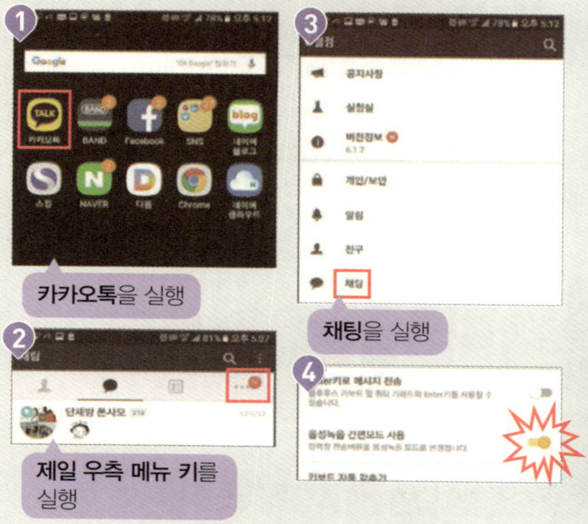

- 설정 (친구화면)
  - 우측 상단의 설정 클릭
- 채팅 선택
- 음성녹음 간편모드 사용
  - 활성화되면 노란색

카카오톡_음성으로 카카오톡 2

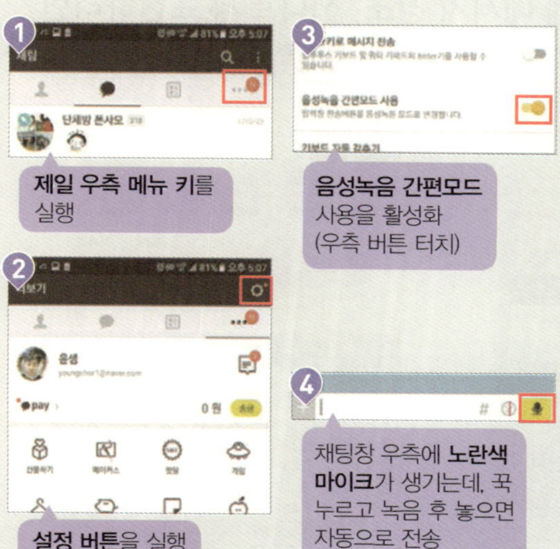

- 카톡이 온 친구의 대화방 아래 오른쪽 편에 **노란 마이크 버튼 생성**
- **마이크 버튼을 꾸~욱 누르며 말하면 음성파일로 전송**

  * 자판의 마이크 누르고 음성을 입력하면 **음성을 문자로도 전송 가능**

  * **음성으로** 채팅방 **친구 검색도 가능**
  - 돋보기 + 자판의 마이크
  - 음성으로 친구 검색

카카오톡_음성으로 카카오톡 3

▶ 문자로 고객에게 많은 내용을 설명하고 싶을 때는?

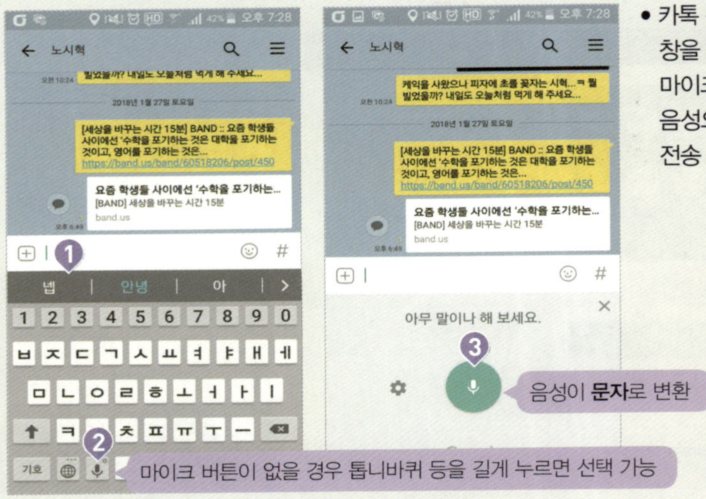

- 카톡 문자 입력 창을 열고 하단의 마이크 버튼 클릭, 음성으로 입력 후 전송

카카오톡_텍스트 콘 1

▶ 카카오톡으로 고객에게 메시지 강조, 색다르게 표현하려면?

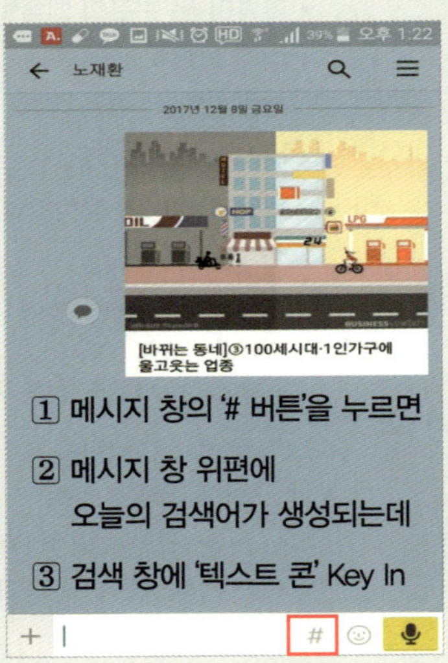

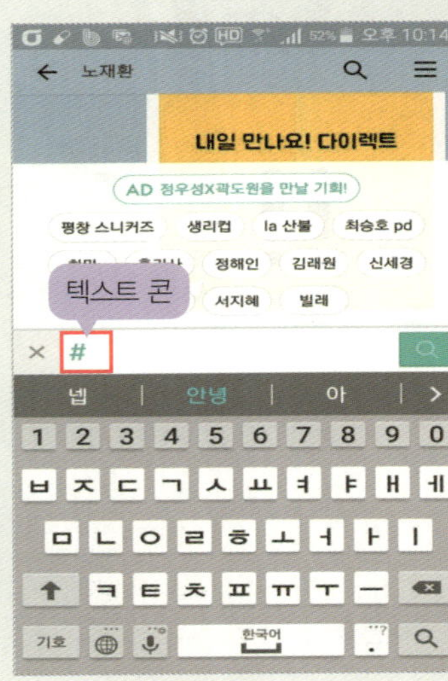

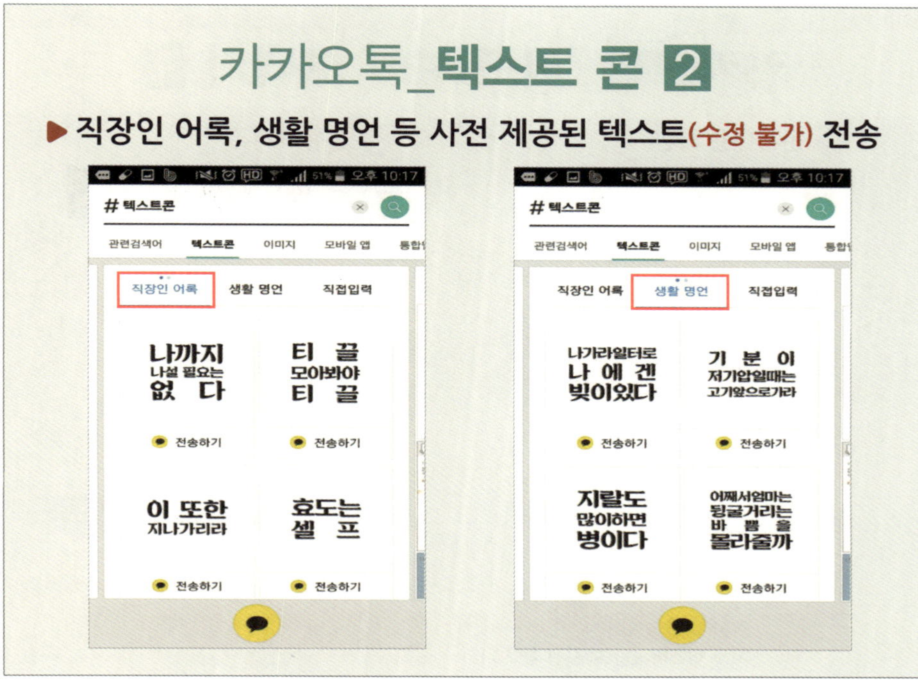
카카오톡_텍스트 콘 2
▶직장인 어록, 생활 명언 등 사전 제공된 텍스트(수정 불가) 전송
텍스트콘
관련검색어
텍스트콘
이미지
모바일 앱
직장인 어록
생활 명언
직접입력
나까지 나설 필요는 없 다
티 끌 모아봐야 티 끌
이 또한 지나가리라
효도는 셀 프
전송하기
나가라일터로 나 에 겐 빚이있다
기 분 이 저기압일때는 고기앞으로가라
지랄도 많이하면 병이다
어째서엄마는 뒹굴거리는 바 뿜 을 몰라줄까

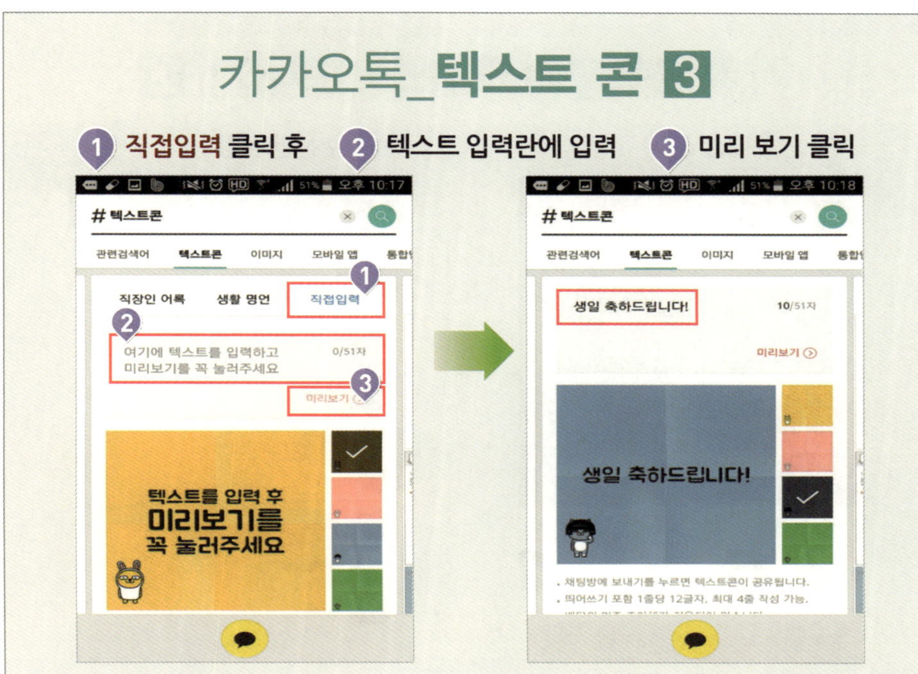
카카오톡_텍스트 콘 3
1 직접입력 클릭 후
2 텍스트 입력란에 입력
3 미리 보기 클릭
텍스트콘
직장인 어록
생활 명언
직접입력
여기에 텍스트를 입력하고 미리보기를 꼭 눌러주세요
0/51자
미리보기
텍스트를 입력 후 미리보기를 꼭 눌러주세요
생일 축하드립니다!
10/51자
미리보기
생일 축하드립니다!
채팅방에 보내기를 누르면 텍스트콘이 공유됩니다.
띄어쓰기 포함 1줄당 12글자, 최대 4줄 작성 가능.

카카오톡_'카드뉴스' 보내기 1

① 문자내용 확인

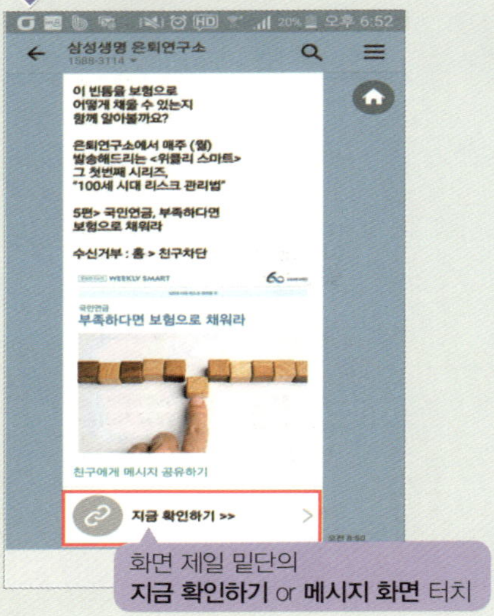

② 공유하기

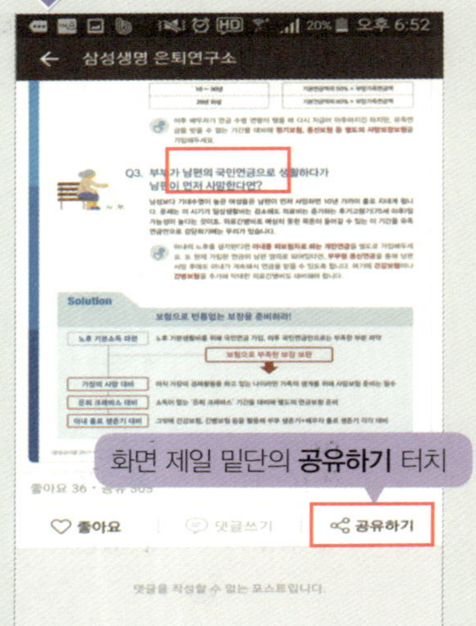

카카오톡_'카드뉴스' 보내기 2

③ 공유대상 선택

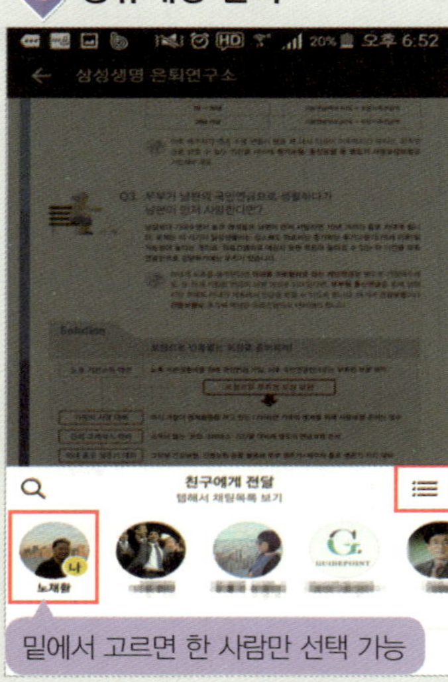

④ 수신인 선정

보험 관련 정보는 어디서, 어떻게?

▶ **FC 및 영업관리자가 필요한 관심정보를 어떻게 수집하나요?**

- 관심정보 : 보험, 세금, 은퇴, 부동산, 주가 등
- 수집방법 : 어디서, 어떻게, 쉽게 & 빠르게 얻고 계시나요?
- 수집주체 : 누가? 본인 스스로?

➔ 누군가가 매일 찾아서 나에게 알려주면 얼마나 좋을까요?

카카오톡_뉴스 검색 1

▶ 카카오톡의 텍스트 콘 기능 활용 필요 뉴스 검색

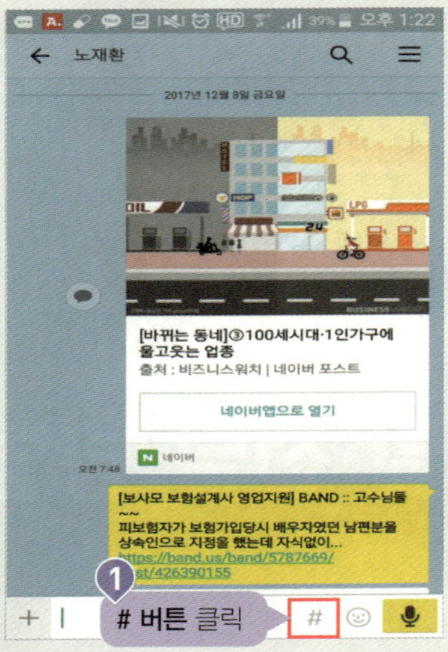

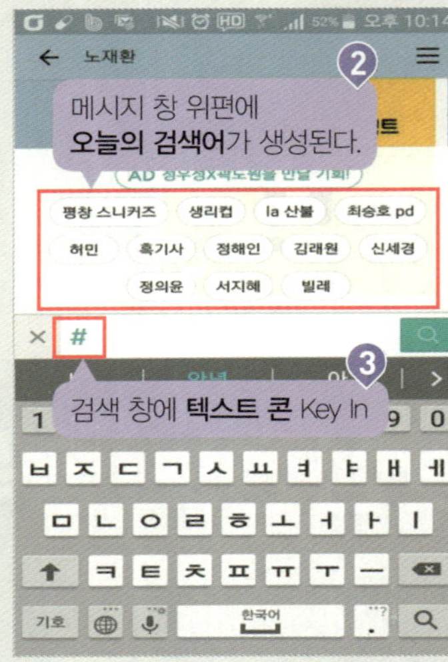

카카오톡_뉴스 검색 2

▶ 검색 창에 #버튼을 누르고 원하는 단어를 입력하고 검색 버튼 클릭

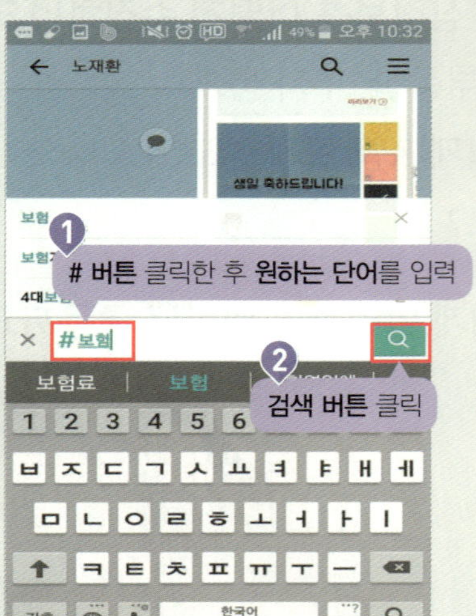

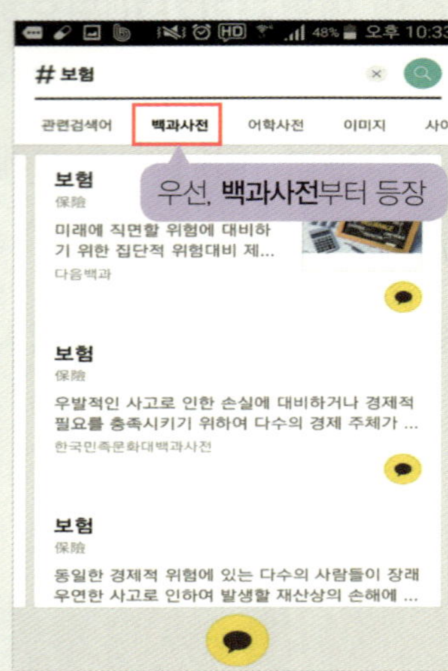

카카오톡_**뉴스 검색 3**

▶ **텍스트 콘 위 상단의 메뉴 바를 오른쪽 옆으로 이동**

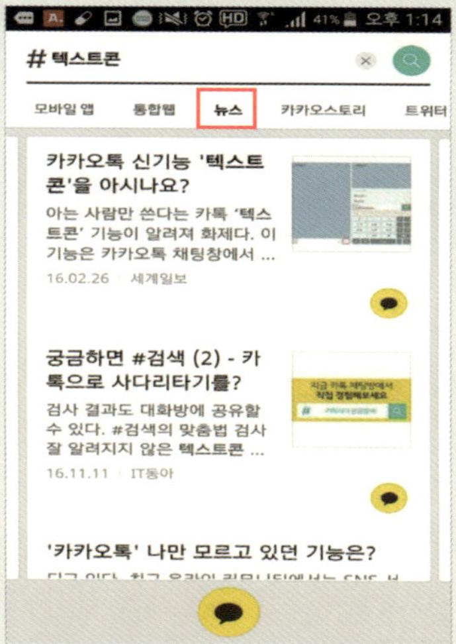

참고

카카오톡_**뉴스 검색 4**

▶ **자신이 원하는 키워드 입력(예 : 보험) 후 메뉴를 뉴스로 이동**

참고

카카오톡_뉴스 검색 5

▶ 뉴스 창으로 이동(오른쪽)하면 보험 관련 최신뉴스부터 제공

‘Google 알리미’ 활용하기

▶ Google 알리미 기능이란?

- 매일 아침 뉴스 中 사전에 본인 설정한 관심 주제(Key Word)에 대해 새롭게 검색하여 **자신이 설정한 Key Word가 포함된 뉴스를 모아서 본인의 G-mail 계정으로 자동 전송해주는 메일링 서비스**

  예 **보험, 은퇴, 세금 등** 본인이 사전에 입력한 관심 단어나 주제를 인터넷 **신문에서 보도된 보험, 은퇴와 세금 관련 주제가 포함된 뉴스를 자동으로 모아서** 본인 G-메일로 한번에 보내줌

➔ **관심주제에 대한 최신 정보를 매일 찾아주므로 정보 확인을 위한 시간 절약과 최신 정보를 학습 가능, 또한 주요 정보를 고객에게 재전송도 가능**

Google

참고

G-mail 계정 만들기 1

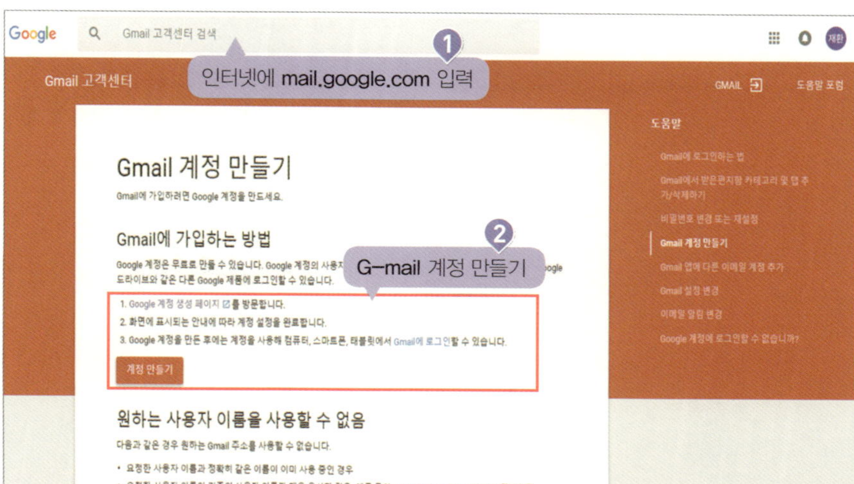

참고 G-mail 계정 만들기 2

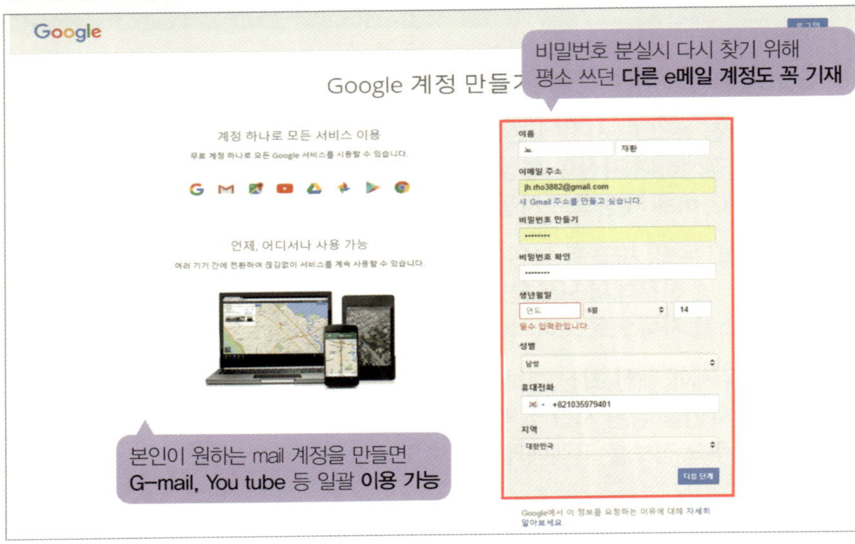

Google 알리미_**만드는 방법** 1

▶ **구글 검색창에서 정보 취합할 단어를 Key In 하고 Enter**

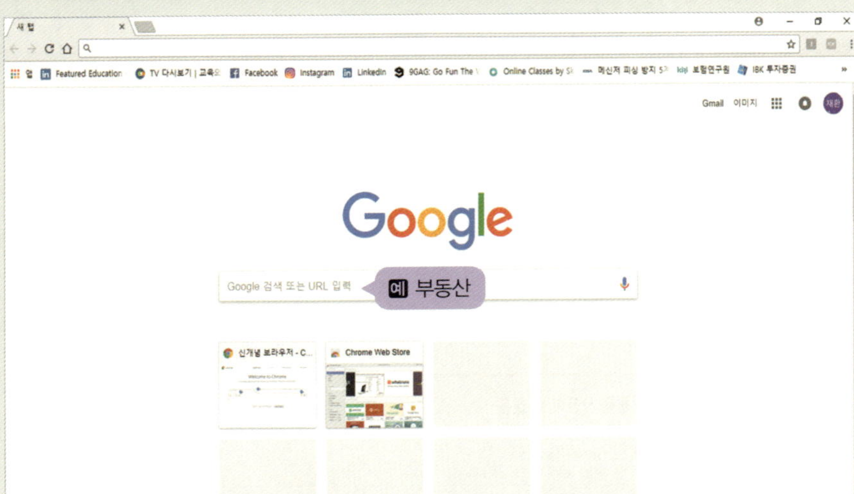

Google 알리미_만드는 방법 2

▶ 검색된 정보 항목 중 '뉴스' 선택

Google 알리미_만드는 방법 3

▶ '뉴스' 화면의 맨 아랫단의 '알림 만들기' 클릭

Google 알리미_만드는 방법 4
▶알리미' 화면으로 이동 후 '옵션 표시' 클릭
Google
알리미
부동산
알림 만들기
옵션 표시
알리미 미리보기
뉴스
은행권 '차별화' 앞세워 부동산 플랫폼 전쟁 2라운드
부동산 O2O 직방, 아파트 실거래가 정보업체 호갱노노 인수

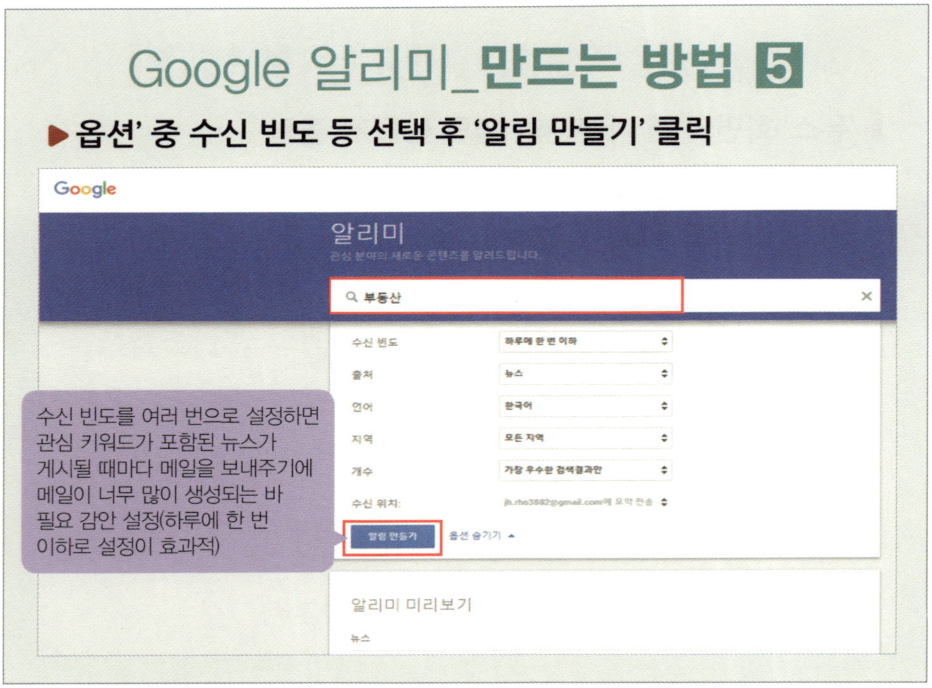
Google 알리미_만드는 방법 5
▶옵션' 중 수신 빈도 등 선택 후 '알림 만들기' 클릭
Google
알리미
부동산
수신 빈도
하루에 한 번 이하
출처
뉴스
언어
한국어
지역
모든 지역
개수
가장 우수한 검색결과만
수신 위치:
알림 만들기
옵션 숨기기
수신 빈도를 여러 번으로 설정하면 관심 키워드가 포함된 뉴스가 게시될 때마다 메일을 보내주기에 메일이 너무 많이 생성되는 바 필요 감안 설정(하루에 한 번 이하로 설정이 효과적)
알리미 미리보기
뉴스

정리 Google 알리미_활용 정보 취합

▶ 검색창에 필요한 단어를 입력한 후 정보 습득 방법 설정

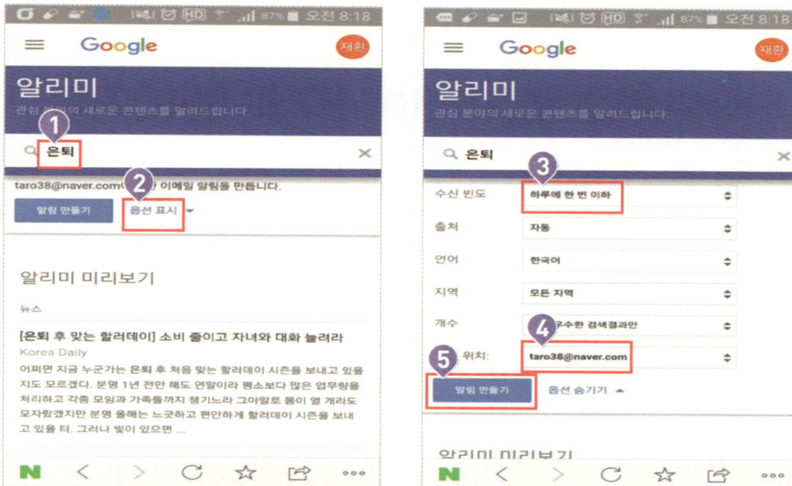

정리 Google 알리미_일일 알림

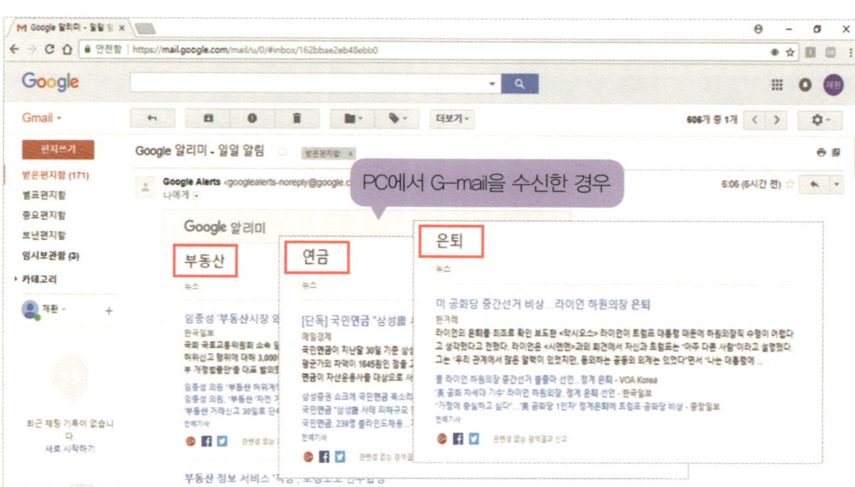

Google 알리미_만드는 방법 6

▶ '내 알림' 리스트 확인 후
추가 정보가 필요할 경우 동일 방법으로 정보 Keyword 추가

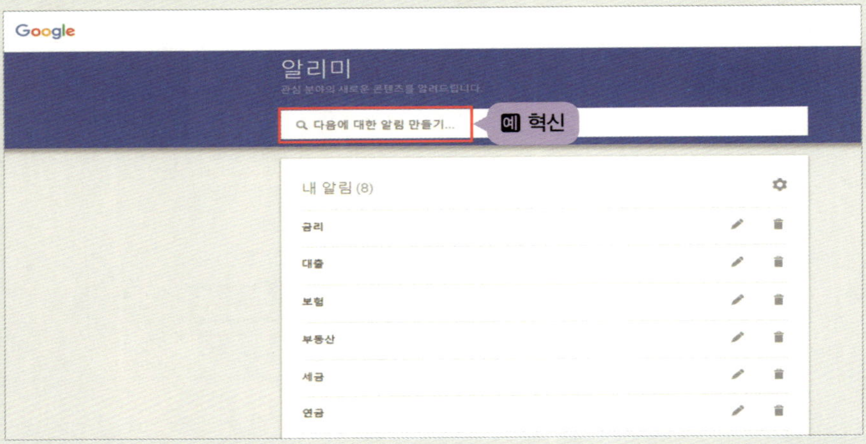

Google 알리미_만드는 방법 7

▶ 예를 들어 '혁신'이란 Keyword를 Key In 후 '알림 만들기' 클릭

Google 알리미_**만드는 방법 8**

▶ '혁신' 이란 Keyword가 바로 생성, 당초 만든 G-mail 계정 확인

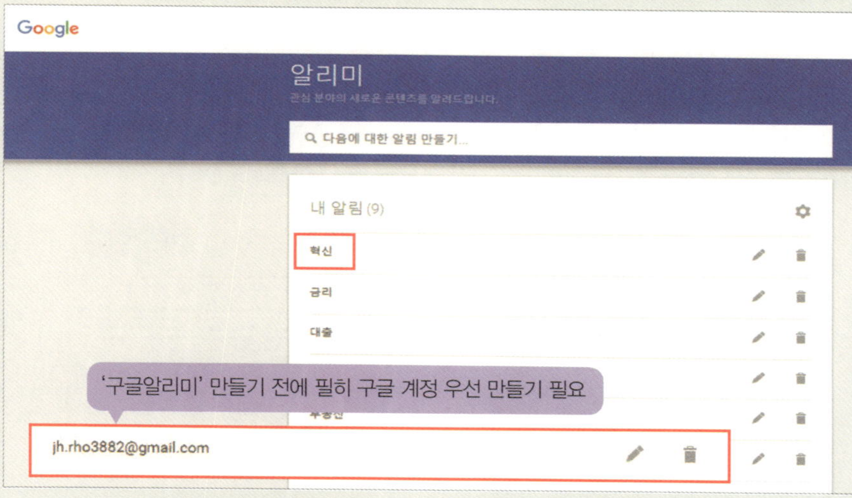

Google 알리미_**정보 습득(핸드폰)**

▶ 구글 e-메일 계정이 있다면 G-mail 주소로 정보 자동 전송

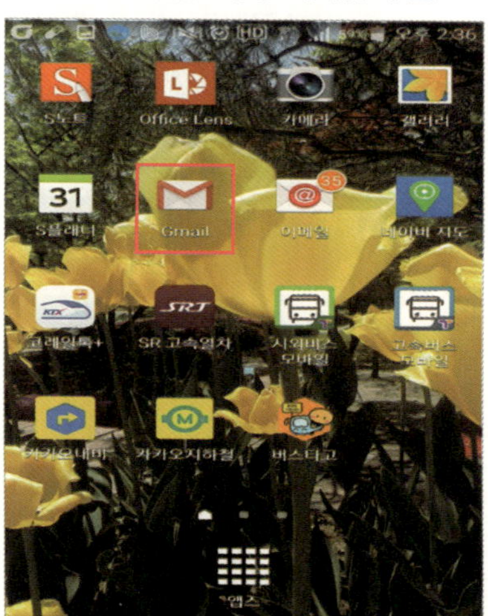

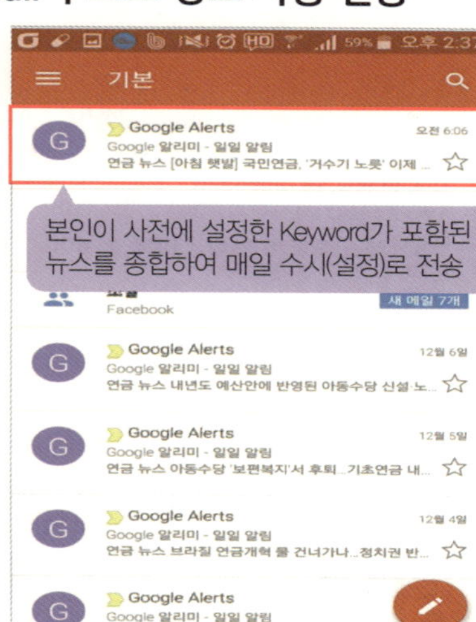

Google 알리미_활용 정보 재정리 1

▶ 자동적으로 전송된 정보 중 필요한 정보만 취합, 별도보관

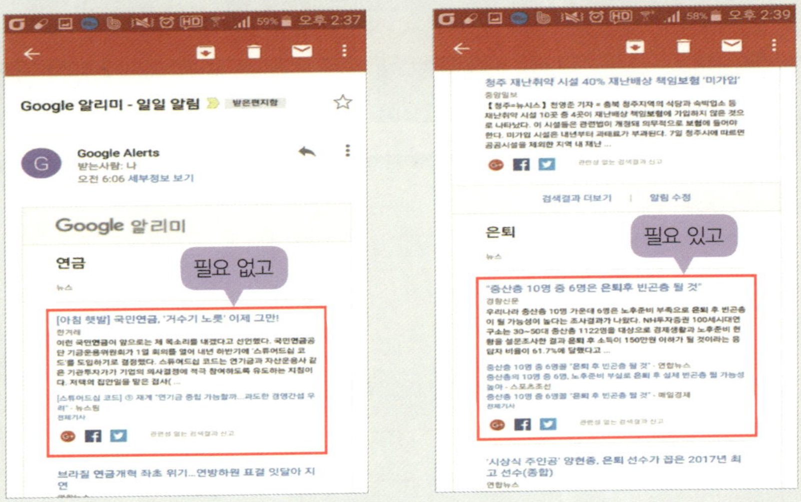

Google 알리미_활용 정보 재정리 2

▶ 검색된 정보 中 자신의 카톡으로 재전송 편한 시간에 숙독

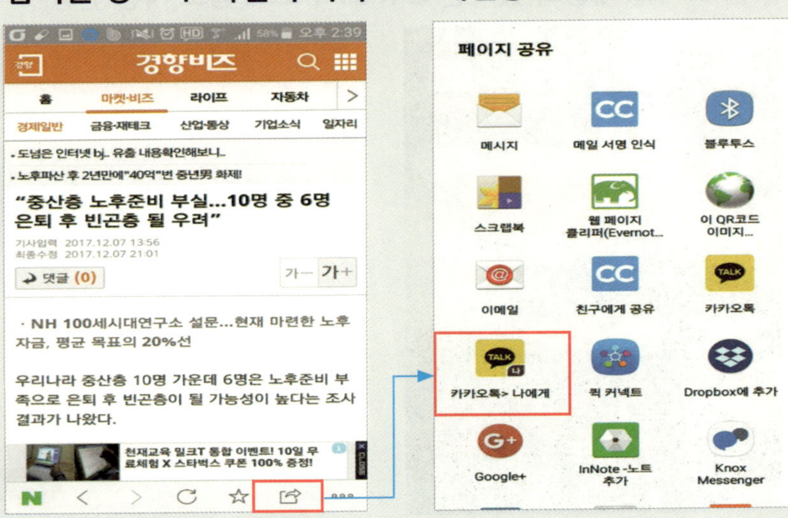

Google 알리미_활용 정보 재정리 3

▶ 카톡 친구 中 자신 혹은 보내고 싶은 사람에 재전송도 가능

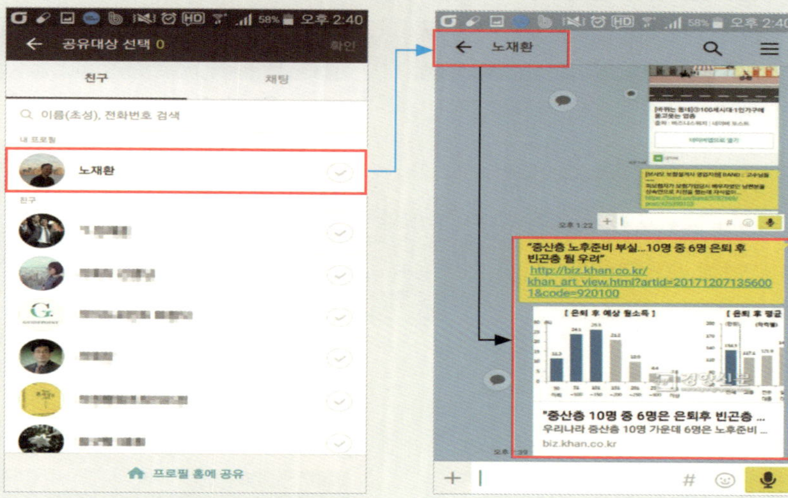

참고

Google 알리미_네이버 활용 1

▶ 구글 알리미 기능 활용, 필요정보 **자동으로 매일 취합, 열람**

참고

Google 알리미_**네이버 활용** 2

▶구글 알리미 설정 당시 입력된 e-메일 주소로 **정보 자동 전송**

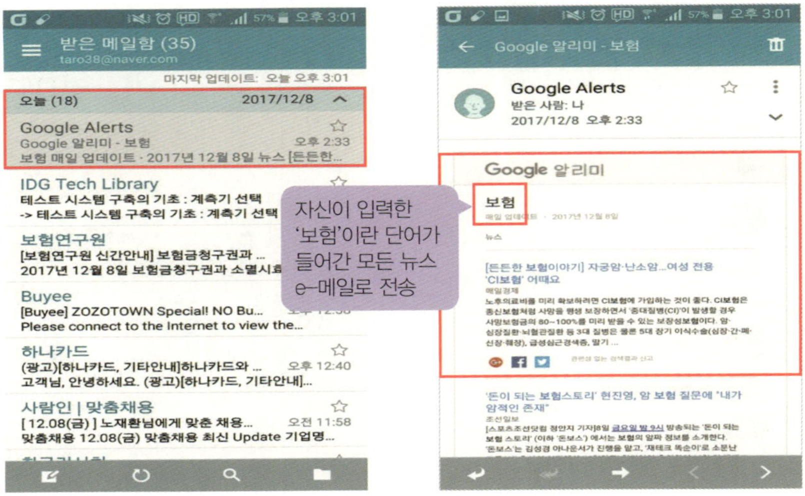

最高手 영업리더 **성공영업의 Tip, 그 보따리를 풀어라!**

Part 05

조직관리 및
운영 Know How

조직의 성장 목표를 세워라

▶ 조직원 전원이 참여하는 '우리 지점 비전 만들기' 실시

- 지점 비전을 만들기 위해 우선 **FC 전원이 참여하는 '팀 비전' 부터 수립**
  - 각 팀의 비전을 수립할 수 있도록 **치밀한 계획下에 사전 준비**
    * **팀장 미팅**(비전 수립의 당위성과 향후 계획 공감대 형성) → **팀별 미팅**(별도 팀별 커뮤니케이션 시간 부여) → **팀 비전 가시화**(全紙 작업)
- 팀 비전 발표회 운영 : 조회 활용 팀별 발표(팀당 5分)
  - **FC 활동 방향, 조직 규모, 소득 목표** 등 실천/달성 가능 항목 중심
- **팀별 비전을 달성 가능토록 상호 격려(→ 포상 및 팀별 Photo Time 등)**
  - Post it 활용 격려 메시지 부착, 팀별 달성 의지 확보 차원 팀 구호 등
- 발표된 '올해의 우리 팀 비전'을 **지점 내 부착 지속 실천**

실습

조직의 성장 목표

"목표를 글로 써서 관리하는 사람은 아무도 없다"(존 멕스웰)

팀 확대 목표

2018년

2019년

2020년

리크루팅 후보자 발굴 경로

- 지인 또는 지인을 통한 방법
- 팀원을 통한 소개방법
- 기계약자/고객을 통한 방법
- 회사 스태프를 통한 소개방법
- 영업 경험자를 찾는 방법
- 유경력자를 발굴하는 방법
- 직접 발굴방법 : List를 통한 Cold Call

＊ 미국 LIMRA 통계에 의하면 '팀원을 통한 소개'가 가장 효과적

리크루팅 후보자 발굴시 고려사항

- 첫인상이 좋은 사람
- 열정적인 사람
- 대인관계가 좋은 사람
- 정직한 사람(도덕성)
- 끈기 있는 사람
- 성공을 경험한 사람
- 결단력이 있는 사람
- 사업가적 정신이 있는 사람
- 독립심이 강한 사람
- 성실한 사람

리크루팅 후보자 배양노트

▶ **후보자 배양노트(= 활동일지)가 있나요?**

- 활동일지(=배양노트)에 몇 명의 후보자가 있나요?
- **매일 리크루팅, 판매활동을 위해 무엇을 하시나요?**

*** 가망고객 리스트 → 활동 → 계약, 리크루팅 후보자 발굴**

▶ **리크루팅 속담**

- 거미줄을 쳐야 벌레를 잡는다 – 사람을 만나야 한다
- 숲이 커야 짐승이 나온다 – 대상자가 많아야 도입된다(100명)

오늘 활동한 결과를 매일 정리하자!

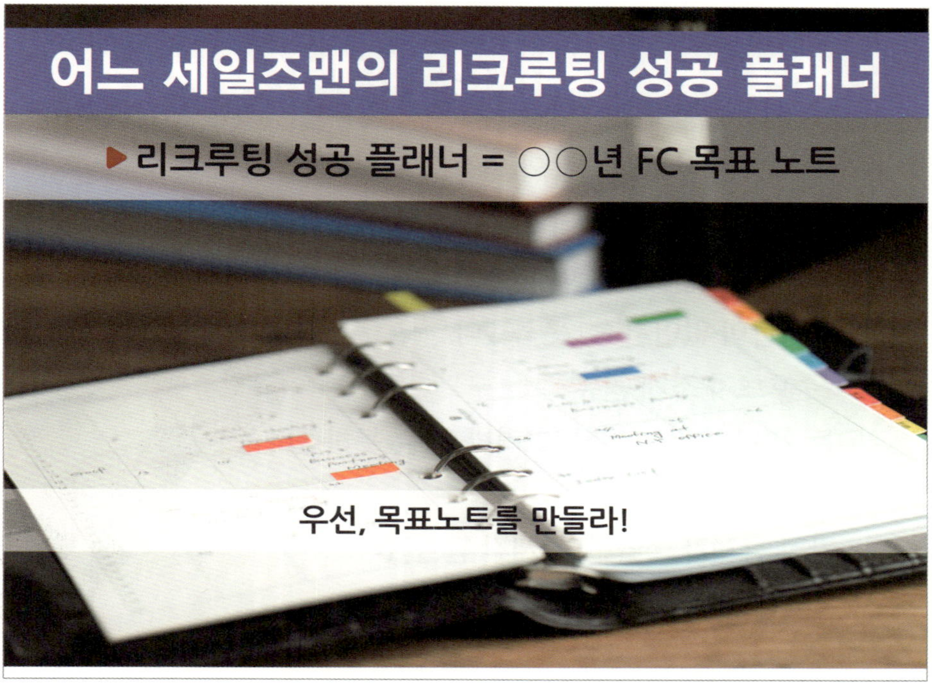
어느 세일즈맨의 리크루팅 성공 플래너
▶리크루팅 성공 플래너 = ○○년 FC 목표 노트
우선, 목표노트를 만들라!

리크루팅 우수 FC 인터뷰(긍정적 사고)
▶'회사의 방향이니까'라는 생각으로 리크루팅 출발
▶만나는 사람 全員(전원)을 리크루팅 후보자로 생각
여러분과 같은 생각!

리크루팅 우수 FC 인터뷰(Ap방법)

▶ 리크루팅을 신계약 활동의 연장으로 생각
- 고객 대상 신계약과 리크루팅 동시 권유

▶ 후보자 상황별 Needs에 맞게 Ap 中
- 절박함이 없어서 FC 못하겠다
  → 후보자 소개 권유
- 月 20만원 정도 여유, 그러나 FC는 못하겠다
  → 계약 권유
- 가정 경제가 쪼들린다, 시간 만들겠다
  → FC 활동 권유

참고 리크루팅 프로세스

효과1

리크루팅을 하면 본인부터 달라진다!

"배워 본 이후에 자기의 부족함을 알 수 있으며,
가르친 후에야 비로소 어려움을 알게 된다.
그러기에 **가르치고 배우면서 더불어 성장한다고 하는 것"**

'教學相長'

중국 오경(五經)의 하나인
《禮記》의 〈학기(學記)〉편에서

* 교학상장 : **스승은 학생에게 가르침으로써 성장하고, 제자는 배움으로써 진보한다**

리크루팅 = 내게 더 도움!

효과2

초심으로 열심히 하는 동력이 생긴다

▶ **리크루팅하면서 시간을 뺏길 수도… 어떻게 극복?**

- 우선, **소득목표를 새로 수립**(700만원 → 1,000만원 이상)
- **리크루팅은 나에게 동기부여, 신인이 보니 더 열심히!**

  * 오전 08:00 출근, 신인 출근 전 본인 업무처리
- **초심을 잃지 않고 활동으로 극복**

  * 시간 Diary 구입, 오전, 오후로 막연히 관리하던 시간을
  시간 단위로 관리하며 작성 中(고소득 5년↑ 유지)
- **적정 인원의 신인관리는 활력소**

시간을 뺏기는 것은 맞지만 생산성 슬럼프는 없다!

효과3

일을 하는 보람이 생긴다

- 3차월 때 보장분석을 매몰차게 거절한 중학교 동창이
  1년 후 거꾸로 'FC하고 싶다' 하여 도입했을 때
- 어렵게 도입한 친구가 **팀장 발탁 등 성공했을 때**
- 팀장 본인이 도입한 동창이 팀장이 되어
  "내가 너를 닮고 있데!"라고 말할 때
- 어렵게 녹즙 배달을 병행하며 영업한 신인이
  소득 500만원 달성하며 "선배님 고마워요" 라고 말할 때
- 활동이 어려운, 소득 100만 이하 **신인이 다시 일어설 때**

왜, 리크루팅?(리크루팅의 효과 종합)

- **신인의 모델(모범) → 일 열심히 해야지!**
- **활발한 팀 분위기 → 나도 같이 잘하자!**
- **선배님, 고마워요 → 리크루팅의 보람**

▶ **리크루팅 = FC로 인정받았다**

"그래, FC님 믿고 한번 해볼게, 잘 가르쳐줘야 돼!"

나만의 팀을 만들어보자!
왜, 다들 자신의 조직을 만들려고 할까?
'나의 리더십 실천'을 통해 자신의 꿈이 실현 가능한
환경을 스스로 만들고자…
'나의 팀'을 만들어보자!
팀장 = 리더로서의 출발!

리크루팅 Orientation Tip

어떻게 후보자에게?(후보자 접근 Tip)

▶ **"인간은 특정한 환경에 공포로 반응하도록 되어있다"**

- 특정 환경이란 낯선 상황, 모르는 사람과의 만남 등
- 익숙한 물체나 믿을 수 있는 사람이 가까이 있으면 공포심은 어느 정도 줄어든다

– 영국의 정신분석학자 존 볼비(John Bowlby)의 애착이론 中 –

후보자 면담의 효과적 질문 방법(SPIN)

1. **Situation 상황**
   - 상황을 파악하기 위한 질문
     - 후보자의 수입, 지출, 저축 등 재정상태
2. **Problem 문제**
   - 문제를 파악하기 위한 질문
     - 현재의 고충, 애로사항, 잠재 Needs 등
3. **Implication 영향**
   - 문제로 인한 영향 파악을 위한 질문
     - 문제 방치 시 5,10년 후 나와 가족의 영향
4. **Need-payoff 해결**
   - 고객의 Needs를 해결하기 위한 질문
     - 후보자의 Needs와 욕구해결 방안

100세 쇼크 축복인가, 재앙인가?

2015.1.3 조선일보

한국인 기대수명 예측 변화

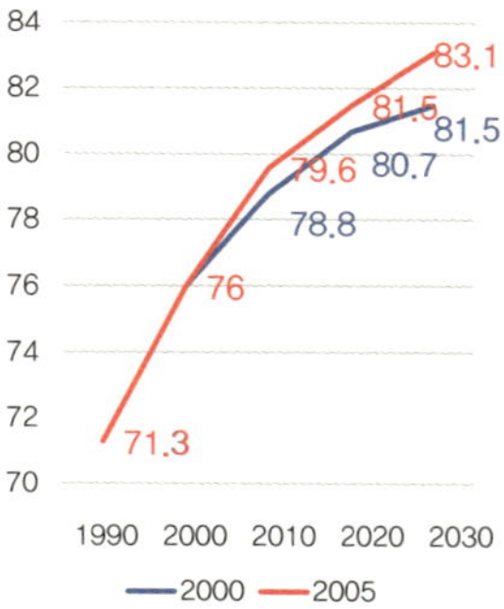

자료 : 통계청

▶ **1971년생 남성은 현재의 47.3%가 94세, 여성은 48.9%가 96세**

- 1945년생은 현재의 남성 23.4%와 여성 32.3%가 101세 생일상을 받는 것

▶ 반면, 연금·복지·보건·국가재정은 물론 교육·취업·정년제도, 개인의 재테크와 **인생플랜이 모두 '60세에 은퇴해서 80세까지 사는' 것을 전제로 구성**

한국 1명의 양육비 4억원 고민

2016.2.28 중앙일보

▶ **한국의** 양육비는 자녀 1명 **출생부터 21세까지 3억 894만원**

양육비 월평균 687,000원 中 사교육비 228,000원(33.2% 占)

• **한국 양육비는?　자녀 1명 출생부터 21세까지 3억 894만원**

자녀 1인당 월평균 양육비	• 사교육 : 22만8천원 • 공교육 : 16만5천원 • 식료품 : 20만4천원	• 의복신발 : 6만8천원 • 보건의료 : 2만2천원

• **한국, 영국 연령별로 비교해보면?** (단위 : 만원)

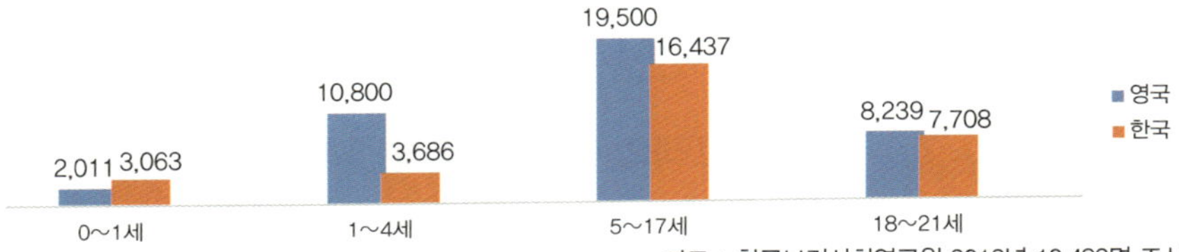

자료 : 한국보건사회연구원 2012년 10,482명 조사

특히, 여성의 길어진 노후, 돈이 더 필요

▶ **평균수명은 남성보다 6.6년 많고,**

노후자금은 7천만원 더 필요!

구분	남성	여성	차이
기대 여명	18년(78.5세)	22.4년(85.1세)	**6.6년**
기본생활비	2억 1,600만원	2억 6,880만원	5,280만원
의료비	5,138만원	6,841만원	1,703만원
기초필요자금	2억 6,738만원	3억 3,721만원	**6,983만원**

* **기본생활비 월 100만원 필요시 가정**
* 의료비 : 한국보건산업진흥원 조사(2013) 기준 65세 이상 의료비
* 기초필요자금 : 기본생활비 + 의료비

자료 : 2015년, **65세 이상 남녀 기초 필요자금**, 삼성생명

여성 혼자 사는 노후, 여유로울 수 있을까?

▶ **65세 이상 독거노인 여성 58.4%, 남성 41.6%**

- **독거노인 10명 中 6명 여성**(약 638만 명 중 여성 372만 명)

▶ **65세 이상 여성 경제활동참가율과 소득은 남성에 비해 低, 질병은 多**

65세 이상 독거노인 전수조사

구분	남성	여성
경제활동참가율	남성 14.7%	여성 7.7%
소득	53.5만원	42.5만원
보유 질병	1.6개	2.7개
배우자 부재(10명 중)	3명	7명

자료 : 2013년 서울시

많이 필요한데, 준비가 안된 여성의 노후

▶ **출산/양육, 여성(35~39세) 국민연금 가입률 33.1%**

- **국민/퇴직연금 모두 못 받는 여성은 65%**

여성의 국민연금 가입률

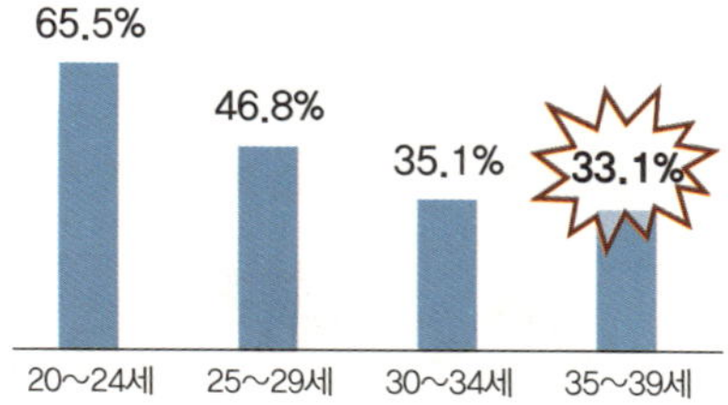

자료 : 2012년 여성가족부

※국민/퇴직연금 모두 못 받는 비율 49.3%

남녀 공적연금 미수령 비율

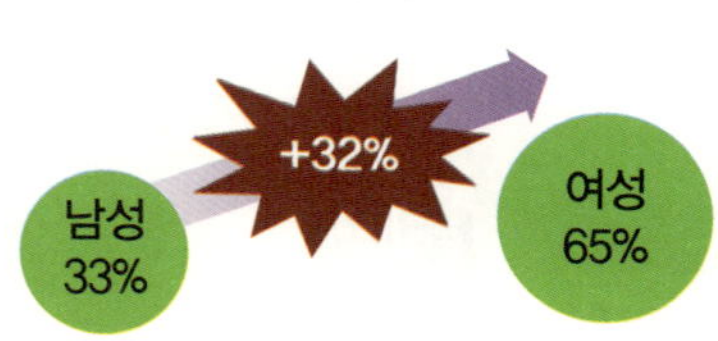

자료 : 2015년 보건사회연구원

정리

여성으로서 나의 노후계획은?

▶ **노후가 남성보다 더 긴 여성, 돈도 더 많이 필요!**
- 남성보다 평균 6.6년 더 사는 여성은 그만큼 생활비는?

▶ **점점 모으기는 어렵고, 살기는 더 빠듯해!**
- 저금리, 높은 주거비용, 길어진 기대수명 등 노후준비는?

▶ **필요한 것은 많고, 그만큼 준비는 절대부족!**
- 국민/퇴직연금 모두 못 받는 비율은 여성이 남성보다 2배

준비되지 않은 노후, 여성 홀로 견뎌야 하는 시간은 10년!

과거보다 더 모아도 힘든 현실

▶ **저금리 시대 진입으로 짧은 노후 준비기간, 높은 주거비용 반면, 길어진 기대수명 → 2배 이상 늘어난 노후 필요자금**

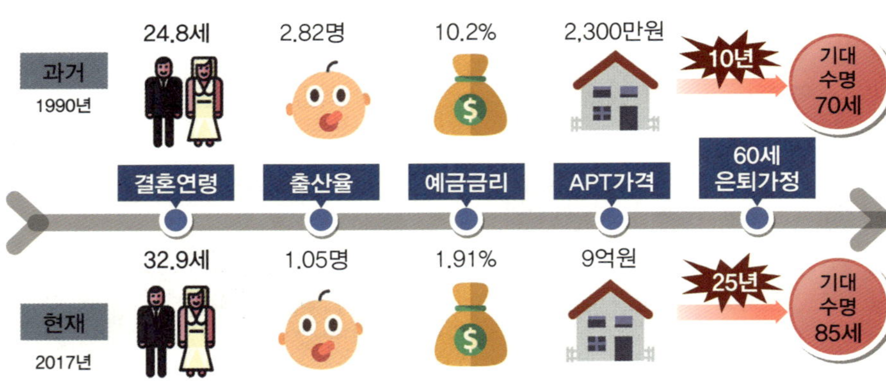

자료 : 결혼연령(남)/출산율/기대수명(통계청), 예금금리(한국은행), 아파트(강남 은마, 국토부)

"남편만 믿고 있자니" 일터로 간 4050 주부들

2016.3.23 중앙일보

- **전업주부 2년 연속 감소 :** 2015년 708만명**(2014년 比 △6만명)**
- **맞벌이 부부 증가 : 2013년 42.9% → 2014년 43.9%(+1%)**
  - * 25~54세 기혼여성의 경제참여율 : 1990년대 50% → **2015년 59.6%**
- **자아실현형 취업보다 중장년 여성의 생계형 취업 성격 가장의 홑벌이로 넉넉하게 가계를 꾸리기 어렵다 판단**
  - * 40대(51.8%), 50대(51.3%) 맞벌이 비율이 30대(42.1%)보다 높다(2014년)

여성 홀로 10년, 준비 안 된 노후, Job을 잡아라!

그러면, 어떤 일을 하면 좋을까요?

나는 어떤 일을 해볼까?

그런데?

소득 부족 : 한 달 힘들게 일하고 월 소득은 100만원 내외?
근무 시간 : 하루 종일 일에 매여 있어야 한다면 애들은 어떻게?
미래 비전 : 단순 업무에서 벗어나 오랫동안 할 수 있는 일인가?

좋은 Job의 조건은?

▶ 의사결정의 기본구조, 꼭 필요한 조건 + 있으면 더욱 좋은 조건

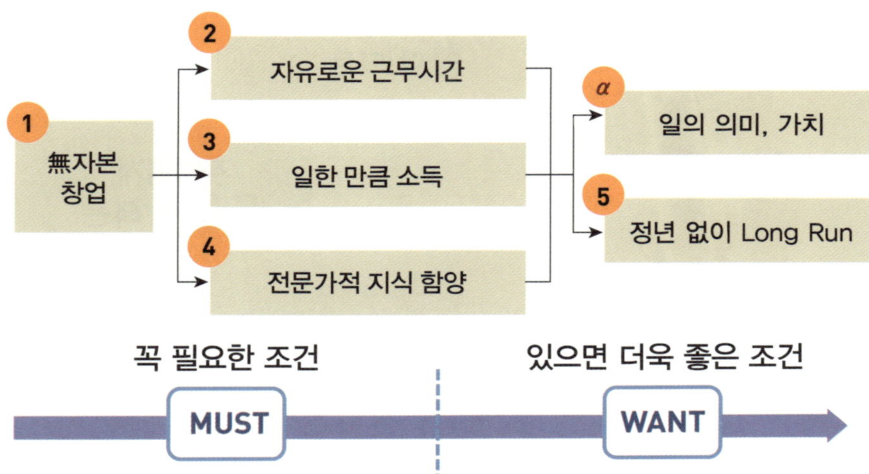

직업, 이런 직업이라면 어떨까요?

- 직업 1: 가족(남편)에게 **힘**이 되는
- 직업 2: 자녀에게 **도움**이 되는
- 직업 3: 나 스스로를 **변화**시킬 수 있는

좋은 직업이란?

- 조건 1: **가치**있고 **의미**있는 일이라면
- 조건 2: 일하는 만큼 **소득**을 얻을 수 있는
- 조건 3: 경력이 쌓일수록 **인정**을 받을 수 있는

왜, FC Job을 선택? (신인의 생각)

- 윤FC : "졸업하고 곧바로 결혼, 전업주부로만,
  그런데 나이가 들면서 '나'를 찾고 싶었어요"
- 이FC : "아들 셋을 끼우면서 자녀양육에 올인, 막내 대학 보내니
  여유가 생겼는데 **이전 수학교사를 다시 하려니 고민이었어요"**
- 장FC : "아이를 낳고 쉬고 있었는데, 설계사에 대한 좋지 않은 선입견이
  있었는데 **예전과는 다르게 FC가 전문직이더군요"**
- 임FC : "간호사였는데 3교대 하다 보니 **육아와 병행이 너무 힘들었다"**
- 김FC : **"은행에서 30년 근무하다 얼마 전 명예퇴직(男),** 다른 FC보다
  유리하지만 때론 자존심도 좀 버리고 호박이라도 찔러야겠죠"
- 신FC : "캐나다에서 목회자 활동(男), **종교는 영혼을 살리는 일인데
  보험은 가정을 살리는 일, FC는 영혼도 살리고 가정도 살리는 일이더라고요"**

FC 지원 후보자 설문 결과

▶ 경력단절 여성 Job 콘서트 참석자 중 82명 대상 직업관련 설문 결과

Q1. 일을 하게 되신다면 기대하는 수입은 어느 정도?
A1. 월 200~300만원 76%, 그 외 24% 300만 원 이상

Q2. 일을 구하시는 경우 걸림돌이 있다면 어떤 것?
A2. 자녀양육 20%, 자신감 부족 40%, 그 외 30%

- 월소득 300만원 내외 확보가 가능한가?
- 직업과 자녀양육이 병행 가능한 직업은?
- 활동에 대한 자신감은 어떻게 키울 것인가?

2014년 9월 잡코리아, 한국경제신문, 삼성생명 공동주관

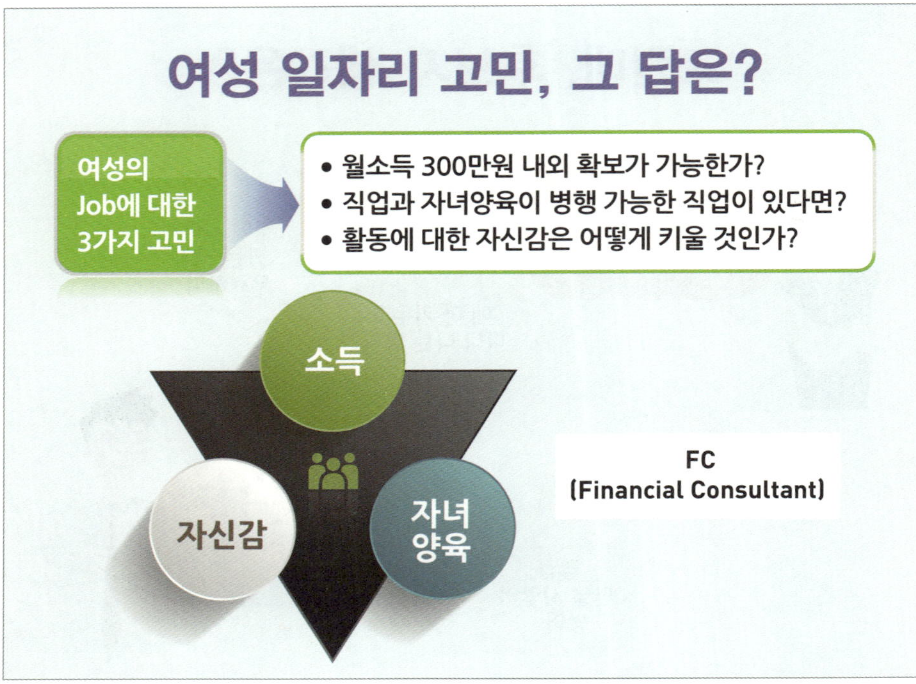
여성 일자리 고민, 그 답은?
여성의 Job에 대한 3가지 고민
• 월소득 300만원 내외 확보가 가능한가?
• 직업과 자녀양육이 병행 가능한 직업이 있다면?
• 활동에 대한 자신감은 어떻게 키울 것인가?
소득
자신감
자녀 양육
FC
(Financial Consultant)

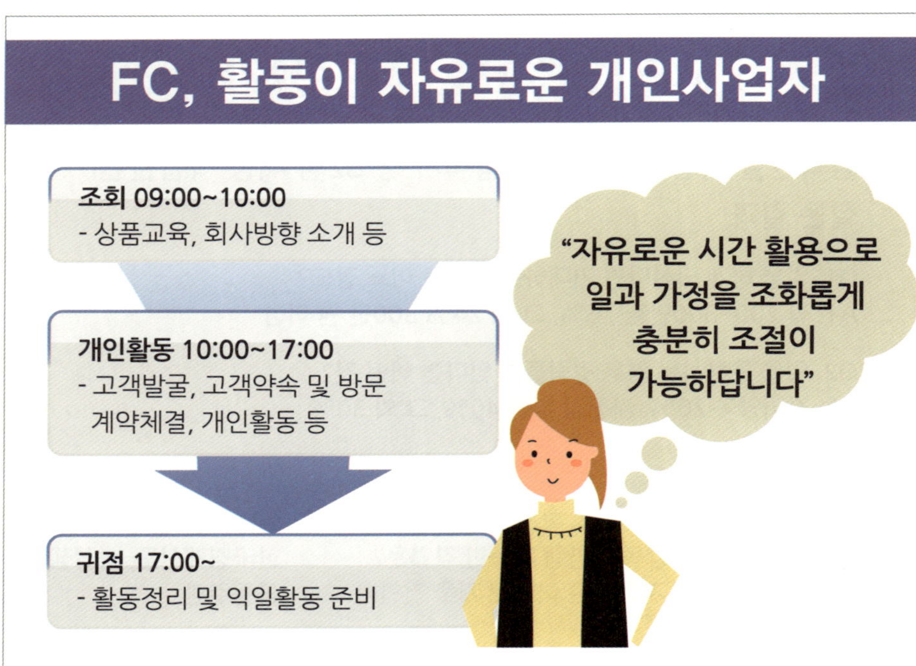
FC, 활동이 자유로운 개인사업자
조회 09:00~10:00
- 상품교육, 회사방향 소개 등
개인활동 10:00~17:00
- 고객발굴, 고객약속 및 방문
계약체결, 개인활동 등
귀점 17:00~
- 활동정리 및 익일활동 준비
"자유로운 시간 활용으로
일과 가정을 조화롭게
충분히 조절이
가능하답니다"

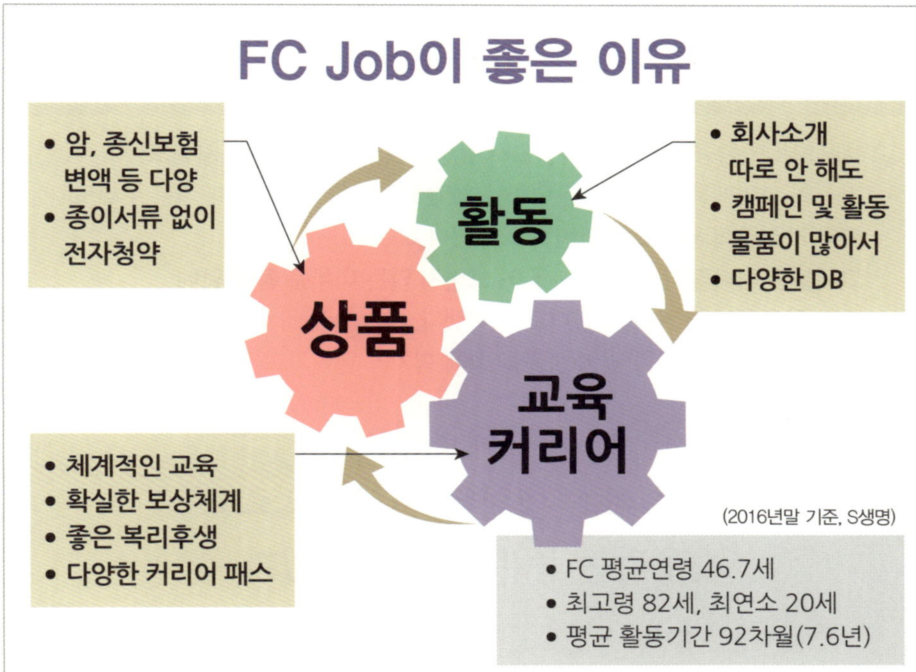

사례

Sales는 꿈과 희망을 파는 것

▶ Sales란?
상품이나 서비스가 아니라 꿈과 희망을 파는 것!

- 사람을 상대로 하는 그야말로 사람밖에 할 수 없는 일이며, 사람만 존재한다면 어디서든지 어떤 방식으로든 소용될 수 있는 '기술'이다.

자신감이 없어요? 당신은 이미 충분해요!

“세상에나! 성공한 커리어 우먼으로 유명잡지와 인터뷰를 한 사람도,
자신의 사업체를 훌륭하게 운영하는 사람도, 아이 셋을 멋지게 키운 주부도
모두 자신감의 부족으로 고민하고 있었다.
그녀들은 하나같이 가도 가도 끝이 보이지 않는 어두운 동굴 안에
혼자 덩그러니 남겨진 것 같다고 고백했다.
남들은 별다른 어려움 없이 성공을 향해 힘차게 달려가고 있는데 말이다”

이 세상에 태어났고
지금 여기 있다는 사실만으로도
우리는 충분한 가치가 있다

– 오프라 윈프리 –

메시지

성공의 비결

▶ 어떠한 일에 몰두하지 못하는 사람들은
주변의 유혹과 잡념에 끌려 다니느라 여기저기 기웃거립니다.
한 우물을 파는 것, 참다운 성공의 비결이 여기에 있습니다

▶ 목표한 것이 있다면 그것만 바라보고 달려가십시오.
자기가 세운 목표에 긍지를 가지고 최선을 다하면
어떤 일에서도 성공을 얻을 수 있을 것입니다

늘 명심하라.
성공하겠다는 너 자신의 결심이
다른 어떤 것보다 중요하다는 것을…

最高手 영업리더 **성공영업의 Tip, 그 보따리를 풀어라!**

Part 06

보험영업에 필요한 세금지식

보험영업과 세금 101

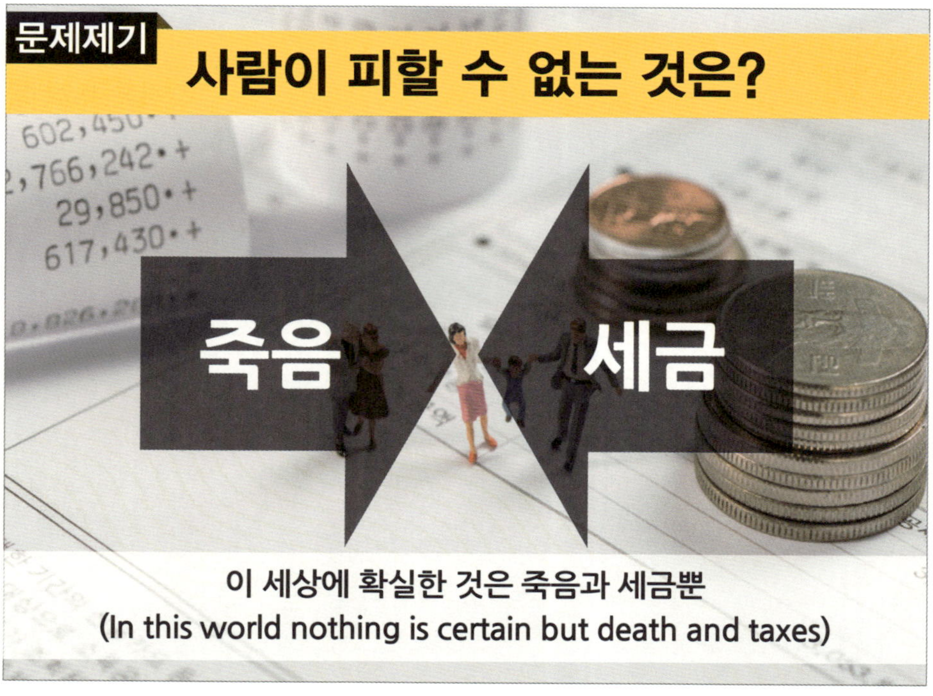
문제제기
사람이 피할 수 없는 것은?
602,450
2,766,242•+
29,850•+
617,430•+
죽음
세금
이 세상에 확실한 것은 죽음과 세금뿐
(In this world nothing is certain but death and taxes)

세금에 대한 이해 1

▶ 사회 방향성 설정을 위한 세금과 관련된 두 가지 질문
- 세금 징수의 量과 세금 납부 주체의 결정

① 세금을 인상할 것인가?

- 세금 인하 → 복지 축소 ➔ 시장의 자유 추구 (성장)
  - 근로자 의욕을 높이고, 자본가의 투자 의욕 향상
- 세금 인상 → 복지 확대 ➔ 정부의 개입 추구 (분배)
  - 절대적 빈곤, 빈부 격차로 인한 사회갈등 해결

세금에 대한 이해 2

▶ 사회 방향성 설정을 위한 세금과 관련된 두 가지 질문
- 세금 징수의 量과 세금 납부 주체의 결정

② 누구의 세금을 높일 것인가?

- 부유층 → 누진적 인상 ➔ 누진세↑(소득), 부유세↑(재산) (직접세)
- 국민 전체 → 일괄적 인상 ➔ 소비세↑(상품/서비스), 주민세↑(지역거주) (간접세)

세금에 대한 이해 3

▶ 시장의 자유와 정부의 개입이라는 방향성의 구체적 의미
- 누구의 이익이 보장되는가?, 자본가와 노동자 간의 이익 대립

③ 누구의 이익이 보장되는가?

	세금주체	세금비중		이익주체
• 시장의 자유 →	국민 전체의	세금 ↓	➔	소수의 자본가
• 정부의 개입 →	부유층의	세금 ↑	➔	다수의 노동자

참고

세금의 구성

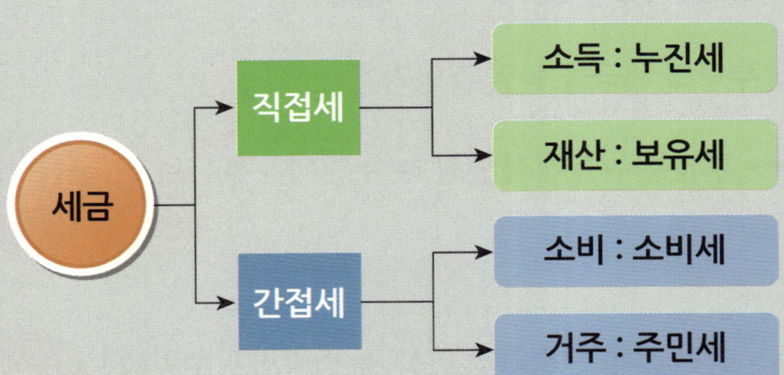

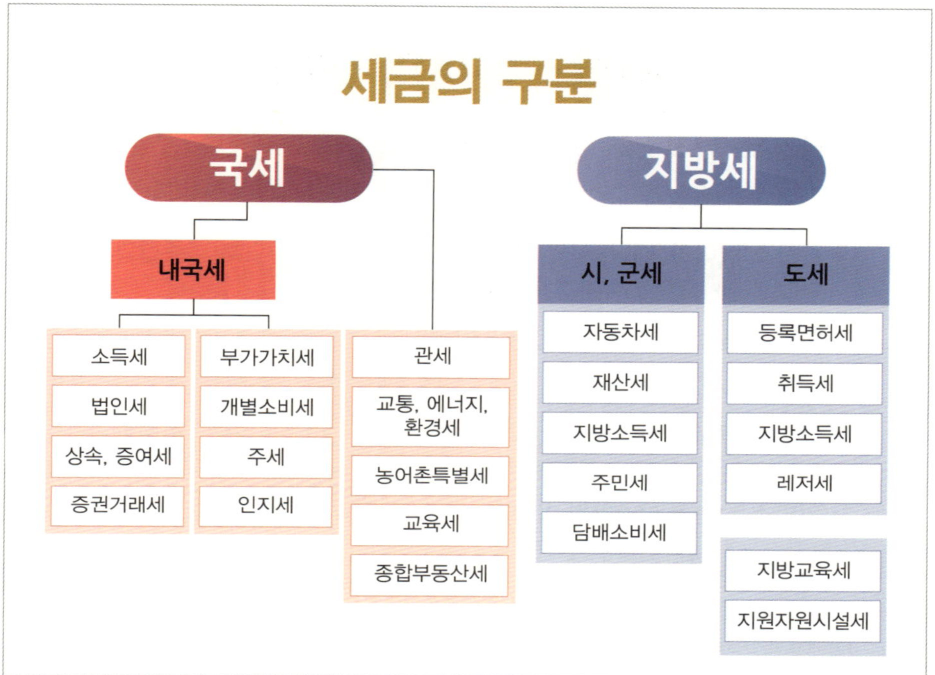

사례

생활과 세금(담배)

2018.8.20 아시아경제

▶ **담배 한 갑 4,500원**
- 담배소비세 1,007원
- 지방교육세 443원
  (담배소비세의 43.99%)
- 건강증진부담금 841원
- 개별소비세 594원
- 부가가치세 433원

▶ **총 세금 3,318원(73.7%)**
*** 제조 및 유통비 1,182원**

- **만약 하루에 1갑씩 1년간 담배를 피면?**
  - 3,318원 × 365일
    = 年 1,211,070원

  *** 재산세와 비교하면?**
- **연도별 담배세수**
  - 2015년 10조 5,181억원
  - 2016년 12조 3,761억원
  - 2017년 11조 2,000억원

종합소득세의 이해

▶ 종합소득, 퇴직소득, 양도소득은 각각 분류과세

- 종합소득은 종합과세 원칙, 분리과세인 경우 원천징수로 납세의무 종결

• 종합소득(이자, 배당, 사업, 근로, 연금, 기타소득) * 단, 이자, 배당소득이 2천만원 초과 시 종합과세	➡ 종합과세
• 이자, 배당소득(연간 2,000만원 이하) • 일용근로자 • 연금소득(사적연금 연간 1,200만원 이하) * 공적연금은 무조건 종합과세 • 기타소득(연간 300만원 이하)	➡ 분리과세 원천징수
• 퇴직소득, 양도소득	➡ 분류과세 별도과세

※ 종합소득세는 개인이 1.1~12.31까지 발생한 과세대상 종합소득에 대하여 다음해 5.1~5.31(성실신고확인 대상 사업자는 6.30)限 주소지 관할 세무서에 신고 납부

종합소득세 계산구조

구분	종합소득금액 계산	수입금액 – 필요경비
1단계	(–) 종합소득공제 과 세 표 준	• 기본공제 : 본인 + 부양가족 1인당 연 150만원 * 만 20세 이하 직계비속, 60세 이상 직계존속 & 연소득 100만원 이하 • 추가공제 : 경로우대100만원, 장애인 200만원, 한 부모 100만원, 부녀자 50만원 • 공적연금: 본인이 납입한 전액 공제(회사분 제외) • 특별공제 : 건강보험료 + 주택임차(월세 60% 등)공제 • 조세특례 : 신용카드 + 주택청약 + 노란우산공제 등
2단계	(×) 세 율 산 출 세 액	• 6~42%의 세율 적용
3단계	(–) 세액공제, 감면 (–) 기 납 부 세 액 자진납부세액	• 연금계좌 : 세제적격연금, 퇴직연금 700만원 한도 12%(연소득 5,500만원 이하 15%) * 보장성 보험료 12%, 의료비/교육비/기부금15% (3,000만원 초과분 25% 세액공제) • 원천징수세액, 중간예납세액

금융소득종합과세

▶ 개인별 연간 **금융소득의 합계액이 2천만원** 이하인 경우에는 해당 소득세를 원천징수하고 납세의무 종결**(분리과세)** 하지만, **2천만원을 초과할 경우** 종합소득에 해당하는 **다른 소득과 합산하여 누진세율 적용 종합과세**

[사례] 금융소득이 3천만원인 경우
2천만원까지는 15.4%를 원천징수하고,
1천만원은 다른 종합소득과 합산, 종합소득세율 적용
* 현행 종합소득세율은 6~42%까지 5단계 초과누진세율체계

참고

세금 관련 이슈

자금출처

- 부동산 등 재산을 취득한 경우 그 재산의 취득경위와 들어간 돈의 출처를 확인, 증여세 과세자료로 활용하는 절차
  - 대부분 ① 미성년자 · 부녀자 등 소득원이 없는 사람이나 ② 연령 · 직업 등을 감안 스스로 재산을 취득할 수 없다 판단되는 사람 대상
  - 국세청의 전산출력자료와 납세자의 회신자료를 서면으로 검토 후 자료 소명이 불충분하면 납세자에게 연락하지 않고 관할세무서가 관계기관 등을 통해 확인

역외탈세

- 국내 법인이나 개인이 조세피난처 국가에 유령회사를 만든 뒤 그 회사가 수출입 거래를 하거나 수익을 이룬 것처럼 조작해 세금을 내지 않거나 축소하는 것
  - 국내 거주자의 경우 외국에서 발생한 소득(역외소득)도 국내에서 세금을 내야 하지만 외국에서의 소득은 숨기기 쉽다는 점을 악용
  - 즉, 국내에 감춰진 소득은 소비나 상속 · 증여 등을 통해 언젠가 노출되지만 해외로 나간 소득은 거의 노출되기 어렵다는 점을 이용해 탈세하는 것
  - 역외탈세는 그 과정이 워낙 복잡하고 은밀한데다 수법도 첨단화 · 지능화되고 있어 날이 갈수록 증가하고 있지만 추적이 어렵다

자본거래

- (손익거래에 대응) 협의의 자본, 자본금/자본잉여금의 증감 · 변화를 일으키는 거래
  - 증자 · 감자 · 주식의 할증발행 · 자기주식거래 등이 이에 해당
- 법인세법상 자본 및 출자의 납입, 잉여금의 처분을 손비로 계상한 금액, 주식발행액면초과액, 주식의 포괄적 교환 · 이전차익, 감자차익, 합병차익(합병평가차익 제외), 분할차익(분할평가차익 제외), 주식할인발행차금, 건설이자의 배당금 등은 자본거래로서 익금불산입(益金不算入) 또는 손금불산입(損金不算入)으로 규정

참고

소득지출 분석시스템(PCI)이란?

▶ 소득지출 분석시스템이란 국세청에서 보유하고 있는 과세 정보자료를 체계적으로 통합 관리하여 일정기간 신고 소득(Income)과 재산증가(Property), 소득지출액(Consumption)을 비교 · 분석하는 시스템으로 세무조사 대상자를 선정하는 데 활용

- 소득지출 분석기간 : 2018년 → 2013년~2017년 5년간 소득지출 분석
- 소득지출 분석대상 : 세대원 전체 대상 → 사업자로 확대 조사

소득지출(PCI) 분석시스템

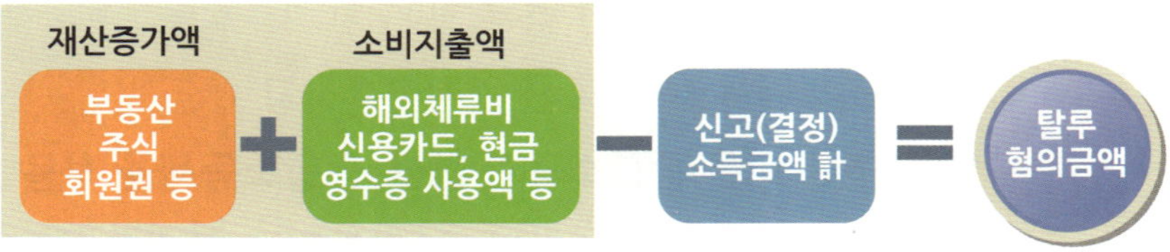

➔ 일정기간의 소득금액과 재산증가액, 소비지출액을 비교 · 분석, 탈루혐의금액 도출

세법상 저축성과 보장성 보험 구분

▶ **저축성 보험 : 만기보험금 or 해지환급금 > 납입보험료**

- 만기일에 수령하는 보험금 또는 중도 해지일에 수령하는 해지환급금이 납입한 보험료에 비해 많으면 저축성 보험
- **세법상, 종신보험 가입 후 중도 해지했는데 납입보험료보다 해지환급금이 더 크다면 저축성 보험으로 분류**

(소득세법시행령 제25조 제1항)

▶ **보장성 보험 : 만기환급금 < 납입보험료**

- 만기에 환급되는 금액이 납입보험료를 초과하지 아니한 보험

참고

보험과 보험차익 과세원칙

▶ 보험의 과세원칙(소득세법 제16조)

- **보장성 보험 : 보험차익에 대해 비과세 원칙**
- **저축성 보험 : 보험차익에 대해 이자소득으로 간주 소득세 과세**

※ 보험금에서 제외 항목
- 피보험자의 **사망, 질병, 부상 그 밖에 신체상의 상해로** 받은 보험금, 자산의 멸실/손괴로 받은 **보험금은 비과세 적용**

※ 종신보험의 경우
- **사망으로 보험차익 수령** : 보장성 보험차익 → **비과세**
- **중도해지, 연금전환으로 보험차익 수령 → 과세**
  → 단, 비과세 요건을 갖춘 저축성 보험에 한해 비과세 혜택

(소득세법시행령 제25조)

참고

보험차익 비과세 축소

【시행령 개정】 일시납/월 적립식 보험의 비과세 한도 등 규정

* 월 적립식 보험의 보험료 합계액에서 제외되는
보험/보험료 합계액 계산방법을 시행규칙에 위임(소득령 제25조)

▶ 월 적립식 보험료 합계액에서 제외되는 보험

- 사망, 사고만을 보장하며, 만기시 환급되는 보험금이 없는 보험 (*순수보장성보험)
  * 저축목적의 보험료가 없으나,
  보험의 구조적 특성(단기납입 장기보장)으로 중도해지시 차익이 발생하는 점을 감안

▶ 월 적립식 보험료 합계액 계산방법 : 연간 월평균 보험료*로 계산

$$* \frac{\text{해당연도의 납입보험료의 합}}{\text{보험 계약기간 중 해당연도에서 경과된 개월수}} \leq 150\text{만원}$$

- **연간 1,800만원 이내에서 일시적인 여유자금을 추가납입*하는 경우에도 비과세 혜택**을 부여
  * 기본보험료 100만원 12개월 납입, 200만원 추가납입(총 1,400만원) → 비과세

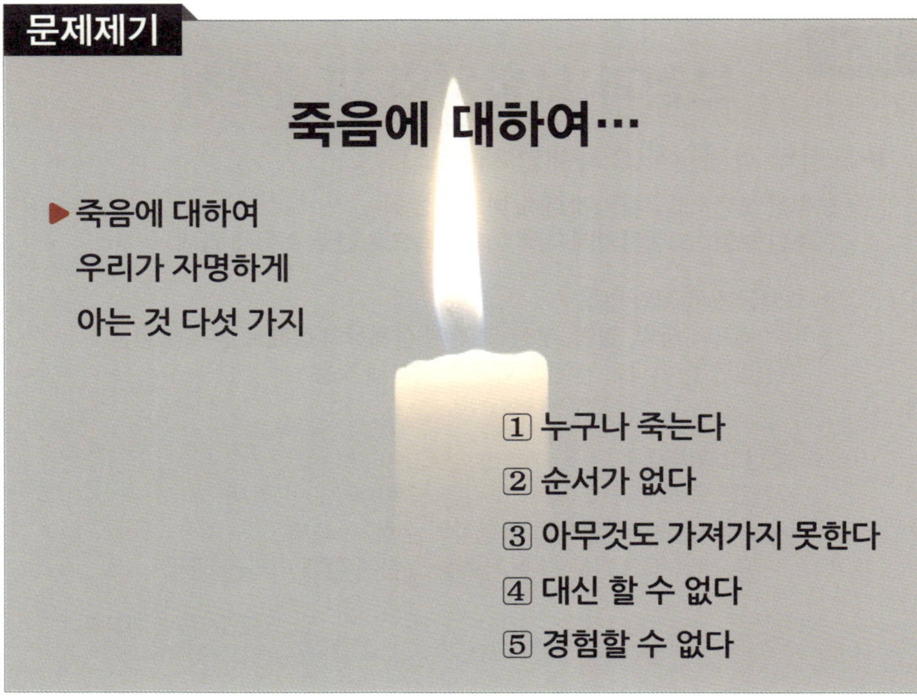
문제제기
죽음에 대하여…
▶ 죽음에 대하여
우리가 자명하게
아는 것 다섯 가지
1 누구나 죽는다
2 순서가 없다
3 아무것도 가져가지 못한다
4 대신 할 수 없다
5 경험할 수 없다

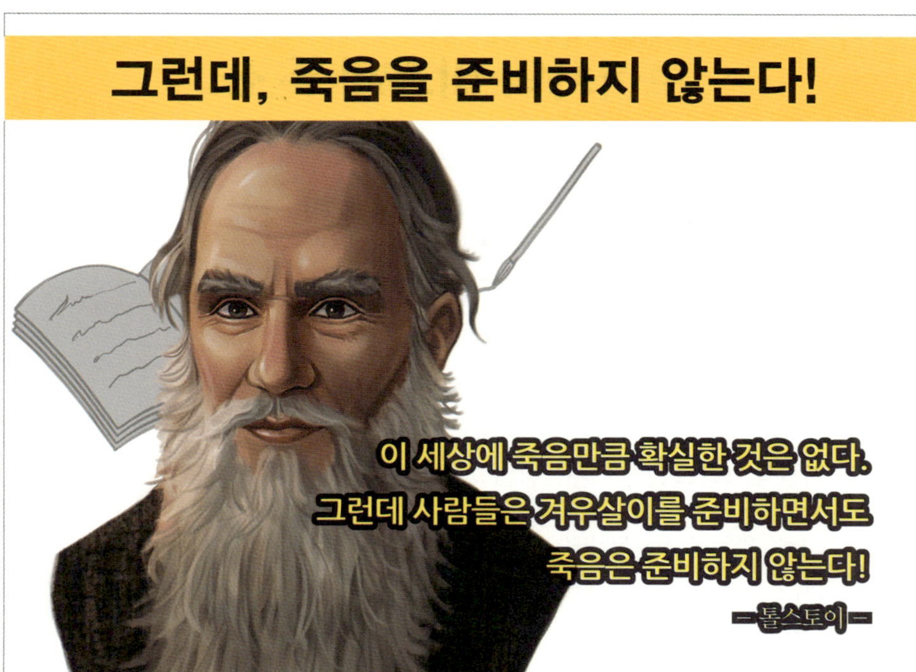
그런데, 죽음을 준비하지 않는다!
이 세상에 죽음만큼 확실한 것은 없다.
그런데 사람들은 겨우살이를 준비하면서도
죽음은 준비하지 않는다!
– 톨스토이 –

부자들의 가장 큰 고민거리는 '절세'

▶ '2017 한국 부자보고서' 발표

- 세금 부담을 줄이기 위해 한국 부자가 취한 행동
  세무사와 상담(59.0%), 보험 등 절세 금융상품 가입(56.0%)
- 자녀 세대에 대한 부의 이전 인식
  "자녀 세대는 부모의 도움 없이 자수성가하기 힘들어졌다"
  2016년 73.0% → 2017년 84.8% (사전증여의향 : 2016년 43% → 2017년 69%)

절세행동	금융자산 5~10억	금융자산 5~10억	금융자산 5~10억
보험 등 절세금융상품 가입	55.7	56.3	56.7
세무사와 상담	32.3	54.0	68.3
주변 지인을 통한 절세 정보 획득	29.4	34.3	18.3
인터넷을 통한 절세 정보 검색	29.4	22.9	13.3
금융기관에서 세무관련 상담	22.9	26.7	41.7
아무렇 행동도 취하지 않음	12.9	10.9	10.0

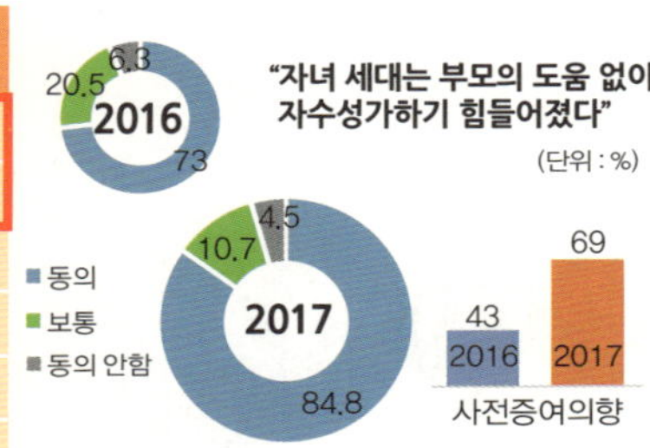

자료 : 2017.8.1 KB금융지주경영연구소

가난의 대물림 수저 계급론

▶ 금수저, 흙수저 계급론의 대물림 현상 심화

- 부모의 학력이나 직업 등에 의해 자식의 장래가 정해지는 계층의 고착화
  * 산업화(1940~59년생, 181명), 민주화(1960~74년생, 593명), 정보화(1975~95년생, 568명)

금수저			흙수저
다이아몬드 ←	아버지, 아들 모두 상층	아버지, 아들 모두 하층	→ 일회용
	3.7%	산업화	35.9%
	12.0%	민주화	36.4%
	3.1%	정보화	50.7%

- 자산 : 20억
- 연봉 : 2억

한국보건사회연구원,
직장이 있는 25~64세 남자 1,342名 분석

- 자산 : 5천↓
- 연봉 : 2천↓

그러면, 상속 Plan은 누가 더 필요?
돈 없고 가난한
평범한 사람에게 더욱 중요
절세
가난

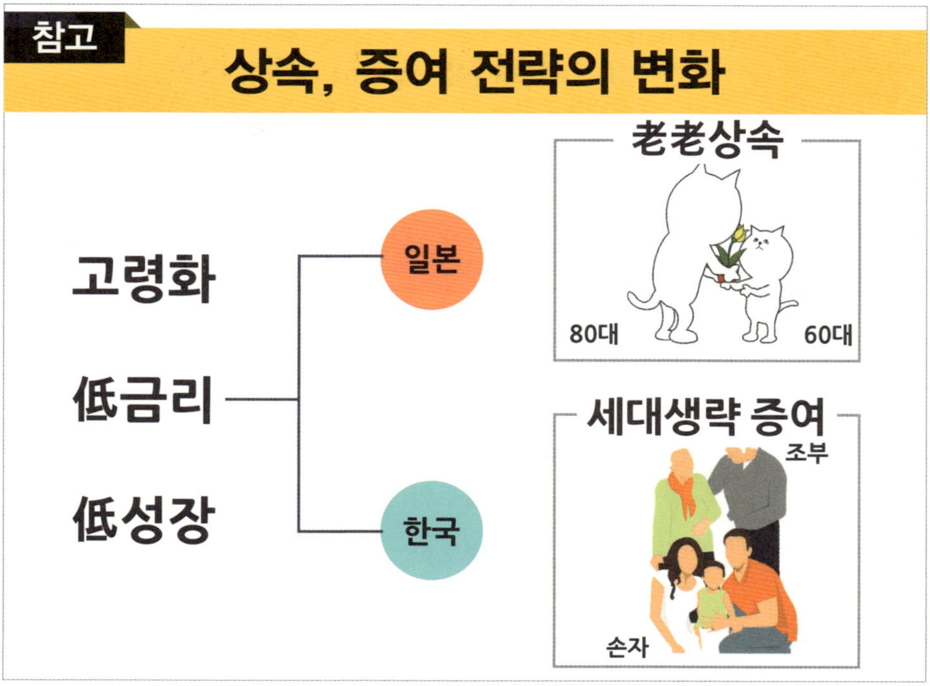
참고
상속, 증여 전략의 변화
고령화
低금리
低성장
일본
한국
老老상속
80대
60대
세대생략 증여
조부
손자

Quiz

'쓰죽회'를 아시나요?

▶ 쓰죽회 : '가진 재산 남기지 말고 다 쓰고 죽자'는 모임

재산 자식한테 안주면?	맞아 죽고
다 줘버리면?	굶어 죽고
조금씩 주면?	(더 달라고) 쪼여서 죽고

➔ 맞아 죽는 게 제일 낫다!
차리라 재산 다 쓰고 죽자!

부동산 임대업이 1위로, 상속 · 증여도 급증

2017.7.4 조선일보

▶ 부동산 경기가 살아나면서 상속/증여세 세수 대폭 증가

- **상속세 : 2016년 6,217명, 2조 3,052억원(1인당 약 3억 7,000만원)**
  *** 2015년 比 사람은 14%, 액수는 5.3% 증가**
  - 국세청 관계자는 "상속세는 보통 10억원 이상 물려주면 내게 되는데, 요즘 강남 아파트 한 채가 10억원에 못 미치는 경우가 드물지 않느냐"
- **증여세 : 2016년 11,6111건, 2조 7,236억원**
  *** 2015년 比 건수는 18%, 액수는 15% 증가**
  - 증여세에 대한 **공제가 줄어들고 있다는 점**을 감안한 부유층이 절세(節稅) 차원에서 **미리 자녀에게 재산을 넘겨주면서** 최근 들어 증여세 세수 확대

활발하게 늘어나는 상속, 증여세수

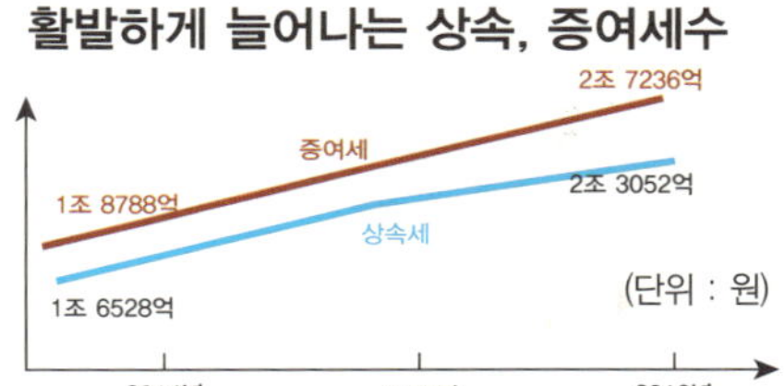

증여세 절세 방향

① 증여가액을 낮추고, ② 각종 공제를 높여 과세표준 낮추고,

③ 증여세 과세표준 세율 구간을 적절히 활용!

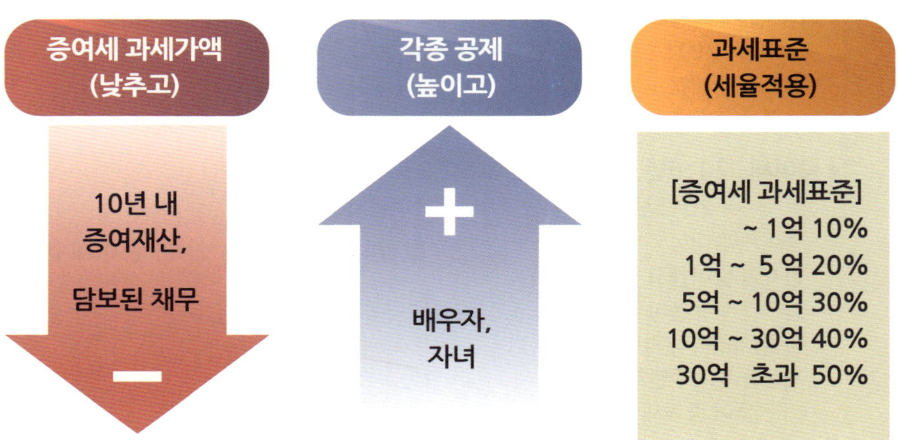

증여세 세금계산 구조

구분	내용
증여재산가액	증여 당시 時價(시가)
+ 10년 내 증여재산	10년 내 동일인으로부터 증여받은 재산가액 증여자가 직계존속인 경우 그 배우자 포함
− 담보된 채무 = 증여세 과세가액	증여재산에 담보된 채무(전세 등) * 성년 : 만 19세
− 증여재산공제	배우자 6억, 직계비속(성년 5천만원/미성년 2천만원), 직계존속 5천만원, 기타 친족 천만원(2016년 변경)
= 증여세 과세표준 × 세율 = 증여세 산출세액	1억원 이하 과표 × 10% 1억원 초과~5억원 이하 과표 × 20% − 1천만원 5억원 초과~10억원 이하 과표 × 30% − 6천만원 10억원 초과~30억원 이하 과표 × 40% − 1.6억원 30억원 초과 과표 × 50% − 4.6억원
+ 세대를 건너뛴 증여(할증세)	30% 할증
− 세액공제 등	기납부세액공제, 신고세액공제, 외국납부세액공제, 영농자녀증여세 감면 등, 박물관자료 등 징수유예
+ 가산세	= 납부할 세액

증여세 비과세 대상

① 사회통념상 인정되는
치료비, 피부양자 생활비, 교육비, 축하금/부의금, 혼수용품 등

② 장애인 등을 수령인으로 하는 **연 4천만원 한도의 보험금**

③ 장애인을 위해 신탁하면서 증여한 5억원 이내의 금액

* 민법상 피부양자, 수증사의 직업, 연령, 소득으로 판단

※ 증여세 과세 대상

- 부모가 부양능력이 있음에도 **조부가 손자의 생활비나 교육비 부담**
- 생활비 or 교육비로 받은 재산으로 **예 · 적금, 주식, 부동산 매입**
- **子女의 가전제품 등 혼수용품은 비과세(그러나 전세자금 보조는 과세)**
- 회사, 노동조합으로부터 받은 경조금, 상조금 등

상속, 증여재산가액 평가 방법

▶ **원칙 : 평가일 현재의 시가**

*시가 : **불특정 다수인** 사이의 거래가 이루어지는 통상의 가격

① 당해 재산 매매가액(수용, 경매, 감정평가 포함) *세금 신고기일 限 적용

- 상속일 전후 6개월(증여재산은 3개월) 이내의 기간 중
  해당 재산에 대한 매매, 2개 이상 감정가액의 평균(기준시가 10억 이하 → 1개 감정 가액)

② 유사매매사례 : 매매사례 가액 산정과 같은 기준(국토교통부 H/P)

例) APT 단지 내 동일 평형, 유사 층의 거래내역 적용

③ 보충적 평가 : 부동산(공시/기준시가), 주식(순자산/순손익 가치)

- 단, 임대건물은 임대료 환산 가액과 보충적 평가 중 큰 금액 적용
  * 임대환산가액 = 임대보증금 + 임대료/12%(= 월임대료×100)
  ※ 저당권이 설정된 재산(금융채무+임대보증금)을 최우선 적용

증여시기

* 공시지가 : 토지
  기준시가 : 건물

▶ **전년도 대비 기준가격의 변화(공람 등) 예상에 따라 신고**

- 전년도보다 높게 결정 예상 → 기준가격 고시 前에
- 전년도보다 낮게 결정 예상 → 기준가격 고시 後에
  * 금융자산은 시기 의미 少, 주식은 상장 前에 대부분 低평가

▶ **증여일 현재 고시된 당해 연도의 기준가격 적용**

- 단, 당해 연도의 기준가격이 고시되어 있지 않으면 전년도 기준 적용

※ 토지/건물의 공시지가, 기준시가 고시 시기

- APT, 연립, 다세대(공동주택가격) – 국토부장관, 매년 4월말
- 단독주택(개별주택가격) – 시군구청장, 매년 4월말
- 사업용 건물, 오피스텔(기준시가) – 국세청장, 매년 12월말
- 토지(개별공시지가) – 국토부장관, 매년 5월말

참고

실거래가 및 기준시가 조회 방법

실거래가

- **공동주택, 단독주택**
  국토교통부(http://rt.molit.go.kr)

기준지가

- **토지, 주택가격**
  국토교통부 공시가격 알리미
  (www.kais.kr/realtyprice)
- **건물, 오피스텔, 상업용 건물**
  국세청(www.nts.go.kr)홈페이지
  조회, 계산 메뉴 중 기준시가 클릭

참고

증여재산 공제

▶ **10년 이내에 동일인으로부터 증여받은 재산가액의 합계 中**

- 배우자 간 : **6억원**
- 직계존속 → 직계비속 : **5천만원**(* 미성년자 **2천만원**)

  ] 6.25라고 외우자!
- **직계비속 → 직계존속** : 2015년 3천만원 → **2016년 5천만원**
- 기타친척으로부터 증여 : 2015년 500만원 → **2016년 1천만원**
  (장인과 사위, 시아버지와 며느리)
  * 기타 친척 : 6촌 이내 **혈족, 4촌 이내 인척**

※ 상속인에게 증여 후 10년 내 증여자 사망시 '증여 당시 가액'에 대해 재차 상속세 과세

▶ **미성년자에 대한 세대 생략 상속증여 할증률(30%) 인상**

- 상속인, 수증자가 미성년자로서 상속증여 재산가액이
  20억원을 초과할 경우 할증률 40% 적용(2016년)

증여세율(상속세율과 동일)

▶2016년 1월 1일 기준 **개별주택가격 156백만원** 주택, 어머니로부터 증여
증여재산가액(156백만 원)−증여공제 5천만원(미성년자는 2천만원)
= 106백만원(과세표준)×해당세율 20%−누진공제 1천만원
= 1,120만원−(자진 신고)세액 5% 공제 → **증여세 10,640,000원**
2017년부터 10% → 7% → 2018년 5% → 2019년 3% 예정

과세표준	세율	누진 공제금액
~ 1억원 이하	10%	−
1억원 ~ 5억원 이하	20%	1,000만원
5억원 ~ 10억원 이하	30%	6,000억원
10억원 ~ 30억원 이하	40%	1억 6,000만원
30억원 초과	50%	4억 6,000만원

증여세 신고대상 및 기간

▶증여세 신고기한
- 증여받은 달의 말일부터 3개월 이내(신고대상 세금의 5% 공제)

▶증여세 과세대상
- 10년 내 동일인으로부터 증여받은 금액을 합산하여 신고

2017년부터 자진신고시 7% 공제 → 2018년 5% → 2019년 3% 예정

▶증여 관련 가산세
- 미신고 : 20% or 40%
- 불성실신고 : 10% or 40%
- 미납입 : 체납기간 × 0.03%/日

참고

저축과 보험의 증여시기 1

저축의 경우 10년 단위로 2,000만원씩 자녀에게 증여해주면?

▶ 아버지가 아들(미성년)이 나중에 결혼 후 집 장만을 위해
아들 명의로 2,500만원 저축(→ 저축 당시 증여세 신고)
* 증여세 47.5만원 : 2,000만원 미성년자 공제, 10% 세율, **자진신고 –5%**
→ 15년 후 7,000만원이 된 돈으로 집을 장만해도 문제 없음

➔과세미달로 신고하는 것보다 납부세액이 나오도록 증여
- **재산공제액보다 약간 많은 금액을 증여 후**
- **증여 신고서 및 영수증을 남겨 놓는 것이 좋다**

저축의 증여시기는 저축 당시, 그러면 보험의 증여시기는?

참고

저축과 보험의 증여시기 2

보험의 경우 부모가 부담한 보험료의 과세

계약자	피보험자	수익자	증여세 과세여부
부모	부모	자녀	과세

• 50세 20년납, 종신보험 3억원 가입(보험료 30만원)

증여세 과세대상 및 시기

▶**증여시점 :** 보험사고(만기)로 보험금 실제 수령한 날

▶**과세방법 :** 사고시점까지 부모가 납부한 보험료의 비율로 과세

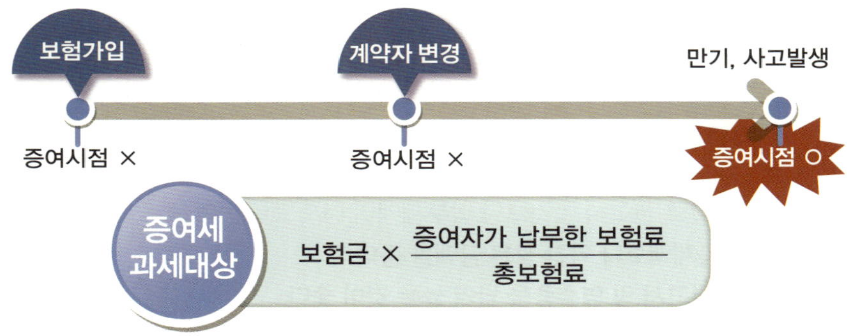

- 만기보험금 3억원
  아버지가 3,600만원 납입, 중간에 아들로 계약자 변경 아들이 3,600만원 납입
  ➔ 만기시점을 증여시점으로 보고 비율로 계산 1.5억원이 증여세 과세 대상

증여받은 재산으로 보험료 납부하면?

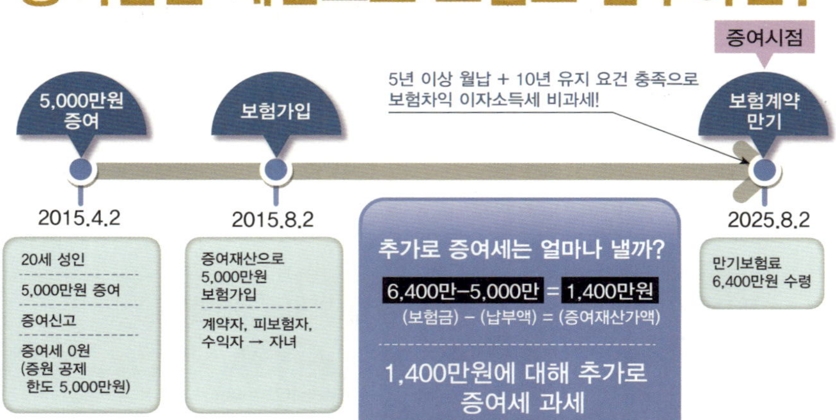

상속증여세법 제34조 제1항(보험금의 증여시기)
생명보험이나 손해보험에서 보험금 수령인과 보험료 납부자가 다른 경우에는 보험사고가 발생한 경우에 보험금 상당액을 보험금 수령인의 증여재산가액으로 하며, 보험계약 기간에 보험금 수령인이 타인으로부터 재산을 증여받아 보험료를 납부한 경우에는 그 보험료 납부액에 대한 보험금 상당액에서 그 보험료 납부액을 뺀 가액을 보험금 수령인의 증여재산가액으로 한다.

사례

부동산 증여 vs 현금 증여 1

▶ 부동산으로 증여시 취득세 등 4%를 추가적으로 납부 필요

현금	2억	부동산	
2억	증여가액	2억	
5,000만원	(-)증여공제	5,000만원	
1.5억	(=)과표	1.5억	
2,000만원	산출세액	2,000만원	+ 600만원

* 6억 이하 주택취득세
  - 매매 1.0%
  - 상속 2.8%
  - 증여 3.5%
* 토지 4.0%

- 취득세 3.5%
- 농어촌, 지교세 0.5%

증여세	과세표준	세율	
	1억 이하	10%	
	1~5억 이하	20%	△ 1,000만원

참고

부동산 증여 vs 현금 증여 2

▶ 하지만 부동산 증여시 **평가방법(공시지가)의 차이로 증여가액 자체를 낮춰** 결국 절세 가능

VS

시가 (=현금)	평가방법	시가 (→ 공시지가)

* 단, 증여받은 물건을 **5년 이내 양도시 이월과세 적용**

참고

부동산 이월과세

▶ **부동산 증여 후 5년 이내 양도시 이월과세 적용**

- 피증여자의 양도시점이 아닌 **증여자가** 해당물건 **취득시점**의 취득가액과 **양도시점의 양도가액의 차이에 대해 과세**

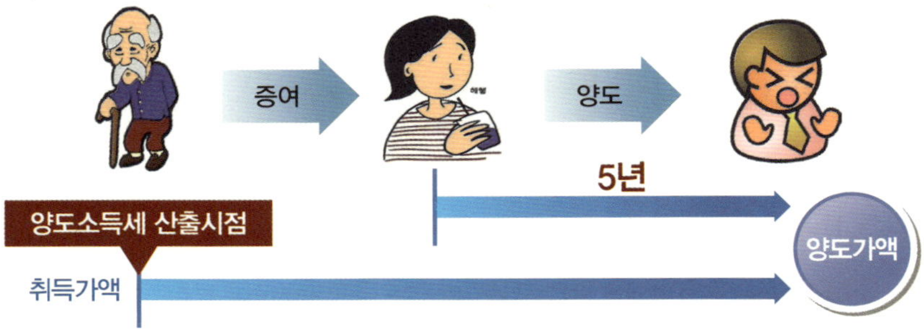

※ 만약, 기존 주택이 있는데 추가로 증여로 주택을 받은 경우, 증여받은 날로부터 3년 내 기존 주택을 양도하면 비과세 적용

참고

배우자에게 증여시 양도세 절세

▶ **오래 전에 산(분양) 1억원짜리 주택이 현재 6억원(양도차액 5억원) 양도소득세 1억 7,060만원(단, 각종 공제와 비용 미포함)**

- 양도차액 5억원 × 양도소득세율 38% − 누진공제액 1,940만원

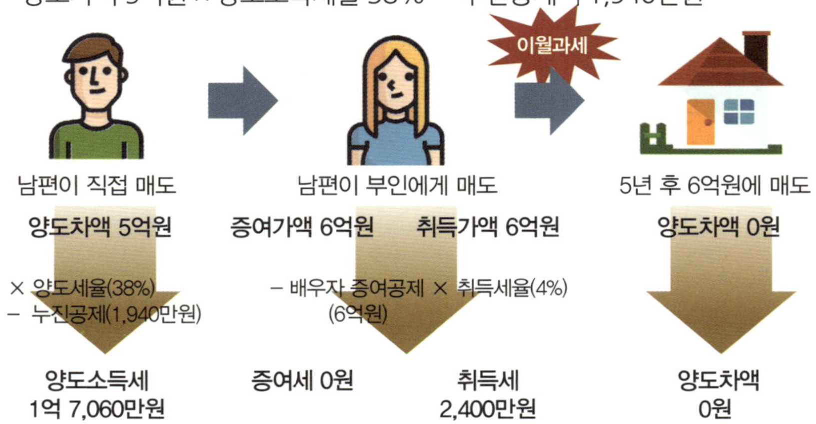

참고 일사편리, 온나라 부동산 정보

사례 증여세 절세 전략

▶ 할아버지와 아버지는 같은 직계존속으로 간주

- 성인자녀가 할아버지가 5천만원, 아버지가 5천만원씩 받으면 직계존속으로부터 총 1억원을 받은 것으로 간주

➔ 5천만원 공제 후, 나머지 5천만원에 대해서는 과세

- 상속세 절세전략 중 가장 쉬운 방법이

  10년마다 주기적으로 배우자 및 자녀에게 증여공제 한도를 활용 사전증여

  * 증여공제 : 10년 합산 성인 5천만원, 미성년 2천만원

➔ 평균수명 감안 늦어도 70세부터는 증여 시작 필요

증여세 할증과세

▶ 세대를 건너 뛰어 증여를 하면 세금을 30% 더 낸다!

- 한 세대를 건너 뛰어 재산을 이전함으로써 상속세 또는 증여세를 회피하는 행위를 방지하기 위하여 **증여자의 자녀가 아닌 직계비속에게 증여하면 증여세액 30% 추가**
  *** 2016년 상속 · 증여가액 20억원 초과시 40% 과세**
- 다만, **증여자의 최 근친인 직계비속이 사망**하여 그 사망자의 최 근친인 직계비속이 증여받는 경우 **증여세를 할증과세 안 한다**

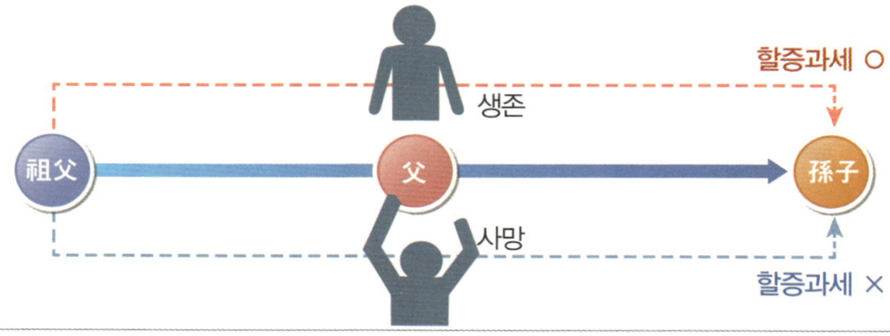

세대를 건너 뛰어 증여하면?

할아버지→손자	5억원 부동산 증여	할아버지→아버지→손자
과세표준 : 4억 5,000만원 (직계비속 증여재산공제 5,000만원) 증여세 : 1억 400만원 (8,000만원 + 세대생략 30% 할증)	증여세 1억원 이하 : 10% 1억원~5억원 : 20%	총 1억 6,000만원 할아버지 → 아버지 : 8,000만원 아버지 → 손자 : 8,000만원
2,000만원 (5억원× 4%)	취득세 4%	총 4,000만원 할아버지 → 아버지 : 2,000만원 아버지→손자 : 2,000만원
1억 2,400만원	세금 합계	총 2억원

- 아들에게 증여 후 다시 손자에게 부의 이전 기간 동안 자산가치의 상승 반영 배제
- 손자는 직접상속이 아니고 상속개시일 5년 이내 증여한 재산만 상속재산에 합산

증여세 부모가 代納하면 또 증여세 과세

▶ **자녀에게 부동산이나 주식 등 증여하는 경우 증여세는 증여받은 자녀가 납부해야 한다**

- 자녀가 세금 납부 능력이 안 되어 부모가 대신 납부한다면 **증여세를 또다시 증여한 것으로 간주 합산, 추가 과세**
- **자녀가 증여세를 납부할 소득이 없는 경우 증여세 상당액만큼의 현금을 더하여 증여하면 한 번의 신고 납부로 증여세 문제 깨끗이 해결**

참고 효도계약서는 민법상 '조건부 증여'

2016.9.19 중앙일보

▶ 원래 민법에 있는 **'조건부 증여'**의 일종인 **효도계약서** 붐

- 재산은 한번 물려주면 돌려받기 어렵다. 특히 노후 준비 없이 증여를 고려하는 반퇴 세대에겐 안전한 법적 장치 필요
  * 부모가 (생전에) 자녀에게 재산을 줄 때 효도라는 조건을 내세우는 게 효도계약서
- 부모를 잘 모시겠다는 조건으로 재산을 상속받은 자녀에게 **그 의무를 충실하게 따르지 않으면 물려받은 재산을 돌려줘야 한다(대법원)**
- 70대 사업가가 효도계약서 작성한 후 며느리에게 5억원 상당의 상가 증여
  - **월 1회 손자와 함께 자신의 집으로 방문, 1주일에 한 번 전화하는 게 조건**

사례

편법증여 적발 사례

▶ **대기업 임원**이 두 아들에게 서초구 소재
아파트 취득자금을 현금증여하고,
숙부에게 취득자금을 차용한 것으로 위장하여 증여세 탈루

➔ 부친으로부터 편법증여받은 금액에 대해 증여세 ○억원 추징

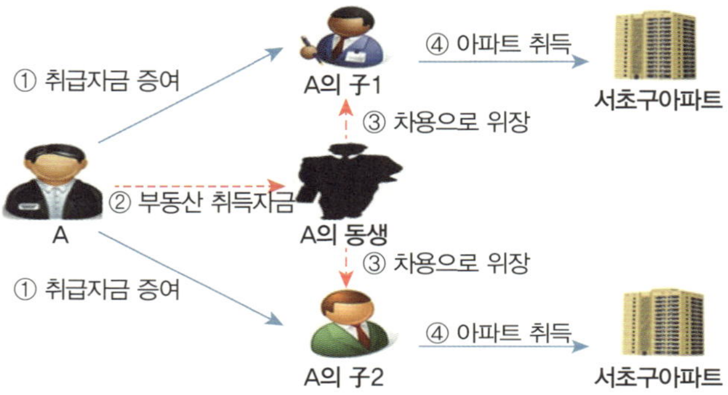

사례

증여 자금 출처 소명 1

▶ ○○ 씨는 아들이 결혼하면 분가해 살도록 **아들 명의로 국민주택규모의 아파트 한 채 매입 후 2억 5천만원에 전세**

- 1년 후 세무서로부터 아파트 취득자금 출처 소명 요구
  → **전세계약서, 아들 근로소득원천징수영수증 제출로 해결**

- **얼마 후 아들 결혼 → ○○ 씨가 전세금을 대환, 아들 입주**
  그 후 전세금 반환자금 출처 소명하라는 안내문 재접수
  → 소명자료 제출 不可 → 세무서는 ○○ 씨가 대신 갚은 전세금 상당액을 증여한 것으로 간주 증여세 고지

사례

증여 자금 출처 소명 2

▶ **상속/증여 조사 대상**

- **만 30세/40세 이상의 세대주가 2억/4억원 이상의 주택,** 5천만/1억원 이상의 가타자산 취득시 상속/증여 자금 조사 대상

▶ **자금출처 입증책임**

– **취득자금이 10억원 미만 → 80%,** 10억원 이상 → 취득금액 – 2억원

- **만 32세(子) 6억원의 아파트 취득 → 상속/증여세 조사 대상**
  - 소명해야 할 금액 : 6억원×80%=4.8억원

  ➔ 근로소득(2억원) 등 소득원 집계 + 추가 소명 필요

  - 추가 소명 방법 ① **아파트 담보 대출(채무자 子),** ② **부부 공동명의 부동산 취득**(각각 3억원×80%=2.4억원 소명)으로 소명 규모 축소

사례

사전증여로 향후 발생하는 세금 절세

▶ **평생 어렵게 돈을 모아 건물 하나가 전 재산인 모친의 걱정**

향후 아들이 납부하게 될 상속세 규모와 상속재원 마련의 두려움

- 현재 자산 평가 및 분석 결과 **상속세 7억원 필요**

- 현 상태에서 건물 일부 증여시 **증여세 1억 3,000만원 필요**
- 또한, 모친 10년 이상 생존시 **상속세 1억원 이하로 감소**

특히, 모친을 피보험자로 종신보험 준비시 아들의 상속세 재원도 마련 가능

부동산 보유고객과 상담시 향후 발생할 상속세를 계산해보자

부담부 증여의 의미

▶ 부담부(負擔附) 증여란?

증여자가 수증자에게 어떠한 급부를 부담하게 하는 것을 조건으로 증여하는 것(민법 제561조)

- 예를 들어 자식에게 재산을 주면서 자신의 부양, 조상의 제사를 지내는 부담을 조건으로 증여
- **재산에 설정된 빚(담보대출금)이나 임차보증금 반환의 채무를 갚도록 하는 조건을 붙여서 증여**
- 증여자가 할 수 없는 부분에 대해 상대방이 이를 이행하는 조건으로 증여할 때도 사용

절세 방법으로서의 부담부 증여

▶ 부담부 증여의 이점

- **수증자는 증여 재산에서 빚을 뺀 금액에 대해 증여세 부과**
  * 공제금액도 공제
- **증여자는 그 빚에 대해 양도소득세 납부**
  * 채무를 대가로 하는 양도이기 때문에 유상양도로 간주

- 단순증여는 수증자가 증여재산 가액 모두에 대해 증여세를 납부
  - 증여세는 초과누진세율 방식 → 재산의 가치가 클수록 세금의 부담 증가

➔ 부담부 증여 활용 수증자는 증여받은 재산의 가치 축소로 증여세 경감, 증여자는 자신의 빚에 대해 양도소득세를 내야 하지만 단순증여시보다 부담부 증여가 세금을 적게 낼 수도 있는 이점

부담부 증여시 유의사항

▶ **수증자가 빚을 갚을 능력이 안 될 경우**

추가 증여세 부담으로 부담부 증여가 단순증여보다 오히려 불리

- 수증자가 빚을 갚을 능력이 안 되어 **증여자가 그 빚(2억원)을 대신 갚아주는 경우(증여한 경우) 다시 수증자가 증여세 납부 필요**
- 결국, 단순증여의 증여세 外 내지 않아도 될 양도세 추가 납입 결과
  * 단순증여(5억원)의 증여세 + 양도소득세 납부 → **수증자 능력 중요**

[부담부 증여 활용 증여세 탈루사례]

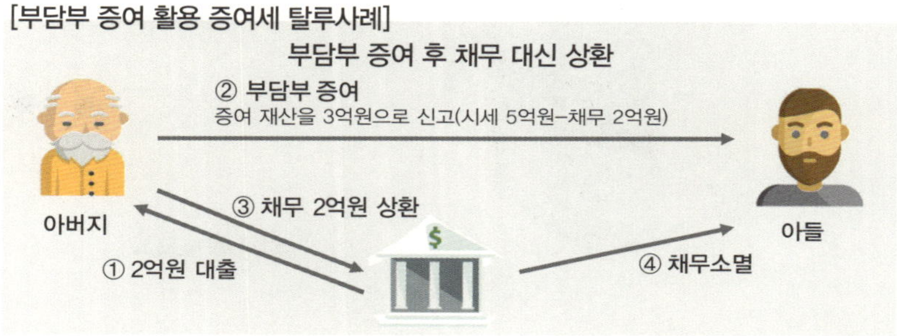

사례 事前 증여세는 기꺼이 부담!

증여

- 아들(25세)에게 1억 2,000만원짜리 부동산 증여
  자녀공제 5,000만원 → 7,000만원에 대한 증여세 과세
- 세율 10%(700만원) → 3개월 내 자신신고(5% 공제)
  증여세 665만원 납부

상속

- **증여하지 않고 20년 후 아버지 사망**
  아버지 사망 당시 상속재산이 50억원 가량되고
  상기 부동산가액이 5억원(20년 후 1.2억원)이라면
- **상속세율 50% 구간 적용 → 해당 물건**
  상속세 2억 5,000만원
  *** 부동산가격 약 5배,**
  세금부담 40억원 상승

단, 부동산가격 상승 전제
또한, **상속재산이 적다면 증여가 손해**
* 5,000만원 수준으로 증여

상속세

상속세 절세 방향

① 상속가액은 낮추고, ② 각종 공제를 높여 과세표준을 낮추고,

③ 상속세 과표의 세율 구간을 잘 활용하여 상속세 최소화 필요

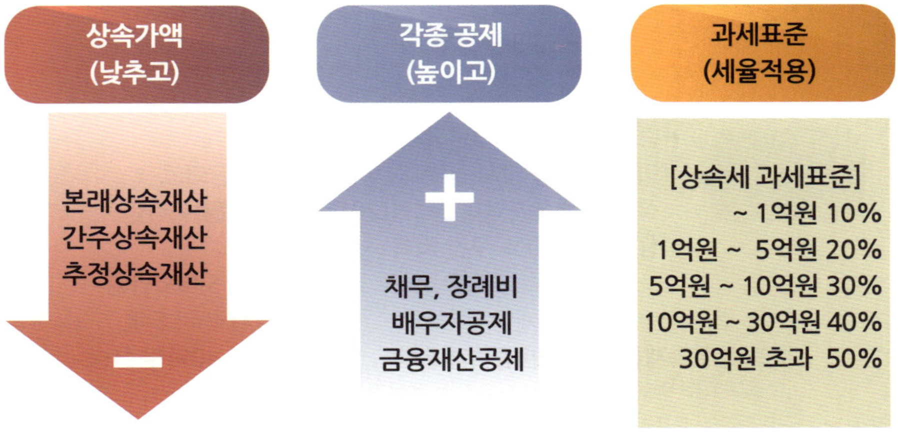

상속세 세금계산 구조

구분	내용
상속재산가액	본래 상속재산, 간주상속재산, 추정상속재산, 합산증여재산
− 과세가액공제	공과금, 장례비, 채무
= 상속세 과세가액	
− 상속재산공제	일괄공제(5억원), 배우자공제(5~30억원), 금융재산공제(20%), 가업상속공제, 동거주택상속공제
= 상속세 과세표준 × 세율 = 상속세 산출세액	1억원 이하 과표×10%, 1억원 초과 ~ 5억원 이하 과표×20% − 1천만원 5억원 초과 ~ 10억원 이하 과표×30% − 6천만원 10억원 초과 ~ 30억원 이하 과표×40% − 1.6억원 30억원 초과 과표×50% − 4.6억원
− 세액공제 등	기납부 증여세액공제, 단기재산상속공제, 신고세액공제
+ 자진납부세액(5% 공제)	= 납부할 세액

* **단기 재상속공제** : 상속이 개시되어 상속세가 부과된 후 10년 이내 상속인 또는 수유자의 사망으로 또다시 상속이 개시된 경우 前의 상속세가 부과된 상속재산 중 재상속분에 대한 前의 상속세상당액을 상속세산출세액에서 공제하는 것

Quiz 상속세(=증여세)율 계산

▶ 상속(증여)세율표를 참조해 세액을 계산하시오.

※ 상속세 과세표준이 15억원일 경우 산출세액
15억원 × 40% − 1.6억원 = 4.4억원
* 일괄공제 5억원, 배우자공제 5~30억원, 금융재산공제 20%

과세표준	세율	누진공제
~ 1억원 이하	10%	
1억원 ~ 5억원 이하	20%	1천만원
5억원 ~ 10억원 이하	30%	6천만원
10억원 ~ 30억원 이하	40%	1억 6천만원
~ 30억원 초과	50%	4억 6천만원

상속재산 분할의 우선순위

1단계 지정(指定)상속

- 피상속인의 유언이 최우선으로 적용
- 사망과 동시에 효력 발생
- **자필증서, 공정증서, 녹음**, 비밀증서, **구수증서**

2단계 협의(協議)상속

- **공동상속인 전원 참여와 전원 동의**
- 미성년자는 법정대리인 선임(選任)
- 등기, 등록, 명의개서를 요하는 재산협의분할 후 **재분할은 증여로 간주**

3단계 법정(法定)상속

- **유언도 없고, 협의분할도 이루어지지 못한 경우**
- 직계비속, 직계존속 형제자매의 순서
- 배우자는 직계존비속과 공동상속인 자격

참고 유언장

[자필증서에 의한 유언]

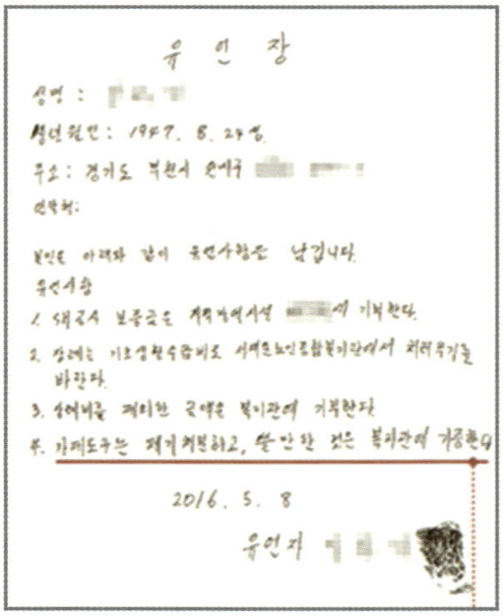
유 언 장
성명 :
생년월일 : 1957. 8. 24일
주소 : 경기도 부천시 원미구
연락처:
본인은 아래와 같이 유언사항을 남깁니다.
유언사항
2016. 5. 8
유언자

* 서명 안 되고 도장과 지장

자필 유언장, 효력 인정받으려면

- 내용은 자유롭게 쓸 수 있다.
- 전부 자필로 기재해야 한다.
- 연월일, 주소, 성명, 날인 모두 써야 한다.
- 번지수를 포함한 세부 주소까지 적어야 한다.
- 내용을 수정할 때는 자필로 고치고 날인해야 한다.

자료 : 대법원

유언장 관련 규정

민법 제1066조(자필증서에 의한 유언)

- 자필증서에 의한 유언은 유언자가 그 전문과 연월일, 주소, 성명을 자서하고 날인하여야 한다.
- 전항의 증서에 문자의 삽입, 삭제 또는 변경을 함에는 유언자가 이를 자서하고 날인해야 한다.

상속순위

▶ 직계비속의 상속우선권

• **직계비속(자식)이 있으면 직계존속(부모)은 상속권이 없다**

사례) 아버지가 아들에게 증여 후 아들이 사망하면 며느리와 손자에게

* 손자녀는 법정상속인이 되지 못한다

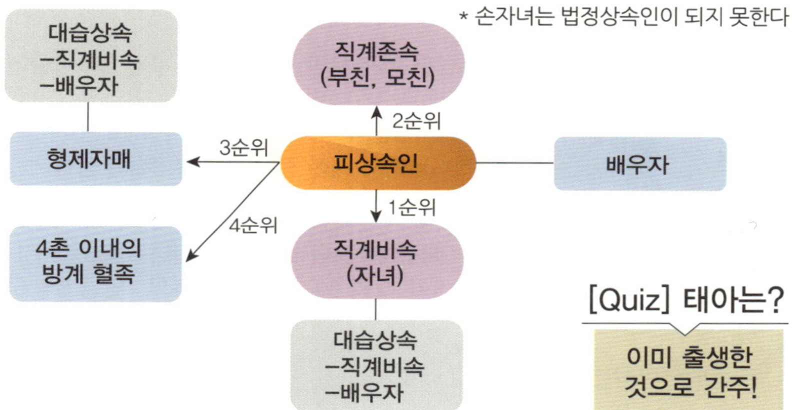

법정상속분(상속비율)

법정상속분(민법 제1009조)

같은 순위의 상속인이 여러 명일 때에는 그 상속분은 동일한 것으로 한다.

배우자의 상속분을 직계비속과 공동으로 상속하는 때에는 직계비속의 상속분에 5할을 가산하고,
직계존속과 공동으로 상속하는 때에는 직계존속의 상속분에 5할을 가산

구분	상속인	상속인	
		상속분	배분율
피상속인의 자녀 및 배우자가 있는 경우	장남, 배우자만 있는 경우	장남 1 배우자 1.5	2/5 3/5
	장남, 장녀(미혼) 배우자가 있는 경우	장남 1 장녀 1 배우자 1.5	2/7 2/7 3/7
	장남, 장녀(출가) 2남, 2녀 배우자가 있는 경우	장남 1 장녀 1 2남 1 2녀 1 배우자 1.5	2/11 2/11 2/11 2/11 3/11
피상속인의 자녀가 없고 배우자 및 직계존속(부, 모)이 있는 경우		부 1 모 1 배우자 1.5	2/7 2/7 3/7

사례 순위, 희비가 엇갈리는 상속 문제

▶ **S씨(女)는 남편(30억원의 재력가), 미성년 아들, 시부모 생존**

- 그런데, 남편이 아들과 같이 캠핑 갔다가 자동차 사고로 둘 다 사망
- 누가 먼저 사망?, "남편 분께서 5분 먼저 돌아가셨다" → 안도의 한숨?

If) **남편 먼저 사망 → 5분 동안 부인 S와 아들에게 상속**
- 배우자(S) : 자녀 = 1.5 : 1 =18억원 : 12억원

다시 5분 후 자녀의 상속분 부모(모친)가 상속
→ 남편의 재산 30억원 전부 S씨가 상속

If) **아들이 먼저 사망했다면 → 배우자와 시부모**
- **배우자 : 시아버지 : 시어머니 = 1.5 : 1 : 1**
- **S씨 12억 8,000만원, 시부모 1인당 8억 6,000만원**

상속세 계산 상속재산가액

상속세 과세 대상 = 본래상속재산 + 추정/간주상속재산 + 사전증여재산

▶ **간주상속재산 : 무조건**

- **생명/손해보험의 보험금** 및 신탁재산, 퇴직금, 공로금 등
  - * **피상속인이 계약자인 사망보험금은 상속재산에 포함**

    단, 산업재해보상보험법 및 근로기준법에 의해 지급되는

    유족보상금, 유족특별급여 등은 제외(공적연금의 유족급여도 제외)

▶ **추정상속재산 : 아마도**

- 피상속인의 재산을 상속개시 前(1 or 2년)에 **재산 종류별로 2억원(or 5억원) 이상 & 재산처분**, (신규 발생한)채무, 예금(순)인출&사용용도 **소명이 불충분한 경우 추정상속재산으로 상속세 과세**

▶ **사전증여재산**

- **상속인에게 증여 후 10년 이내 사망시** or 상속인이 아닌 자에게 증여 후 5년 이내 사망시(→ **증여 당시 가액으로 상속세 과세**, 즉 10억원으로 과세)
  - * 2008년 자녀에게 10억원 상가 증여 후 2017년 아버지 사망, 사망시 상가 20억원

사례

상속의 방법 1

▶ 상속이 개시되면 피상속인의 재산상의 모든 권리와 의무 모두 상속인에게 승계

만약, 상속재산 < 부채 → 상속인에게 부채를 승계시키는 것은 너무 가혹

단순 승인

- **권리(재산)뿐만 아니라 의무(부채)도 무제한, 무조건 승계**
- 상속인이 의사표시 없이 3개월 경과하면 단순 승인으로 간주

한정 승인

- **상속재산 한도 내에서 채무/유증을 변제할 조건으로 승인**
- 부채가 더 많은 경우 **상속인들의 신문공고 및 청산절차 필요**
  - * 상속개시가 있음을 안 날로부터 3개월 이내 가정법원 신고
  - * 채권자에게 한정승인 신고 수리 사실 통지

사례

상속의 방법 2

상속 포기

- **상속재산을 포함한 권리와 의무를 전체를 포기(법원의 결정)**
  - * **상속개시 당시 상속인이 아니었던 것과 같은 효력 (상속개시 3개월 이내 가정법원에 상속포기 신고)**
- 공동상속의 경우에도 각 상속인은 단독으로 상속포기 가능
- 포기한 상속분은 다른 상속인의 상속분의 비율로 귀속
  - * **만약, 경제적으로 어려운 동생을 위해 형이 상속을 포기하면 며느리가 대신 주장?(×)**

▶ **만약, 부모가 채무를 남기고 사망한 경우 자녀들이 부모의 채무 상속**이 채무에서 벗어날 수 있도록 상속포기와 한정승인제도 존재

- 상속개시 이후 3개월 내로 법원에 신고서 제출 → **1순위 상속인 全員 상속 포기 → 다음 제2순위 상속인 또한 상속포기신고 필요**

*** 1순위 상속인이 상속채무를 2순위 상속인에게 떠넘기는 모양**
→ 1순위 中 한 사람이 한정승인 후 나머지는 상속포기하는 게 유리

참고

상속재산 처분 시기

▶ 상속세 납부 재원 마련을 위해 부동산을 매각할 때
최소 사망일로부터 6개월이 지난 시점에 매매 계약 체결

- 사망일 전후 각 6개월 이내, 사망 전 2년 이내의 기간에
부동산이 매매될 경우 그 매매가액이 상속재산으로 평가(시가평가)
- 통산 공시지가가 실거래가의 60~70% 수준인 바
안 내도 될 세금 30~40% 납부 결과

건물 상속시 월세보다 전세가 많은 것이 유리
→ **보증금은 피상속인의 부채로 간주** 상속세 계산시 과세 가액 공제

참고

상속주택은 양도시 과세 대상

▶ FC의 남편은 아버지가 돌아가시면서 아파트 한 채를 상속,
고가주택은 아니지만 상속으로 갑자기 1세대 2주택이 됐다
상속으로 1가구 2주택이 된 경우 구제 대책은?

➔ 상속으로 1가구 2주택이 된 경우도 양도세 과세 대상
그러나, **기존보유 주택을 먼저 양도한 경우**
기존 주택을 2년 이상 보유했다면(양도세 비과세조건)
상속주택과 관계없이 1가구 1주택으로 보아 비과세 대상
* 상속주택을 먼저 팔면 양도세 과세 대상

참고

상속세 개정(2016년 공제범위 확대)

▶ 상속공제(일괄공제 max[5억원, 기초공제+인적공제]) 상향 조정

구분		내용
기초공제	기본공제	2억원
	추가공제	• **가업상속** : 피상속인이 10년 이상 영위한 중소기업의 재산을 당해 사업에 종사하는 1인이 전부 상속하는 경우 200~500억원 한도로 공제 • **영농상속** : 피상속인 및 상속인 **모두 상속개시 2년 전부터** 영농에 종사하며 **농지, 초지, 산림지, 농/축산/어업/일업용으로** 설치하는 창고, 영농법인 주식을 상속받은 경우 **15억원 한도 공제**
인적공제	자녀공제	**1인당 5,000만원**(2016년 3,000만원)
	미성년자공제	**(19~현재나이)×1,000만원 * 1년 미만은 1년으로 계산**
	연로자공제	65세 이상 1인당 5,000만원(2016년 60세)
	장애자공제	**기대여명연수×1,000만원** * 상속개시일 현재 통계청장이 고시하는 성별, 연령별 기대여명
일괄공제		**5억원 + 가업상속재산가액** **(* 단, 배우자 외 다른 상속인이 없는 단속상속일 경우 선택 불가)**

상속세 계산

상속공제 계산

▶ 대부분 기초공제+인적공제가 적어 일괄공제 5억원 적용

• **기초공제 2억원+인적공제 < 5억원 → 일괄공제 5억원**

*인적공제 : 자녀공제 1인당 5천만원
미성년자(19~현재나이)×1,000만원
65세 이상 연로자공제 1인당 5천만원

▶ 배우자공제 : 법정상속재산 한도 내에서 5~30억원 공제

• 남편 사망, 상속재산 40억원,상속인 배우자 30억원, 외아들 10억원
→ 배우자 법정상속가액 : 40억원×(1.5/2.5)=24억원
공제한도 30억원과 법정상속가액 中
작은 금액인 24억원 공제

상속세 계산

금융재산 공제

▶ **금융재산(예/적금, 주식/채권, 보험금) 공제(단, 현금 제외)**

- 다른 종류의 재산과 달이 보유현황과 시가가 명확, 성실신고 불가피

순금융재산 가액	금융재산 상속공제액
~2천만원 이하	순금융재산 가액
2천만원~1억원 이하	2천만원
1억원~10억원 이하	순금융재산의 20%
10억원 초과~	2억원

* 순금융재산 가액 = 금융재산 − 금융채무

예 만약, 상속재산 10억원(부동산 2억원 + 예금 8억원) → 금융재산 공제 활용
종신보험 2억원을 추가로 가입하더라도 상속세 과세 없음
상속재산 12억원 – (배우자 5억원 – 일괄 5억원 – 금융재산 2억원)공제 = 0

상속세 계산

동거주택 공제

▶ **자녀가 부모와 10년 함께 산 동거자녀 주택 상속공제율 인상**

- **(상속주택 가액 – 해당 자산의 담보채무)×80%(5억원 한도)**
  * 2015년 5억원까지 40% → (2016년 5억원까지 100%)
- **단, 부모는 1가구 1주택, 상속받는 시점에 자녀 무주택자**
- **9억원 초과 고가주택에도 적용**
  * 상속인이 **미성년인 기간은 동거기간에서 제외**

상속세 및 증여세법 개정안
잠정 합의안

항목	현행	합의안
동거자녀 주택 상속공제율	5억원까지 40%	5억원까지 100%
상속세 자녀 · 연로자 공제	3,000만원	5,000만원
공제대상 미성년자 기준	20세	19세
공제대상 연로자 기준	60세	65세

상속세 계산

병원비 공제

▶ 피상속인이 장기간 입원한 경우
자녀들의 통장에서 갹출해서 납부하는 경향
이는 상속세 측면에서 안내도 될 세금을 내는 결과
→ 과표에 따라 병원비 납부액의 10~50% 공제 가능

- **피상속인의 재산에서 납입**하여 상속재산 감소 유도
- **피상속인 사망 후 납입 → 병원비 채무로 공제 가능**
  ① 피상속인의 병원비는 사망 후 납부
  ② 피상속인 재산에서 내는 것 유리
  예) 피상속인 병원비 5,000만원, 자녀 재산으로 납입하는 경우
  상속재산 공제 無, 상속재산으로 납입하는 경우 5,000만원 공제

상속세 계산

장례비 공제

▶ 피상속인의 장례를 치르는 데 직접 소요된 비용은
피상속인이 부담할 비용은 아니나 사망에 필연적인
비용인 바 **상속세를 일정한도 내에서 비용 공제 가능**

- **장래비용 500~1,000만원 공제 가능**
  - 500만원 미만시 증빙 없이 500만원 공제
  - 500만원 초과시 증빙에 의해 공제(단, 1,000만원 한)
  * 장례비용은 시신의 발굴 · 안치에 소요되는 비용,
  묘지구입비, 공원묘지 사용료, 비석, 상석 등 제반 비용 포함
  (납골당 위치별 100~800만, 묘지 10백만/坪)
- **2002년부터 봉안시설(or 자연장지) 사용시 500만원 추가 공제**

참고

장례식장, 묘지 등 가격 공개

2016.7.16 중앙일보

▶ **2016년 8월, 'e-하늘 장사정보시스템'(www.ehaneul.go.kr) 오픈**

- 전국 장례식장 1,044곳의 **가격정보, 위치, 연락처 등 정보 공개 의무화**
  * 임대료/수수료/장례용품/봉안당/묘지/자연장지, 화장시설의 가격·위치 정보
- **화장시설(57곳), 묘지(490곳), 봉안당(391곳), 자연장지(96곳) 등**

참고

상속인 금융거래 통합조회 서비스

▶ 불의의 사고로 갑자기 혹은 별거 중 갑자기 사망한 경우
피상속인의 재산에 대해 정확히 알 수 없는 경우
특히, 화재로 통장이 타버린 경우 금융재산 파악 애로
* 사망일이 속한 날의 말일로부터 6개월 이내 이용 가능

- **상속인 통합조회 서비스(「정부 3.0 안심상속」 One Stop 서비스)**
  - **접수일 기준 피상속인의 모든 금융채권/채무 조회 가능**
    * 금융채권(예금/보험/예탁증권/공제 등), 금융채무(대출/신용카드 이용대금/지급보증 등), 보관물품(미반환 주식/대여금고 등) 국세 미납/환급세액, **국민연금, 토지소유**, 지방세, **자동차소유**
  - 신청기관 : 금융감독원, 全 **은행, 삼성생명**, 주민센터 등
  - 구비서류 : **사망진단서, 가족관계증명서, 상속인 신분증**
  - 결과확인 : **신청 후 3~20일 이내 금감원 홈페이지**

상속세 계산

할증과세

▶ **세대를 건너뛰어 손자에게 상속을 하게 되면 아들(子女)에게 상속할 때보다 30% 할증하여 상속세 부담**

- 단, **상속 개시 전 아들 사망으로 대습상속(代襲相續)의 경우** 세대를 건너뛴 상속으로 보지 않아 **할증과세 미적용**
- 또한, 상속이 개시된 후 10년 이내에 상속인 사망으로 다시 상속이 개시된 때에는 재상속 기간에 따라 100~10%까지 세액공제 가능

상속인이 나이가 많거나 건강이 좋지 않다면
할증과세를 받더라도 세대를 건너뛰어 상속하는 것이 유리할 수도 있음

참고

대습상속 사례

▶ **2년 전 교통사고로 출가한 딸의 사망,** 사위는 재혼 않고 외손자 양육 중, **재산이 많은 장인이 사망하면 사위가 상속?**

- **먼저 사망한 딸의 상속받을 권리가 딸의 직계비속인 외손자와 배우자인 사위에게 상속(재혼하면 권리 소멸)**

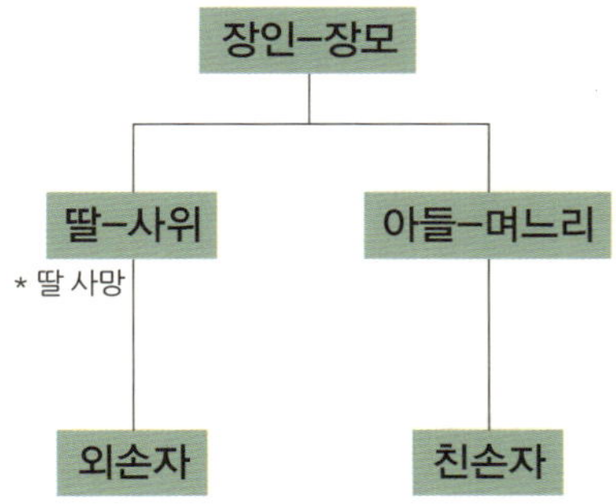

장인 사망시

- 장모 : 1.5/3.5=42.8%
- 아들 : 1/3.5=28.5%
- 사위 : [1/3.5]×(1.5/2.5)=17.2%
- 외손자 : [1/3.5]×(1/2.5)=11.5%

상속세 계산

상속세 납부 기일

▶ **상속인이 확정되지 않더라도 상속세 신고 기한 이내에 상속세 과세표준을 신고해야 가산세 불이익 해소**

- 기산일 : 상속재산 **등기등록 시점이 아닌 사망 시점으로 기산**
- **신고기한 : 상속개시일이 속하는 달의 말일부터 6개월 이내**
  예) 4/5日 피상속인 사망 → 10월말 限
  * **취득세는 신고, 납부제도 → 고지서 별도 발부 안 됨**
- **가산세 : 무신고 가산세는 산출세액의 20%** * **납부불성실 0.03%**
  [=상속세 산출세액×(과세표준−부당무신고과표/과표)×20%]
  → 신고기한 내 납부하면 세금의 5% 공제(25% 차)
- **제척기간 : 무신고 상태에서 2015년 이후에는 상속세 부과 不可**
  → 제척기간의 만료(증여세도 동일)
  * 단, 상속재산이 50억원 초과시 상속세 부과 가능

참고

상속세와 증여세 비교

구분	상속세(가족법)	증여세(재산법)
법률행위	포괄적 권리의무 승계	계약
포기/반환행위	포기(단독행위)	반환(계약)
과세방식	유산세 방식	유산취득세 방식
공제제도	배우자 5~30억원, 배우자/자녀 추가공제 10억원, 금융재산공제 20%	배우자 6억원 (10년 단위)
세율	동일, 누진세 구조	
과세체계의 주체	피상속인	수증자

* 법률행위는 성립요건과 효력요건으로 구성
  - 성립요건 : 법률행위에 당사자 + 목적(내용) + 의사표시가 필요
  - 효력요건 : 당사자에게 권리능력 + 의사능력 + 행위능력 필요

참고

과세방식

▶ **상속세와 증여세의 세율은 동일하지만 과세하는 방법의 차이**로 동일한 자산규모라 하더라도 **실제 내야 하는 세금 차이가 발생**

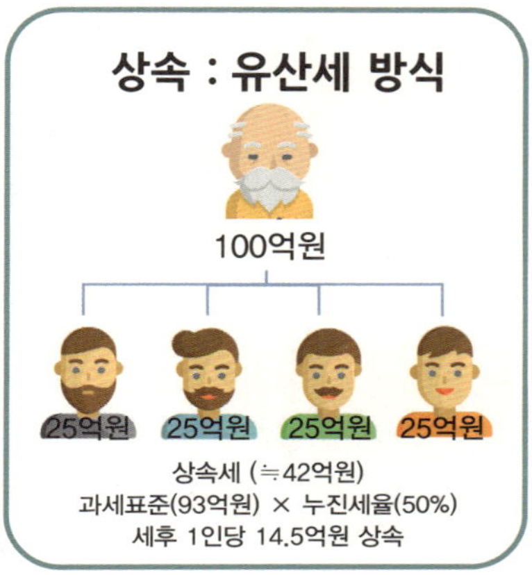

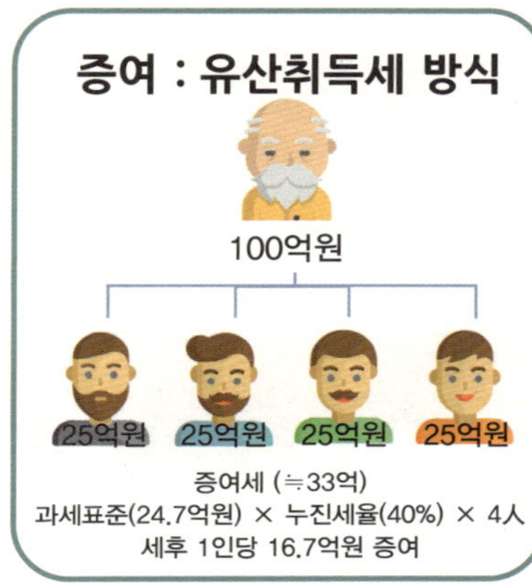

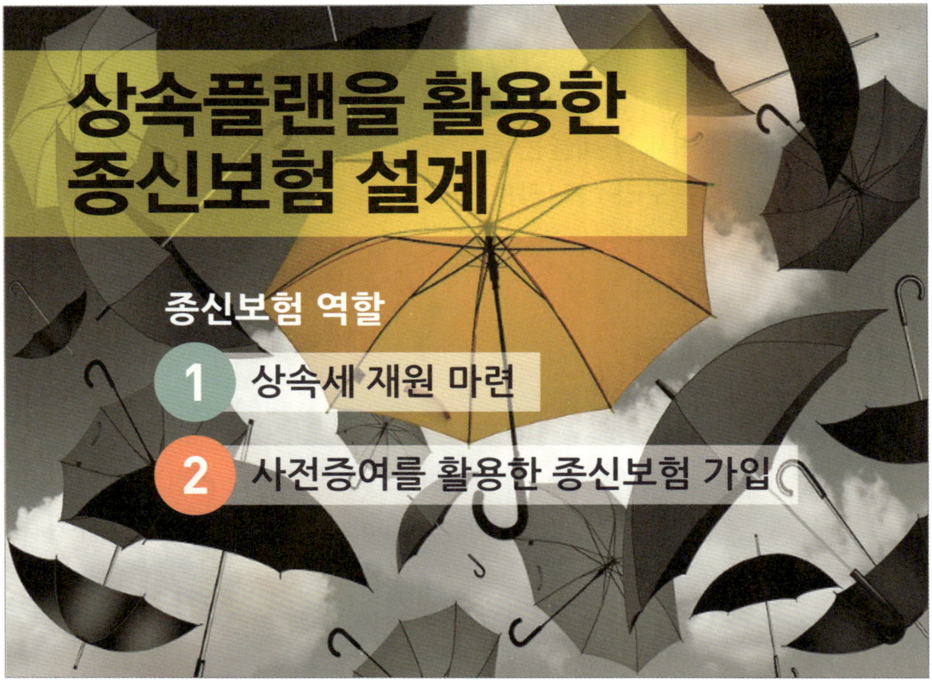
상속플랜을 활용한
종신보험 설계
종신보험 역할
1 상속세 재원 마련
2 사전증여를 활용한 종신보험 가입

부동산이 많은 고객
1 부동산 상속과 종신보험

보험을 활용한 절세 전략

▶ 작은 빌딩 2채로 임대사업을 하던 A씨, 향후 상속세 재원은?

• 상속세 납부 기한 : 상속개시일이 속한 달의 말일부터
6개월 이내 현금으로 신고 및 납부하는 것이 원칙

→ 종신보험 활용 자녀들이 사망보험금으로 상속세 납부토록 준비

주요국의 가계 자산 구조

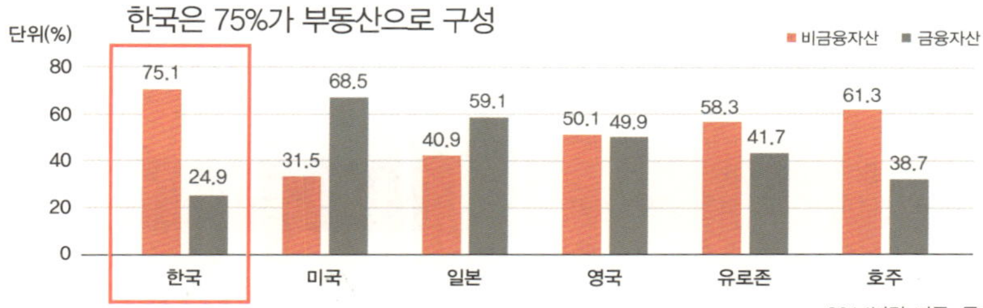

* 2014년말 기준, 통계청

부동산 중심의 자산가

건물 가치 상승과 상속세 증가 규모예측

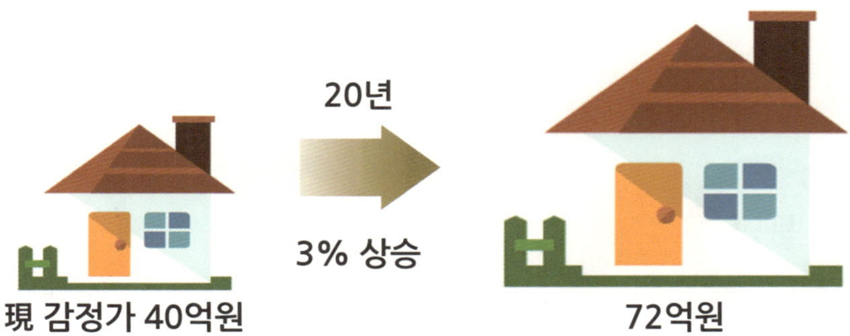

참고

상속세 비교

(배우자, 자녀 2명)
(1.5 : 1 : 1)

〈현재〉	〈20년 후〉
40억원	72억원
배우자공제 17억 1,428만원 일괄공제 5억원	배우자공제 30억원 일괄공제 5억원
17억 8,571만원 x 40% – 1억 6,000만원 = 약 5억 5,428만원	37억원 x 50% – 4억 6,000만원 = 약 13억 9,000만원

* 배우자공제 5~30억원과 배우자 지분(1.5배) 中 적은 금액 공제

+8억 3,572만원 급증

현재와 20년 뒤의 상속세를 추정 비교해보면 사전 준비 필요

상속세 절세 전략

▶ **상속받은 부동산의 세금납부를 위한 재원 마련이 어렵다면 분납, 연부연납, 물납, 담보대출, 매각으로 상속세 납부 불가피**

납부 방법
- **분납** : 상속세 1,000만원 초과시 납부기한 경과 후 2개월 이내 분납
- **연부연납** : 상속세 2,000만원 초과시 5년 동안 분납(단, 담보제공+가산금)
- **물납** : 상속세 2,000만원 초과시 부동산, 유가증권이 상속재산의 1/2 초과시

물납	연부연납	매각	담보대출
시가보다 낮게 감정평가	5년, 세무조사, 설정,이자비용	저가에 급매, 상속재산 재평가	시가보다 낮게, 설정/이자비용

상속세 보험으로 대비하라

▶ 상속세 납부재원 마련 방법의 장 · 단점

* 상속세는 6개월 이내 현금 납부 원칙

종신보험
- 어느 시점에 사망하더라도 약정한 보험금이 지급되는 적시성 확보
  * 평균수명 감안 종신보험이 유리

연부연납
- 상속인 전원 동의, 담보 제공, 가산금리 부담, 현금 지속 필요

부동산매도
- 실거래로 상속재산가액이 상향 평가되어 상속세 부담 증가, 상속세 납부 기한인 6개월 이내 급매에 따른 손실 가능성 존재

물납
- 물납가액도 기준시가로 판단 → 시가 대비 차액만큼 손실 발생

담보대출
- 감정 평가 및 근저당 설정 비용과 향후 원금 및 이자 등 부담

참고 고객 유형별 과세 여부

▶ 보험료의 납부한 사람과 수익자가 다를 경우 기본적으로 과세 대상

구분	계약유형			사유	과세 여부
	계약자	피보험자	수익자		
사례 1	父	父	父	만기	상속세, 증여세 과세 ×
				父 사망	상속세
사례 2	父	父	母	만기	증여세
				父 사망	상속세
사례 3	父	母	父	만기	상속세, 증여세 과세 ×
				父 사망	상속세 (보험계약 권리)
				母 사망	상속세, 증여세 과세 ×
사례 4	父	母	子	父 사망	상속세 (보험계약 권리)
				母 사망	증여세
				子 사망	상속세, 증여세 과세 ×

대출채무가 많은 고객

② 상속포기와 사망보험금

참고

사망보험금의 특성

▶ 보험금 수익자의 지위

- **계약자(父), 피보험자(父), 수익자(자녀)**
- **보험금 수익자의 지위 [대법원판례, 2004.7.9 선고 2003 다 29463]**
  - 보험계약자가 피보험자의 상속인을 보험수익자로 하여 맺은 생명보험계약에 있어 **피보험자의 상속인은 피보험자의 사망시점에 보험수익자의 지위에서 보험금을 청구할 수 있고**
  - **이 권리는 보험계약의 효력에 의해 당연히 발생하는 것으로 상속재산이 아니라 상속인의 고유재산임**

(주의) 이 경우 계약자와 수익자가 다른 사망보험금이므로 상속세는 과세

보험을 활용한 절세전략

▶ 상속을 포기해도 받을 수 있는 재산 → 사망보험금

사례 대표이사 OOO 사장은 회사 확장으로 법인과 연대보증으로 20억원 대출받은 후 갑작스런 교통사고로 사망하여 상속인들은 상속포기, 그런데 얼마 뒤 종신보험에서 사망보험금 10억원 발생

상속재산/부채 현황	
자산	20억원
부채	30억원
순재산	△10억원

상속포기	한정승인
상속재산/부채 모두 포기 상속인이 받을 재산 없음	상속재산 한도 내에서 부채를 변제하는 조건 상속인이 받을 재산

상속개시일로부터 3개월 이내 가정법원에 신청

참고 사망보험금에 대한 이해

▶ 상속인을 피보험자로 한 보험금에 대한 민법, 세법上 해석

稅法 상속재산으로 간주 → 간주상속재산 → 상속세 부과

民法 고유재산으로 간주 → 상속재산 아님 → 채권행사 不可

*유류분 청구대상도 아님

※ 피상속인이 보험계약자인 사망보험금은 상속재산으로 간주
- 피상속인이 사실상 보험료를 지불하였을 때에는 피상속인을 계약자로 보아 이를 상속재산으로 간주

상속세 과세대상

$$보험금 \times \frac{피상속인이\ 납부한\ 보험료}{총보험료}$$

참고

유류분은 상속인의 권리

▶ **상속재산 배분은 피상속인의 유언을 최우선으로 인정**
그러나 법정상속인의 상속지분 中 일정부분을 법으로 보장

구분	상속지분
피상속인의 직계비속 (배우자)	법정상속분의 1/2
피상속인의 직계존속 (형제자매)	법정상속분의 1/3

[사례] 아버지로부터의 유증재산(7억원), 상속인(배우자, 아들 2)
아버지 재산 전액을 아들 1에게 상속하도록 유증
법정상속분 : 배우자(1.5/3.5=3/7), 아들 각(1/3.5=2/7)
➔ 배우자는 7억원 × (3/7) × (1/2) = 1억 5,000만원
아들 2는 7억원 × (2/7) × (1/2) = 1억원 상속 가능

참고

채무가 많은 자영업자

제조업 대표 A씨

자산 10억원
채무 20억원
종신보험 10억원

A씨가 갑자기 사망한다면 유족의 선택은?

한정승인 **상속포기**

자산보다 채무가 많아 상속을 포기해도 사망보험금 수령 가능!

대출금 未상환 Risk는 종신보험으로 마련
개인사업자, 특히 전문직의 경우 부채규모만큼의
상속재원 마련을 위한 종신보험 사전 준비 필요!
※ 특히, 이자비용에 대한 사업소득세절세효과로 성공한 자영업자는 대출금이 많다.
떠난 건 남편,
돌아온 건 빚

특정 자녀에게 상속해주고 싶은 고객
③ 사망보험금 수익자 지정
▸ 내가 사망하면 사망보험금은 누구에게?
오늘 방문해보자!
법정상속인으로 되어 있는 보장성 보험 全 고객을!

사례 보험을 활용한 절세전략

▶ 보험수익자 지정을 통한 상속자산 배분

사례 얼마 전 아버님이 돌아가시면서 계약자(父), 피보험자(父), 수익자(長男)의 구조로 가입된 종신보험으로 사망보험금 10억원 수령, 상속인으로 어머니, 형, 동생 3명이 보험금 10억원 나눌 수 있나?

원칙적으로 사망보험금 10억원은 모두 수익자인 장남의 몫이기 때문에 어머니, 동생과 나눌 필요가 없다 * 대법원 선고 2003다29463(2004.7.9)
다른 재산 감안 어머니와 동생은 형을 상대로 유류분 청구를 할 수는 있는데
* 유류분 청구대상은 피보험자 사망 직전 해약환급금 평가액인 바
평가액이 작아 유류분 청구할 금액이 크지 않은 것이 현실

- 특정 자녀를 수익자로 지정해 일정 재산을 물려주고 싶은 경우
- 출가한 딸이 사망한 경우 외손자에게만 일정 재산을 물려주고 싶은 경우

사례 보험수익자 지정

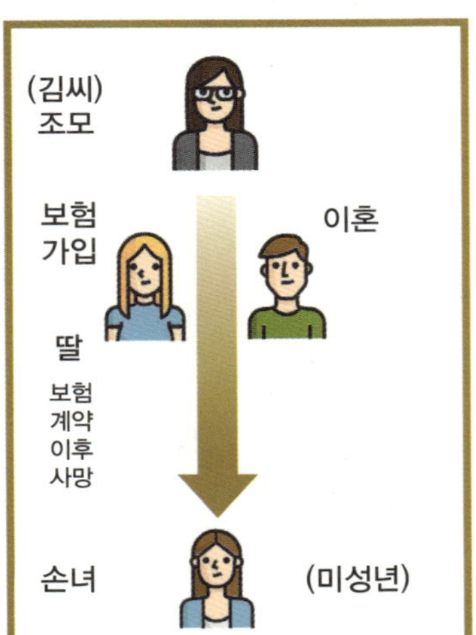

▶ **김씨는 남편 없이 고생하는 딸을 위해 저축성 보험을** 자신이 보험료를 부담하고 딸을 피보험자로, 딸이 사망할 경우 **보험금 수령자(수익자)는 법정상속인**으로 지정

▶ 어느 날 **김씨의 딸이 교통사고로 사망**
김씨는 미성년자인 외손녀를 위해 보험금을 대신 수령하려 했지만
보험회사는 **보험금을 이혼한 딸의 남편,**
즉, 김씨의 前 사위에게 지급

▶ **부부가 이혼을 해서 혼인관계가 해소되더라도 자녀와의 관계까지 단절되는 것이 아니기에 친권자인 사위가 미성년자인 외손녀를 대리해 보험금을 받게 된 것**

보험 가입 때 '수익자' 지정

2016.9.1 한겨레신문

▶ **80%↑'상속인'으로 계약, 이혼 등 가족관계 달라지면 혼선**

- 수익자를 지정하면
  사망한 보험 대상자의
  사망진단서, 기본증명서, 수익자신분증 등
  간단한 서류로 보험금 지급이 가능
- 하지만 법정상속인으로 지정돼 있으면
  수익자가 多數일 수 있으므로
  가족관계증명서, 제적등본, 법정상속인
  모두의 위임장과 인감증명서 등
  복잡한 서류를 추가로 준비 필요

사망보험금 수익자 지정

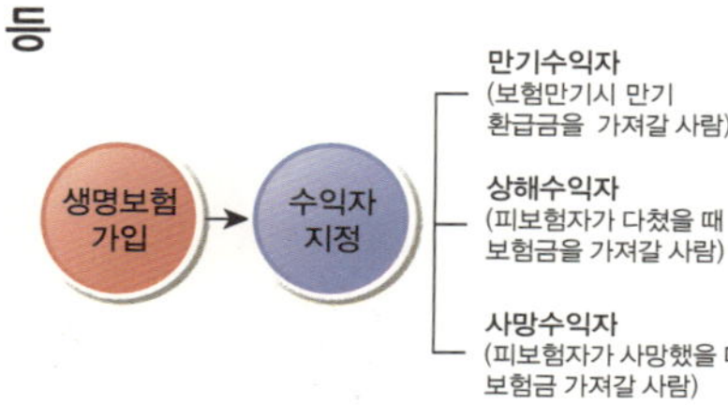

향후 알 수 없는 가족관계 감안 수익자를 특정인으로 지정!
현재의 재산뿐 아니라 미래에 수령하게 될 보험관계도 정확히 정리

사례

계모자 간의 상속권

▶ **아버지가 돌아가신 후 새어머니를 모시고 생활하다가**
새어머니 돌아가신 후 사망보험금 6억원 수령 후

- 이복형제와 3억원씩 나누려고 생각했었는데…
  그런데 갑자기 새어머니의 아들이 전액 본인의 권리라 주장!

- **새어머니를 모시고 살았던 자녀의 상속권은 없음**
  - 계모자 간의 상속권이 없기에 이복형제만 상속권 有

  * 민법上 혼인 外 자식에게도 동일한 상속권 有(상속지분 同一)

  → 사전에 보험금 수익자를 공동으로 지정할 필요 있음

※ **재혼을 하였으나 혼인신고를 하지 않았다면**
배우자의 사망보험금에 대한 상속권은 없다

손자가 귀여운 고객

④ 3代에 걸친 종신보험

참고

유대인의 성인식 바르미츠바

▶ **이스라엘 사람들은 만 14세에 성년의식을 거행**

- 성년의식에 참석한 지인들의 축의금 기부, 합치면 **약 10만달러 수준**
- 성년이 된 자녀명의로 **신탁회사에 10년 기탁 → 사회생활 종자돈으로 활용**
- 결혼 후 자녀가 생기면 가장 먼저 **100만달러짜리 종신보험 가입**

*** 100m 달리기를 하는 이스라엘과 한국 젊은이의 출발점**
이스라엘 +30m(종신보험), 한국 −30m(학자금 대출)에서 출발

보험은 富 상속의 지름길, 특히 없는 사람이 더 준비해야 한다!

참고 유대인에게 배우는 상속설계(예)

▶ 1代가 최초 보험료(6.8억원)를 만들면 2代부터는 자녀를 위해 보험료 6.8억원을 내고 부모로부터 사망보험금 10억원을 받는 구조

* 50세 남자, 20년납, 프라임종신 기준
* 보험료 및 보장금액은 추가 확인 필요

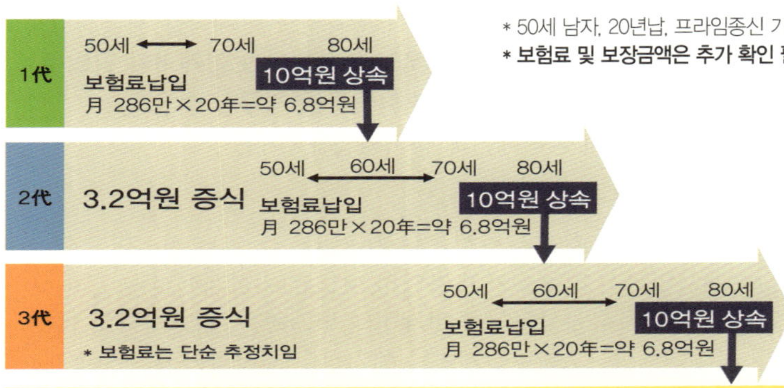

* 자녀 결혼자금은 준비 못해주어도 종신보험으로 상속설계시 부모 사망 이후 자녀의 생활고는 없도록 사전 상속설계 필요

참고 보험을 활용한 절세전략

▶ 상속, 증여세를 최소화하면서 손자를 위한 종신보험 설계

계약자	피보험자	수익자
할아버지	아들	손자
보험료 납입 사망시 손자로 계약자 변경 * 유언 등으로 수익자 지정	조부 사망시 상속되는 보험평가액에 子가 孫子 대신 상속세 납부(30% 할증)	子 사망시 孫子가 상속세 없이 사망보험금 수령

• 조부 사망시 종신보험 평가액에 상속세 과세
* 종신보험 평가액 : 납입한 보험료 + 이자수입 상당액

할아버지가 손자를 위한 종신보험 마련 전략

참고

종신보험의 평가

▶ 종신보험 승계시 평가방법

[서일 46014-10284, 2002.3.7]

[질의]

- 피상속인이 배우자를 피보험자로 하여 종신보험 계약을 체결하고 보험료를 불입하던 중 사망한 경우에 상속인은 **보험계약자 명의를 변경하거나, 중도에 해지하여 해지환급금을 청구할 수 있음**
  보험계약자 사망시 상속재산의 평가방법은?

[답변]

- 피상속인에게 귀속되는 보험금을 지급받을 수 있는 권리의 가액은 상속개시일까지 피상속인이 불입한 보험료의 합계액과 불입한 보험료에 가산되는 이자수입상당액을 합계하여 평가하는 것이 타당함
- 단, 상속개시 후 당해 보험계약을 해지하고 해약환급금을 상속재산의 가액으로 상속세를 신고하는 경우에는 그 **해약환급금**으로 평가할 수 있음

참고

어르신 집 상속, 이젠 '자식보다 아내'

2017.1.16 조선일보

▶ 2012~2015년 '아버지→자식' 줄고 '아버지→어머니' 급증

- 2015년 기준 연령대별 주택 소유율 → **80대부터 주택 본격 매각, 증여 등 처분**
  * 20대 4.1% → **30대 24.2%** → 40대 37% → 60대 44.2% → **70대 42.1%** → **80대 26.1%**
- 80세 이상 **고령층의 주택 소유율** 2012년 35.9% → **2015년 26.1%로 급감**
  * 평균수명 증가로 80세 이상 인구는 110만 9,000명 → 140만 6,000명으로 급증
  반면, 주택 소유 수는 39만 8,000채 → 36만 7,000채로 7.8% 감소
  → 사망시점까지 집을 갖고 있다 자식에게 **상속보다 중간에 현금화하는 경우 증가**
- '여성 집주인'의 계속 증가 추세
  * 2012~2015년 40대 이상 全 연령대의 여성 주택소유자 증가율이 남성 상회
- 동 기간의 **80대 이상 여성의 증가 주목**
  * 남 65.1 → 52.5% **녀 34.9 → 47.4%**

➔ **아버지 → 자식 ×, 아버지 → 어머니**

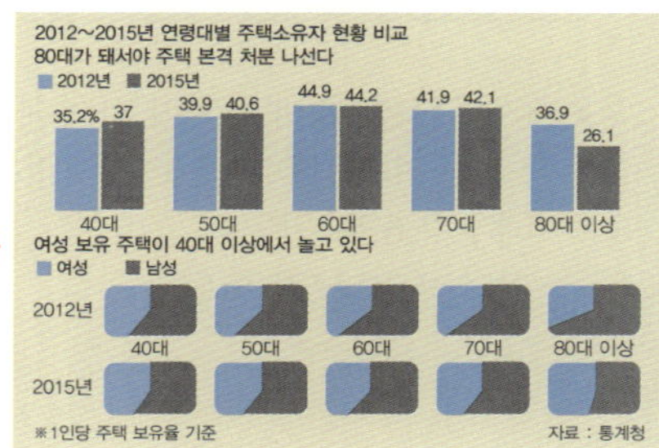

배우자의 2차 상속 준비

▶ 배우자공제

배우자공제 : 다음 둘 중 작은 금액
A. 배우자가 실제 상속받은 금액**(최소 5억원 ~ 최대 30억원)**
B. 배우자의 법정상속 가액

* 배우자 外 다른 상속인이 없는 경우
기초공제(2억원) + 기타 인적공제(5천만원/人) 적용

[배우자 상속 사례]

- 상속 재산 : **40억원** - 상속인 : **배우자, 자녀 1명(성년)**
- 재산 배분 : **배우자 30억원, 자녀 10억원 (×)**

공제 한도 → 상속재산 40억원 x 법정지분(1.5 / 2.5) = 24억원

- **배우자가 있는 경우** : 자녀 상속분 11억원에 대해서만 상속세 2.6억원 납부
- **배우자가 없는 경우** : 자녀 상속분 35억원에 대해 상속세 12.0억원 납부 필요

**최초 배우자 공제 범위 활용 1차 상속을 배우자에게 대부분 상속한 경우
향후 자식들에게 2차 상속시 자녀의 상속재원 절대적으로 사전 준비 필요**

배우자와 부동산 상속

Case Study

▶ **배우자 유무에 따른 부동산 상속세의 증감**(자산 +2.5%/年 예상)

• 다른 재산은 없고 단순 부동산 재산만 20억원 보유 가장의 경우

구분	현재(65세) 부동산 20억원	20년 후(85세) 부동산 32.8억원
배우자 有, 자녀 1	216백만	675백만
배우자 無, 자녀 1	396백만	856백만

• 현재 시점에서 배우자와 자녀에게 50%씩
각각 증여시 증여세 265.5백만원 필요
- 배우자 63백만원,
- 자　녀 202.5백만원

참고 보험을 활용한 배우자의 2차 상속준비

▶ **배우자 사망 후 배우자공제(5~30억원) 활용**
상속공제를 최대한 받은 후 홀로 남은 배우자의 경우
재산의 편중으로 향후 발생할 2차 상속 플랜 절대적 필요!

• **자녀들에 대한 사전증여**로 2차 상속 재원 마련
- **자녀 명의의 합법적인 소득원으로** 보험료 납입
- 보험금에서 증여 재산으로 납부한 보험료 부분 제외

* 자녀의 근로 or 사업소득, 자녀 명의 부동산의 임대소득 & 금융자산의 이자/배당소득

• 남편 생존시 종신보험 사전 준비
종신보험의 제도성 특약 활용 2차 상속 또한 준비 필요
- 계약승계 특약 활용 2차 상속 대비

정리

보험 활용 효과적 상속 증여 방안

① 아무것도 가져가지 못하는 죽음 → **특히, 돈 없는 사람은 더욱 준비해!**

② 부동산의 효율적 상속 → 사전증여, 필히 종신보험으로 상속재원을 마련

③ **상속 포기해도 사망보험금 수령 가능** → 채무만큼은 종신보험 준비하라

④ 사망시 수익자 지정 습관화 → 향후 가족관계 등 事前 재산을 배분하라

⑤ 세대를 건너뛴 상속 30% 할증 → **3대에 걸친 종신보험으로 설계하라**

⑥ 배우자공제 → 홀로 남은 배우자 사전증여, 계약승계 플랜을 활용하라

⑦ 종신보험 월 대체보험료 적극 활용 → 상속재원마련 자금을 축소하라

⑧ 금융재산이 많다면 연금으로 상속 → 정기금평가로 상속세 절감하라

종신보험의 본래 가치를 생각하며, 특히 저금리에는 변액으로!

보험은 '부자되는 습관'의 상속

가장 가치 있는 상속은
'부모의 좋은 습관을 물려주는 것'

문제제기

생각해봅시다

▶ CEO를 위한 법인명의 보험계약의 필요성은 무엇?

CEO의 사고(유고)	→	가족의 생계 위협, 상속세 부담의 문제
CEO의 퇴직	→	퇴직금 재원 부족문제, 고액 급여는 높은 근로소득세 문제
CEO의 적은 급여	→	현재의 CEO 급여로는 보험가입 여력이 적어 부담

참고

중소기업 CEO의 자산관리 문제점

1. 회사 운영의 대부분을 CEO 1인에 의존
2. CEO가 회사 주식의 대부분 보유 중
3. 상당규모의 대출금으로 회사 운영
4. 개인보다 부동산 중심 법인자산이 많음
5. 급여수준은 낮고, 배당금도 미수령
6. 관리기능 미흡으로 본인 은퇴준비 및 상속증여에 대한 대비 절대 부족

법인명의 계약 (CEO 플랜)을 서둘러야 하는 이유 6가지

➔ CEO 사망시 회사가치 급락 예상
특히, 상속세는 물납이 가능한 반면,
비상장주식의 물납은 다른 재산이 없는 경우에만 가능

참고

법인명의 계약의 기본 구조

▶ **법인명의 계약은 회사 소유 보험상품을 퇴직 시점에 해당 임원이 보험의 소유권과 수령권을 이전받고 퇴직소득세를 납부**

	최초 계약시점		임원 퇴직시점
계약자	법인	➔	임원
피보험자	임원	➔	임원
수익자	법인	➔	임원

* **임원 근속 중에** 계약자, 수익자를 임원으로 **변경하여 보험을 승계하면** 퇴직소득세가 아닌 **근로소득세가 과세됨에 주의 필요**

법인명의 계약의 기본 개념

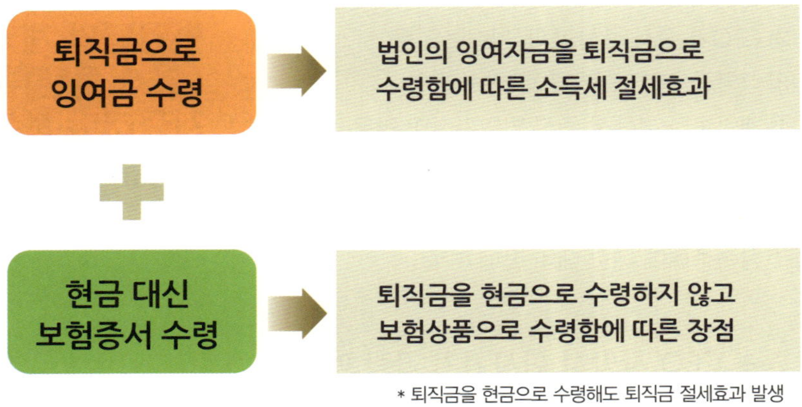

참고

임원의 법인 잉여자금 수령

Q. 임원이 어떻게 잉여자금을 수령해야 가장 절세가 될까?

CEO는 주주 입장에서 배당금을 수령할 권리가 있고,
대표 입장에서 급여, 상여와 퇴직금을 수령할 권리를 가지는데
그 중 CEO에게 세금이 가장 적게 부과되는 것이 퇴직금으로 수령하는 것

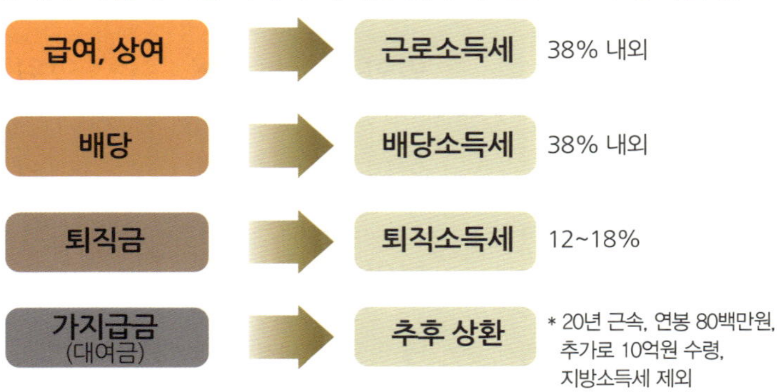

참고

임원 퇴직금 규정 요건

▶세법에 부합되는 퇴직금 규정의 요건

- 주주총회의 의결을 거친 규정이어야 함
- 사회 통념상 적정한 범위 내의 퇴직금일 것
- 합리적인 범위 내에서 직급별 또는 근속기간에 따라 지급액 차등화 가능
  다만, 직급보다는 근속기간에 따른 차등이 세무상 보다 안전함
- 임원퇴직금 규정은 정해진 대로 모든 임원에게 적용해야 함

↓

- 세법상 인정을 받기 위해서는 임원 누구에게나 적용되는 규정이어야 함
  - CEO 퇴직 후 선임된 임원에게 적은 퇴직금을 주는 규정은 인정X
    → 만약 새로 선임된 임원에게 적은 퇴직금을 주게 되면
    CEO가 받은 퇴직금은 상여로 보아 근로소득세 과세될 수도 있음
- 특정인에게만 지급률을 높게 책정하면 부당행위계산 부인규정이 적용됨
- 퇴직금 외에 특정인이 추가로 받는 퇴직공로금은 근로소득에 해당

참고

법인명의 보험계약(유형별 과세방법)

▶법인명의 보험 계약시 계약 유형별 비용 처리 방법

- CEO 플랜이 되기 위해서는 계약자(법인), 피보험자(CEO), 수익자(법인) 지정
  * 수익자 법인 : 만기, 질병, 사고, 사망 시 보험금 법인이 수령

구분	계약자	피보험자	수익자	비고
Case 1	법인	임직원	법인	• 법인납입보험료 – 적립보험료 : 장기금융상품으로 자산 처리 – 소멸보험료 : 법인의 손금으로 처리 • 임직원 근로소득세 : 근로소득세 미적용
Case 2	법인	임원	임원	• 법인 납입보험료 – 전액 급여로 판단 법인의 손금 처리 * 단, 임원보수 한도 초과분 손금으로 불인정 – 임원에 대한 근로소득세 : 근로소득세 과세
Case 3	법인	종업원	종업원	• 법인 납입보험료 : 전액 급여로 판단 손금 처리 • 종업원에 대한 근로소득세 : 근로소득세 과세

법인명의 계약의 필요성

회사 측면

- 퇴직금 재원 마련
  - 퇴직소득세 적용으로 인한 절세
- 가지급금 해결
- 사업비의 회사 부담
- 법인 자금의 유동성 증대 (중도인출 기능)
- 비상장주식 평가액의 축소

+

CEO 측면

- 보험차익 비과세 적용
- 경험생명표 적용
- 상속세 재원 마련(보장성)
- 노후대비 자금 마련

구분	급여 3억원	배당 3억원	퇴직금 3억원
세목	근로소득세	배당소득세	퇴직소득세
크기	①	②	③

참고

유족보상금에 대한 판단

▶ **회사에서 사망한 경우 가족에게 지급되는 보상금은 회사는 비용처리 가능?, 유족에게는 소득세, 상속세가 비과세되는가?**

회사 → 근로자 (부상, 질병, 사망)

- 배상, 보상 또는 위자(慰藉) 성질의 급여
- 사회 통념상 인정되는 금액
- 회사는 **전액 비용 처리로 법인세 절감**
  - * 지배주주에게 지급된 위로금은 **손금 불인정(법인세시행령 19-21)**
    반면, 업무와 관련 순직의 경우 사회통념상 범위 내 손금 산입 가능(국세청)
- 근로자 or 유가족에게는 **소득세, 상속세 비과세**
  - * 업무 외로 지급되는 보상금은 전액 상속세 과세

반면, 법인명의 계약 가입 후 피보험자인 CEO가 사망할 경우 **사망보험금 법인이 수령,** 주총 승인을 받고 미리 마련된 지급 기준에 의거 **CEO의 유족에게 보험금 지급**
→ 이때 오너 임원에 대한 **유족보상금에 대해 소득세는 비과세, 상속세는 과세**

법인명의 계약의 프로세스 단계별 Point

CEO 플랜의 필요성 인식

- **CEO 유고 시 상속세 계산과 부채 현황 제시**
  - 주주현황, 회사상황, 가족 재산 및 부채(보증) 현황
  - 비상장주식 평가, 개인재산 평가 상속세 계산
  - 퇴직시점 승계받은 보험상품의 절세효과 설명

정관변경을 통해 임원퇴직금규정 마련

- **구체적인 임원 퇴직금 규정의 마련**
  - CEO의 근속연수, 인상 가능한 연봉수준을 고려 향후 지급할 퇴직금 규모 파악
  - 공인회계사/세무사 자문(적정 퇴직금 규모 산정)

보험 상품 선택 및 가입

- **퇴직금 규모를 고려해 만기와 보험료 결정**
  - 납기는 5~10년 단기로, 보험기간은 10년 이상
  - 매년 말 제대로 회계, 세무처리 여부 확인

계약자, 수익자 변경 및 보험증서 지급

- **CEO 퇴직 시점 계약자, 수익자 변경**
  - 보험증서와 관련된 회계, 세무처리 점검
  - 고객의 보험금 수령방법(연금 or 일시금) 결정, 상속, 증여, 가업상속 연계방안 모색

법인명의 계약의 보험, 세법상 해석

▶ 법인명의 계약의 소득구분 해석

- 현행 세법상 퇴직시점의 CEO에게 지급되는 보험증서에 대한 명확한 규정 無
- **2011년 3월 29일부터 퇴직소득으로 인정(기획재정부 유권해석)**

2011.3.29

국세청 — **근로소득으로 판단** ◀——▶ **퇴직소득으로 판단** — 기획재정부 (Ministry of Strategy and Finance)

- 법인이 부담한 저축성보험의 보험료는 해당 임원의 근로소득에 해당

- 법인이 부담한 임원 퇴직 당시 저축성보험의 평가액은 **퇴직 임원의 퇴직소득에 해당**
- 해석상 저축성보험에는 **보장성보험도 포함**
- 단, 사회통념상 퇴직소득이 과다한 경우 **초과 금액은 근로소득에 해당**

참고

법인이 계약자인 종신보험의 활용

▶ **법인명의 종신보험은 운용기간 동안**
CEO의 기본적인 가치 보전의 의미로 보장자산을 활용 가능

사고 발생시 보험금을 법인이 수령 긴급자금으로 회사의 안정성 유지

운용시 → **법인 보장자산**
- 계 약 자 : 법인
- 피보험자 : CEO
- 수 익 자 : 법인

퇴직시 → **퇴직금 수령**
- 계 약 자 : CEO
- 피보험자 : CEO
- 수 익 자 : CEO

* 계약자, 수익자 변경

유고시 → **상속세 재원**

* 퇴직 후 법인명의 종신보험을 개인명의로 변경한 후 적립전환, 연금으로도 전환 가능
또한, 세법상 요건을 충족하면 CEO가 받는 보험차익에 대한 비과세 혜택 적용 가능

참고

법인이 계약자인 연금보험의 활용

▶ **법인명의 연금보험은 법인의 장기자금으로 운용하다가**
법인의 긴급자금 필요 시 '중도인출' 활용 유동성 확보 가능

단, 중도인출한 경우 중도인출금액과 수수료를 해지환급금에서 차감

운용시 → **법인 운용자산**
- 계 약 자 : 법인
- 피보험자 : CEO
- 수 익 자 : 법인

퇴직시 → **퇴직금 수령**
- 계 약 자 : CEO
- 피보험자 : CEO
- 수 익 자 : CEO

* 계약자, 수익자 변경

유고시 → **노후자금 활용**

* 중도인출한 경우 최초 가입 시 해지환급금 또는 연금액이 예상보다 적어질 수 있음

* 퇴직시점에 계약자 변경 후 퇴직금 처리하여 개인계약으로 이전 가능
또한, 계약자 변경 후 10년을 유지하는 등 세법상 요건 충족시 보험차익 비과세 가능

참고

임원부부, 퇴직금 활용 보장자산 마련

▶ **CEO의 배우자가 법인의 임원으로 근무할 경우**
법인명의 종신보험(피보험자 CEO)을 배우자 퇴직시 계약변경

낮은 퇴직소득세를 부담하고 향후 CEO 사망시 상속세 없는 사망보험금 수령

운용시

법인 운용자산
- 계 약 자 : 법인
- 피보험자 : CEO
- 수 익 자 : 법인

→

배우자 퇴직시

퇴직금 수령
- 계 약 자 : 배우자
- 피보험자 : CEO
- 수 익 자 : 배우자

* 계약자, 수익자 변경

→

CEO 유고시

사망보험금을 배우자 수령

* 상속재산 不 포함

* 퇴직시점에 계약자 변경 후 퇴직금 처리하여 개인계약으로 이전 가능
또한, 계약자 변경 후 10년을 유지하는 등 세법상 요건 충족시 보험차익 비과세 가능

Part 07

은퇴설계
전략

한국 여성 기대수명 86세 세계 4위

2016.10.19 한국일보

전 세계 여성 평균 기대수명 현황

순위	기대수명	국가
1위	87세	중국, 홍콩, 일본, 싱가포르
4위	86세	**한국**, 이탈리아, 스페인, 프랑스
8위	85세	아이슬란드, 스위스, 이스라엘, 호주, 칠레, 과들루프, 마르티니크
15위	84세	뉴질랜드, 스웨덴, 캐나다, 아일랜드, 네덜란드, 노르웨이, 룩셈부르크, 오스트리아, 버진아일랜드, 핀란드, 벨기에, 독일, 그리스, 포르투갈, 레위니옹, 슬로베니아, 기아나, 푸에르토리코

자료 : 2016 세계인구현황보고서 한국어판
인구보건협회

▶ 한국의 출생시 평균 기대수명
- **남성 80세**(전년비+2), **여성 86세**(+1)
- **男女의 기대수명 차이 6년**

- **세계 총인구**는
전년 대비 8,400만 명 증가한 **74억 3,300만 명**,
- 중국 13억 8,230만 명, **한국은 5,050만 명**
- **65세 이상 인구비율은**
일본 27% 가장 高, 이탈리아 23%, 한국 14%
- **한국 여성 1인당 평균 출산율은 1.3명**
작년에 이어 여전히 **세계 평균(2.5명)에 미달**

* 인구보건협회가 19일 발간한 유엔인구기금(UNFPA)의 '2016 세계인구현황보고서 한국어판'

참고

장래인구추계(2015~2065년)

▶ 2030년 한국인의 평균기대수명 85.2세로 전망

2016.12.27 서울경제

- **한국인 기대수명 증가 : 1980년 65.7세 → 2030년 85.2세 → 2065년 90.0세**
- **생산가능인구 축소 : 2015년 73.4% → 2030년 64.0% → 2065년 47.9%**
  * 65세 이상 고령인구 : 2015년 654만명 → 2025년 1,000만명 돌파
- **국민연금 실질소득대체율 지속 하락**
  * 소득대체율 : 2020년 24.1% → 2030년 28.0% → **2050년 26.5%**

➔ 국민 개개인이 사회에 기대기보다는 각자 책임져야 할 노후준비 부담분이 점점 더 커질 것이라는 의미

※ 보험연구원 '고령화와 노후준비' 조사 결과 **'불충분'이라 응답 59.5%**

자료 : 통계청, 국민연금연구원

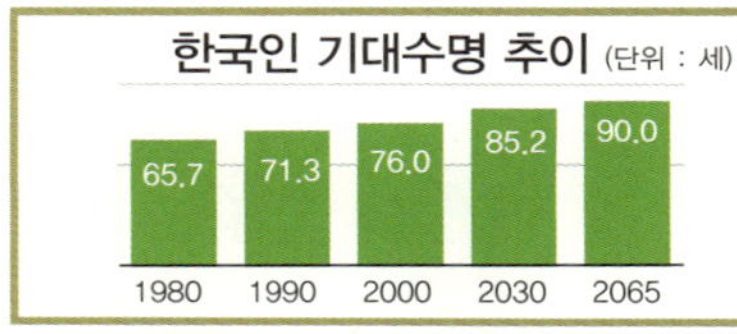

한국, 2060년엔 인구 40%가 65세 이상

▶ 2060년 10명 중 4명, 65세 이상 노인

- 출산율은 낮고 빠른 고령화 속도에 기인
- 2015년 5,100만 → 2030년 5,200만 → 2060년 4,400만 명
- 반면, **65세↑占 2015년 13.1% → 2060년 40.1%**

▶ 생산가능인구(15~64세) 대비 노인 급격 증가

- 2010~2015년 출산율 1.23명(북한 2.0명), if 통일 → 완화
- **15~64세 100명이 부양해야 하는 65세 이상 인구수 [2015년 17.9명(54위) → 2060년 80.6명]**

※ 은퇴설계 전문가 이호섭 교수(Bh.D.)는 "단기적으로 이민 확대 검토, 장기적으론 출산율 제고, 여성의 취업률과 은퇴 연령을 높이는 사회적 대책이 시급하다"고 말함

2017년 8월 65세 이상 인구 725.7만 명, 14% → 한국 고령사회 진입

한국, 2060년 중간 연령 58.9세

▶ 한국 인구 2031년 이후 감소세 전환, 반면 고령인구 급등 예상

인구 : 2016년 5,125만 → 2050년 4,943만명 / 고령 : 2016년 13.2% → **2060년 41.0%**

➔ **중위연령** 급격히 상승 : 2080년 21.8세 → 2016년 41.5세 → **2060년 58.9세**

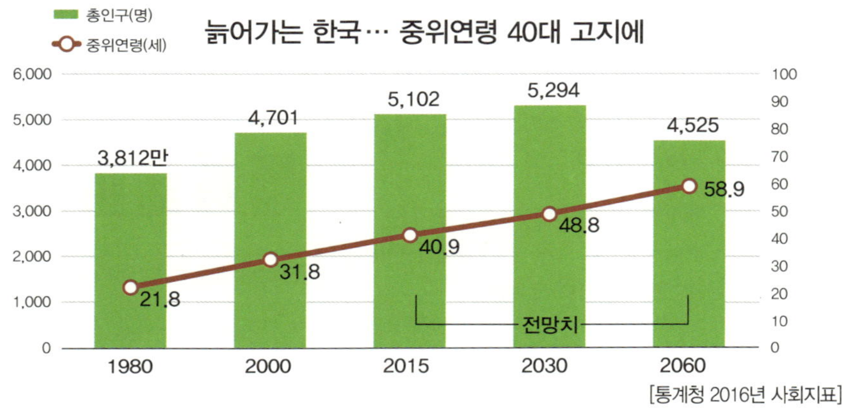

[통계청 2016년 사회지표]

기러기 부자의 대화

▶ 시베리아로 날아가는 기러기 부자의 대화

부모는 열 자식을 키웠지만

열 자식은 한 명의 부모도 봉양을 못한다

결혼비용 실태 보고서 요약

▶ 평균 **초혼 연령(남성 32.6세, 여성 30.0세) 여성 30대 진입**

- 결혼을 망설이는 이유 : **결혼비용(40.8%), 직장 불안정(23.2%)**
  * **신혼 집에 약 1.9억원**, 주거비 外 순수 결혼평균비용 5,198만원

결혼준비 품목별 지출비용

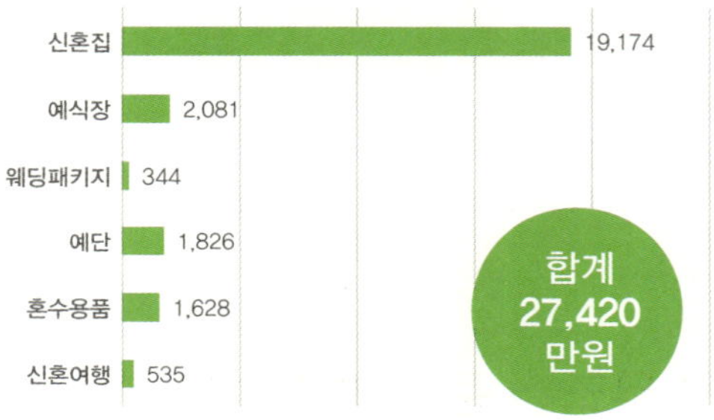

신랑신부 지출비용

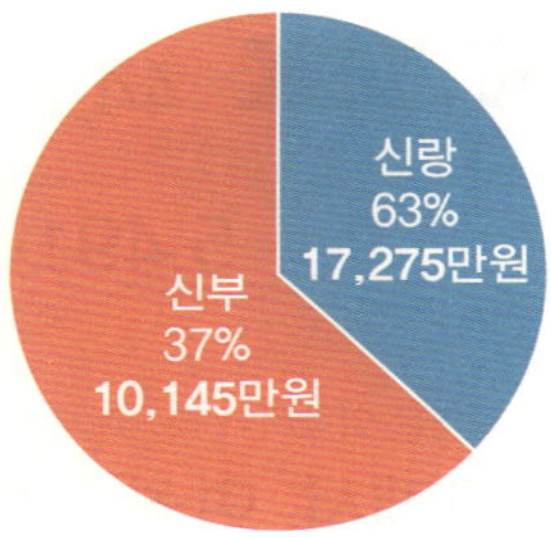

자료: 2016년 한국 갤럽, 한국소비자원

고소득층 자녀 교육비, 저소득층보다 28배 높다

▶ **가구당 교육비 중 40대는 학원비, 50대는 등록금 점유율이 크다**

- **상위 20%의 연간 교육비는 평균 602만원, 하위 20%는 평균 21.1만원**
- **정규교육비 차이(18.4배)보다 학원/보습 교육비에서 더 크게 나타남(38.4배)**

가구 소득 분위별 가구당 연간 교육비

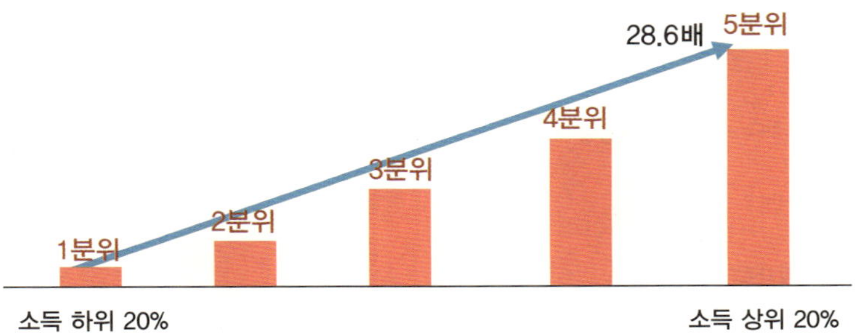

자료 : 통계개발원, 한국의 사회동향 2015

참고

의료비는 어떻게 준비하나?

▶ **65세 이후 여성의 의료비는 6,841만원!**
노후생활비와 별도로 의료비, 간병비 준비

여성 생애의료비

남편은 의료비가 직장에서, 반면 가정주부는 부족한 바 실손과 건강보험 사전 준비 필요

그래서, 여성 CI보험은 무조건 준비해야 한다!

'부모 부양' 인식 갈수록 없어진다

2016.5.9 세계일보

▶ **한국여성정책연구원, 부모 부양에 대한 견해(15세 이상)**

- 가족이 부모 부양 : 2002년 70.7% → 2014년 31.7%
- 부모 스스로 해결 : 〃 9.6% → 〃 16.6%
- 장남이 부모 봉양 : 〃 15.1% → 〃 6.2%
- 실제 생활비 부모 스스로 : 〃 44.8% → 〃 50.2%

* 60세 이상 본인이 생활비 마련 2002년 55.9% → 2015년 66.6%

부모 부양에 대한 견해(%)

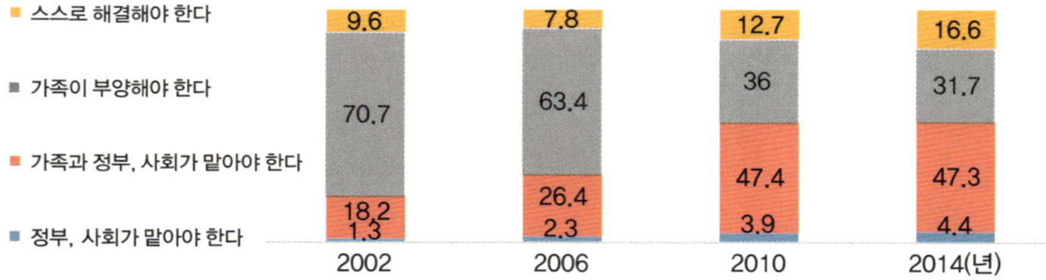

75세 이상 빈곤율 나 홀로 역주행

▶ 만 75세 이상 후기노인 10명 중 6명이 '빈곤한 상태'

- **일하는 비율 : 65~69세 39.1% → 75~79세 25.3%**
- **근로소득 : 전기 노인 508,700원 → 후기 노인 449,200원**

늙을수록 일자리 없고

소득은 갈수록 줄어드는데

아픈 곳 많아도 돈 없어 참다가

끝내 잘못된 선택에 내몰려…

4050 '老테크' 국민연금 빼면 'No~테크'

* 보험개발원 '은퇴리포트' 2017.1.17 한국경제

▶ 은퇴 후 소득 주는데 노후준비는 사실상 '국민연금' 뿐

- **40대 자산 3억 3,000만원(70%가 부동산)**, **연소득 5,500만원**, 부채 7,103만원
  - * 50대 자산 4억 2,000만원, 연소득 5,964만원, **부채 7,866만원**
- **4050세대의 10명 中 6명이 自家**, 자산의 70%가량이 부동산
  평균부채 中 25%가 임대보증금, **75%가 금융부채(금융부채 中 80%가 담보대출)**
  - * 4050세대는 가구수 기준 48%, 자산기준 56% 占
- **4050세대의 가구당 평균 지출은 연간 4,000만원**(소비지출 70%, 세금 등 30%)
  - * 소비지출 中 식료품비 27%, **교육비(628만원) 21%**, 경조비 등 17%, 주거비 11%
- 연령별 취업자 비중 60대 49%, 70대 28%,
  80대 9% → 월소득은 은퇴 전의 ¼ 수준
  - * **60대 113만원**, 80세 이상 46만원
    반면, 60세↑ 가구주 **월평균 지출 160만원**
- **노후소득은 은퇴 전의 50~80% 희망**
  - * 국민연금의 소득대체율 40%(40년 가입 전제)

40대 가구 자산구성(단위 : %)

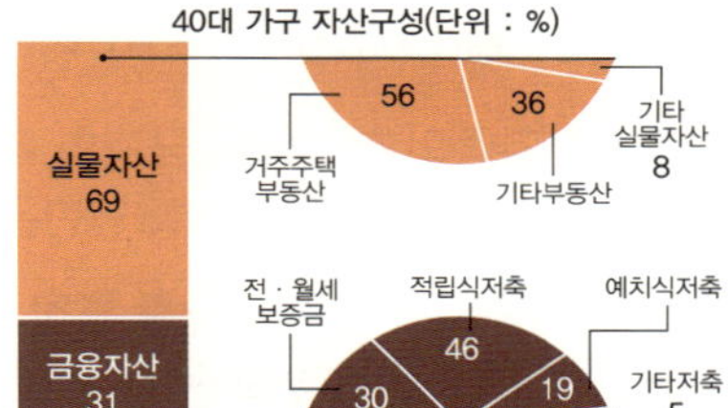

고령자의 생활비 마련방법은?

▶ 60세 이상 고령자 3명 중 2명은 생활비 직접 마련

- **본인/배우자 부담 66.6%, 반면 자녀 or 친척 의존 23%**

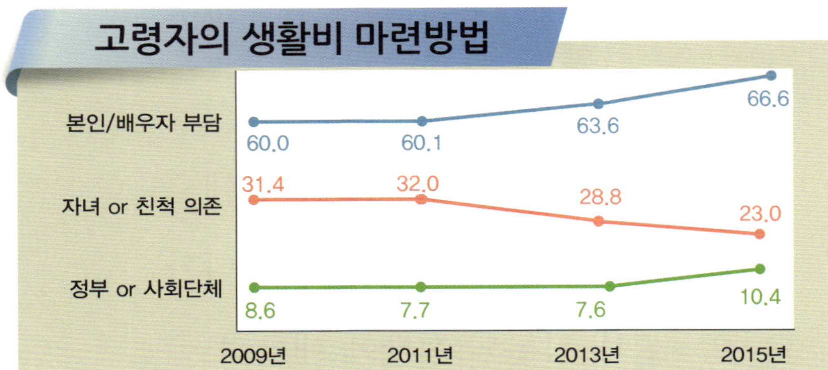

자료 : 2015.11 통계청

예상하는 은퇴연령 67세, 실제로는 62세

▶ 예상 은퇴연령 66.9세, 실제 61.9세

노후준비가 잘 되어 있다 8.8%

- 은퇴 이전 예상 **적정 생활비 264만원,**
  최소 생활비 183만원
- **은퇴 돌입가구 생활비 부족 60.5%**

> * 기초연금의 생활비 30.6%,
> 가족 수입이나 친지의 용돈 28.0%
> 국민연금 등 공적연금 22.4%
> **반면, 개인저축 등 사적연금 9.8%**

➔ 가족의 봉양이나 국가의 복지에
과도하게 의존(→ 노인빈곤율 1위)

- 개인저축 등의 확대를 통한
  미래 준비를 위해선 금융 교육이 필요하다

은퇴 이전 가구의 노후준비

예상은퇴연령 66.9세
최소 생활비 183만원
적정 생활비 264만원

노후를 위한 준비는? (%)

아주 잘 되어 있다 1.3%
잘 되어 있다 7.5%
보통이다 34.6%
잘 되어 있지 않다 37.3%
전혀 되어 있지 않다 19.3%

은퇴 돌입 가구의 생활비

실제 은퇴연령 61.9세

생활비는 넉넉한가? (%)

충분히 여유 있다 2.1%
여유 있다 6.6%
보통이다 30.8%
부족하다 39.0%
매우 부족하다 21.5%

생활비는 넉넉한가? (%)

가족의 수입 및 친지의 용돈 28.1%
공적연금 22.4%
개인저축액 사적연금 9.8%
기초생활보장수급금 등 수혜금 30.6%
임대수입 등 기타 9.1%

자료:금융연구원, 통계청

참고

은퇴 후의 심리변화 4단계

심리적 반응	내용
거부 단계	• 은퇴가 가져올 신체적 · 정서적 · 사회적 변화를 부정하는 단계 • 은퇴의 긍정적인 측면을 부정하거나 분노가 두려움 같은 내면의 감정을 억누름
우울 단계	• 직업, 역할의 상실에 비애를 느끼고 의기소침해지는 단계 • 과거를 후회하고 앞으로의 일을 걱정하며 **우울증에 빠지는 시기**
분노 단계	• 주위 사람을 비난하고 몸담은 회사나 조직이 퇴직 과정에서 **도움을 주지 않았다고 불평하는 단계** • 배우자를 포함한 주위 사람들이 **은퇴한 자신을 동정하고 심리적으로 지지해주지 않는다고 불만 토로**
수용 단계	• 현실을 인식하고 새로운 계획을 세워 은퇴에 맞는 일상적인 활동을 시작하는 단계

노후에 준비해야 하는 것?

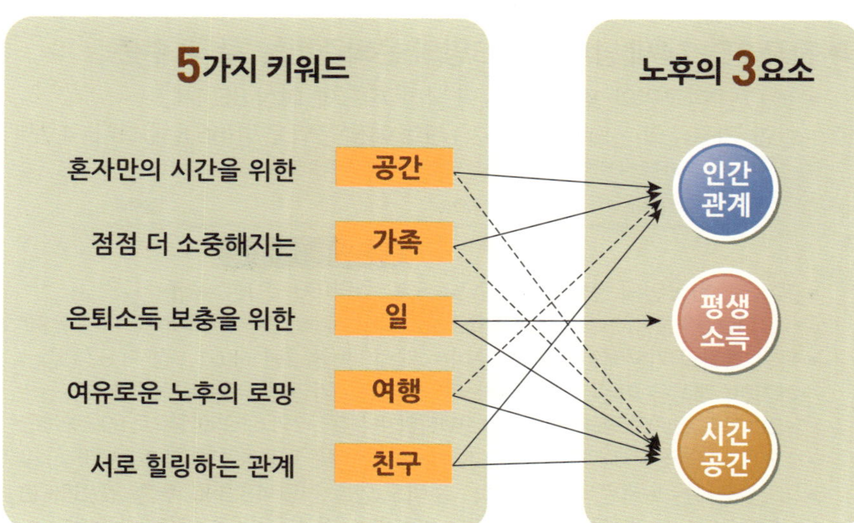

은퇴 전, 내 삶에 더할 것과 뺄 것은?

▶ 은퇴 후 행복한 일상을 위해 은퇴 전 스스로 물어야 할 질문

1. 은퇴 후 무엇을 하고 싶은가?
2. 은퇴 후 삶에서 더할 것과 뺄 것은 무엇인가?
3. 나만의 버킷 리스트는 무엇인가?
4. 은퇴 후 이주할 곳은?
5. 어떻게 규칙적인 생활을 유지할까?
6. 은퇴 후 창업할 것인가?
7. 사회적 유대관계를 어떻게 유지할 것인가?

2018 한국인 은퇴준비지수 54.5점으로 '주의'

2018.4.5 삼성생명, 은퇴준비지수

▶ 전국 25~74세 남녀 1,953명의 은퇴준비는 '주의' 수준

- 2017년 한국인의 평균 기대수명 남성 79.3세, 여성 85.4세, 반면, 가구주의 은퇴 연령은 62.1세로 예상 은퇴 연령(66.8세)보다 -4.7세

한국인의 적정 생활비(월 251만 원) 대비 노후자금 준비 현황

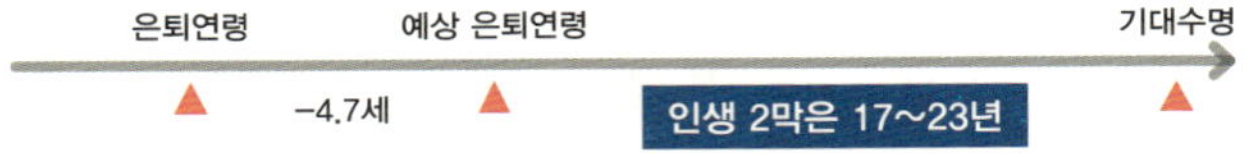

- 2018년 한국인의 은퇴준비지수 54.5점, 주의(50~70점) 수준
  * 2014년 은퇴준비지수 57.2점, 2016년 55.2점([0~50점 '위험' 50~70점 '주의', 70~100점 '양호'])
- 은퇴 계획의 기본적인 금전적 준비는 개선 : 財務 2년 전 61.1점 → 67.8점 하지만, 개선은 거주 주택의 자산가치 상승에 기인한 부동산 착시 효과
  * 2017년 3월 가구 평균 자산 3억 8,164만원 中 부동산 2억 6,635만원으로 69.8% 占, 2017년 전국 주택매매가는 전년 대비 1.48%, 서울은 3.64% 상승(한국감정원)
- 더 큰 문제는 노후준비의 양극화 : 준비도 양호 집단 48.3%, 위험 32.8% 占
  * 양호군은 노후 최소필요자금 199만원 전액, 위험군은 192만원을 18.7%만 준비 가능

노후는 걱정하면서 준비는 왜 안 하나?

▶ 자금지출 순위 : 자녀교육, 주택결혼, 여행, 마지막에 노후

• 필수적인 자금은 인생 후반기에 집중, 임의자금의 우선순위에 밀려

➔ 30년간 쓸 돈을 1년 만에 준비? 不可, 30년 이상 준비 필요

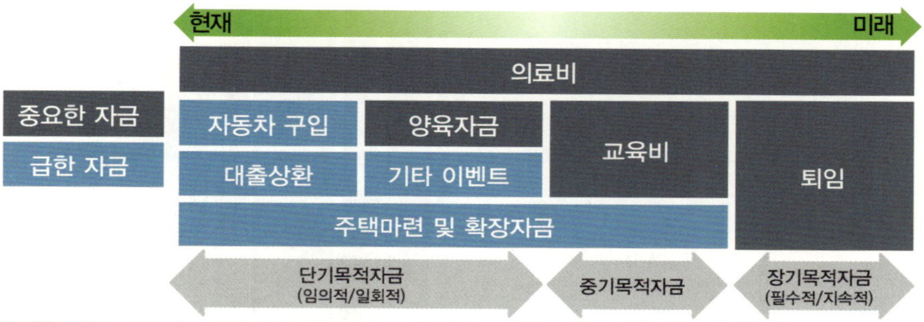

연금으로 사는 부모세대의 삶에 대한 자녀 경험치 부족,
나중에 어떻게 되겠지 하는 생각, 당연한 자녀교육에 집중

은퇴 후 삶 Backward Scheduling 필요

▶ "99%의 사람들은
현재를 바라보면서 미래가 어떻게 될지를 예측하고,
1%의 사람만이 未來를 내다보며
지금 어떻게 行動해야 할지 생각한다
당연히 후자에 속하는
1%의 사람만이 성공한다"

– 일본 경영컨설턴트
간다 마나노리(神田昌典) –

노후설계 핵심 Point

나의 은퇴는 언제(몇 년 후)이고, 그 이후에 어떻게 살 것이며 무엇으로 살 것인가?

노후설계의 4가지 영역

▶ **노후설계란** '경제활동을 끝내고 **소비만 하는 생존기간** 동안 사용할 **생활비와 의료비** 등을 준비하는 계획'을 의미

① 부부 생존기간, ③ 부인 홀로 생존기간 생활비 ➔ **연금으로**
② 남편 사망시 의료비용, ④ 부인 사망시 의료비용 ➔ **보험으로**

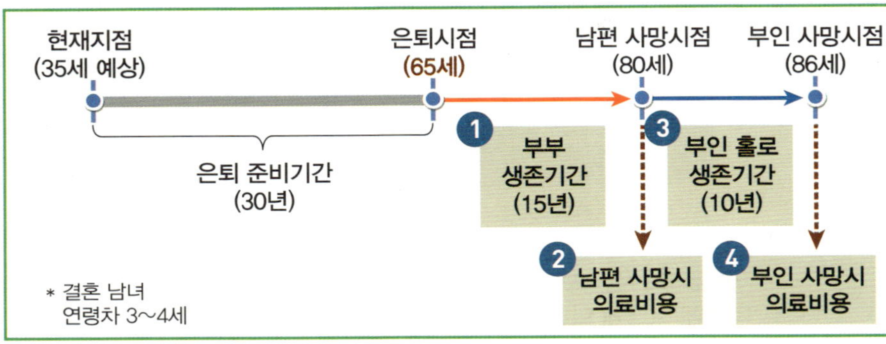

은퇴 후 Life Cycle과 필요비용의 변화

▶ 은퇴 이후 연령과 건강상태에 따라 생활비가 크게 변동
➔ 남편 사망시점으로 양분된 W형 곡선

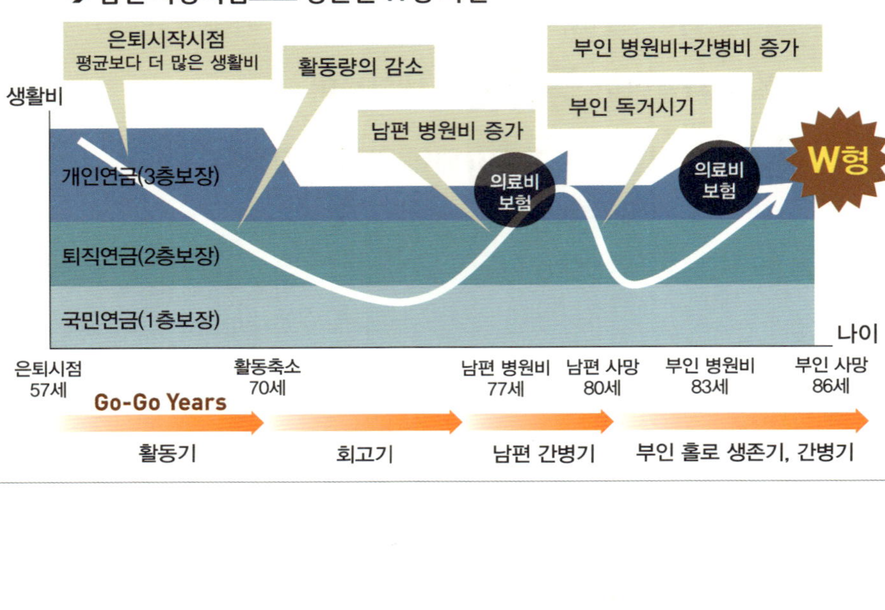

은퇴자 월 생활비 이상은 288만원, 현실은 190만원

2016.9.13 한국경제

▶ 은퇴자 35% 생활비 부족, 2명 중 1명은 노후저축 못해

비은퇴자의 예상		실제 은퇴자
은퇴 후 생활비(월)	288만원	190만원(35% 생활비 부족 경험)
노후 의료비(년)	300만원 미만	360만원 이상

- **은퇴를 위해 정기적 저축은 49%만(월 53만원), 비은퇴자의 12%가 국민/퇴직/개인연금 中 어떤 것도 미가입**
- **'퇴직 이후에도 계속 일하고 싶다', 비은퇴자의 84%, 은퇴자의 57%**

은퇴 후 월 생활비

세대	월 생활비
50대	225만원
60대	179만원
70대	145만원

자료: 삼성생명은퇴연구소

은퇴자금 5억 4,300만원, 30년간 매달 126만원 모아야

2017.2.27 서울경제

▶ 필요한 은퇴자금은 얼마이며, 지금부터 매달 얼마를 저축?

- 2년차 **직장인 권(30) 씨**, 30년 뒤인 60세 은퇴, 90세까지 **30년 노후생활 가정**

  * 일시금승수 : 노후기간·물가상승률·목표수익률을 적용 산출
  일시금승수에 은퇴 후 매달 필요 생활비를 곱하면 은퇴자금 계산 가능

- **노후 30년, 물가인상률 2%, 목표수익률 연 5%로 가정** → 일시금승수는 300
  2016년 가계금융복지조사, **부부의 최소생활비 183만원, 적정생활비 264만원** (가입기간 20년 이상) **국민연금 83만원 제외 산출된 필요생활비 95만원에** 일시금승수 300을 곱하면 **은퇴자금**은 **최소 2억 8,500만원(부부 5억 4,300만원)**

- 월 적립승수 활용 은퇴할 때까지 매달 저축할 금액 계산
  은퇴 후 최소생활비 매달 100만원(국민연금 제외) 필요 가정(동일 조건), 최소 월 **저축 70만원 모아야 (적정생활비를 위해서는 월 126만원)**

조사기관별 노후 2인 기준 적정생활비

기관	예상 적정 금액
국민연금공단	최소 174만원, 적정 237만원
경기연구원	최소 185만원, 적정 262만원
보험개발원	최소 196만원, 적정 296만원
서울시청	150~250만원
삼성생명	208만원

저금리기 노후자금 확보를 위한 필요기간

▶ 은행 예·적금으로는 노후대비가 안 된다

- **1% 이자로 원금 2배 → 69년 소요, 2% 35년, 4%는 17년**
- **퇴직 후에도 150만원의 월급 → 은행 20억원 이자 효과**

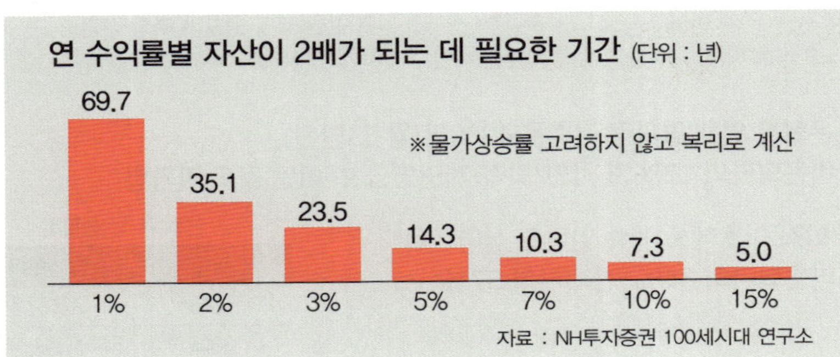

노후준비 방법 설문결과

▶ 노후 준비 중인 19세 이상 65.4% 中 53.3%가 국민연금에 의존

- 60세 이상 고령자 중 **자녀, 친척이 주는 생활비로 생활하는 비율 20.2%** (2년前比 - 2.8%), **본인/배우자가 생활비 마련 69.9%(10년前比 +8.6%)**
- 19세 이상, **노후준비를 하고 있다 65.4%,** 그 중 **53%가** 노후 대비 수단으로 **국민연금에 의존 중, 사적 연금 9.8%**

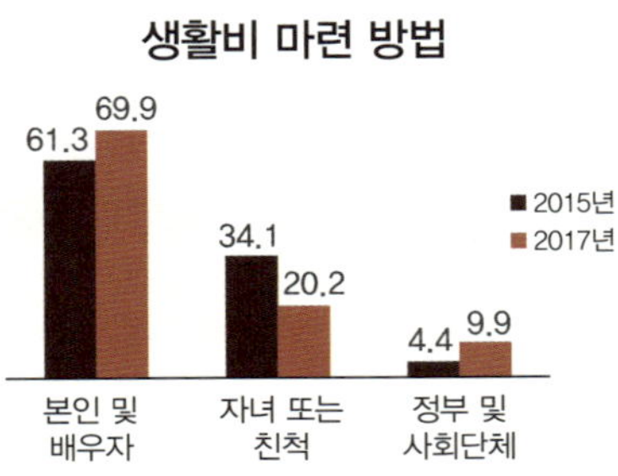

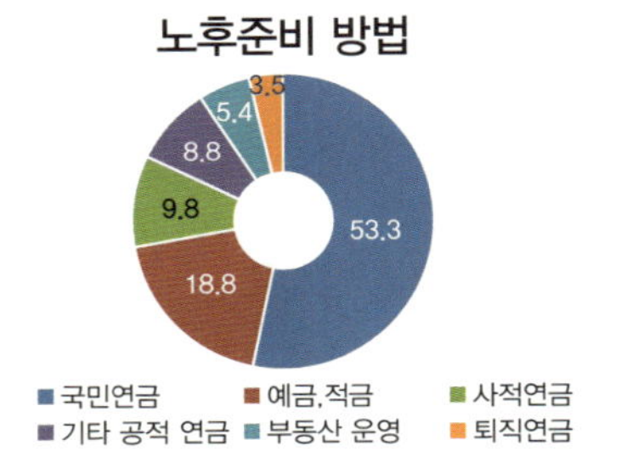

자료 : 전국 13세 이상 3만 9,000명 대상 조사, 통계청

'3층 연금' 제대로 아시나요?

▶ **연금 필요성은 인지, 그러나 구체적 지식와 활용방법은 몰라**

- 3층 연금은 퇴직 이후 얼마나 받게 되는지,
  노후 예상 소득과 지출 수준을 파악하는 것이 은퇴설계의 기본

개인연금(자기보장) : 여유로운 생활보장
은퇴 후 여유로운 생활을 위해서 개인이 자발적으로 준비하는 연금제도

퇴직연금(기업보장) : 안정적인 생활보장
국민연금과는 별도로 안정적인 노후생활을 위해 노사협의에 의해 자율적으로 가입하는 제도

국민연금(국가보장) : 기본적인 생활보장
국민연금은 국민의 생활안정과 복지증진을 도모하기 위해 국가가 만든 사회보험

술에 강한 사람과 노후 준비에 강한 사람

▶ 술을 잘 마시는 사람은 독주를 잘 마시는 사람이 아니라
술자리에서 가장 오래 남아서 남들 귀가를 챙겨주는 사람이고

▶ **노후 준비를 잘 하는 사람은** 생활비 떨어질 걱정 없이
꾸준히 연금을 받아 자신의 긴 노후를 누리는 사람이 최고 強者

➔ 노후 30년, 고급 와인을 마시며 인생을 즐기듯 연금으로 행복한 삶을 누려야!

첫째, 그동안 모은 자산을 활용해서 다양한 연금 소득원을 확보하라
둘째, 연금이 은퇴 전 소득을 어느 정도 대체할지를 계산해보고 이를 높여라
셋째, 은퇴 준비금의 일부는 목돈으로 남겨두라

한국의 기대수명 연장과 소주 도수

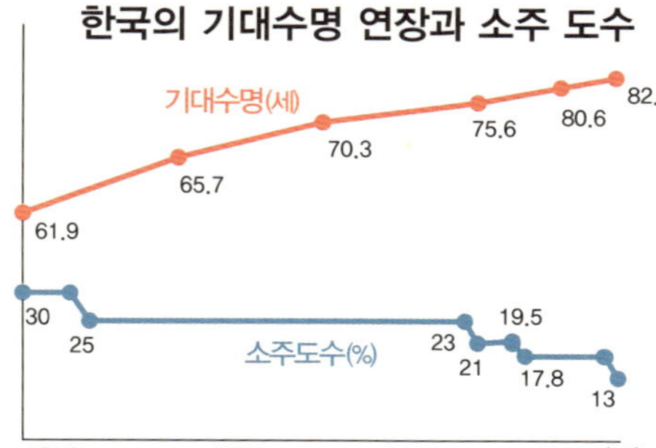

3층 보장 은퇴설계 1(국민연금)

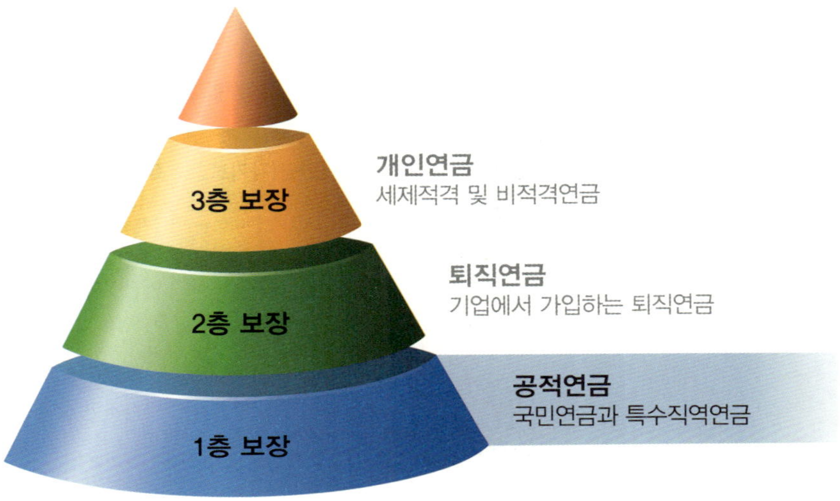

국민연금 제도 주요 개정 내용

▶ **1988년 1월 국민연금 제도 시행, 1998년 12월 1차 개편**

- 소득대체율 하향 : 1999년 70% → 60%
- 연금수급개시 연령 上向 : 2013년부터 5년마다 1세씩, 2033년 65세

▶ **2007년 7월 국민연금제도 2차 제도 개혁**

- 소득대체율 하향 조정 : 60% → 40%, 기초노령연금제도 마련(2008년 1월)

* 기초노령연금 : 소득과 재산이 적어 생활이 어려운 노년층에게 매달 생활비를 보조해주는 제도
2028년까지 연금가입자 평균소득의 10%까지 인상 예정

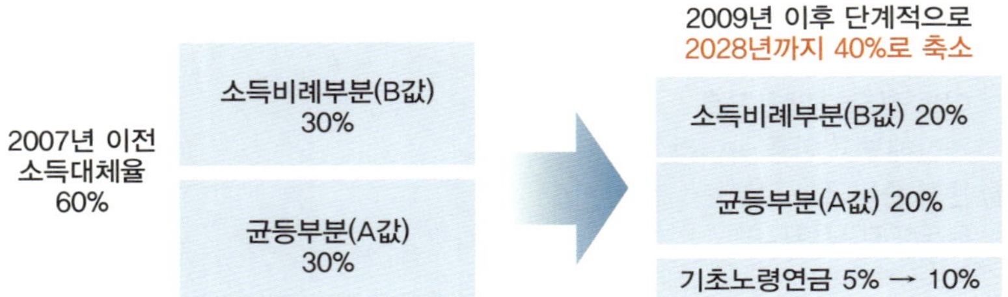

국민연금(노령연금) 보험료와 예상 수령액

▶ 가입기간 중 기준소득 월 평균액 : **30만 ~ 468만원(2018년)**

- 기준소득 월액 = 전년도 총소득금액/근무일수 × 30일, 천원 미만 절사
  = 세전 평균 월소득 (* 매년 7월 기준 변경)
  - **평균소득** 30만원 이하 → 30만원, **468만원↑ → 468만원으로 계산**
- 국민연금 보험료 = 기준소득 월액 × 보험요율 9%
  * 근로소득자 : 사업자 4.5%+**근로자 4.5%**
  개인사업자 : 개인 9%

▶ 국민연금액 : 노령연금 예상 월액표(납부기간에 따른 수령액)
+ 배우자/부양가족 숫자에 따라 추가

> 20등급, 즉 월평균 200만원의 소득자가
> 20년 가입하면 42만원, 30년 가입하면 61만원의 노령연금 예상

노령연금 수급개시연령

2017.2.24 동아일보

▶ 수급 기준 및 기간

- 국민연금 가입기간이 10년 이상인 가입자 또는 가입자였던 자에 대해
  수급개시연령이 된 때부터 그가 생존하는 동안 연금 지급
  * 스웨덴, 독일, 네덜란드 65세, 미국 65~67세, 노르웨이 67세

출생연도	수급개시연령	
	노령연금	조기노령연금
1953~1956년	61세	56세
1957~1960년	62세	57세
1961~1964년	63세	58세
1965~1968년	64세	59세
1969년생 이후	65세	60세

* 은퇴 연령은 평균 55.7세(2016년 8월 한국노동연구원)

국민연금 노령연금액 계산

가입기간 20년 ➔ 100%

2015.7.29 매일경제

▶ 노령연금 = 기본연금액 × 50% + 부양가족 가급연금액

- **가입기간이 10년 이상이고 수급연령(60~65세) 도달 시 지급하는 연금**
  * **가입기간 1년 증가마다 연금액 5% 가산(만약 추가 10년 → +50%)**
- 만약 연금 수급권자가 65세 이전에 소득이 있는 경우 **노령연금 감액**
  단, 노령연금 감액 제도 기준 개정 : 연령 → **월평균 소득금액**(~연금지급연령+5년)
  * 월평균 소득금액 : 최근 3년간 국민연금 전체 가입자의 평균소득을
  초과하는 경우 소득에 따라 감액(**2016년 월 211만원**)

- 평균 比 초과 월소득액이 100만원 이하라면 초과월액의 5% 감액
  국민연금액 100만원의 61세가 월 300만원의 소득이 있다면
  89만원(= 300만원-211만원)의 5%에 해당하는 44,500원 감액
  * 종전에는 50%가 감액돼 50만원만 수령

월평균 소득 대비 초과소득에 따라 노령연금 5~50% 감액

참고

국민연금 수령액

물가상승률 반영한 **국민연금 수령액**

2017년 12월 기준 월평균 급여액에 지난해 전국소비자물가변동률(1.9%) 반영

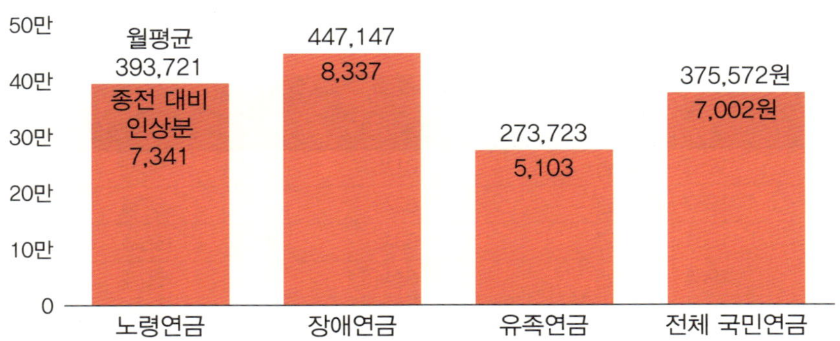

자료 : 보건복지부, 국민연금공단

어르신 연금 수입, 월평균 52만원뿐

2017.7.26 조선일보

▶ **55~79세 고령층 가운데 54.7%가 연금을 한 푼도 못 받고**

- **2017년 5월 고령층(55~79세)** 인구 1,291.6만명**(전년비 +51.9만명, +4.2%)**
- 고령층 中 최근 1년간 연금을 받았다는 비율 45.3%(584.7만명)에 불과 **나머지 54.7%(706.9만명)는 "연금을 한 푼도 못 받았다"**
- 한 달 평균 연금 수령액이 **50만원 미만인 비율이 73.7%**
- 고령층의 **62.4%(805.5만명)가 "장래에 일하기를 원한다"**
- "왜 일하려고 하느냐" 물었더니 **58.3%가 "생활비에 보태려고 한다"**

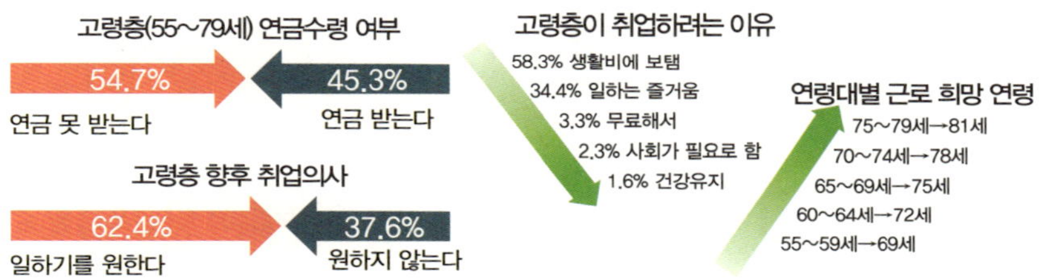

평균소득자 국민연금 얼마나 될까?

▶ **월 218만원의 평균소득자가 30년간 국민연금에 가입 후 연금수령 연령에 도달 시 국민연금 월 67만원 수령 예상**

- 2017년, 국민연금 신규 수급자의 평균 가입기간 약 17년, **실질소득대체율 약 24%**

  * 소득대체율 : 국민연금 전체 가입자의 3년간 평균 소득월액과 대비한 국민연금 수령액의 비중

- 실질소득대체율 24%를 금액으로 환산하면 **52만 3,000원으로,** 국민연금연구원이 국민노후 보장패널조사를 통해 산출한 올해 **개인기준 노후생활비 104만원에 크게 못 미치는 수준**

국민연금 지급예상액 분석결과

2017년 신규 가입자가 20년, 30년 후 월평균 국민연금 지급예상액 분석 결과

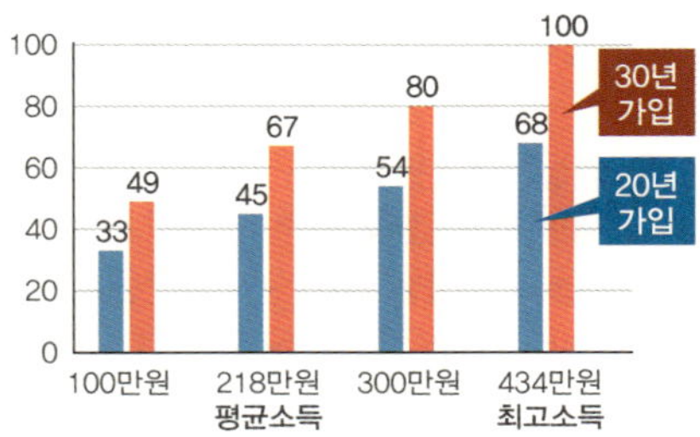

자료 : 국민연금공단, 2016

국민연금 수령 방법_조기연금

2015.8.17 중앙일보

▶ 조기연금

- 가입기간이 10년 이상자가 수급연령 도달 전에 신청, 지급하는 연금
- 노령연금 수급연령 **최대 5년 조기 수령 가능**
  1년을 댕겨 받으면 6%씩 줄어, 최대 30%(5년 기준)가 깎여 수령

▶ 반퇴 그늘… 조기연금 신청 5년 새 2배

- **조기연금 수령자 비율 증가**
  - 2009년 19.5만명(219만 명 中 8.9%) → 2012년 32만 명
    → **2015년 4월 45.3만 명**(297만 명 中 15%) → **2016년 3.6만 명**
- **설문조사 결과 67.9%가 '당장 생활이 어려워'**

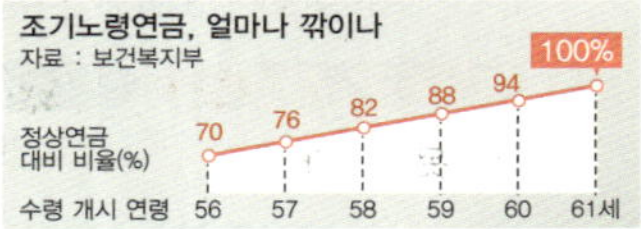

조기연금=손해연금 인식 확산 수령자 3년 새 절반 이하로(2017.5.18 중앙일보)

국민연금 수령 방법_연기연금

2015.7.29 매일경제

▶ 연기연금 → **5년 연기하면 최대 36%** 가산 수령 가능

- 2015년 7월 노령연금 수급자가 희망 시 연금수급권 취득 이후부터 65세가 되기 전까지 **최대 5년간** 연금액 지급 연기 가능(단, 1회한)
  * 연기비율 : **100% → 50%, 60%, 70%, 80%, 90%, 전액으로 개정**
- 지급연기 신청 금액에 대해 **1년당 7.2%(월 0.6%) 가산 지급**
  * 연기연금 신청 사례 **2009년 211건 → 2014년 8,181건으로 증가 추세**

▶ 매월 80만원 국민연금을 수령하는 61세가 연금액 중 70%(56만원)를 내년에 받겠다 신청한다면

- 올해 : 매월 24만원(80만원×30%)의 연금만,
- 내년 : 연기연금 56만원에 연 7.2%의 이자를 더해 총 84만원 연금 수령

* 2016년말 현재 연기연금 신청자 1만 9,894명,
61세에 받지 않고 1년 연기하면 연기연금 손익분기점은 75세 (2017.10.13 중앙일보)

국민연금 수령방법_유족연금

▶ 유족연금

- 국민연금에 가입하고 있는 사람 또는 연금을 받던 사람이 사망 시 생계를 유지하던 유족에게 기본 연금액의 일정률을 지급
- **가입기간에 따라 10년 이하 40%, 10~20년 50%, 20년 이상 60% 지급**
  * 2018년 2월 일괄 60%로 변경 발의(2018.5.21 중앙일보)
- 유족연금 수급권자가 배우자인 경우 수급권이 발생한 때부터 3년간 유족연금 지급 후 55세(본인의 연금수령연령 -5세)가 될 때까지 그 지급을 정지
- **배우자인 수급권자가 재혼 시에는 수급권 소멸**
- 단, 부부 모두 국민연금을 수급하고 있었을 경우
  본인의 연금 또는 배우자의 유족연금 중에서 본인에게 유리하도록 선택

국민연금 유족연금의 선택

▶ 배우자가 노령연금 받고 있어도 유족연금 받을 수 있나?

- **본인의 노령연금과 배우자의 유족연금 중 큰 쪽을 선택**
- **배우자의 유족연금을 포기하는 경우 포기한 연금의 30% 수령 가능**

* 가입기간 20년 이상의 경우 유족연금 지급률 60%

국민연금 임의가입과 개인연금 신규가입을 비교해보면?

국민연금 2040년 적자 시작

〈2060년 → 2056년〉

2017.6.15 조선일보

▶ **저출산 계속 땐 연금 더 축소, 기금 운용수익률도 기대 이하**

- **저출산(2016년 1.17명)으로 국민연금 가입자 축소**
  - 가입자 : 2017년 2,89만 명 → 2021년 2,176만 명(e)
- **기대수명 연장으로 연금 수령자 증가**
  - 기대수명(男) 2010년 81.4세 → 2015년 82.2세
    (女) 86.5세 → 87세
- **고령화로 경제성장률 저조 → 기금 수익률 하락**
  - 수익률 : 2013년 5.2% 예상 → 실제 4.2%
    2016년 7.2% 예상 → 실제 4.7%

➔ **국민연금 보험료 인상해야 재정 고갈 회피 가능**

- 1999年부터 9%인 보험료를 13%까지 점진적 인상 필요

국민연금 2051년 고갈, 정부예상보다 9년 빨라

2017.4.5 연합뉴스

▶ **납세자연맹, "지속 가능하지 않은 국민연금 전면개혁 필요"**

- 국민연금 3차 재정 추계, 기금투자수익률은 2015년 6.8%, 2016년 7.2%로 예측, 실제 투자수익률은 각각 4.6%와 4.8%를 기록

  ➔ **수익률이 2% 포인트 하락하면 기금고갈이 2060년 → 2051년(9년 앞당겨진다)**

  * 회사채 금리가 2013년 4.7% → 2016년 6.5%로 상승 전망(실제 3.3% → 2.1%)
  * 2016년 경제성장률을 4.5%, 출산율 1.29명 예측, **실제 2.8%/출산율 1.17명**

- "내년에 4차 재정추계가 발표되면 현행 소득대체율 40%를 유지하려 해도 보험료가 대폭 올라야 하는데, **소득대체율을 40%에서 50%로 인상하면 보험료를 4% 올려야 한다"**

제3차 재정추계 금리 및 기금운용수익률 추정 및 실적치

(단위 : %)

구분	2013	2014	2015	2016	2017	2018	2019
금리 전망	4.7	5.7	6.2	6.5	6.6	6.6	6.5
실제 금리	3.3	2.4	2.1	2.1	–	–	–
수익률 추정	5.2	6.3	6.8	7.2	7.3	7.3	7.2
실제 수익률	4.2	5.3	4.6	4.8	–	–	–

자료 : 한국납세자연맹

내가 받을 연금 얼마나 올라갈까?

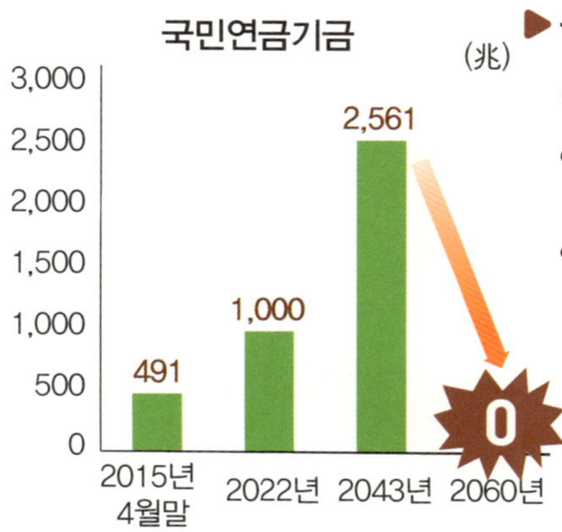

▶ **국민연금 공격적 투자 필요 (현재 채권 60%)**

- **국민연금기금 수익률 1%P 높일 때마다 기금고갈 5년 연기, 보험요율 2.5%↑ 효과**
- 국민연금 명목소득대체율을 **현행 40%에서 50%로 인상 합의**
  - 국민연금 가입기간 40년 동안 월평균소득이 100만원이면 월 50만원을 연금 수령
  - **현재 1인 평균 수령액 월 32.5만원**

* 수익률 5~6% 기준
* 명목소득대체율 : 연금을 받을 때 금액이 연금가입기간 평균소득의 어느 정도 수준인지를 나타내는 지표

3층 보장 은퇴설계 2(퇴직연금)

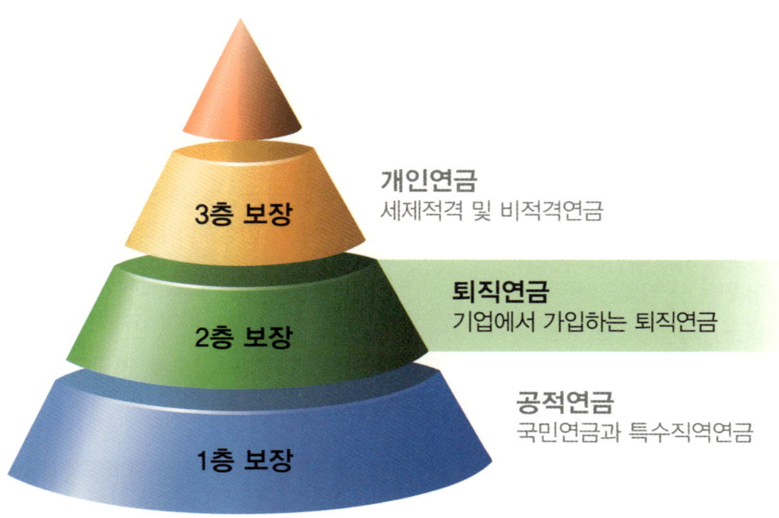

DB형, DC형, IRP 퇴직연금 얼마나 알고 계십니까?

2016.10.11 경향신문

▶ DB형은 퇴직금과 비슷, DC형은 운용성과 따라 액수 달라

- 2005년 12월 도입된 퇴직연금 제도는 매월 일정액의 퇴직 적립금을 외부의 금융회사에 위탁해서 관리·운용하고 퇴직 후 연금으로 받는 제도
  - DB형은 회사 책임(과거 퇴직금과 유사), DC형은 근로자 개인이 운용 책임
    * 퇴직연금에 가입하면 회사는 DB(확정급여)형은 매년 발생한 퇴직금의 80% 이상, DC(확정기여)형은 발생액 전액을 外部금융기관에 적립하고 손금으로 인정 처리
  - 각각의 방식으로 마련된 퇴직금을 근로자는 일시금으로 받거나 일정한 금리를 정해 연금형태로 지급받을 수 있다
    * 퇴직금 계산 방법 : 직전 3개월 평균임금 × 근속연수 × α
- 2015년말 기준 305,665곳의 사업장에서 590만여 명이 퇴직연금 가입
  * 2016년 3월말 기준 퇴직연금 가입 근로자는 606만 명(60%가 DB, 40%가 DC) 전체 적립금은 약 126조 4,868억원(1인당 적립금 2,087만원 수준)

참고

퇴직연금 비교(DB)

확정급여형 DB
Defined Benefit

- 기존의 퇴직금제도와 매우 유사 (퇴직금 계산방법, 회사의 지급 책임)
- 회사가 적립금을 운용하며 운용결과에 따라 기업의 부담금 수준이 변동 → 적립금 변동
- 퇴직금=평균임금×근속연수

▶ 연금 운용사의 운용성과에 관계없이 퇴직 때 퇴직금이 확정되는 방식

- **매년 개인의 급여가 상승한 만큼 개인의 퇴직급여충당금을 회사가 적립**
- **통상 평균임금상승률 3% 가정시 매년 3%가 인상된 퇴직금 축적**
- **매년 임금상승시 적립금도 상승**
  * 퇴직금=직전 3개월 평균임금×근속연수
- **적립된 퇴직충당금으로 연금 or 일시금으로 수령**

DB형, 회사가 쌓아준다

참고

퇴직연금 비교(DC)

확정기여형 DC
Defined Contribution

- 적립식 펀드, 정기적금과 매우 유사 (회사가 정기적 납입, 투자상품 운용)
- 다양한 금융상품 대상으로 개개인이 운용 → 적립금 일정
  - 채권 60% 이상의 안전펀드에만 투자 가능
- 퇴직금=부담금+운용수익

▶ **회사가 근속기간 중 매월 월급의 일정비율을 불입해주면 운용사의 운용성과에 따라 개인의 퇴직금 결정**

- **회사는 매년 일정액의 퇴직부담금을 개인의 계좌에 넣어주고 적립금 운용, 책임은 개인이 부담**
- **개인의 선택에 따라 연금 재원 변동**
  * 운용수익이 낮을 경우 원금손실 가능성도 有
- **회사 부담금 + 개인의 운용수익을 합하여 연금 or 일시금으로 수령**

퇴직연금 DB, DC 유형별 비교

확정급여형(DB형)		확정기여형(DC형)
• 회사가 적립금 운용 방법 결정 • 회사는 근로자 퇴직시 사전에 약정된 퇴직급여 지급	개념	• 회사가 부담할 기여금 수준을 노사가 사전에 확정 • 근로자가 적립금 운용 방법 결정 • 근로자는 운용 결과에 따라 퇴직급여 수령
• 30일분 평균임금 x 근속연수	퇴직급여	• 매년 지급된 퇴직급여(연 임금 총액의 12분의 1 이상)의 합±운용 손익
• 회사	운용주체	• 근로자
• 도산위험이 없고 장기근속 및 정년이 보장된 기업체 근로자 • 꾸준한 임금상승이 가능한 안정적 기업에 다니는 근로자	누구에게 적합한가	• 임금상승률이 낮은 기업에 다니는 근로자 • 체불위험이 있는 기업에 다니는 근로자 • 직장이동이 빈번한 근로자 • 연봉제 근로자

자료 : NH투자증권

DB형, DC형 선택 방법

▶ 연봉 인상률 3% 넘으면 DB형, 3% 넘지 않으면 DC형 유리

- **DC형 퇴직연금 상품을 운용하는 금융회사의 연평균 수익률이 2~4% 정도**

매년 연봉 인상률 3%를 기준,
회사의 임금상승률이 3%보다 높으면 DB형을, 낮으면 DC형 선택 권고
단, 임금피크제 대상자라면(*일정시점 이후 임금 축소)
임금피크제에 들어가기 전에 DC형으로 전환 고려

- **2014년 3분기말 DC형 가입자는 38.1%, DB형 가입자는 60.3%였는데,**
2015년말 DC형 가입자가 40.4 %로 늘었고, DB형 가입자는 58.2%로 축소
2017년 6월말 기준, DC형 24.1%로 줄고, DB형 가입자는 66.4%로 증가

* 통계청, 2017년 퇴직연금 통계

참고 작년 근로자 평균연봉 +3.3%, 3,387만원

2017.8.17 중앙일보

▶ 2016년 한국 근로자 평균연봉 3,387만원(전년비 +107만원, +3.3%)

- 1억원 이상 : 43만 명(2.8% 占)
- 상위 10%는 6,607만원 이상, 상위 20%는 4,789만원 이상
- **대기업 6,521만원(전년비 -0.3%), 중소기업 3,493만원(전년비 +3.9%)**
- 중위연봉은 2,623만원(전년비 +123만원, +4.9%)

연봉분위별 근로자 연봉하한액(커트라인) 현황

연봉분위(상위%)	연봉하한액(만원)
10분위 (0~10%)	6,607
9분위 (10~20%)	4,789
8분위 (20~30%)	3,778
7분위 (30~40%)	3,120
6분위 (40~50%)	2,623
5분위 (50~60%)	2,226
4분위 (60~70%)	1,860
3분위 (70~80%)	1,560
2분위 (80~90%)	1,037
1분위 (90~100%)	36

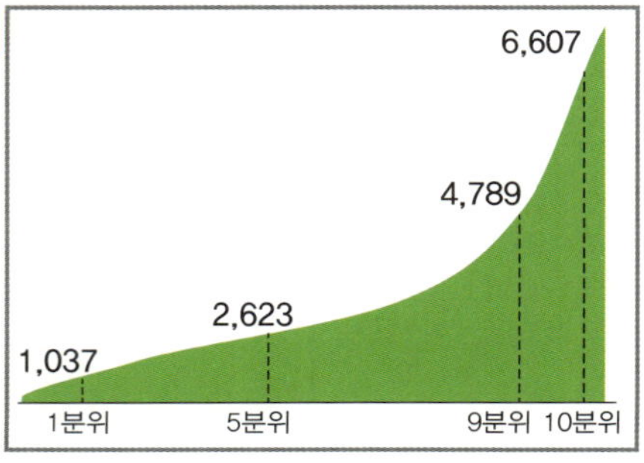

퇴직연금 총 126조원, 근로자 2명 中 1명 꼴 가입

▶ 퇴직연금에 가입한 근로자는 1인당 평균 2,300만원 적립

- 지난해 말 기준 금융회사에 적립된 퇴직연금은 총 125조 7,000억원으로 집계
- 퇴직연금을 받은 사람의 **평균 수급액은 일시금 1,500만원, 연금은 2,000만원**
  * 2015년 퇴직연금을 일시금으로 받은 사람 20만 2,261명, **연금으로 수급한 사람 2,053명에 불과**
- 퇴직연금 도입대상 111만 개소 중 **30만 2,000개소(27.2%)에서만 제도 운영 중**
  * **300인 이상 사업장의 도입률 78.3%**, 5~9인 사업장은 28.6%, **5인 미만 사업장은 12.0%**
- 퇴직연금제도에 가입해 퇴직급여를 적립하고 있는 사람은 **총 545만 2,000명** 이는 전체 가입대상의 절반 수준으로, **근로자 1인당 적립액은 평균 2,306만원 수준**
- **확정기여형(DC) 도입한 사업장 55%**

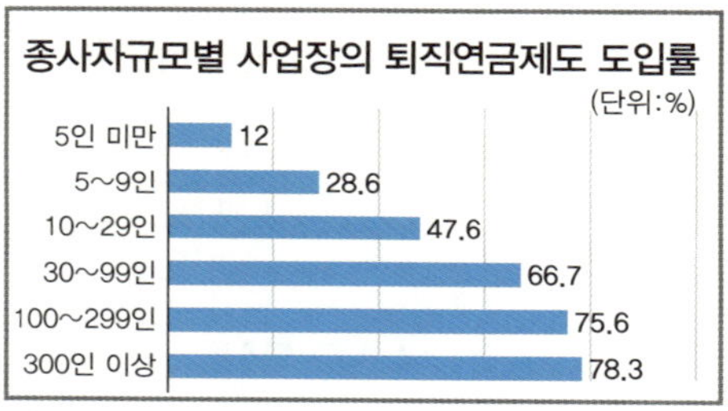

자료 : 통계청, 2015년 기준 퇴직연금통계

내집 마련 위해…퇴직연금 중도인출 급증

▶ 2016년 12월말 581만 244명 가입, 가입률 50%(전년비 +2.1%P)

- 퇴직연금 적립금액은 2015년말보다 20조 3천억원 늘어난 145조 3천억원(25백만/인)
  - 확정급여형 퇴직연금제도(DB형) 57.1%로 전년 57.4% 대비 -0.3%
  - 확정기여형 퇴직연금제도(DC형) 40.3%로 전년보다 0.3%포인트 증가
- 퇴직연금 수급자 중 97.8%(26만 6,389명)가 일시금으로 수령, 평균수령액 1,466만원
  * 중도인출은 4만91명으로 전년(2만 8,080명)에 견줘 +42.8%
  * **2.2%만 연금으로 수령**

무주택자인 경우만 주택마련 목적 중도인출이 허용되는 만큼 지난해 내 집 마련을 위해 적립금을 인출해 간 비중이 늘어난 것

퇴직연금제도 운용 현황

2015년	구분	2016년	증감
313,169	총도입사업장	340,030	↑8.6%
5,344,438	총기업근로자	5,810,244	↑8.7%
47.9	가입률(%)	50.0	↑2.1%p
25.6	도입률(%)	26.9	↑1.3%p
1,250,694	퇴직연금 총적립액(억원)	1,453,368	↑16.2%

참고 3층 보장 은퇴설계 3(주택연금)

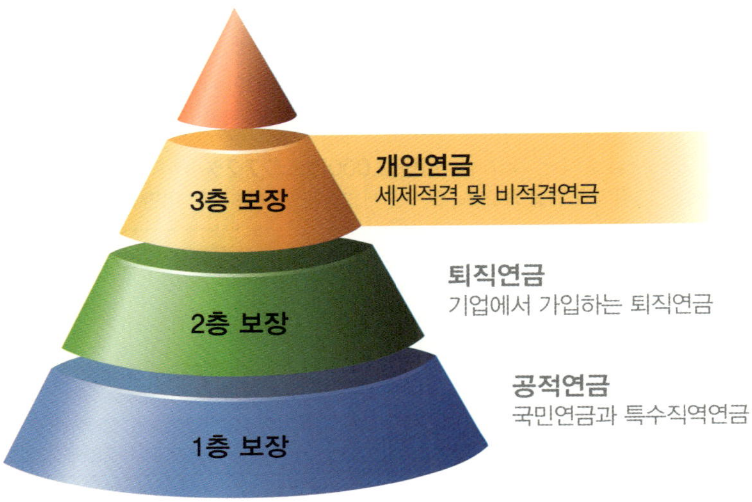

다른 연금 들었어도 세금 없이 주택연금 받을 수 있죠

2016.5.17 중앙일보

▶ '3종 세트' 출시 후 가입 3배↑, 70세 3억 집 → 월 100만원 주택가격 비싸도 340만원 한도, 9억↑ 주택 하반기엔 가입

- 주택연금 가입신청 : 2015년 월 29.3건 → 2016년 5월 87.4건

  * 주택연금은 주택담보대출(역모기지론) → 他 연금과 관계 無

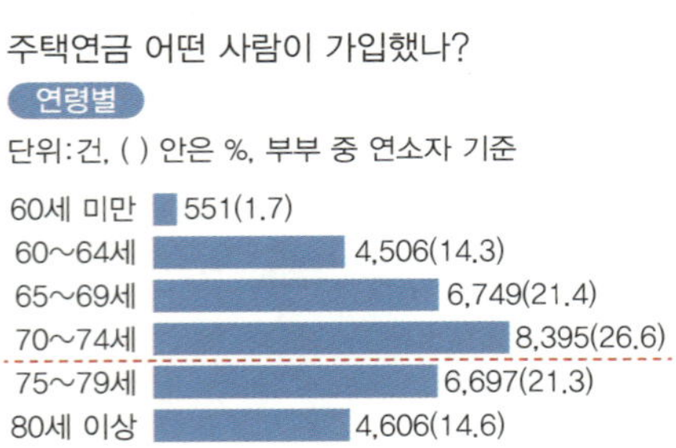

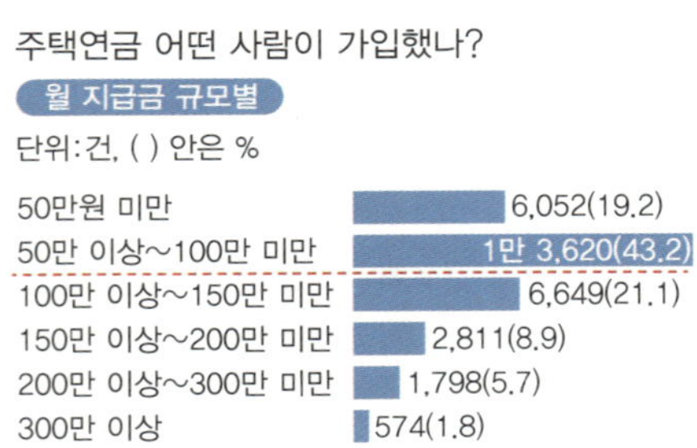

자료 : 금융위원회

주택연금 가입 봇물, 은퇴자에겐 집이 효자

빠르게 느는 주택연금 가입자

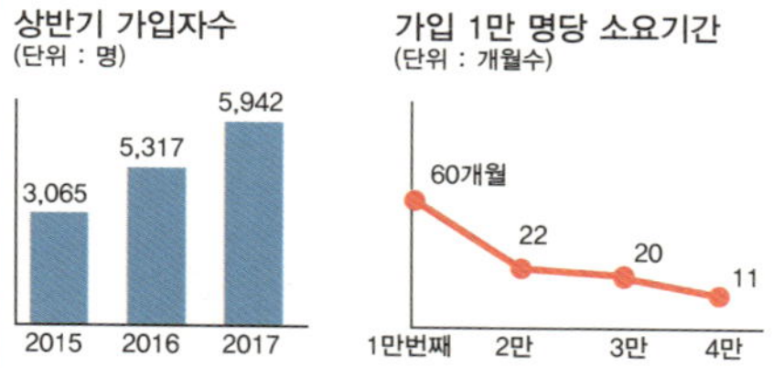

주택연금, 누가 가입하나

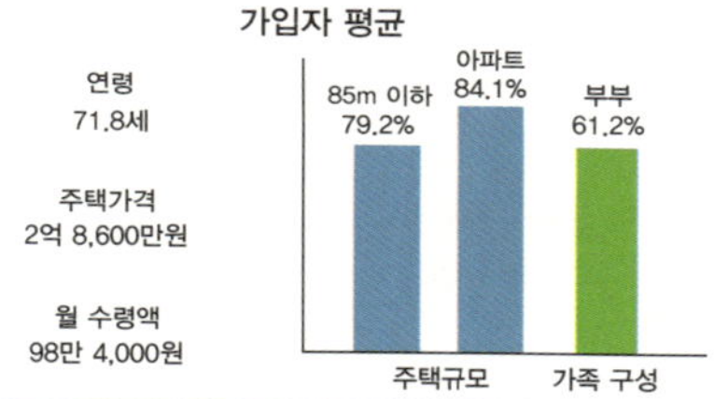

➔ 99%가 종신연금 선택

주택연금 개요

가입연령	부부 중 한 사람만 60세 이상
대상주택	주택 및 노인복지 주택
주택가격	9억 이하 1주택 소유자 또는 보유 주택 합산 가격이 9억원 이하인 다주택자
지급유형	정액형, 전후후박형
대출한도	5억원
인출용도	· 일반, 우대형 : 주택 구입(사행성 및 사치오락성 이외 용도제한 없음) · 상환용 : 50% 초과 70% 이내 · 우대형 : 45% 이내
대출금리체계	복수금리(CD, COFIX 중 선택)
보증료율	· 초기보증료 1.5%(상환용 1.0%) · 연보증료 0.75%(상환용 1.0%)

자료: 주택금융공사 2017.7

'노후 안전판'
주택연금 가입자 4만 명 돌파, 월평균 수령액 98만원

2017.5.2 조선일보

▶ **3월말 기준 주택연금 가입자수 4만 3,356명(1분기에만 3,927명)**

- **평균연령은 71.7세, 주택가격은 2억 8500만원, 월수령액은 98만 5,000원**
- **주택연금 가입 문턱이 낮아지면서 가입자가 크게 증가**
  * 2016년부터 주택 소유자의 **나이가 만 60세 미만이어도 배우자가 만 60세 이상이면** 신청 가능, **9억원 초과 주택과 주거용 오피스텔도 가입 추진 中**
- **연금을 받는 방식은 가입자가 선택 가능**
  * 평생 같은 금액을 받는 **종신지급형**, 큰돈이 필요한 경우를 대비해 수시로 찾을 수 있는 한도액을 설정하고 나머지를 연금으로 받는 **종신혼합형**, 10~30년 동안 기간을 정해놓고 이 기간만 연금을 받는 **확정혼합형** 등
- **주택가격 반영 2월부터 주택연금의 월 지급금 기존보다 평균 3.2% 축소**

외부전문기관에 의뢰 연 1회 이상 주택연금의 변수를 산정
* **주택가격 상승률 高, 연금산정 이자율 低, 사망 확률 高 → 연금액 증가**

주택연금 지급 방법

- 종신방식 : 월 지급금을 종신토록 지급받는 방식
  - 종신지급식 : 인출한도 설정 없이 월 지급금을 종신토록 지급받는 방식
  - 종신혼합식 : 인출한도(대출한도의 50% 이내) 설정 후 나머지 부분을 월 지급금으로 종신토록 지급받는 방식
- 확정기간방식 : 고객이 선택한 일정기간 동안만 월 지급금을 지급받는 방식
  * 확정방식은 대출한도의 5%에 해당하는 금액을 인출한도로 설정
- 확정기간혼합 : 수시인출한도 설정 후 나머지 부분을 월 지급금으로 일정기간 동안만 지급받는 방식
- 대출상환방식 : 주택대출 상환용으로 인출한도(대출한도의 50% 초과 70% 이내)내 일시에 찾아 쓰고 나머지로 월 지급금으로 종신토록 지급받는 방법
- 우대방식 : 부부기준 1.5억원 이하 1주택 보유자가 종신방식(정액형)보다 월 지급금을 최대 15% 우대 지급
- 우대지급방식 : 인출한도 설정 없이 우대받은 월 지급금을 종신토록 지급받는 방식
- 우대혼합방식 : 인출한도(대출한도의 45% 이내) 설정 후 나머지 부분을 우대받은 월 지급금으로 종신토록 지급받는 방식

이용기간 중 지급방식 변경 가능 : 종신지급 ↔ 종신혼합, 우대지급 ↔ 우대혼합

3층 보장 은퇴설계 3(개인연금)

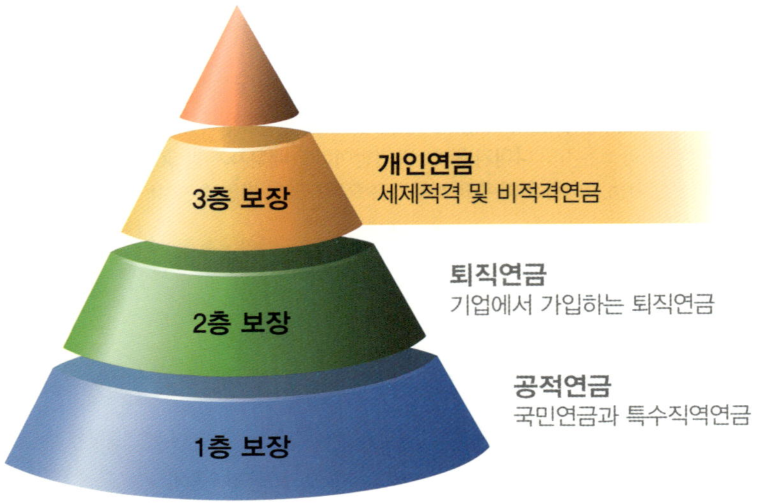

개인연금 첫 수령은 평균 58.9세 때, 월 35만원

2016.1.19 서울신문, 2016.1.19 조선일보

▶ **연타족(연금을 타는 사람들) 평균 58.9세, 월 35만원 수령**

- 삼성생명 2015년 지급한 개인연금 264,254건 분석결과
  전체연금 가입자 227만 명 中 227,000명이 연금수령

- **첫 연금 평균 58.9세(55~59세 35.6%, 60~64세 31.7%)**
  - 국민연금 수령 시기 : 현재 61세 → **1969년 이후 출생 65세부터**
  - **은퇴 크레바스에 대한 철저한 준비 필요** → 개인연금으로 Cover

- 1인당 월평균 **35만원 수령(은퇴 후 최소 생활비의 17%)**
  * 은퇴 후 최소 생활비 211만원(2015년 삼성생명 조사)

現 40세 남성이 65세부터 개인연금 최소 월 70만원 필요
"젊어서 조금씩 넣기 시작해 차츰 늘려가며 은퇴 준비"

부족한 개인연금, 필요액의 30%만 납입

▶ **노후대비 한국인의 개인연금은 필요액의 3분의 1 수준**

- 월평균 **소득 400만원인 35세 남자, 목표 연금소득은 월 415만원 추산**
- 목표(415만원) – 국민(218만원) – 퇴직(91만원) = **개인연금 106만원 필요**
- 개인연금 월 106만원을 받으려면 **월 62만원씩 20년간 납부 필요**
  그러나, 실제 납입 개인연금 보험료는 월 19만원, 필요액의 30% 수준
- 안정된 노후를 위해 국민연금·퇴직연금 이외 **개인연금 반드시 필요**

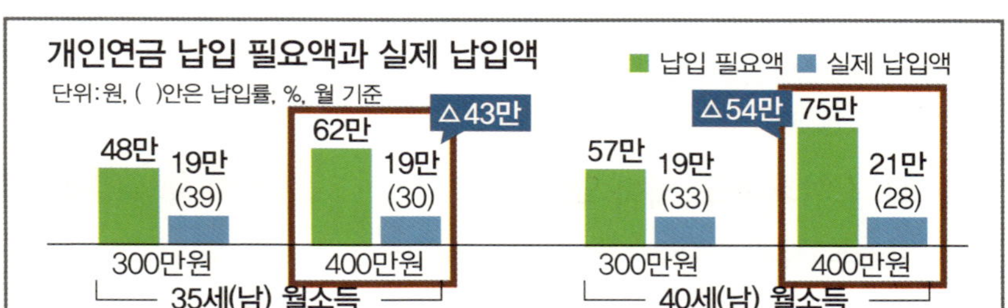

* 삼성생명, 연금 가입자 2만 명(20~64세) 대상 실제 개인연금 납입액과 목표 연금소득 조사 결과

근로자 68%는 개인연금 없다

2017.4.27 조선일보

▶ **근로자 중 연금저축에 가입한 사람은 10명 중 3명에 불과,**
연금저축 가입자의 월평균 연금 수령액은 26만원에 불과

- **'3층 연금' 중 마지막 층인 개인연금(연금저축) 준비가 매우 부실**
- 근로소득자 1,733만 명 중 556만 5,000명**(32.1%)만이 연금저축에 가입**
  이는 **국민(70.2%)과 퇴직연금(53.5%)**의 가입률에 크게 못 미치는 것
- 연금저축 가입자의 **월평균 수령액은 26만원에 불과**
  국민연금 월평균 수령액 34만원, 연금저축을 동시에 가입했어도 받는 **연금액은 월평균 60만원**

*** 1인 최소 노후 생활비 104만원**

노후대비를 위한 '3층 연금' 가입률

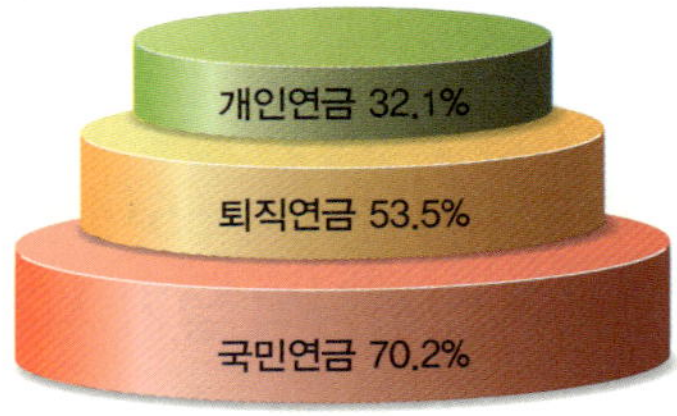

은퇴자 月 생활비 이상은 288만원, 현실은 190만원

2016.9.13 한국경제

▶ **은퇴자 35% 생활비 부족, 2명 중 1명은 노후저축 못해**

- 은퇴 후 경제적으로 **부족하지 않으려면 월 288만원 필요,**
  실제 은퇴자들은 **월 190만원으로 생활** → **35% 생활비 부족 경험**
- **은퇴를 위해 정기적 저축은 49%만(월 53만원),**
  비은퇴자의 12%가 국민/퇴직/개인연금 中 어떤 것도 미가입
- **비은퇴자의 예상 노후 의료비는 연간 300만원 미만,**
  65세 이상 실제 진료비 360만원 이상

➔ **'퇴직 이후에도 계속 일하고 싶다',**
비은퇴자의 84%, 은퇴자의 57%

은퇴 후 월 생활비

세대	월 생활비
50대	225만원
60대	179만원
70대	145만원

자료: 삼성생명은퇴연구소

은퇴자금 마련을 위한 4大 연금 플랜

▶ 우선, **근로소득자의 은퇴에 대한 정신적 · 경제적 이해 필요**

- 일에 대한 스트레스, 조기 퇴직에 불안 은퇴 크레바스 상존

국민연금
- 어차피 의무가입, **더 받으려면 더 길게 가입**
- 준비 안됐다면 앞당겨 받아라
- 지금 직업이 있다면 **감액당하지 말고 연기 연금을 신청하라**
- 주부의 임의가입은 유족연금 감안 **개인연금과 비교 필요**
- **소득대체률 40%로 점점 하락 예상** → 더 준비 필요

퇴직연금
- **임금상승률이 3% 이상이면 DB**, 아니면 DC형 선택
- **임금피크제 도입 전 DC형으로 적극적** 전환을 검토하라
- 퇴직연금 너무 기대지 마라 → **퇴직연금의 연금전환율 6.2%**

주택연금
- 부족한 연금을 주택연금(담보대출)으로 커버하라
- 집 팔지 말고 **다양한 지급방식을 선택하여 연금으로 받아라**

개인연금
- **노후 필요액의 1/3만 개인연금 준비** → 시장 넓다

➡ **지금 당장부터** 소득의 **30%(장기 투자)를 가로저축**으로 준비하라!
연금만이 답이 아니라 현재 3,000만도 안 되는 **종신부터 준비하라!**

우선,
보장자산을 마련하라!

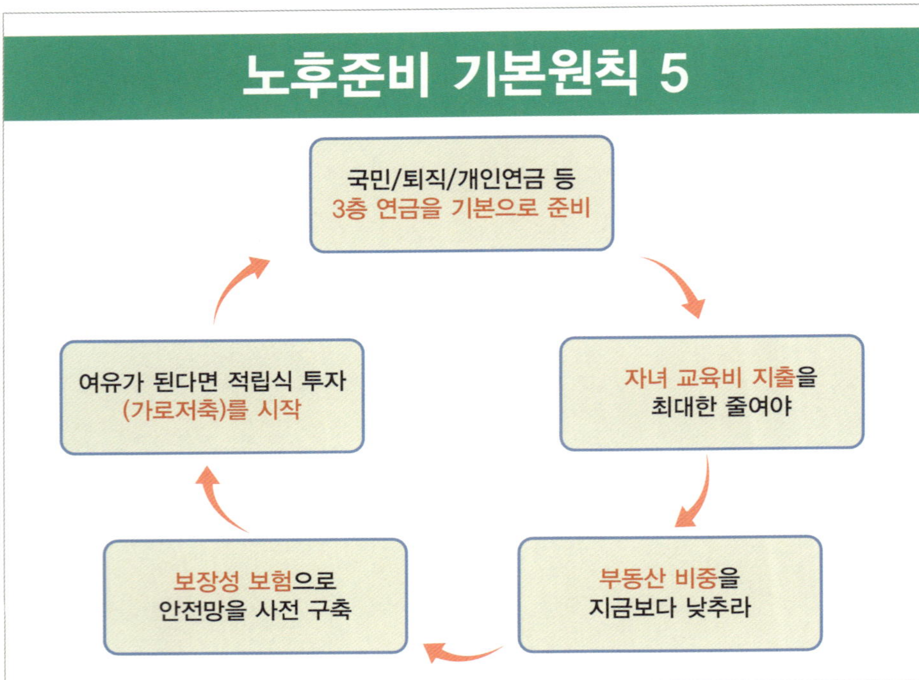
노후준비 기본원칙 5
국민/퇴직/개인연금 등
3층 연금을 기본으로 준비
자녀 교육비 지출을
최대한 줄여야
부동산 비중을
지금보다 낮추라
보장성 보험으로
안전망을 사전 구축
여유가 된다면 적립식 투자
(가로저축)를 시작

행복한 노년을 위한 준비

▶ **행복한 노년을 위한 준비, 즉 생각과 행동의 변화 필요**

- 자신이 좋아하고 행복해할 자기만의 세계 구축
- 가족에 대한 시간 투자를 가장 중요한 활동으로 인식
- 성취지향적이 아닌 의미지향적인 삶의 숙고
- 서로의 마음을 이해, 달래주는 공감적 부부관계 형성 노력

20년은 '골골'···100세 시대의 재앙

2015.12.4 서울신문

▶ **2014년 태어난 아이 82.4년의 기대수명 추정**(전년비 +0.5년)
단, 생애 중 약 17년 건강이 안 좋은 상태

- '2014년 생명표' 지난해 태어난 아이의 기대수명은 남자 79.0년, 여자 85.5년(평균 82.4년), 남녀 차이 6.5년

남녀 기대수명 추이 (단위:세)

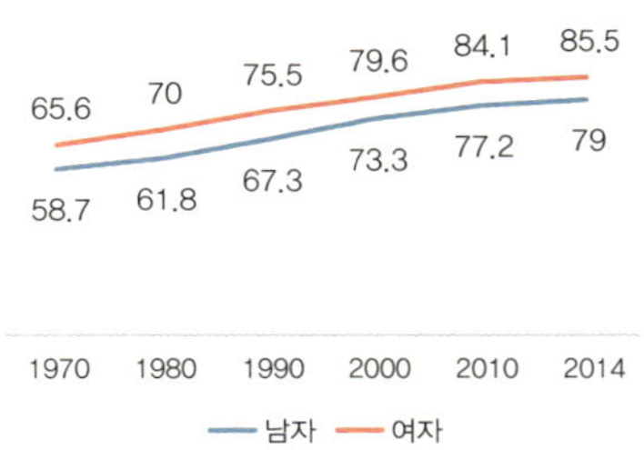

유병기간 제외 기대수명 (단위:세)

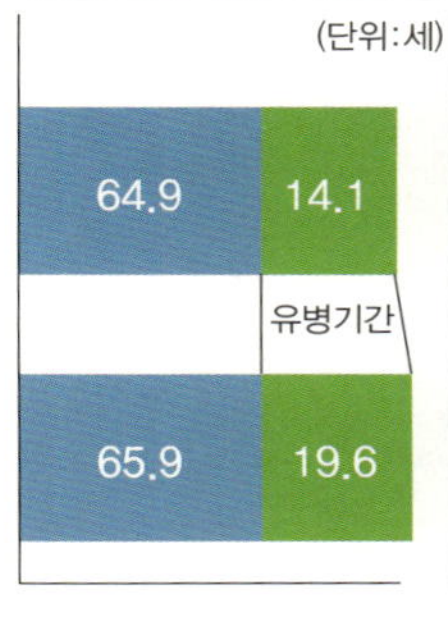

3대 사망 원인 (단위:%)

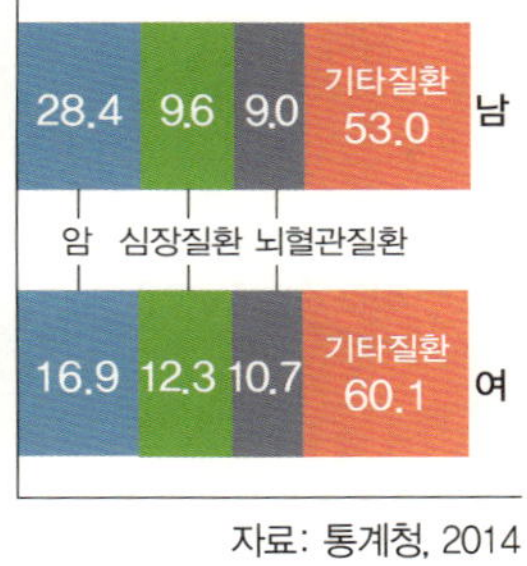

자료: 통계청, 2014

참고

인구/건강행태/환경 변화로 매년 암환자 급증

2016.1.4 보건복지부

▶ 연간 22만명의 신규 암환자 발생, 유병자는 137만 여명

- 인구의 급격한 **고령화로** 암환자 발생 및 사망 증가 예상
- **흡연, 음주, 과다지방**, 감염(간염), 환경, 운동습관에 **기인**
  특히, 위암이 서구에 비해 많이 발생되는 것은
  쌀밥 위주의 식사, 절인 음식의 잦은 섭취, 소금의 과다 섭취

누구나 걸릴 수 있는 암
국민 암 발병 확률

남자 5명 중 2명
여자 3명 중 1명

치료비 걱정
암 진단시 우려사항

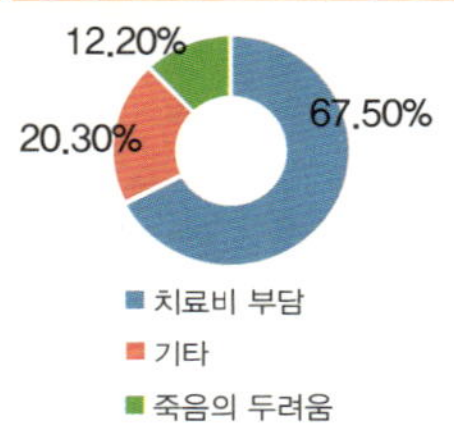

- 평균 3명 중 1명 발병
- 치료비 부담 67.5%
  – 간암 6,622만원
- 암 사망자의
  암보험 가입률 31.3%

50세 미만 젊은 치매 연 2,000명 넘어

2016.4.8 서울신문

▶ 80세 이상 노인 5명 중 1명 발병, 작년 46만 명, 5년새 55.8% 급증

- 최근 5년간 연평균 11.7%씩 증가

*** 80세 이상 100명 중 18명 치매**

- 고령화, 스트레스 요인 외 2010년부터 보건소의 치매검진 확대
- 치매환자 1인당 연간 평균 의료비 327만원, 4대 질환 대비 高

  *** 뇌혈관 204만원, 당뇨 59만원, 고혈압 42만원**

최근 5년간 치매환자 현황(2011~2015년)
(단위:명)

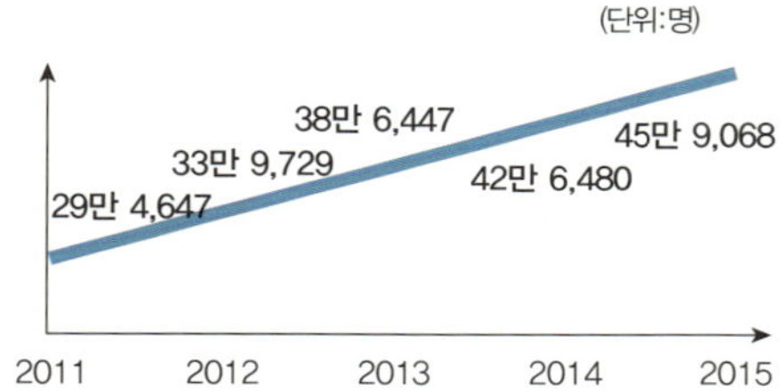

전체 치매환자 중 연령별 점유율(2015년)
(단위:%)

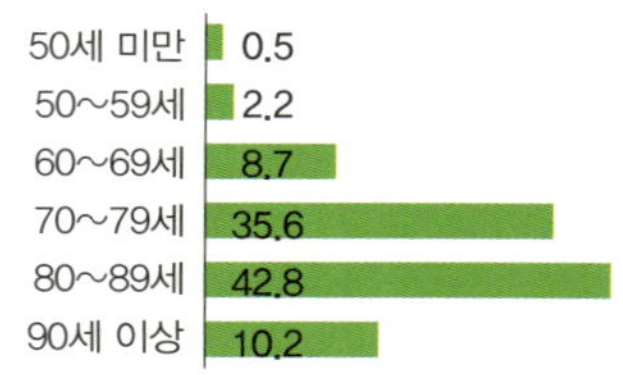

자료 : 건강보험심사평가원

노후 의료비 8,100만원, '실버 파산'

2017.4.18 조선일보

▶ **만 65세 이후 의료비 여성 9,094만원, 남성 7,030만원**

➔ **국민 예상보다 3배 이상 많은 반면, 4명 중 1명은 민영보험 없어**

* 작년 8월 국내 20~60대 **경제활동** 종사자 1,552명을 대상, 온라인 조사 결과

- **예상 노후 의료비 평균은 2,538만원,**
  10명 중 6명은 노후 의료·간병비 500만원 미만으로 해결 가능하다 생각 中
- **국민 4명 중 1명은 노후 의료비에 대비해 민영보험에 가입하지 않은 것**
  → 평균적으로 **민간보험으로 충당할 수 있는 액수는 955만원**

▶ **만 65세 이후 노인 진료비 추산** 65세 이후 총진료비 　　자료: 생명보험사회공헌위원회

▶ **현재 가입한 민간보험으로 충당할 수 있는 노후 의료비** 평균 약 955만원

▶ **노후 의료비 준비 양극화** 민간보험으로 충당할 수 있는 노후 의료비

5분위(소득상위 20%) **1,337만원** ⟷ **648만원** ⟷ 1분위(소득하위 20%) **689만원**

젊은 노인(新노년층)이 몰려온다

▶ **의료의 3요소인 데이터와 진단, 신약과 백신, 수술 혁명의 발전에 따라 건강한 노년기라는 밝은 미래를 열어줄 것**

- 2020년, 개인의 **유전자 코드**가 엑스레이 찍는 비용으로 한두 시간 안에 분석
- 신생아는 태어나면서부터 병원에서 **DNA 형질을 제공받게 될 것**
- 종양학, 백신, 로봇수술 등의 발달로 **초고령자도 수술을 받는 시대**가 열리고 **3D프린터를 이용한 세포복제**가 가능해질 것이고 노령화의 가장 큰 난관인 알츠하이머병에 대한 예방과 치료로 인한 비용 또한 절감될 것

"20년 후 75세는 현재 50세의 건강상태와 같아질 것"

– 파이저(Pfizer) 총괄 부사장 프레다 루이스홀 –

➔ **2026년 국내 65세 이상 인구는 당초 추계보다 100만 명 이상이 많은 1,191만 명 예상(20%↑占)**

* 2015년 65세 이상 인구 662.4만 명(13.1%) 　　**65세 이상 '新노년층'**

정리

노후준비 방법의 고도화 필요

2017.7.10 동아일보

- 19세 이상, 노후준비를 하고 있다 : 2007년 61.8% → 2015년 72.6%(+10.8%P)
- 반면, 국민연금 의존도 55.1% → 국민연금으로 안정적 노후생활 유지 難
  * 국민연금을 40년 동안 납입했을 경우 소득대체율 40%
- 2060년 국민연금 고갈, 고령화 속도+저금리로 고갈시점 早期 도래 예상

1 **은퇴를 미루고 일하는 고령자 증가** : 2016년 7월 60세 이상 고용률 41.2%
- 한국 실질 은퇴 연령 72.9세, 2015년 60세 이상 가구의 평균소득 135만원

2 **사적 연금에 대한 의존도 확대 中**
- 2016년 3월 퇴직연금 도입 사업장 16.8%, 상용 근로자의 52.4%가 가입
- 개인연금 가입자도 증가 : 2012년 800만 명(15.7%) → 2015년 905만 명(17.6%)

3 **부동산 활용 노후 생활비 충당** : 50대 이상 가구주의 평균 부동산 2.8억원
- 주택연금 종신형 가입할 경우 매월 636,500원씩 종신 수령 가능

4 **보험으로 의료비 마련** : 생애 의료비 中 男 50.4%, 女 55.5%를 65세 이후 사용
- 나이가 들면 일상 질병보다 '암' 등 만성적 중대 질병 발병 가능성↑, 의료비 부담 高

정리

노후설계 방향

▶ **노후설계 목표 : 부부 백년해로 → '누'가 되지 않는**

노후설계 방향 : 평균수명이 더 긴 여성 중심의 노후설계

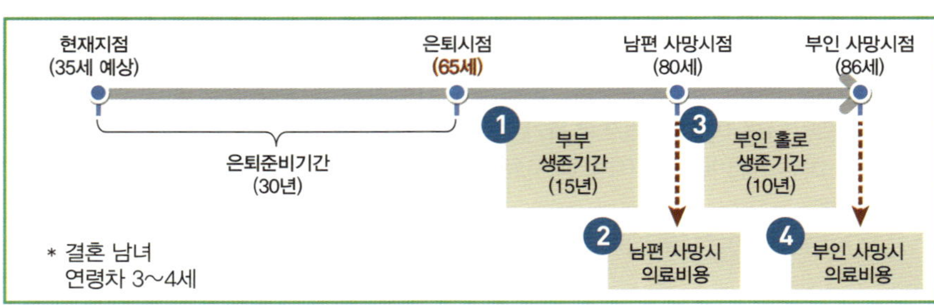

홀로 남을 여성을 위한 남편 사망보험(종신) → 배우자 생활비

홀로 남은 여성의 본인 치료 / 간병보험(C I) → 자녀 부담 축소

最高手 영업리더 **성공영업의 Tip, 그 보따리를 풀어라!**

Part 08

Leader의
필요역량

Leadership에 대한 생각

▶ 리더는 부하가 성공할 수 있도록
자신의 권한과 자원을 활용 부하에게 봉사하는
행위를 하는 사람
- Servant Leader → Serving First, Leading Second

▶ 佛敎의 下心
- 자기 자신을 낮추고 남을 높이는 마음
- 자기의 마음을 스스로 겸손하게 갖는 것

**진정한 리더는 불가능한 목표를
부하들과 같이 달성하는 것**

리더는 희망의 전달자다!

▶ 우리가 선임팀장에게 바라는 것은?

▶ 어떻게 따르게 할 것인가?

– 나폴레옹 –

서산대사의 리더십

踏雪野中去(답설야중거)

눈 쌓인 들판을 홀로 걸어갈 때는

不須胡亂行(불수호란행)

이리저리 헤매지 말고

今日我行跡(금일아행적)

오늘 내가 걸어간 발자국들은

遂作後人程(수작후인정)

후일 이곳을 가는 사람의 길잡이일 것이니

The way of Shepherd
• 양들의 상태를 항상 파악하라
• 양들의 됨됨이를 파악하라
• 양들과 일체감을 갖도록 하라
• 목장을 안전한 곳으로 만들어라
• 양들의 방향을 가리키는 지팡이
• 잘못된 방향을 바로잡는 회초리
• 양치기 마음을 품어라

"리더십은 자질이 아니라 실적이다"
조직의 생리를 알고 접근하면 두렵지 않다!
– 피터 드러커 –

조직의 성과를 올리기 위한 5가지 방법

① 時間의 투자를 명확히 하라
- 성과를 올리기 위해 시간을 어떻게, 어디에 투자

② 외부세계에 대한 기여(가치)에 초점을 맞춰라

③ 强點을 기준으로 强點경영을 하라

④ 조직의 능력을 집중하라
- 市場에서 승리하는 일에 집중

⑤ 成果를 올릴 수 있는
효과적인 의사결정을 하라

– 피터 드러커 –

서번트 리더십

事物은 관리(Manage)하는 것이지만
사람은 리드(Lead)하는 것이다!
'자신을 관리할 수 있으나
다른 인격체를 관리할 수 없다'

▶ 리더십은 공동의 이익을 위해 설정된 목표를 향해 매진할 수 있도록 사람들에게 영향력을 발휘하는 기술

일류기업 삼성의 리더십 교육체계 例

단계		역량명칭			
Level 5	CEO	후계자육성	사회공헌	미래통찰력	비전제시
Level 4	사업리더	추진력	대외교섭	新사업발굴	전략경영
Level 3	팀리더	권한위임	네트워킹	의사결정	변화관리
Level 2	그룹리더	동기부여	부하육성	팀워구축	성과창출
Level 1	셀프리더	업무열정	자기관리	업무전문성	문제해결

핵심역량의 정의(그룹리더)

삼성 리더십 3.0
(삼성인력개발원)

* 지점장의 직장생활

동기부여
조직구성원의 업무성과에 대해 **공정하게 평가**하고,
이에 따른 **적절한 보상**을 제공하고, 지속적인 **칭찬과 격려**로
근무만족도 및 **업무의욕이 향상**될 수 있도록 만드는 능력

코칭
조직원의 **역량수준을 파악**, 강점 강화 및 약점 보완을 해주고
업무적인 코칭과 피드백을 통해 업무능력을 키워주며
교육 및 직무경험 기회 제공으로 역량개발을 지원하는 능력

팀워구축
팀 공동의 목표달성을 위해 조직원의 신뢰와 협력을 강화하고
다양한 구성원의 성향과 역량을 적절히 조화하고 활용하며
내부의 갈등을 관리하여 팀의 시너지를 극대화하는 능력

성과창출
도전적인 목표를 설정하고 조직원들과 적극적으로 **공유**하고
이를 위해 필요한 자원, 진행 프로세스를 **철저히 관리**함으로써
장애요인을 극복하고, 목표한 성과를 이끌어내는 능력

핵심역량의 정의(셀프리더)

삼성 리더십 3.0
(삼성인력개발원)

*** 스텝의 직장생활**

업무열정
본인이 하는 **일의 의미와 가치를 이해**하고, 매사에 주인의식과 책임감을 가지고 임하며, **최고를 향해 끊임없이** 노력하고 도전하는 마음가짐과 자세

자기관리
회사업무 및 개인생활에서 **기본과 원칙을 철저히 준수**하고 효율적 시간관리 및 육체적, 정신적 건강관리를 통해 **긍정적인 자아**를 만들고 유지하는 능력

업무 전문성
체계적 업무 방식 및 프로세스를 통해 **효과적으로 업무를 수행**하고 수명, 보고 등 조직 내에서 **원활한 의사소통**을 실시, 지속적인 **전문성 개발**을 통해 업무수준을 향상 시키는 능력

문제해결 능력
현상에 대한 본질을 파악하고, **문제의식을 갖고 업무를 조망**하며 **합리적인 사고 프로세스**에 입각해 상황을 분석하고 이를 해결하기 위한 **창의적인 대안**을 도출하는 능력

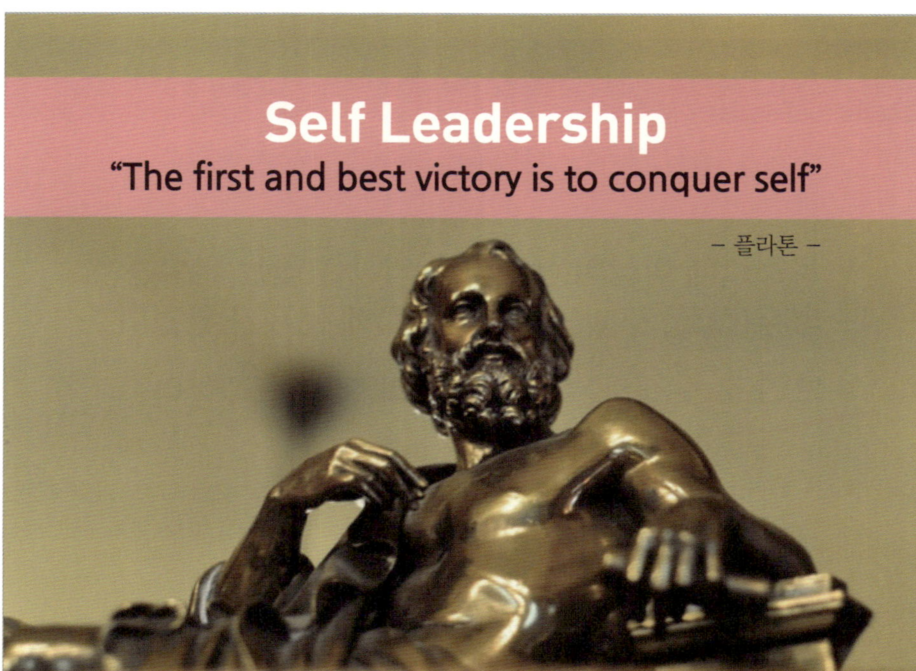

감성 리더십, 경청

聽 王+耳, 十+目, 一+心

상대의 생각과 관점을 이해하려는 노력을 넘어
미리 판단하고 처방하기 전에 진정으로 먼저
경청하고 나중에 말하라!

상대에게 귀를 열어야 설득할 수 있다!

- 목소리에 이상이 생겼다고 의사를 찾는 가수는 후두(喉頭)가 아닌 중이(中耳)에 문제가 있었다
- '입으로 노래하는 것이 아니라 귀로 노래한다'

– 청각통합훈련의 시조, 프랑스 의사
알프레드 토마티스(Alfred Tomatis) –

미국 남북전쟁과 그랜트 장군

▶ 링컨이 암살 당하자 공화당에서는 그랜트 장군을 대통령 후보로 내세워 선거에서 승리하지만 **유능한 장군이 유능한 대통령직을 수행하는 것은 아니었다. 학자들은 그랜트 정부를 미국 역사상 최악의 행정부로 꼽는다**

뛰어난 영업사원이 꼭 훌륭한 관리자가 되지는 않는다!
역할별 필요 리더십(자신의 강점, 관리자 희망 이유)의 차이 때문

유능한 영업관리자의 조건

▶ **유능한 영업관리자들이 처음 영업관리자가 되려고 했던 이유**

- **다른 사람들을 발전시키는 것이 좋다**
- **팀을 만들어나가는 것이 즐겁다**
- **다른 사람의 성공을 곁에서 지켜보면 기쁨을 느낀다**
- **다른 사람이 장애를 극복하도록 격려하는 것을 좋아한다**
- **재능 있는 사람들과 함께 일하는 것이 좋다**

– 벤슨 스미스 & 토니 루티글리아노의 Discover your sales strengths –

참고 미래에 갖춰야 할 7가지 자질

▶ **비정형업무와 관련된 직업, 종합적인 판단력과 상상력, 창의력을 요하는 직업이 오래 살아날 것으로 예상**

1. 다양한 근무환경에서 일할 수 있어야 한다
2. 자신의 일을 자신에게 맞게 조정할 수 있어야 한다
3. 남들과 정보를 원활하게 공유할 수 있어야 한다
4. 원활한 의사소통과 협력을 위해 새로운 방법을 구사할 수 있어야 한다
5. 어떤 상황에선 리더가 될 수 있어야 한다
6. 끊임없이 배우는 자세를 견지해야 한다
7. 배운 것을 토대로 가르칠 수 있어야 한다

– 선대인의 대한민국 경제학 中 –

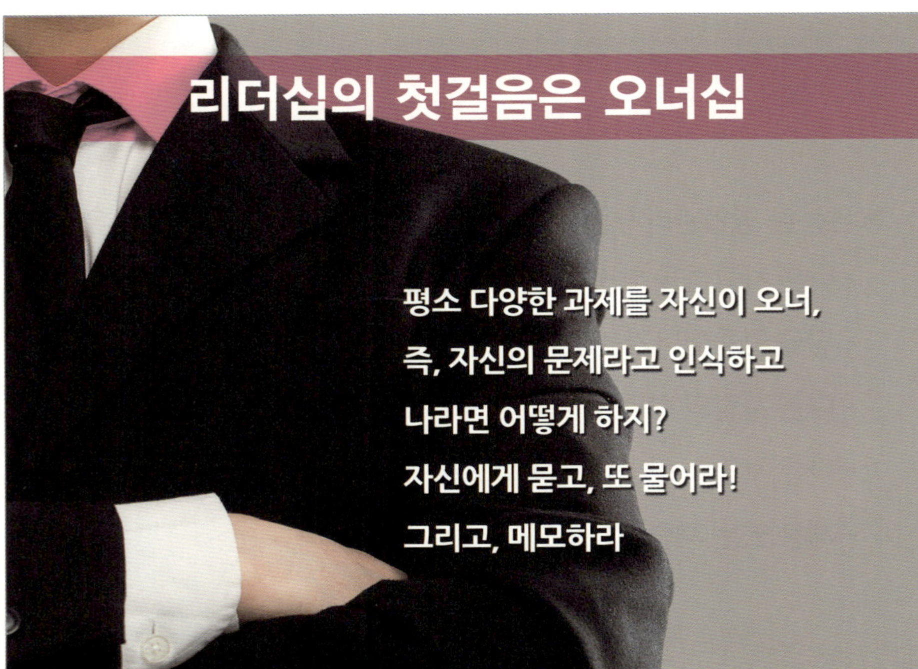

직장생활 아무 생각 없던 어느 리더의 꿈

"내가 꿈을 이루면
나는
누군가의 꿈이 된다"

Sales Coaching Leadership
GOAL
OPTIONS
REALITY
WILL DO
COACHING

우선, 영업의 목적은?
▶영업은 기본적으로 사람을 행복하게 만드는 기술에 관한 것!
그러나, 영업의 금전적인 보상에 치중, 종종 이 사실을 망각한다!

"제 집보다 이곳이 더 밝아서요"

열쇠를 잃어버린 곳에서 찾지 않고 찾기 편한 곳에서 열쇠를 찾고 있다

– 열쇠를 찾고 있는 물라(이슬람교 승려)의 答 –

살 수 있는 시간이 5분밖에 남지 않았다면?

"나에게 마지막 5분이 주어진다면
2분은 동지들과 작별하는 데
2분은 삶을 돌아보는 데
그리고 마지막 1분은 세상을 바라보는 데 쓰고싶다
언제나 이 세상에서 숨을 쉴 수 있는 시간은 단 5분뿐이다"

그 후 그는 늘 사형장의 그 5분을 떠올리며 하루 하루를 인생의 마지막 날로 생각하고 중요한 일을 미루지 않았다

그가 바로 죄와 벌, 카라마조프의 형제들, 백야 등 수많은 대작을 남긴 러시아의 대문호 표도르 도스토예프스키이다

– 이민규의 '실행이 답이다' 중 –

세일즈맨은 몇 번 거절당하면 포기할까?

▶ 단 한 번 거절에 그 고객 포기 48%
두 번 거절당한 다음에 포기 25%
세 번까지 권유했다가 포기한 사람 15%
세 번 이상의 거절에도 포기하지 않는 사람은 겨우 12%

– 다트넬 마케팅 리서치 –

재능은 어떻게 단련되는가?

**"탁월하고 위대한 성과는 단순히 열심히? 천부적 재능?,
모차르트, 타이거 우즈의 성과는
장기간의 혹독한 훈련을 버텨 낸
결과일 뿐 재능과는 거리가 멀다"**

선수에게 가장 적합한 **연습을 설계**하고, 고도의 **무한반복 훈련**을 해야 하며 그 과정에서 **반드시 피드백**이 이루어져야 하는 **'신중하고 계획된 연습'에 의해서만 달성할 수 있는데 이 원칙**은 영업에도 똑같이 적용된다!

– 제프 콜빈 –

SALES COACHING Frame Work

- 기대를 명확히 커뮤니케이션하라 Communication
- 기대를 관찰하라 Observation
- 강점을 평가하라 Assessment
- 제대로 코칭하라 Coaching
- 습관화하라 Habituation

– Sales Executive Council Research –

Sales Coaching의 원칙

1. 지시하지 말고 '요청'하라
2. '행동'에 초점을 맞춰라
3. 숫자말고 '사람'을 관리하라

과학자의 실험과 Sales Coaching

▶ 나비가 되어 나오는 고치 구멍이 너무 좁아 인간이 그 구멍을 좀 더 넓혀 주었는데 쉽게 나올 수 있었으나 얼마 후 날개짓도 못하고 바닥에서 푸석거리기만 한다

고치 안에 있을 때 양분이 온몸으로,
특히 날개쪽으로 고루 퍼져야 하는데 미리 나와서 날지 못하는 결과가 됨.
코칭은 영업사원들 스스로 솔루션을 창출하고 문제를 해결할 기회를 제공하며
최고의 성과를 이끌어 낼 수 있도록 지원한다

성공하는 코칭은 자발성에 의한 변화

상품이나 서비스 가치로 설득한다면 불신, 부정, 저항에 부딪히기 쉽다.
하지만 상품이나 서비스 가치를 스스로 발견한다면 흥미를 갖고 관심을 보이며
마음을 여는데 이처럼 **스스로 발견하는 것이 코칭의 핵심!**

진정한 행동의 변화는 스스로 깨달았을 때 나타난다

어떤 Guide를 선호하는가?

이 코스는 수백 번도 더 다녀 보았습니다. 아주 안전한 여행이 될 겁니다. 고객님에게 이번 여행은 평생 잊지 못할 경험이 되도록 해드리겠습니다

A

솔직히 말씀 드리지요,
이건 꽤 험한 코스이고
저는 그 꼭대기까지
올라본 경험이 몇 번 안 됩니다

B

아마 제가 당신에게
알맞은 가이드인 것 같군요.
좋은 여행이 되었으면 합니다.
대부분 큰 사고 없이 끝났지요

탁월한 코치가 자신감을 얻게 한다

▶ **내가 세상에서 이 일은**
내가 제일 잘하는데 코치가 무슨 조언을?…
그런데 막상 코칭을 받아보니, 달랐다
내가 받은 생애 최고의 조언…
코치를 고용하라! (Hire a coach!)

코치, 스스로 자신감을 얻게 한다!

– 에릭 슈밋, 구글 회장 –

바람직한 Sales 코칭 방향

- 영업사원들의 강점, 능력 등을 발견하고 발휘할 수 있도록 도와라
- 영업사원들의 약점이 아닌 강점에 집중하고 지원하고 격려하라
- 정보와 비전을 제시하여 변화하고 성장하도록 독려하라
- 영업사원들에게 올바른 질문을 해라
  단, 코치가 그 모든 질문에 대해 답을 꼭 알 필요는 없다
- 영업사원들이 인생에서 개인적으로, 그리고 전문적으로
  진정 원하는 것이 무엇인지 발견할 수 있도록 도와라
- 영업사원들이 새로운 기회를 창출함과 동시에
  목표 달성을 위한 실행 계획을 수립하도록 조력하라
- 영업사원들을 지원하고 강점을 극대화하여 최고 실적을 경신하라

Coach의 어원

▶ 코치는 15C 헝가리의 콕스 지방에서 개발된 마차(Coach)에서 기원, 馬車는 원래 왕족의 이동수단이었지만 시간이 지나며 귀중품, 우편물, 일반 승객도 수송

▶ 그래서 코치는 귀한 사람을 지금 있는 곳에서 그 사람이 가고자 하는 곳으로 데려가는 사물 혹은 사람을 뜻하는 말

– 케빈 홀 –

히브리어 '라메드'의 의미?

▶ 히브리어에 '라메르'라는 말이 있다
유대인들은 초등학생에게
자신들보다 어린 유치원생을 가르치도록 한다
히브리어로 '가르치다'는 '라마드(lamad)',
수동형 '라메드(lamed)'는 '배운다'
'가르치다'와 '배운다'는
동일한 어근으로 '가르쳐야 배울 수 있다'라는 의미를 내포!

Coach vs Mentor

▶ **코치는 개인 또는 조직의 성장과 발전에 대한 전문가**
- 체계와 토대를 잡아주고, 성장과 변화를
지원함으로써 코칭받는 사람이
원하는 성과를 스스로 낼 수 있도록 지원

▶ **코치는 개인 또는 조직의 성장과 발전에 대한 전문가**
- 조언을 받는 사람들의 다양한 가치와
진실성, 강점 등을 고려하지 않고
성공사례를 중심으로 업무에 대해 충고

코칭 1단계 발견(Discover)
"좋은 질문은
쉬운 답변보다 좋다"
– 폴 A. 새뮤얼슨 –

변화에는 반드시 두 가지 이유가 필요
▶ 현재의 상태에서 벗어나지 않으면 안 될 절박한 이유
▶ 어떤 일이 있어도 원하는 목표를 달성해야 할 간절한 이유
"살아야 할 이유를 아는 사람은
그것에 이르는 방법도 찾아낸다"
– 니체 –
변화의 시작, 하루 1%

탁월한 성과를 내는 개인과 조직의 특징

성과를 만들어내는 핵심자질은
바로 결심을 곧바로 행동에 옮기는 '행동지향성'

– 미국 스탠퍼드대학 제프리 페퍼 교수 –

삶에서 가장 파괴적인 단어는 '나중',
인생에서 가장 생산적인 단어는 '지금'

Just Do It

문제와 원인을 구분할 수 있나요?

코칭을 위한 첫 질문, "문제와 원인을 구분 가능한가?"
Q. 신인이 지금 목표(30萬) 60% 달성, 뭐가 문제인가요?

현재 신인의 상태

As - Is(현재)

← Gap(문제) →

Gap이 발생한 원인?

코칭 방향

To - Be(향후)

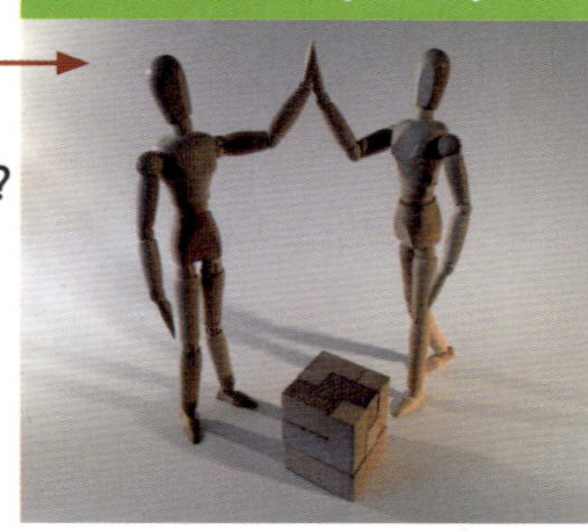

영업의 성공을 결정짓는 작은 차이는?

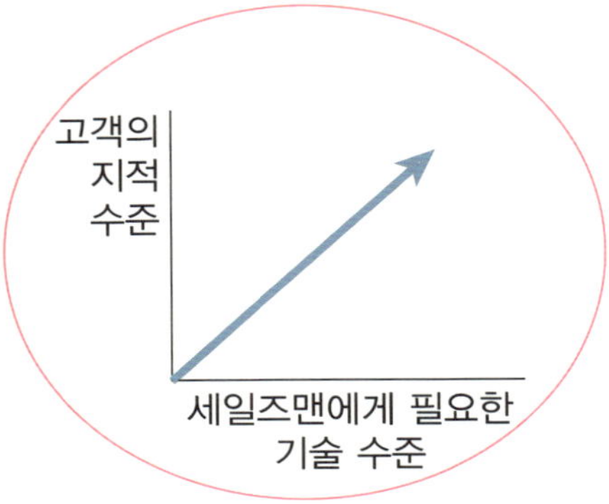

▶ (영업)성공의 비밀
자신이 알고 있는 것을 포기하지 않고 지속적으로 행하는 것!

성공적인 영업사원의 요건

- 스스로 시작하는 능력
- 목표 지향적
- 결과 지향적
- 개인적 책임감
- 스트레스 다루는 능력
- 거절을 다루는 능력 등이 종합적으로 나타나는 것

Blueprint of a sales champion 中
– 바렌츠 리들버거 –

Salesman의 능력과 의욕에 따른 관리

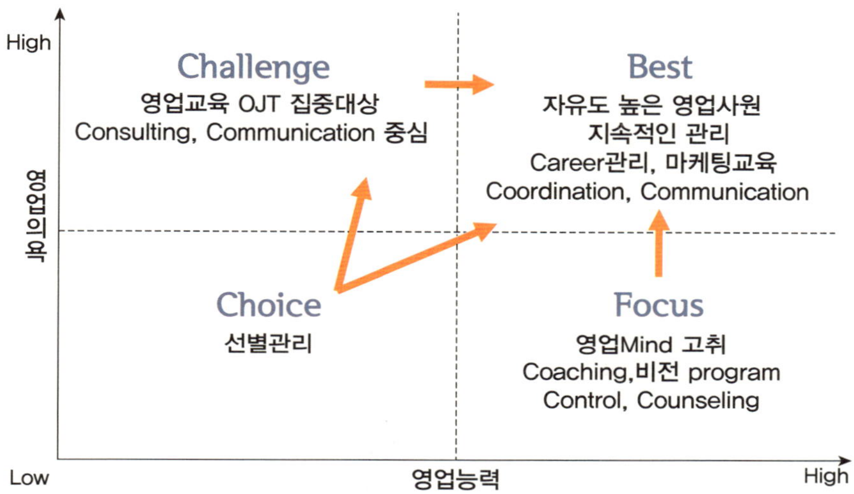

진정한 For FC, 신인 성공 지원

▶ 어머니가 자식을 사랑하는 진정한 방식은?

➔ 신인 스스로의 홀로서기를 지원하는 것이 진정한 For FC

일을 효율적으로 하는 방법

興一利 不若除一害,
生一事 不若滅一事

- 칭키스칸의 후계자 오고타이가
  "아버지가 이룩한 대제국을 개혁할 수 있는 좋은 방법이 있느냐?"라고 묻자
- 몽골 제국 초기 명 재상이었던 야율초재는
  "한 가지 이로운 일을 시작하는 것은 한 가지 해로운 일을 없애는 것만 못하고,
  한 가지 일을 만들어내는 것은 한 가지 일을 줄이는 것만 못하다"
- 결국, 해로운 일은 안하고 필요 없는 일을 줄여야 한다!

동기부여 방법

▶ 영업사원이 외부가 아닌 스스로 동기부여될 수 있도록 해야 한다

Pull & Push Motivation

당기는 방법(Pull)은
사람들에게 권한을 주고,
밀어내는 방법(Push)은
사람들의 능력과 에너지를 빼앗는다

상품과 서비스의 Solution

▶ 상품 솔루션(지식, 가치)의 구조는 상품의
Spec + Value(고객 문제해결, 이익) + Example(사례, 통계)

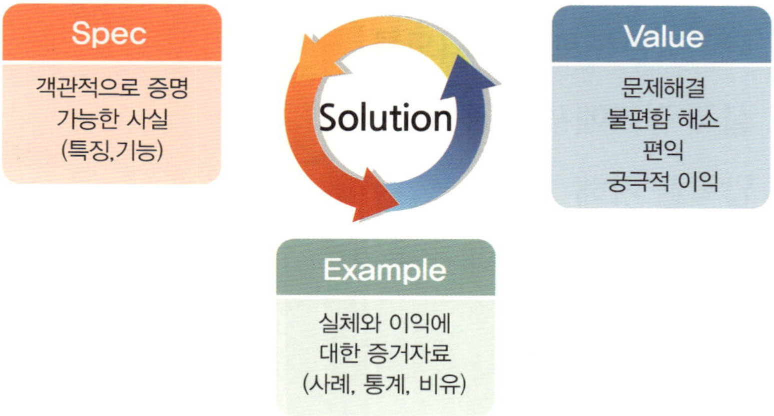

Tip

신인의 知人 5명 확보

▶ 미국 생보사 SM의 동행방법
- 신인의 知人 5명을 소개받아 SM이 3~5명 직접 방문
  "저는 신인 ○○○를 성공하도록 도와야하는데
  ○○○의 성공에 도움이 될만한 얘기를 듣고 싶습니다"

지인과 신인의 성공에 대한 상담
신인의 성장과정,
신인의 성격, 특성 등 파악

※ 신인 知人 방문 효과
- 회사 이미지 제고(대충 뽑지 않네…)
- 신인의 협력자化(열심히 하려는데 도와주실 거죠?)

Tip

다이아몬드는 고압에서 형성

신인이 지점 내에서
다이아몬드로 생성되도록
실제 경기에서와 같은
압력을 가해
그들을 빛나는 판매 전문가로
만들어주도록…

Tip

3.3.3 코칭

▶ 미국 생보사 SM의 동행 방법

3. 업 적 동 행
3. 반 반 동 행
3. 관 찰 동 행

동행의 목적은
판매성과를 만드는 것이 아니라 진정한 FC를 만드는 것!

Tip

어떻게 코칭하고 있나요?

▶ 골프황제 타이거우즈 코치시절

**"세계 최고의 골퍼에게
당신은 어떻게 코칭하고 있나요?"**

**"내가 하는 일은 타이거우즈에게
많은 질문을 하고 다음 시합의 이미지를
확실하게 하는 것입니다"**

– 부시 하먼, 미국 최고의 골프 코치 –

성공영업을 위해서는 '자신감'이 중요

**'자신감'
내일의 성공을 위한 에너지**

**"나는 가장 위대하다.
나는 가장 위대하다는 사실을 알기 전부터
내 입으로 이렇게 말했다"**

– 무하마드 알리 –

자신감 충전하기

경쟁하는 상황에서
결정적 야드를 돌파하고 못하는지는
자신감이 좌우한다!

자신감은 Salesman의 지식, 기술, 습관에 기인

K : 고객과 판매 상품 특징과 강점
S : 경청, 설득력, 관계 형성, 문제 해결
H : 성공을 보장하는 실행

Tip 그 잠재능력을 칭찬하라!

- 내가 알지 못하는 나의 모습을 다른 사람은 볼 수 있다
  대부분의 사람들은 자신의 장점에 대해서 잘 알고 있다
  그러나 어떤 부분은 본인도 미처 깨닫지 못하고 있는 경우가 있다
- 그래서, **FC들의 장점에 대해서 세심하게 관찰하고 기록할 필요가 있다**
  그들의 장점에 대해서, 첫째 FC 본인의 평가, 둘째 주변의 평가,
  셋째 지점장 본인의 평가를 통해서 **객관적인 내용을 파악하고 있어야 한다**
- 그리고, **FC 스스로 알지 못하는 장점을 칭찬한다**
  FC 본인이 미처 알고 있지 못하는 장점을 발견하고,
  그것을 **구체적으로 칭찬**해준다면 지점장에 대한 신뢰는 더욱 깊어질 것이다

의외로 많은 사람들이 본인 스스로의 장점을 제대로 인식하지 못하고 있다고 한다
그러므로 FC들 개인의 장점을 찾아서 칭찬을 해주는 것이 동기부여에 매우 효과적이다
중요한 것은 정확해야 한다는 것이므로 평소 FC에 대한 관심으로 FC의 잠재된 장점을 찾기 위해 부단한 노력이 필요하다. 이것이 바로 FC 코칭의 첫 단계인 것이다

Tip

설득력을 일으켜주는 요소는?

▶ 설득력의 가장 중요한 요소는 말하는 사람이 아닌 자신감
- 반짝반짝 빛나는 눈,
- 말하는 태도,
- 그리고, 표정이 무엇보다 중요
- 단정한 옷차림은 당연히 필수

싸구려 시계를 차고, 지저분한 수염을 기른 남자가
"열심히 노력하면 성공한다"라고 말한다면 그를 믿겠는가?

Tip

거절에 대한 이해(Mental)

Sales 거절횟수 × 강도 ≒ 성공의 크기

- 거절을 극복하기 위해서는 자신감으로 무장해야 한다
  사자는 굶어 죽는 한이 있어도 풀을 뜯지 않는다
- Sales의 제왕이 되려면
  자존심은 버리되 **자부심과 자신감으로 무장해야 한다**
- 성공하고 싶다면
  두려워하던 일을 하는 것을 평생의 습관으로 삼아라!

사례로 보는 성공영업

▶ 보트 판매 세일즈맨의 P/T

가족과 보낼 평화롭고 안전한 보트 여행과 좀 더 즐거운 항해!

1

보트엔진, 보트설계 강점설명

VS

2

보트여행 누구와? 질문
가족과 즐길 수 있는 요소중심 설명

Tip 활동 결과보다 우선 칭찬하라!

"운동선수, 아니 어느 누구에게든
'잘했다'(Well Done)는 말보다
더 가치 있는 말은
존재하지 않는다"

– 26년간 프리미어리그 1,498경기 중 894경기 승리, 13회 우승
맨체스터유나이티드의 퍼거슨 감독 –

Tip 노인과 바다에서 배우는 영업

▶ 84일 동안 고기를 한 마리도 못 잡은
산티아고 노인
그래도, 매일 낚시 도구를 챙겨 바다로 간다
고기를 잡기 위해!

- 결과가 없다고 힘들어 하지 말고
가장 성실하고 열정을 다했을 때를 떠올려라!
- 그리고, 자신을 위해 매일 준비할 반복 행동을 떠올려라
지속적인 습관이 운명을 바꾼다!

Tip

콩나물 시루와 엄마

매일 아침에 어머니가 콩나물 시루에 물을 붓는다
그 물은 그냥 밑에 있는 또 다른 시루로 다 떨어진다

그래도 아침이면
어머니는 매일 콩나물 시루에 물을 붓는다
옆에서 지켜보던 아들이 물어본다
"엄마, 밑으로 다 빠져버리는데 왜 시루에 매일 물을 부어요?"
엄마가 생각한다, 그리고 말한다

"아들아, 그래도 콩나물은 자란단다"

항상 Plan B를 마련하라!

- 성공률을 99%로 끌어올리는 법
- 낙하산은 항상 주낙하산과 비상낙하산이 한 Set!

'내 삶의 Plan B'

좋은 코치의 공통점

1. 코칭받는 사람을 아낀다
2. 그 사람의 자세, 행동, 성과를 관찰한다
3. 그 사람이 强點을 발휘해 최고의 성과를 내게 한다
4. 그 사람의 성과를 이야기하고 Feed Back을 준다
5. 그 사람이 생활과 성과를 개선할 수 있도록 돕는다

– 앤디 스탠리의 The Next 中 –

유능한 코치의 역량

What makes a Good Coach?

- 고객의 목표와 동기부여 방법을 이해한다
- 효과적인 질문을 한다
- 적극적으로 경청한다
- 신중하게 생각하고 분명하게 말한다
- 전략을 짜고 문제를 해결한다
- 목표를 성취하기까지 장애물을 뛰어 넘는다
- 사람들이 행동하고 해결할 수 있게 만든다

– Tim Ursiny & Gary DeMoss의 Coaching the Sale –

요일별
테마 조회 운영 사례

조직의 리더는
매일 조직원에게 활동의 양분을 공급하여
조직원들이 활동의 에너지로 활용할 수 있도록
지원해야 한다
마치 아침에 콩나물 시루에
물을 주듯이…

월요일 축제의 場, Performance Review

▶ 지난 주 활동량과 업적을 Review하고 금주 계획을 수립

- 평소보다 1시간 일찍 출근
  前週의 활동량과 실적을 확인하고 성과에 대한 시상
  - 성과에 대한 시상도 중요하지만
    활동량에 대한 Feed Back도 같이 이루어져야
  - 특히, 예측된 작은 계약에 대해서도 격려와 박수를
- 금주 가망고객List 발굴과 활동계획(Sit Plan) 수립
  - 간단한 Ship 교육과 연계 활동의 Vitality 확보

월요일, 밝고 활기차게, 짧게

화요일 공유의 場, 우수사례/상품교육

▶ 월요일 시상 후 우수사례 공유 및 사례와 연관된 상품 교육

- 사전 우수사례 발표자를 인터뷰한 후 발표자의 부담 축소와 조직운영 방향과 Align 필요
  - 활동 우수사례, 고객관리 우수사례, Approach 화법 우수사례, 팀 Building 및 조직 확대 우수사례 등
- 우수사례와 연관된 상품교육 병행 실시
  - 상품 매뉴얼보다 Selling Point, Needs 환기 화법, Closing 거절 처리 등 현장 활용 교육 중심

화요일, 사례중심 구체적으로 연습

수요일 조직의 場, 공지사항/리크루팅

▶ 업무와 관련 사항을 공지하고 조직 확충을 위한 교육 병행

- 영업과 관련된 업무사항을 담당자가 공지하고 교육
  - C/S(고객만족), 판매효율, 완전판매, 제도 변경, 시스템 및 프로세스 변경 등
  - Fun 자료(동영상, 감동 글)와 같이 전달하면 효과적
- 조직 확충을 위한 리쿠르팅 화법과 활동결과 안내
  - 고객 발굴을 위한 활동 결과를 수집(종교활동, 자모회, 산악회 등 동호회 활동)
  - 우수고객에게 지점장이 식사대접 한다고 Fc는 약속만
  - 지점장 솔선수범하여 활동하는 모습과 리쿠르팅 관련 화법 및 Ship 교육 병행하면 효과적

수요일, 힘찬 활동으로, 고객과 함께

목요일 학습의 場, Fun활동/학습활동

▶ FC의 사기 향상을 위한 팀 단합과 학습활동 병행

- FC 중 칭찬 대상을 찾아 칭찬과 선물 지급
  - 칭찬할 대상을 평소 수집(추천과 직접 발굴)
  - 선물을 줄 때는 간단하게 설명도 안내, 재미있는 상장은 덤
- 화요일 상품교육 방법과 차별화하여 운영
  - 팀 단위 단합을 유도할 수 있도록 운영
    (팀 단위 제한된 시간 내에 빠르게, 많이 맞추게) → 작은 시상과 연계 운영
  - 팀별 시험문제 사전에 만들어 제출하도록 하면 지점장의 부담도 줄이고, 학습효과 극대화 가능

목요일, 한주 중 가장 힘든 때 재충전

금요일 마감의 場, 매출활동/마감 집중

▶ 주간 마감에 집중하여 조회는 가급적 심플하게 마무리

- 금요일 주간 마감을 하는 날, Opening은 Fun하게
  - 동영상, 유머보다 팀 단위 게임 활용, 긴장감을 풀고 팀 단합 도모 차원
  - 월간 마감 진척 현황에 대한 Feed Back
    * 他 지점 대비, 지점 內 팀별 진척도 등
- 마감에 임하는 자세에 대한 임팩트 있는 Tip 제공
  - 프로세일즈맨의 자세에 대한 사례, 자신의 삶에 대해 뒤돌아 볼 수 있는 이야기 등
  - 평상시보다 짧은 시간에 끝내도록 유도

금요일, 한주의 마무리, 스트레스는 적게 동기부여는 강하게

우리가 사흘 후에 죽는다면?

우리가 사흘 후에 죽는다면
당장 하고 싶은 일을
순서대로 세 가지 발표하세요!

내일 내일 하며 미루고 있지는 않는가?

죽음이 눈 앞에 닥칠 때까지
미루지 말고
지금 당장
그 모든 일을 실천하며 살라!

인생의 방향을 제대로 정하는 방법

파킨슨 법칙을 아세요?

PARKINSON'S LAW

목표달성에 필요한 시간을 다소 빠듯하게 잡는 것이 더 효과적!

▶ 사람들은 시간이 있을 때
일하는 것이 아니라
끝내야 할 시간에 맞춰 일을 시작하기 때문!

알라딘 효과를 보세요!
▶ 질문을 해야 답을 얻을 수 있고
도와달라고 해야 도움을 받을 수 있다
요청하는 행위 자체가
원하는 것을 얻게 해주는
효과가 있기 때문
(Aladdin Effect)
알라딘 램프의 요정 '지니' 를 불러보자
21세기 '지니' 는 SNS 등 수많은 방법으로
불러낼 수 있다

정주영의 기업가 정신
熱 · 逆 · 勇
열정
역발상
용기
"가능하다고 생각하면 안 보이던 해결책도 보이고
불가능하다고 마음 닫으면 있는 해결책도 숨어버려"

빅토르 위고가 하인에게 옷을 벗어준 까닭

▶ 빅토르 위고가 글을 쓸 때면
하인에게 옷을 몽땅 벗어주며 해가 진 다음에 가져오라 했다

이유는 놀고 싶은 유혹을 차단해
글을 쓸 수밖에 없도록 자신을 속박하기 위한 것!

사전조치전략

사이렌의 유혹을 이겨낸 오디세우스

▶ 트로이 전쟁을 승리한 오디세우스,
달콤한 노래로 선원을 유혹해 잡아먹는 바다의 요정 사이렌,
사이렌의 노래를 못 듣도록 밀랍으로 귀를 막고
자신의 몸을 쇠사슬로 돛대에 묶고
항해를 시작

유혹차단전략

- 지금 내 목표 달성을 방해하기 위해 나를 유혹하는 사이렌의 노래는?
- 그에 대비해 내가 준비하고 있는 귀마개와 쇠사슬은 무엇인가?

나이아가라, 레인보우 브리지의 시작

- 1847년, 총 길이 442m나 되는 험한 협곡에 어떻게 이런 다리를 놓았을까?
  첫 번째 연줄로 다리 양쪽 연결, 다음에는 아주 가는 코일로,
  그 코일에 약간 더 강한 철사를,
  그 다음에는 철사에 밧줄을 매달아…
- 현재의 이곳에서 원하는 그곳으로 건너갈 수 있게 해줄 나만의 무지개 다리는 무엇?
- 내가 지금 당장 띄워야 할 연(鳶)은 무엇인가?

Part 09

판매활동 Tip

판매활동을 도와주는
Mental Up Tip

고객에게 보내는 SMS
프란치스코 교황의 10가지 행복비법
1 다른 사람의 삶을 인정하라
2 관대해져라
3 겸손하고 느릿한 삶을 살아라
4 식사 때 TV를 끄고 대화하라
5 일요일은 가족과 함께하라
6 청년에게 좋은 일자리를 만들어줘라
7 자연을 사랑하고 존중하라
8 부정적인 태도를 버려라
9 자신의 신념 종교를 강요하지 말라
10 평화를 위해 노력하라

고객에게 보내는 SMS

리즈 호가드의 행복 10계명

① 운동을 하라. 일주일에 3회, 30분씩이면 충분하다
② 좋았던 일을 떠올려보라
③ 대화를 나누라. 매주 온전히 한 시간은 배우자나 가장 친한 친구들과 대화를 나누라
④ 식물을 가꾸라. 아주 작은 화분도 좋다. 죽이지만 말라
⑤ TV 시청 시간을 반으로 줄여라
⑥ 미소를 지으라. 하루에 한 번은 낯선 사람에게 미소, 인사를 하라
⑦ 친구에게 전화하라. 오랫동안 소원했던 지인을 만날 약속을 하라
⑧ 하루에 한 번 유쾌하게 웃으라
⑨ 매일 자신에게 작은 선물을 하라. 그리고 그 선물을 즐기는 시간을 가져라
⑩ 매일 누군가에게 친절을 베풀라

– How to be happy 中 –

가정의 평화를 지키기 위해 가장 필요한 덕목 '배려'

▶ 가정의 평화를 위해 가장 필요한 덕목은 무엇인가?

모든 세대들이 이구동성으로 **'배려'**

이 밖에도 믿음, 대화, 건강 챙겨주기, 일찍 귀가하기, 집안일 도와주기 등
'배려' 와 일맥상통하는 답변 다수 포함

➔ 서로를 이해하고, 양보하고, 존중하는 것이
바로 가정을 행복하게 만드는 방법!

'부부의 날' 배우자에게 어떤 문자를 보내고 싶은가요?

- 20대 닭살형 : "여보응~ 하늘만큼 땅만큼 따랑해~"
- 30대 장난형 : "난 당신의 로또, 행복한 줄 알아~"
- 40대 일편단심형 : "함께 살아줘서 고마워"
- 50대 감동형 : "언제나 그대를 향한 마음 변함 없으리라"

둘이 모여 하나되는
5월 21일 부부의 날

참고

좋은 부부 십계명

① **밖에서 불편하던 얼굴로 아내를 대하지 마세요**
- 배우자를 항상 배려하는 마음이 중요, 당신이 배려하는 만큼 배우자 변함

② **무단으로 나가 자거나 일찍 귀가하세요**(반드시 지켜야 할 것들은 지켜야 합니다)

③ **자녀 있는 데서 아내의 허물을 책하지 마세요**
- 상대방의 인격을 존중하세요, 그러면 당신의 배우자로부터 존중을 받는다

④ **친구의 접대로 아내를 괴롭게 마세요**
- 가끔 남편의 손님을 정성스럽게 대접하시면 반드시 남편의 사랑을 받습니다

⑤ **부부 간의 지나친 간섭은 좋지 않으니 옷차림 때문에 잔소리를 하지 마세요**
- 부부의 첫 번째 실천덕목은 오래 참는 것입니다

⑥ **남편의 부족한 점은 조용히 말하세요**
- 남자들은 지적하는 것을 매우 싫어하니 묵묵하게 바라만 봐도 남편은 당신을 신뢰할 것입니다

⑦ **경제적으로 어려워도 참고 견딜 줄 알아야 합니다**
- 부부는 어려울 때 진정 힘을 발휘하는데 그것이 나중에 큰 힘이 됩니다

⑧ **배우자를 다른 사람과 절대 비교하지 마세요**
- 비교의식은 부부 사이의 파괴적인 역할, 부부싸움 확대는 비교에서 출발합니다

⑨ 적당한 멋을 싫어하는 남자는 전혀 없습니다만 **아내의 사치를 좋아하는 남편은 없습니다**

⑩ 만약 다툼이 생긴다면 절대로 **큰 소리로 싸우지 마세요**

고객에게 보내는 SMS

서양의 풍습, 상술

- 1/14 Diary Day : 사랑을 기록해 나가자
- 2/14 Valentine's Day : 여자가 남자에게 사랑을 고백
- 3/14 White Day : 남자가 여자에게 사랑을 고백
- 4/14 Black Day : 짝이 없는 사람끼리 검정의상+Black Coffee+자장면 먹는 날
- 5/14 Yellow Day : 노란 옷 입고, 노란 카레를 먹으며 싱글이라 주위 공감 유도
- 6/14 Kiss Day : 연인끼리 Kiss하는 날, 립스틱/입 냄새 제거 제품회사가 좋은 날
- 7/14 Silver Day : 은반지를 교환하며 장래를 약속
- 8/14 Green Day : 함께 소주(Green 병) 마시며 산책하는 날
- 9/14 Photo Day : 사진 찍고 노래방에서 Self 카메라 찍기
- 10/14 Wine Day : 포도주 마시며 놀기
- 11/14 Movie Day : 영화 같이 보는 날
- 12/14 Hug Day : 그냥 서로 껴안아주는 날

고객에게 보내는 SMS

남편을 살리는 말 15가지

1. 여보, 아이가 당신 닮아서 저렇게 똑똑한가 봐요.
2. 내가 시집 하나는 잘 왔지!
3. 여보, 당신이라면 할 수 있어요!
4. 여보, 내가 당신 얼마나 존경하는지 모르죠?
5. 역시 당신밖에 없어요!
6. 내가 시어머니 복은 있나 봐요!
7. 당신은 다른 남자들과는 질적으로 달라요.
8. 당신은 타고난 인격자에요.
9. 여보 나보다 먼저 가면 안돼요.
10. 당신을 보고 있으면 마음이 따뜻해져요.
11. 당신이랑 있으면 시간 가는 줄 몰라요.
12. 당신은 남달라요.
13. 당신은 언제 봐도 멋있어요!
14. 역시 수준 있네요!
15. 어떻게 그런 생각을 다 했어요?

고객에게 보내는 SMS

중년에 조심해야 할 10가지

1 젊음을 부러워하지 말라. 마음의 질투는 몸까지 병들게 한다
2 움켜쥐고 있지 말라. 너무 인색한 중년은 외로울 뿐이다
돈을 잘 사용해 인생을 아름답게 장식하라
3 항상 밝은 생각을 가지라. 중년기의 불안과 초조는 건강을 위협한다
4 남에게 의존하지 말라. 의존하기 시작하면 인생은 급격히 내리막길을 걷게 된다
5 감정에 솔직 하라. 젊은 척, 아는 척, 부유한 척하는 삼척동자는 왕따를 당한다
6 신앙을 가져라. 신앙생활은 인생의 석양을 한결 우아하게 만든다
7 아무 일에나 참견하지 말라. 이제는 참견보다는 후원과 격려에 치중하라
8 자신에 대한 연민에서 벗어나라. '나만큼 고생한 사람, 나만큼 외로운 사람, 나만큼 노력한 사람' 등의 표현을 삼가라. 이런 말은 자신의 나약함을 노출하는 행위다
9 인생의 계획을 세워라. 이제는 인생을 관조하는 지혜가 필요하다
10 체념할 것은 빨리 체념하라. 이제부터는 새로운 인생이 시작된다는 것을 시인하라

고객에게 보내는 SMS

인생에 필요한 12명의 친구

1 믿고 의논할 수 있는 든든한 선배
2 무엇을 하자 해도 믿고 따라오는 후배
3 쓴 소리도 마다하지 않는 냉철한 친구
4 나의 변신을 유혹하는 날라리 친구
5 여행하기 좋은 먼 곳에 사는 친구
6 에너지를 충전시켜주는 애인
7 어떤 상황에서도 내편인 친구
8 언제라도 불러낼 수 있는 술친구
9 독립공간을 가진 독신친구
10 부담 없이 돈을 빌려주는 부자친구
11 추억을 많이 공유한 오래된 친구
12 속 깊은 이성친구

FC는 고객의 인생에 필요한 친구가 되어야 한다.
믿고 의논할 수 있는 FC, 쓴 소리도 마다하지 않는 냉철한 FC, 어떤 상황에서도 고객편인 FC, 나는 FC로서 고객에게 어떤 친구로 존재하는가?

고객에게 보내는 SMS

일을 즐겁게 하는 5가지 방법

1 동료, 상사, 부하에게 늘 웃으며 대하자

2 전화 통화시 항상 친절하자

3 칭찬을 들으면 언제나 고맙다고 답례하자

4 타인의 시선이나 평가에 얽매이지 말라

5 불평, 불만이 있는 사람과는 멀리하자

– 데일 카네기

고객에게 보내는 SMS

행복해지는 법

- 날씨가 좋은 날엔 산책을…
- 하고 싶은 일을 적고 하나씩 시도해본다
- 시간 날 때마다 몰입할 수 있는 취미를 하나 만든다
- 우울할 때 찾아갈 수 있는
  비밀장소를 만들어둔다

고객에게 보내는 SMS

활기차지는 법

- 즐거운 상상을 많이 한다
- 고래 고래 목청껏 노래를 부른다
- 편한 친구와 만나 툭 터놓고 수다를 떤다
- 꾸준히 많이 걷는다
- 거울 속의 나와 자주 대화를 나눈다

고객에게 보내는 SMS

새로워지는 법

- 평소에 다니던 길이 아닌 길로 가본다
- 현재의 가장 큰 불만이 뭔지 생각해본다
- 생각은 천천히, 행동은 즉각 한다
- 할 일은 되도록 빨리 끝내고 여유시간을 확보한다

고객에게 보내는 SMS

사랑스러워지는 법

- 나 자신의 잘못은 인정하고 잘한 일은 침묵한다
- 상대방의 말에 맞장구를 팍팍 쳐주자
- 고맙고 감사한 마음은 반드시 표현한다
- 나 자신을 가꾸는 일에 게을러지지 않는다
- 아무리 화가 나도 넘지 말아야 할 선은 넘지 않는다
- 나 자신과 사랑에 빠져보자
- 갈등은 부드럽게 차근차근 푼다

고객에게 보내는 SMS

발전하는 법

- 매주, 매달 목표를 세우자
- 여행을 자주 다니자
- 의논할 수 있는 상대를 곁에 두자
- 어린 사람과 친구가 되자
- 단 한 줄이라도 일기를 쓰자
- 한번도 경험해보지 않은 일을 해보자
- 맨 처음 시작할 때의 초심을 잊지 말자
- TV 보는 시간을 줄이자
- 망설이는 일들의 리스트를 작성하고 실천 여부를 결정하자

고객에게 보내는 SMS

즐거워지는 법

- 지금 하고 있는 일에 최선을 다한다
- 매 순간이 단 한번뿐이라고 생각한다
- 지금하고 있는 일을 사랑한다
- 내가 먼저 큰소리로 인사한다
- 하기 싫은 건 열심히 해서 최대한 빨리 끝내버린다

고객에게 보내는 SMS

편안해지는 법

- 잘해야겠다는 강박관념을 버리자
- 기억해야 할 것은 외우지 말고 메모를 하자
- 부탁을 두려워하지 말자
- 빚을 지지 말자
- 중요한 일부터 처리하자
- 인생은 불완전하고 불안정한 것임을 인정하자
- 남의 눈치를 보지 말자

고객에게 보내는 SMS

차분해지는 법

- 스트레스를 피하지 말고 그대로 받아들이자
- 할 일을 내일로 미루지 않고 지금 시작해 놓자
- 울고 싶을 땐 소리 내어 실컷 울자
- 상처받는 것을 두려워하지 말자
- 해주고 나서 바라지 말자
- 잠들기 바로 직전에는 마음과 몸을 평안히 하자
- 하고 싶은 말을 하자
- 잔잔한 클래식을 듣자
- 인생은 혼자라는 사실을 애써 부정하지 말자
- 이대로의 내 모습을 인정하고 사랑하자
- 자신을 위한 적당한 지출에 자책감을 갖지 말자
- 할 수 없는 것에 대한 욕심을 버리자
- 다른 사람은 나와 다르다는 것을 인정하자
- 하루 일을 돌이켜보는 명상의 시간을 갖자

고객에게 보내는 SMS

당당해지는 법

- 두려움을 버려라
- 독립적 사고를 하라
- 현실에 만족하라
- 환하게 웃어라
- 한 순간도 자신을 의심하지 마라
- 당신이 믿는 것에 단호하라
- 싫은 것은 당당히 'No'라고 말하라
- 웃음거리가 되는 것을 두려워 마라
- 어떤 것도 지나치게 심각하게 받아들이지 마라

고객에게 보내는 SMS

여유로와지는 법

- 벌어지지 않은 상황에 대해 겁내지 마라
- 주는 것 자체를 즐겨라
- 한걸음 물러서라
- 목적지를 정하지 않고 걸어본다
- 순간 순간을 즐겨라
- 남과 나를 비교하지 마라

혈관을 젊게 하는 생활습관

1. 체온 1도 – 올리면 면역력이 5배 높아진다
2. 금연
3. 수치 관리 – 혈압, 콜레스테롤, 중성지방
4. 하루에 8잔 물 마시기
5. BMI – 신체질량지수 관리
6. 운동 – 하루에 30분 유산소운동
7. 소금은 적게 – 하루에 2작은술
8. 녹황색 채소 먹기 – 활성산소 제거

건강하게 장수하는 비결

- **신체 활동** : 규칙적인 걷기, 정원 가꾸기, 자전거 타기 등 낮은 강도의 활동
- **음식 섭취** : 섭취량과 종류 (과일과 채소 많이, 육류 가공식품 적게), 레드와인을 적당히
- **여가 시간** : 매일 휴식과 오락(스트레스 관리)
- **종교 활동** : 뚜렷한 목적의식과 개인적인 사명감 제공
- **가족 관계** : 건강한 유대 관계
- **자기 명상**
- **관계 관리** : 좋은 습관을 가진 사람과의 교류

– 댄 뷰트너의 장수비결 –

눈의 피로를 푸는 안구 마사지

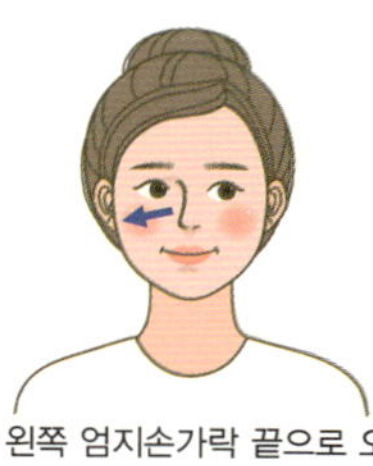

눈 아래 마사지

- 왼쪽 엄지손가락 끝으로 오른쪽 눈과 광대 사이를 부드럽게 마사지하듯 3회 쓸어줍니다
- 왼쪽 눈도 같은 방법으로 마사지해주세요

눈 두덩이 마사지

- 왼쪽 엄지손가락 끝으로 오른쪽 눈과 눈썹 사이를 부드럽게 마사지하듯 3회 쓸어줍니다
- 왼쪽 눈도 같은 방법으로 마사지해주세요

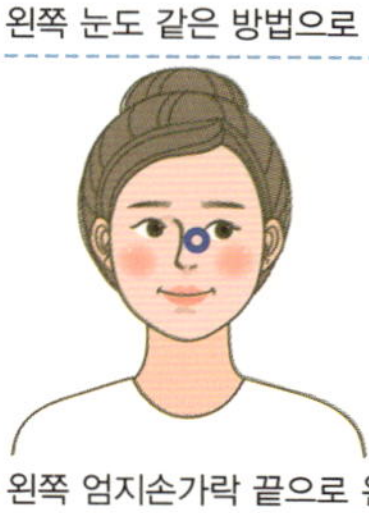

정명혈 마사지

- 왼쪽 엄지손가락 끝으로 왼쪽 눈과 코사이(정명혈)를 10초간 눌러줍니다
- 오른쪽 눈도 같은 방법으로 마사지해주세요

눈썹 아래 마사지

- 양쪽 엄지손가락으로 눈썹 뼈 아래 움푹 파인 혈자리를 10초간 올려주듯이 눌러줍니다

美 포브스誌 '장수비결 15가지'

1 8시간 이상 수면은 백해무익
2 긍정적인 사고
3 충분한 성관계
4 애완동물 기르기
5 정기적인 콜레스테롤 체크
6 경제적 윤택
7 담배 끊기
8 감정조절 잘하기
9 황산화제 섭취
10 결혼 잘하기
11 규칙적인 운동
12 자주 웃기
13 체중감량
14 스트레스 조절
15 명상

심장마비와 따뜻한 물 마시기

- 중국인과 일본인은 식사 후에 찬 물을 마시는 것이 아니라 뜨거운 차를 식사하며 마시는데 식후에 찬 물을 마시기 좋아하는 한국인의 경우 식후에 한 잔의 찬물을 마시면 그 찬물은 방금 먹어버린 기름기를 응고시켜 소화를 느리게 할 것이고 그 찌꺼기가 산과 반응하면 깨어지고 다른 고형 음식물보다 빨리 장에서 흡수될 것입니다 그리고 장에 가득 쌓이게 될 것이고 곧 이는 지방으로 바뀌고 癌(암)을 일으킬 것입니다 식사 후에는 역시, 뜨거운 국이나 따뜻한 물을 마시는 것이 최선입니다
- 모든 심장마비 증세가 왼팔이 아프다는데 있지만은 않다는 것을 알아야 합니다 턱 선을 따라 심한 고통이 있음을 알아야 합니다
- 심장마비의 경과 과정에서 처음에는 가슴에 통증이 결코 오지 않을 수 있습니다 메스꺼움과 심한 발한이 공통적인 증세입니다 잠자는 동안에 심장마비가 오는 60%의 사람은 잠에서 깨어나지 못합니다 턱의 통증으로 당신은 곤한 잠에서 깰 수 있습니다

10초만 안마해줘도 피로가 확 풀리는 곳

① 승모근 꼬집기

눈물 날 정도로 강하게

② 쇄골 안쪽 누르기

림프선 자리를 둥글게

③ 목덜미 쓸어내리기

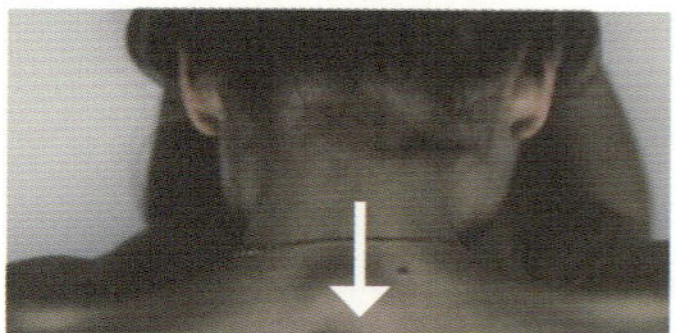

목 뒤 중앙에서 등쪽으로

④ 손가락 사이 마사지

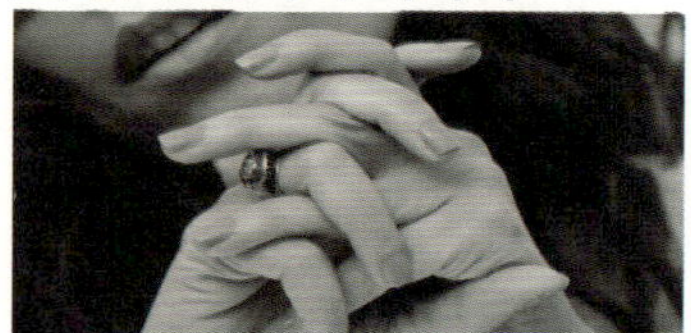

손가락 사이 뼈 주위를 4~5초

10초만 안마해줘도 피로가 확 풀리는 곳

⑤ 눈 주위를 지압

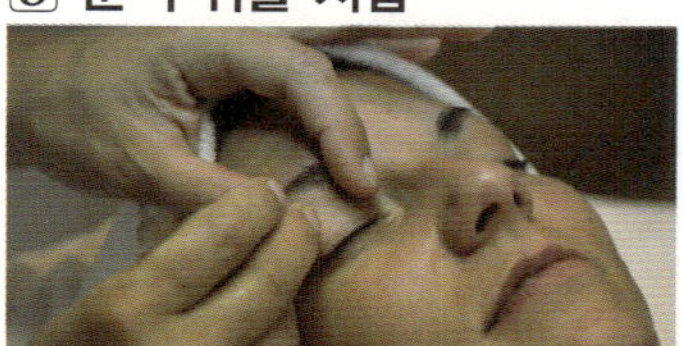

엄지와 검지로 눈 주위 뼈대를

⑥ 발등을 지긋이 눌러

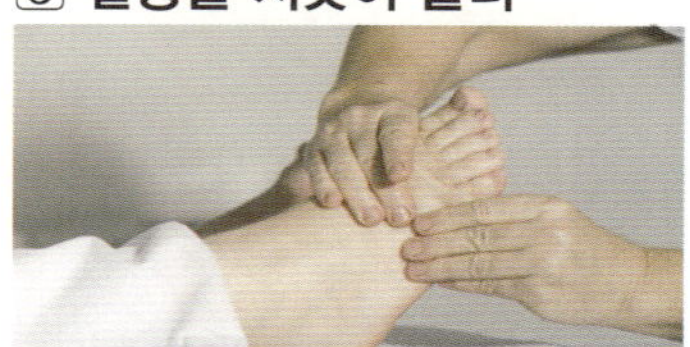

발등의 오목하게 들어간 곳을

⑦ 귀 둘레를 마사지

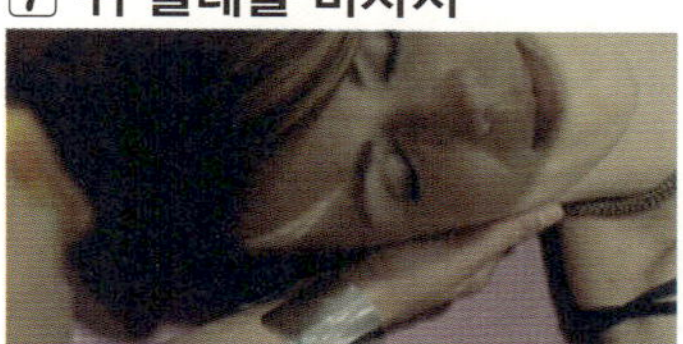

귀 윗부분 뼈와 귓불 뒤를

⑧ 턱 윤곽을 지속적으로

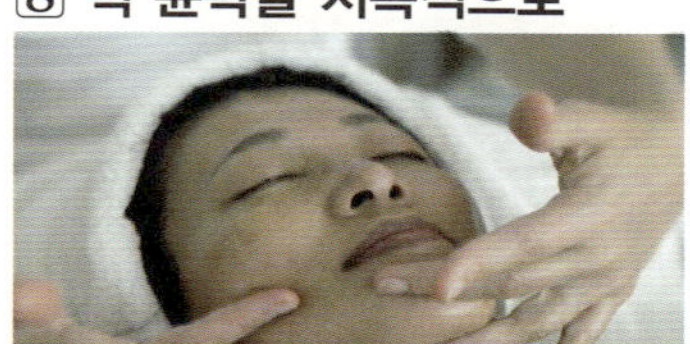

아래턱과 목 사이 움푹 들어간

뇌 건강에 춤이 가장 좋다

2017.4.2 한국경제

▶ 美 연구결과, 걷기나 스트레칭 등 다른 운동들도 효과

- **노화에 따른 뇌 기능 저하 개선**에 걷기나 스트레칭 등 여러 운동이 다 좋지만 **특히 '춤'이 가장 좋다는 연구결과**(미국 콜로라도주립大와 일리노이大 공동연구)
- 운동을 하면 노화로 인한 뇌의 기능 저하를 막고 개선시킬 수 있지만, **함께 어울려서 하는 춤을 추면 뇌 기능 개선효과가 더 큰 것은 물론이고 정보처리속도나 기억력과 관련된 뇌 부위가 튼튼해져 뇌 조직 자체가 젊어진다**
- 이번 시험결과는 어떤 운동이나 사회적 활동도 노화하는 뇌의 정신능력 저하를 막고 고양시킬 수 있으며, 춤을 배운 사람들은 **백질까지 커짐을 시사한다는 점**에서 매우 고무적

➔ 뇌의 백질과 노화 = 중년 이후엔 나이가 들수록 뇌가 변하고 느려진다. 특히 새 정보를 흡수하고 반응하는 뇌의 정보처리속도가 떨어지게 된다

거북목 스트레칭 ①~⑤

1 목 젖히기
1. 목 뒤에 얇은 수건(혹은 손깍지)을 두릅니다
2. 앞으로 당기며 목을 중심으로 고개를 뒤로 젖힙니다
3. 5초간 자세를 유지한 후 다시 정면을 봅니다
4. 10회 실시합니다

2 으쓱으쓱
1. 손목을 위로 꺾고 팔꿈치를 쭉 펴줍니다
2. 어깨를 귀까지 들어올린 후 5~7초 유지합니다
3. 어깨가 떨릴 때까지 자세를 유지합니다
4. 내쉬는 숨에 어깨를 떨어뜨립니다

3 앞 목 늘리기
1. 손을 편 채로 마주 댑니다
2. 두 엄지손가락으로 턱을 받쳐줍니다
3. 턱을 천장을 향해 밀면서 올려줍니다
4. 5초간 자세 유지 후 2회 반복합니다

4 목 근육 강화
1. 목과 허리를 바로 세웁니다
2. 손바닥을 포개어 앞 이마에 대줍니다
3. 손바닥과 이마를 서로 저항시킵니다
4. 10초간 자세 유지 후 3회 반복합니다

5 측면 목 강화
1. 목, 가슴 허리를 바르게 펴줍니다
2. 손으로 머리 위를 감싸줍니다
3. 손에 힘을 주고 머리를 당깁니다
4. 15초간 자세 유지 후 3회 반복합니다
5. 반대편도 동일한 방법으로 반복합니다

100세 시대 건강법 10가지

1. 평소 잠자리에 드는 시간보다 한 시간만 일찍 자자!
2. 하루(찬물보다 상온) **물 2,000㎖를 홀짝홀짝 마시자!**
3. (돼지고기 목살 수육, 소고기 우둔살) **고기는 늘 옳다!**
4. **밀가루와 설탕 중독에서 벗어나자!** (2주만 끊어보라)
5. **이제는 영양제를 챙길 때!** (종합비타민, 유산균, 오메가3)
6. (아침, 저녁 상관없이) **매일 같은 시간에 30분만 걷자!**
7. **하루 두 번 밥 먹듯이 스쿼트와 플랭크**(5분이면 충분)
8. (발 볼 넓어진)**헌신, 헌신짝처럼 버리고 새 신발 사자!**
9. **(남의 시선) 가끔 나만을 위한 시간을 갖자!**
10. **내 몸이 하는 이야기(신호)에 귀를 기울이자!**

누구나 누리고픈 오복(五福)

▶ 사람들은 누구나 누렸으면 하는 복이 오복(五福)

1. **오복(五福)의 으뜸은 수(壽)**, 말 그대로 오래오래 장수(長壽)하는 것
2. **다음은 부(富)**, 가난하게 먹을 것도 없이 오래 산다면 그것은 복이 아니라 재앙
3. **셋째는 강녕(康寧)**
   오래 사는 것도, 돈 많은 것도 좋지만 건강하지 않으면 아무 소용 없다
4. **넷째는 유호덕(攸好德)**
   유(攸)는 닦는다는 뜻이니, 좋은 덕을 닦는 것을 말하는데
   저 혼자 잘 먹고 잘 사는 것은 참된 의미에서 복된 삶이 아니라
   남에게 베풀고 이웃과 나누는 덕을 갖추어야 한다
5. **다섯째는 고종명(考終命)**
   타고난 수명을 다 누리고 고통 없이 세상을 뜨는 것
   늘그막에 고통스럽게 병마(病魔)와 싸우다
   죽는 것은 생각조차 하기 싫은 고통

   * 또 이[齒]가 좋아야 건강할 수 있다는 생각에
   '이는 오복에 들었다'고 말하고 있다

웃음이 중요한 이유

웃음 속에는
경멸이나 분노와는 양립할 수 없는
쾌활함이 항상 담겨져 있다

– 볼테르(1694~1778),
프랑스 계몽주의를 대표하는 비판적 지식인 –

인생에서 웃는 시간은?

- 우리가 보통 70살까지 산다고 가정할 때
  TV 앞에 앉아 있는 시간이 약 7년이고,
  잠자는 데 23년 정도, 일하는 데 26년,
  양치질하고 씻고 화장실 가는 데 약 3년 반,
  그리고 화내는 시간은 약 2년 정도라고 합니다

- 그러면 웃는 시간은 얼마나 될까요?
  1년? 2년? 3년? 놀라지 마세요
  하루 열 번 웃으면 약 5분,
  평생을 다 합쳐봐야 겨우 88일밖에 안 된다고 합니다!
- 그런데, 하루에 열 번 웃으세요?
  '웃음이 명약이다' 알고는 있지만 그만큼 웃을 일들이 많지 않다는 얘기겠지요
  웃으세요, 웃기 위해 행복한 마음을 가지세요
  그러면 행복은 절로 따라옵니다, 오늘도 많이 웃으세요

Q 반성문을 영어로?

A 글로벌

Q 아마존 강의 무서운 食人부족?

A 피그미족

Q 텔레마케터가 가장 무서워하는 부족?

A 잔고부족

Q 대출담당이 가장 싫어 하는 부족?

A 담보부족

Q&A

Q 맥주가 죽으면서 남긴 말?

A 유언비어

Q&A

Q 낙타의 엄마는?

A 늑대가 낙타 낳다
(나타났다)… ㅋㅋ

고속도로가 막히면?
갓 God 길
神이 주신 길, 이 길로 달리면 빠르지만…

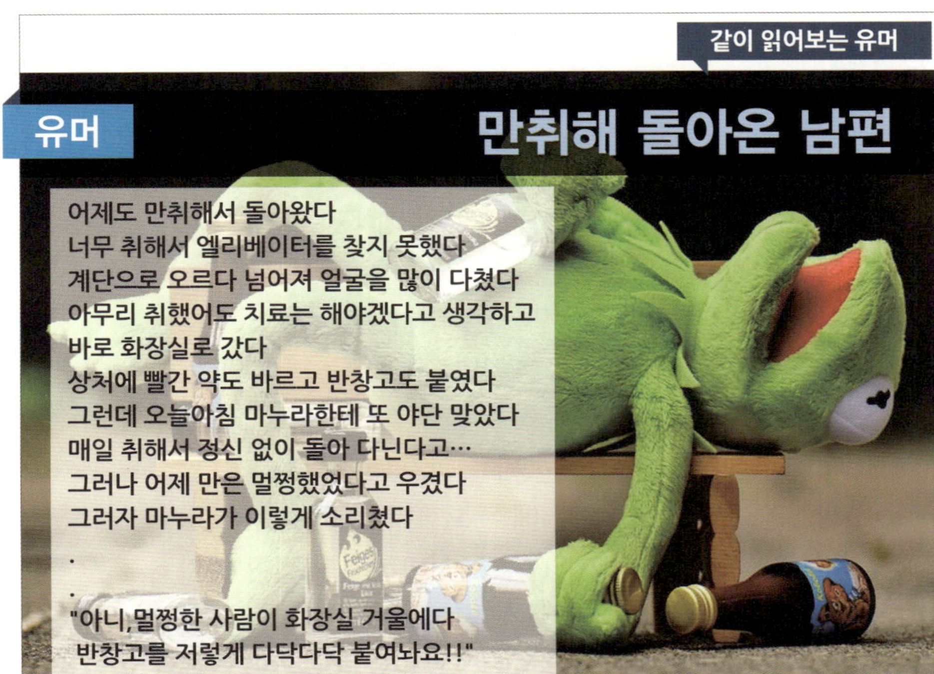
같이 읽어보는 유머
유머
만취해 돌아온 남편
어제도 만취해서 돌아왔다
너무 취해서 엘리베이터를 찾지 못했다
계단으로 오르다 넘어져 얼굴을 많이 다쳤다
아무리 취했어도 치료는 해야겠다고 생각하고
바로 화장실로 갔다
상처에 빨간 약도 바르고 반창고도 붙였다
그런데 오늘아침 마누라한테 또 야단 맞았다
매일 취해서 정신 없이 돌아 다닌다고…
그러나 어제 만은 멀쩡했었다고 우겼다
그러자 마누라가 이렇게 소리쳤다
.
.
"아니, 멀쩡한 사람이 화장실 거울에다
반창고를 저렇게 다닥다닥 붙여놔요!!"

같이 읽어보는 유머

유머

얄미운 여자

- **10대** : 얼굴이 예쁘면서 공부까지 잘하는 여자
- **20대** : 성형수술을 했는데 티도 없이 예뻐진 여자
- **30대** : 결혼 전에 오만 짓을 다 하고 돌아다녔는데도 서방 잘 만나서 잘만 사는 여자
- **40대** : 골프에 해외여행에 놀러만 다녔어도 자식들이 명문대에 척척 붙어주는 여자
- **50대** : 먹어도 먹어도 살 안 찌는 여자
- **60대** : 건강복도 타고 났는데 돈복까지 타고난 여자
- **70대** : 자식들 시집장가 잘 가고, 서방까지 멀쩡한 여자

유머

얄미운 남자

- **50대** : 사업한다고 대출받는 남자
- **60대** : 이민 간다고 영어 배우는 남자
- **70대** : 골프 안 맞는다고 레슨받는 남자
- **80대** : 거시기 안 된다고 비아그라 먹는 남자
- **90대** : 여기저기 아프다고 종합검진받는 남자

유머

팬티 입은 개구리

- 어느 웅덩이에 많은 개구리들이 모여 헤엄을 치고 있었다.
  여기저기에서 끼리끼리 모여 알몸으로 헤엄을 즐기고 있었다
- 그런데… 그 중에서 왕초로 불리는 개구리가 건너편을 보니
  바위 위에 한 개구리만이 팬티를 입고 있는 것이 아닌가?
  왕초개구리도 지금까지 팬티 입은 개구리는 처음 보는지라
  왕초개구리 왈
  "야! 임마… 넌 뭔데…
  팬티를 너 혼자만 입고 있는 거야~"
  하고 물었다.

  그러자 팬티 입은 개구리 왈
  "저요! 네 에… 저는 '때밀이' 인데요…"

유머

덩달이의 짧은 글

- 어느 고등학교에 덩달이라는 학생이 있었다
  덩달이의 담임선생님은 짧은 글짓기를 숙제로 내주기를 즐겨 했다
- 선생님이 덩달이에게 **'자신감'** 을 넣어서 짧은 글을 지었다
  "어머니가 시장에서 잣을 사오셨다
  할머니가 어머니에게 **'이것이 잣인감(자신감)?!** 하고 물으셨다"
- 선생님이 덩달이에게 **'책임감'** 을 넣어서 짧은 글을 지어 오라고 했다
  덩달이가 '책임감'을 넣어서 짧은 글을 지었다
  "나는 집에서 만화책을 보고 있었다. 할머니가 내 방에 들어와 내가 보고 있는 만화책을 가르키면서 '이것도 **책인감(책임감)?!'** 하고 물으셨다"
- 선생님이 덩달이에게 **'한일합방'** 을 넣어서 짧은 글을 지어 오라고 했다
  덩달이가 '한일합방' 을 넣어서 짧은 글을 지었다
  "안중근 의사가 이등박문에게 총을 쏘면서 소리쳤다
  '너는 죽어 마땅**하니라 빵!**('한일합방')

유머

야 근

요즈음 젊은이들은 야근을 꺼려한다
야근을 거절할 때 사람마다 유형이 다르다

<이 승 복 형> "나는 야근이 싫어요" (나는 공산당이 싫어요)

<이 순 신 형> "나의 퇴근을 아무에게도 말하지 말라"
(내가 총에 맞았다는 것을 아무에게도 말하지 말라)

<나폴레옹 형> "내 사전엔 야근이란 없다!" (내 사전엔 불가능이란 없다)

<햄 릿 형> "퇴근을 할지 귀가를 할지 그것이 문제로다!"
(살아야 할지 죽어야 할지 그것이 문제로다)

<갈릴레이 형> "그래도 나는 퇴근을 한다!" (그래도 지구는 돈다)

<맥 아 더 형> "나는 퇴근을 하지 않고 오직 집으로 사라져 갈 뿐이다!"
(노병은 죽지 않고 오직 사라져 갈 뿐이다)

유머

경상도 할머니

- 어느 경상도 할머니가 서울 딸네 집에 와서 2주일째 지내고 있다
  할머니가 외출하는데 동네 처녀가 할머니를 알아보고 반갑게 인사한다
  "할머니! 어디 가시나요?" 할머니가 처녀의 말을 잘못 알아듣고
  화를 버럭 내신다. **"와? 나 대구 '가시나'** 다!"
  '어디 가시느냐' 는 말을 '어디에서 온 가시나이냐'고 묻는 것으로
  할머니는 오해하고 처녀가 말버릇이 몹시 고약하다고 생각하신 것이다
- 할머니가 버스정류장에서 버스를 기다리는데 버스가 오지 않았다
  할머니가 반가워서 소리쳤다. **"왔데이"**,
  옆에 있던 미국 청년은 영어로 **"What day?"**
  즉 '무슨 요일이냐'고 묻는 줄 알고 대답했다. "Monday!"(월요일)
  할머니는 미국 청년이 '먼데이' 즉, 뭐냐고 묻는 줄 알고 대답했다. **"버스 데이"**
- 미국 청년은 영어로 **'Birthday'**, 즉 생일이라고 말하는 줄 알고
  할머니에게 축하해 드렸다. **"Happy Birthday!"(생신을 축하합니다)**
  할머니는 미국 청년이 버스 종류를 잘 모르고
  '해피버스'라고 말하는 줄 알고 가르쳐주었다. **"아니데이! 직행버스데이!"**

유머

착 각

- **아줌마** : 화장 하면 다른 사람 눈에 예뻐 보이는 줄 안다
- **연애하는 남녀** : 결혼만 하면 깨가 쏟아질 줄 안다
- **시어머니** : 아들이 결혼하고도 부인보다 엄마를 먼저 챙기는 줄 안다
- **장인 장모** : 사위들은 처갓집 재산에 관심 없는 줄 안다
- **부모들** : 자식들이 나이 들면 효도할 줄 안다
- **남자들** : 못생긴 여자는 꼬시기 쉬운 줄 안다
- **아가씨들** : 지들은 절대 아줌마가 안될 둘 안다
- **회사 사장** : 종업원들은 쪼면 다 열심히 일하는 줄 안다
- **아내** : 남편이 회사에서 적당히 해도 안 짤리고 진급되는 줄 안다
- **엄마들** : 자기 애는 머리는 좋은데 열심히 안 해서 공부 못하는 줄 안다
- **남편** : 살림하는 여자들은 집에서 노는 줄 안다

유머

입장차이

- 마누라가 죽으면 화장실에 가서 웃는다
  남편이 죽으면 시집식구 몰래 조의금부터 세본다
- 술을 남이 하면 인생을 낭비하는 것이고,
  내가 하면 인생을 즐기는 것이다
- 차를 타면 행인을 욕하고,
  길을 건널 땐 운전자를 욕한다
- 며느리는 남편에게 쥐어 살아야 하고,
  딸은 남편을 쥐어 잡고 살아야 한다
- 어른에게 대드는 것이 남의 자식이면 버릇없는 것이고,
  내 자식이면 주장이 뚜렷하며 똑똑한 것이다
- 사위가 처가에 자주 오는 일은 당연한 일이고,
  내 아들이 처가에 자주 가는 일은 줏대가 없는 일이다
- 남의 아내가 못 생겼으면
  “네 수준에서 여자를 골랐으니 당연하지…”,
  내 아내가 못 생겼으면
  “내가 여자 얼굴에는 워낙 초연하잖아”

같이 읽어보는 유머

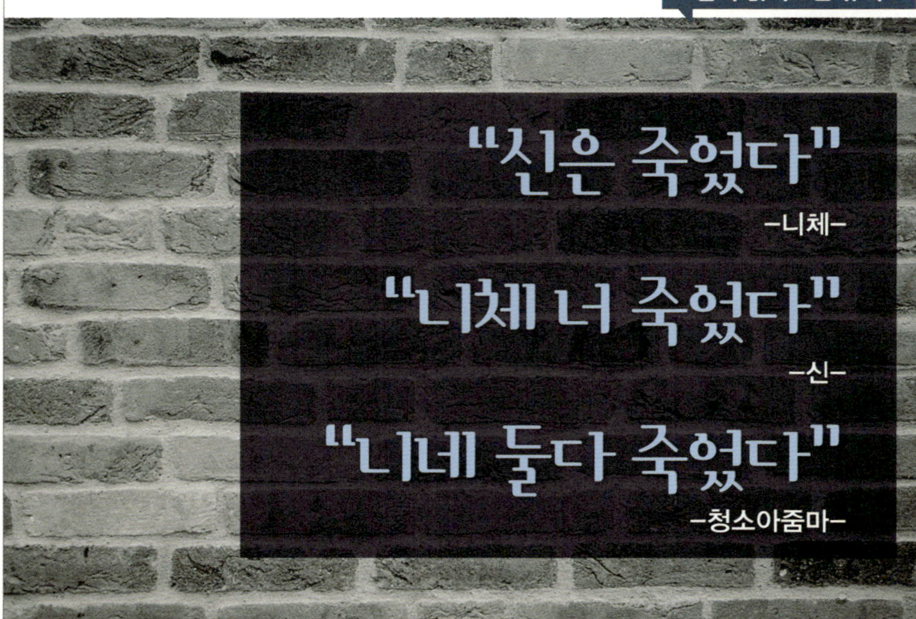

중독(中毒)의 원인

▶ **놀이공원에 있는 쥐와 우리에 갇힌 쥐를 대상으로 실험**
* 놀이공원 : 넓고, 먹을 것(치즈)도, 친구들도 있는 공간

- 두 쥐를 대상으로 순수한 물과 마약을 탄 말을 함께 주었는데
우리에 갇힌 쥐가 놀이공원 쥐보다 16倍 넘게 마약 물을 마심
- 그 후 일정기간 마약 물만 주다 일정기간 순수한 물을 주었는데
놀이공원 쥐는 순수한 물만 선택한다

– 카나다 밴쿠버大 심리학과 알렉산더 교수 –

➔ 타인과 친밀한 교류가 없으면 관계의 단절을 결속의 본능을 채우려
뭔가 갈구하다가 중독에 빠짐
* 알코올, 약물, 도박, 주식, 야동, 쇼핑, 게임, 스마트폰 중독 등
중독에서 벗어나기 위해서는 '관계 회복' 이 긴요

※ 유학 보내면 대마초 핀다, 왜?
너무 일찍 보내면 관계 단절, 언어 불통으로 또 다른 것을 갈구하는 중독에 빠짐
*기러기 아빠의 고생이 자녀의 대마초, 부인이 바람나는 결과로 나타날 수도

같이 읽어보는 유머

남편이 은퇴 후, 하루에 집에서 식사하는 횟수와 호칭

• 집에서 한 끼도 안 먹고 밖에서 해결	영식님
• 집에서 한 끼만 먹고, 두 끼는 밖에서 해결	일식씨
• 집에서 두 끼 먹고, 한 끼만 밖에서 해결	두식군
• 집에서 하루 세 끼를 꼬박 챙겨먹는 사람	삼식○○
• 하루 세 끼도 먹고, 간식까지 챙겨먹으면	간나○○
• 하루 세 끼, 간식도 먹고 야참까지 챙겨먹으면	종간나○○

유머 아침에 눈 뜨지 마세요

▶ 60대, 70대, 80대 노인 셋이 병원 응급실에서 만났는데,
모두 눈이 밤탱이가 되어 실려온 사람들이었다
의사선생님이 눈이 밤탱이가 된 이유를 물었더니…

- **60대 : 아침에 밖에 나가는 마누라에게 어디 가느냐고 물었는데 이렇게 만들어 놨지 뭡니까…**
- **70대 : 아침에 밥 달라고 한 죄 밖엔 없는데 이렇게…**
- **80대 : 아 글쎄, 아침에 눈 떴다고 이렇게 얻어 맞았다오… ㅋ**

인터넷에 떠도는 아재개그 ①

Q. 이수가 키우는 개는?
A. 이수씨개

Q. 모자가 뭉쳐있으면?
A. 밀짚모자

Q. 오이가 무를 치면?
A. 오이무침

Q. 푸가 3마리면?
A. 샴푸

Q. 세상에서 가장 지루한 중학교는?
A. 로딩중

Q. "사자야 저기 맛있는 것 판다"
A. "맛있겠다 사자"

인터넷에 떠도는 아재개그 ②

Q. 우유가 넘어지면?

A. 아야

Q. 서울가는 소는?

A. 소설가

Q. 무가 울면?

A. 무뚝뚝

Q. 학생들이 가장 바쁜 대학교는?

A. 부산대

Q. 늙은이들이 많은 대학교는?

A. 연세대학교

Q. 노래 잘하는 학생이 많은 대학교는?

A. 성대

같이 읽어보는 유머

아내 사용설명서 1

1 제품을 구입하기 전 겉모양보다는 성능과 내구성을 중시하시기 바랍니다
2 경우에 따라서는 어느날 갑자기 사라지는 경우도 있으니 미리 장소를 파악하세요
3 최소 월 1회 벌어오는 돈을 다 투자해야 정상적으로 작동이 됩니다
4 제조일자나 구입한 날은 꼭 기억하고 점검을 하세요. 점검일을 잊으면 소음이 많이 납니다
5 사용기간이 지날수록 초기 사용과 달리 소음이 많이 날 수 있으나 고장은 아닙니다
6 가동 중에 이상 소음이 많이 나면 그 즉시 원인을 분석하고 수리하세요
7 돈을 투자하여 보수/점검을 하는 것 외에 주기적인 기름칠을 잊지마세요
*best 기름칠:사랑해
8 사용에 이상이 있어도 제조처 원망마세요. AS는 커녕 사정해서 가져오는 경우가 생깁니다.
9 사용하다 보면 제품이 하나가 생산됩니다. 새제품보다 사용자의 순위가 아래라는 것을 늘 명심하세요.
10 힘들어도 날씨 좋은 날 밖으로 나가 바람도 쏘이고 가끔 배터리를 빼도 일을 쉬게 해주세요.

아내 사용설명서 2

• **사용 최적환경**
예쁜 것이 가득한 백화점, 다양한 볼거리가 있는 마트, 삼삼오오 모여 떠나는 자연환경, 맛있고 달콤한 분위기가 있는 장소, 사용자와의 사이에서 생긴 새 제품과 함께 있는 모든 곳에서 가장 이상적으로 작동됩니다

• **고장의 원인**
1 음주 후 외박+전화연락없음+카드사용내역 문자의 상황
2 화창한 주말 쇼파에 누워 리모콘만 들고 손가락만 겨우 움직이는 상황
3 제조처에 감사함을 몰라주고, 사용자의 집안만을 위해 일하라는 상황

• **주의사항**
1 급격한 온도변화로 얼어버릴 수 있으니 단답형은 삼가십시오
2 분위기에 약하니 적재적소에 잘 이용하시기 바랍니다
3 반품이나 환불은 불가하니 고장시에는 스스로 고쳐서 사용하십시오

남편 사용설명서

① 제품 구입 전 충분히 검토 후 구입하십시오

② 제품마다 다양한 특성을 지니고 있으므로 먼저 제품의 특성을 파악하십시오

③ 사용자에 따라 상품의 좋고 나쁨이 다를 수 있으니 사용자의 주의가 요구됩니다

④ 사용기간이 지날수록 제품 초기 사용시와 많이 달라질 수 있으나 그렇다고 고장은 아닙니다

⑤ 제품이 집 밖으로 나갔을 때에는 통신이 두절되거나, 회귀시간이 늦어질 수 있습니다

⑥ 제품의 알코올 함량이 높을 시에는 콩나물국이나 북어국을 긴급히 투여해주십시오

⑦ 제품이 이상증세를 보일 시에는 질 좋은 약품으로 장기 투여하십시오

⑧ 스트레스에 민감하니 제품 상태에 따라 항상 유의하십시오

⑨ 적절한 양분과 휴식을 취하게 하시면 제품을 오래 사용할 수 있습니다

⑩ 가끔은 어린이와 같은 행동을 할 때가 있으나 그렇다고 제품에 이상이 있는 것은 아니니 안심하고 사용하십시오

팀웍 개발 게임

캘리포니아 Big Tree의 비밀?(팀워크)
모든 나무가 뿌리끼리 얽혀
서로 지탱해주고 있기 때문!
높이 83m, 둘레 31m → 방 5개의 목조 주택 40채 건설 가능

팀워크의 가치

"나에게 사과가 한 개 있고
너에게도 사과가 하나 있다.
우리가 서로 사과를 맞바꾸면
여전히 일인당 한 개 뿐이다

나에게 Idea가 하나 있고
너에게 Idea가 하나 있다.
그런데 이 Idea를 맞바꾸면
일인당 두 개씩이 된다"

– 조지 버나드 쇼 –

자기소개(관심사 공유)

▶ 개인별로 **자신의 특이한 이력이나 자기를 소개하고 싶은 관심거리 하나씩 생각(2分) 후 발표**

- 한 사람씩 돌아가며 **자신의 관심사를 발표**
- 발표된 경험과 **관심사에 공감하는 사람과 대화**
  - *** 아~하 정말로? 나도 그런데…. 등**
    공감하는 사람이 같이 일어나 서로 인사, 자신의 경험을 간단히 얘기하고 악수 후 앉으며 계속적으로 대화
  - *** 주위 사람들은 박수를 쳐주며 같이 공감**
- **한 사람이 끝나면 그 옆 사람이 발표와 공감**

공통의 관심사 중심 대화 후 조직 내 커뮤니케이션 활성화 가능

참고

자기소개(例)

- 나는 수영을 자유형 이상 배운 경험이 있다
- 나는 악기를 다룰 수 있다
- 나는 첫 번째 사랑과 결혼한 것이 아니다
- 나는 초등학교 때 우등상을 받았다
- 나는 한국의 산을 10개 이상 가봤다
- 나는 60이 안됐는데 손자, 손녀가 있다

조직의 리더는 잘 기억해 두었다가 관심사가 같은 사람들이 모일 수 있도록 기회 부여

Game1

숫자암호 추리

▶ **목적** : 본회의 전에 Ice Breaking 차원 참석자의 참여를 유도

▶ **진행절차 및 방법**

- 정시에 자리에 착석한 사람만 첨부자료를 제공한다
- 10분 이내에 숫자암호를 풀어야 한다고 설명한다
- 늦게 참석한 사람은 자료제공을 받지 못하며,
  이미 문제 풀이를 시작한 참가자를 도울 수만 있다고 공지한다
- (팀이 구성되어 있을 경우) 팀당 한 사람씩 지적하여 발표하게 한다
- 해답 자료를 PPT로 보여준 후, 9개의 문제 중 가장 많이 맞춘 참가자에게
  축하의 인사(상품증정)를 한다
- (조회 시작 시간이 9시라고 가정하고) 늦게 차석한 사람들을 대상으로
  Quiz 자료를 보여주며 '교육이 시작되는데 너무 늦게 입실하였다'고
  피드백한다

▶ **준비물** : 첨부 자료

▶ **진행시간** : 5분

Q 숫자암호 추리

Example] ● 21 = 한________수 [해답] 21 = 한글 자모음의 개수

1. 24 = 하________간
2. 9 = 야________수
3. 28 = 장________수
4. 4 = 자________수
5. 10 = 발________수
6. 1,000 = 아________트
7. 18 = 태________수
8. 6 = 대________수
9. 7 = 행________자

A 숫자암호 추리

1. 24 = 하루의 총시간
2. 9 = 야구 1팀의 구성원(팀원)수
3. 28 = 장기알 개수
4. 4 = 자동차 바퀴수
5. 10 = 발가락 개수
6. 1,000 = 아라비안나이트
7. 18 = 태극기 8괘의 막대기수
8. 6 = 대륙의 개수
9. 7 = 행운의 숫자

Game2

이심전심 릴레이 ①

▶ **팀원 전원이 1열 횡대로 서서,**

▶ **앞사람이 주는 컵을 빨대로 받아 다음 사람에게 전달하여 다시 처음으로 가장 빨리 돌아오는 팀이 우승**

- 중간에 떨어트리면 건네는 사람이 다시 집어서 계속
- 팀원이 다른 팀에 비해 적은 팀은 맨 처음의 사람이 맨 마지막으로 이동하여 받아주고, 다시 건네주고 처음으로 복귀

▶ **연습 3분, 제일 젊은 팀부터 시작**

Game2

이심전심 릴레이 ②

▶ **종이컵을 잘, 빨리 옮길 수 있는 방법은? 주는 사람과 받는 사람 중 누가 더 중요할까요?**

- 주는 사람 : 종이컵을 잘 넘겨주고 앉으면 Good
- 받는 사람 : 잘 받으려면 자신을 낮추어야

➔ '주고, 받기!' = 소통, 팀워크, 나를 낮춤, 배려

▶ **FC님, 모두 현장에서 성공해야겠다 생각하죠?**

- 현장 : FC(주고받고) ⇔ 고객(주고받고), 상호 소통
- 지점 : 지점장(주고받고) ⇔ FC(주고받고), 상호 소통

➔ 고객에게 어떻게 줘야 고객이 FC를 신뢰할까?

Game3

'함께 왔습니다'

▶ 팀의 맨 오른쪽 FC님이 혼자 일어서면서
'혼자 왔습니다'라고 말하고 앉습니다

그 FC 님의 오른쪽 두 분이 일어서면서
'둘이 왔습니다' 하면서 앉고…

마지막은 '함께 왔습니다' 하면서
전원이 일어났다 앉습니다
(겹치지 않게), 5분간 연습

'함께 왔습니다' 게임 순서

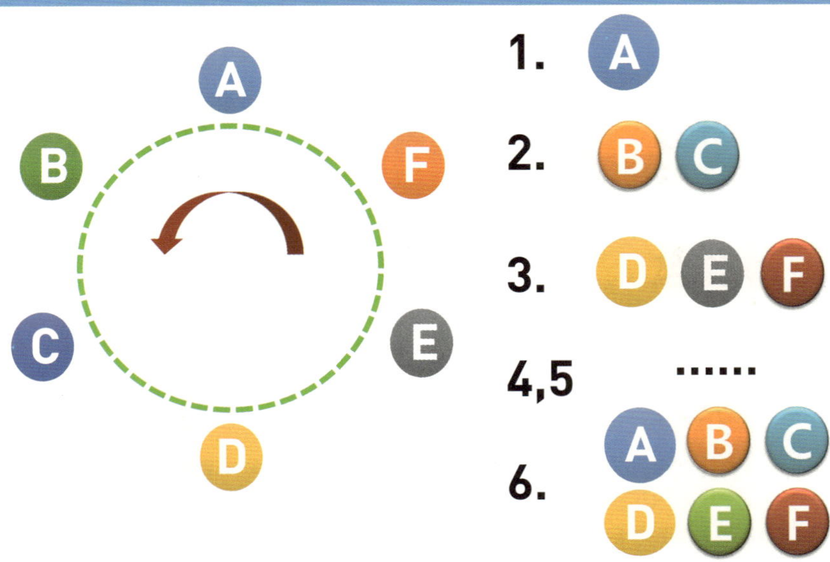

Game4

찰떡 궁합

우선, 2명씩 짝을 이루어
진행자가 1, 2, 3을 외치면
화면에 보이는 2단어 중 같은 단어를 서로 외치면

즉, 이구동성 게임과 동일하게 동일한 단어를 외치면
같이 '앗~싸'를 외치며 High Five를 같이하시면~~

우선, 같이 우선 연습 한번 합니다,
'앗~싸'+하이 파이브

Game4

찰떡 궁합

	VS	
빨강		파랑
짜장		짬뽕
자율		협력
점장		팀장
계약		리쿨
조회		석회
예습		복습

결과

찰떡 궁합

▶ 빨강/파랑, 짜장/짬뽕 등
기호의 차이는
서로를 인정하고 같이 일할 수 있지만

▶ 자율/협력, 능력/성격 등
가치의 차이는
Communication하기 어렵다!

Game5

신문에서 낱말 맞추기

▶ 월 팀별 목표 혹은 이슈 등의 제시어를
신문에서 오려 붙인 글자를 빨리 맞춘 팀에게 시상하는 게임

- 팀 목표, 조직의 이슈를 제시어로 부여
  예) 월소득 500만원, 나부터 해보자!
- **준비물** : 신문지, A4용지, 가위, 풀
- 팀별로 신문의 글자를 오려서 A4 용지에
  예쁘게, 가장 빨리 붙여 만든 팀이 우승
  * 늦게 만든 팀도 조그마한 시상을 주며 격려
- 다 만든 격문은 단위 조직이 잘 볼 수 있는 곳에 부착
  평상시 스스로 마음을 다지는 도구로 활용

신문에서 낱말 맞추기

팀의 구호, 미션을 과제로 부여하고 만들면 일석이조 효과!

W/S Closing 기법(주요 포인트 정리)

- ㄱ
- ㄴ
- ㄷ
- ㄹ
-
-
-
-
-
-
- ㅍ

- 교육을 종료하기 전에
  교육내용을 스스로 정리하기 위해
- 전원이 일어서서
  Flip Chart에 강의 중 가장 기억에 남는
  단어를 쓰고, 벽에 붙이고…
- 각자 가장 의미가 있다고 생각하는
  단어에 동그라미를 치고
  팀원과 자기 생각을 나누면서 마무리
- 추가로, 강의 중 가장 중요한 단어가 쓰인
  Flip Chart와 같이 팀원 전원 기념촬영

W/S Closing 기법(사랑의 주문 외우기)

전원이 일어서서, 서로를 보면서, 큰 소리로
전체가 한 사람에게… 또 다른 사람에게

1. 당신이 최고입니다! (엄지 척)
2. 사랑합니다! ♥
3. 우리 한 번 잘해봅시다! (양손 악수, 포옹)

Part 10

금융상품 및 용어이해

금융상품 및 용어에 대한 이해

금융상품의 구분과 종류

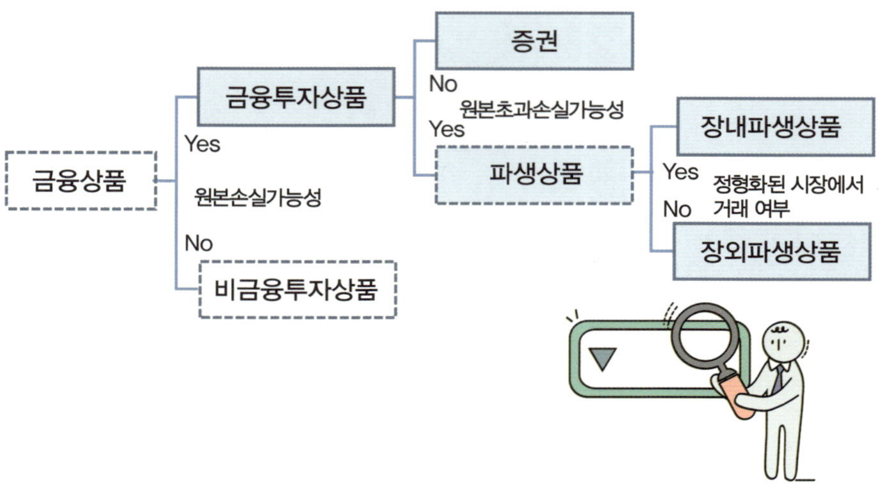

시장금리부 수시입출금식예금(MMDA)

Money Market Deposit Account

▶ 시장 실세금리가 적용되고 입출금이 자유로운 단기상품으로 통상 500만원 이상의 목돈을 1개월 이내의 초단기로 운용할 때 유리하며 각종 공과금, 신용카드대금 등의 자동이체용 결제통장으로도 활용할 수 있는 예금

▣ **상품특징 : 수시입출금식, 다양한 부대서비스, 복리이자 지급**

◈ 취급기관 : 은행 / 가입대상 : 제한 없음 / 예치기간·가입한도 : 제한 없음
◈ 이자계산 : 통상 매일의 잔액에 해당금리를 적용하여 이자를 계산 후 매일 원금에 가산
◈ 세금혜택 : 일반과세(15.4%), 세금우대(9.5%), 생계형 비과세 중 선택 가능
◈ 예금보호 여부 : 예금자보호법에 의거 보호

※ 참고사항
- RP, 양도성예금증서(CD) 등 다른 단기 시장성상품에 비해 수익률이 낮은 수준임
- 예금거래 실적에 따라 마이너스대출, 수수료 면제, 대출·예금금리 우대, 각종 공과금 및 신용카드대금 결제, 타행환 송금 등 부대서비스를 제공하고 있음 (다만, 일부은행의 경우 이를 불허하거나 자동이체 설정 건수를 제한)
- 증권사, 종합금융회사의 CMA, 자산운용회사의 MMF 등과 경쟁 상품임

단기금융상품펀드(MMF)

Money Market Fund

▶ 자산운용회사가 자금을 모아 이를 주로 양도성예금증서(CD), 기업어음(CP), 만기 1년 이하의 국채 및 통화안정증권 등 금융자산에 투자하여 얻은 수익을 고객에게 배당하는 채권투자 신탁상품으로 최저 가입의 제한이 없고, 환금성이 높아 실세금리 수준의 수익을 올릴 수 있어 소액 투자 및 단기자금 운용에 유리

▣ **상품특징 : 수시 입출금 가능, 실적배당**

◈ 취급기관 : 운용회사(자산운용회사), 판매회사(은행, 증권사, 보험사)
◈ 거래금액 : 제한 없음 ◈ 저축기간 : 제한 없음
◈ 배 당 률 : 실적배당 * 은행의 6개월 정기예금 금리 수준
◈ 수익계산 : 인출시 원금과 배당금 지급
◈ 세금혜택 : 없음(일반세율 15.4% 적용) ◈ 예금보호 여부 : 비보호
- 은행의 MMDA, 증권사/종합금융회사의 CMA 등과 경쟁상품이며, 증권계좌와 연결 대기자금을 예치시 상대적으로 높은 수익을 얻을 수 있는 상품임
- 운용 가능한 채권의 신용등급을 AA등급 이상(기업어음 A2 이상)으로 제한하여 운용자산의 위험을 최소화하고, 유동성 위험을 최소화하기 위하여 운용자산 전체 가중평균 잔존 만기를 90일 이내로 제한하고 있음

양도성예금증서(CD)

Certificate of Deposit

▶ 은행이 양도성을 부여하여 무기명 할인식으로 발행한 정기예금증서를 말한다. 통상 1,000만원 이상의 목돈을 3개월 내지 6개월 정도 운용하는 데 적합한 단기상품이다. 은행에서 발행된 증서를 직접 살 수 있고 증권회사에서 유통되는 양도성예금증서를 살 수도 있다.

▣ 상품특징 : 무기명 양도가능, 할인식 발행, 확정금리 발행

◈ 취급기관 : 은행, 종합금융회사, 증권회사
◈ 발행대상 : 제한 없음 ◈ 예치기간 : 30일 이상 제한없음 (90일이 일반적임)
◈ 예치한도 : 제한이 없으나 500만원 이상이 일반적 ◈ 수익률 : 실세금리 연동형 금리
◈ 이자계산 : 할인식
◈ 예치기간 동안의 이자를 액면금액에서 차감(할인)하여 발행한 후 만기지급시 증서 소지인에게 액면금액을 지급
◈ 세금혜택 : 없음(일반세율 15.4% 적용) ◈ 예금보호 여부 : 비보호

- 중도해지가 불가능하며 만기 전에 현금화하고자 할 경우에는 유통시장에서 (종합금융회사, 증권회사) 매각할 수 있음
- 할인식으로 발행되는 CD의 특성상 만기 후에는 별도의 이자 없이 액면금액만을 지급받게 되는데 유의하여야 함

환매조건부채권(RP)

Re-purchase Paper

▶ 금융기관이 보유하고 있는 국공채 등 채권을 고객이 매입하면 일정기간이 지난 뒤 이자를 가산하여 고객으로부터 다시 매입하겠다는 조건으로 운용되는 단기 금융상품
투자금액과 기간을 자유롭게 선택할 수 있는 시장금리 연동형 확정금리 상품으로서 **단기 여유자금을 운용할 때 유리한 저축수단**

▣ 상품특징 : 실세금리 연동형

◈ 가입대상 : 제한 없음 ◈ 취급기관 : 은행, 종합금융회사, 증권회사, 증권금융회사, 우체국
◈ 대상증권 : 국채, 지방채, 특수채, 상장법인 및 등록법인이 발행하는 채권
◈ 약정기간 : 제한 없음 ◈ 최소거래금액 : 제한이 없으나 1,000만원 이상이 일반적임
◈ 수익률 : 실세금리 연동형 확정금리 ◈ 세금혜택 : 없음(일반세율 15.4% 적용)
◈ 예금보호 여부 : 비보호

- 예금자보호 대상은 아니지만 국채, 지방채 등 우량 채권에 투자되므로 안정성이 높은 편이고 대부분 만기가 지난 후에는 별도의 이자를 가산해 주지 않는다는 점에 유의하여야 함
- 중도 환매시에는 당초 약정금리보다 훨씬 낮은 금리를 적용받게 됨

기업어음(CP)

Commercial Paper

▶ **기업이 자금융통을 위하여 발행한 단기어음을 종합금융회사, 증권회사가 할인 매입한 후 이를 기관이나 일반투자자에게 다시 매출하는 단기상품으로 1억원 이상의 거액자금을 1개월 이상 3개월 미만의 단위로 운용하기에 유리하며 자금의 반복예치를 통한 장기운용에도 적합한 금융상품**

▣ **상품특징 : 실세금리 연동형, 선이자 지급, 배서양도 가능**

◈ 취급기관 : 종합금융회사, 증권회사
◈ 투자금액 : 제한 없음(보통 1,000만원 이상)
◈ 예치기간 : 1년 이내(91일이 일반적임)
◈ 수익률 : 실세금리 연동형 확정금리
◈ 이자계산 : 할인매출 또는 만기에 원리금 지급
◈ 세금혜택 : 없음(일반세율 15.4% 적용)
◈ 예금보호 여부 : 비보호
- 원칙적으로 중도환매가 불가능하지만 배서양도의 방식으로 제3자에게 중개회사(증권회사)를 통해 양도할 수 있음(보통 10억원 이상의 거액만 취급)

표지어음

▶ 금융기관이 기업으로부터 매입(할인)해 보유하고 있는 상업어음이나 외상매출 채권을 다시 여러 장으로 쪼개거나 한데 묶어 액면금액과 이자율을 새로이 설정해 발행하는 어음으로 은행 및 저축은행의 대표적인 단기상품 중 하나로 3개월 이상 6개월 이내의 단기 여유자금 운용에 유리한 상품

▣ **상품특징 : 금융기관 발행어음, 실세금리 연동형, 선이자 지급, 중도해지 불가**

◈ 취급기관 : 은행, 종합금융회사, 상호저축은행
◈ 거래금액 : 제한 없음(보통 500만원 ↑) ◈ 저축기간 : 원어음의 최장만기일 범위 내
◈ 수익률 : 실세금리 연동형 확정금리
◈ 이자계산 : 할인식(이자 선지급식 ◈ 세금혜택 : 없음(일반세율 15.4% 적용)
◈ 예금보호 여부 : 예금자보호법 등에 의거 보호
- 금융기관이 표지어음의 발행인 및 지급인이 되므로 안전성이 높은 편이며 일반적으로 일정금액(1억원 정도) 이상이면 우대금리를 적용함
- 만기 전 중도해지가 불가능하나 배서에 의한 양도는 가능하며 할인매출의 특성상 만기후의 경과기간에 대해서는 별도의 이자 없이 액면금액만을 지급하는 데 유의하여야 함

어음관리계좌(CMA)

Cash Management Account

▶ 종합금융회사나 증권회사가 고객의 예탁금을 어음 및 국공채 등 단기금융상품에 직접 투자하여 운용한 후 그 수익을 고객에게 돌려주는 단기 금융상품으로 예탁금에 제한이 없고 수시 입출금이 허용되면서도 실세금리 수준의 수익을 올릴 수 있는 장점을 가지고 있음

▣ 상품특징 : 수시 입출금 가능, 실적

◈ 취급기관 : 종합금융회사, 증권회사
◈ 가입대상·예탁금액 : 제한 없음 ◈ 예탁기간 : 1년 이내
◈ 수익률 : 실적배당
◈ 이자계산 : 인출 시 원금과 배당금 지급
◈ 세금혜택 : 없음(일반세율 15.4% 적용)
◈ 예금보호 여부 : 예금자보호법 등에 의거 보호(증권회사의 경우 비보호)

- 거래방법은 실물이 아닌 “어음관리계좌” 통장으로만 거래됨
- 만기 후 인출하지 않으면 원리금이 자동 재예탁되는 방식으로 예탁기간이 연장됨
- 은행의 시장금리부 수시입출금식예금(MMDA) 및 자산운용회사의 단기 금융상품 펀드(MMF)와의 경쟁상품

주택연금(역모기지론)

▶ 주택연금(역모기지론)이란 고령자가 주택을 담보로 금융기관이 제공하는 노후생활자금을 매달 연금처럼 지급받는 대출을 말하는데 이러한 역모기지론은 주택을 소유하고 있으나 특별한 소득원이 없는 고령자에게 도움이 되는 상품으로 미국 등 여러 나라에서는 이미 활발하게 시행되고 있으며 우리나라에서는 2007년 7월 11일부터 시행하고 있음

▣ 상품특징 : 노후생활 자금을 위한 주택담보 대출

◈ 대 상 : 부부가 모두 만 60세 이상인 고령자(1세대 1주택) / 9억원 이하인 주택
◈ 지급금액 : 주택가격과 가입시점에 따라 다름(가입시점 : 부부 중 나이가 적은 사람 기준)
◈ 지급방식 : 종신지급과 종신혼합중 선택 종신지급 방식은 수시인출한도 설정없이 월지급금을 평생 지급받는 방식, 종신혼합 방식은 수시로 인출하여 사용할 수 있는 금액을 설정하고 나머지를 월지급금으로 평생 지급받는 방식
◈ 대출금리 : 3개월 CD금리 + 1.1% ◈ 취급기관 : 시중은행과 농협 등
◈ 보증료 : 초기보증료로 주택가격의 2%를 최초 대출실행시 1회 납부하고 보증 잔액의 연 0.5%를 매월 납부
◈ 대출상환 : 대출금상환은 주택연금 계약종료시 담보주택 처분가격 범위 내로 한정
◈ 세제혜택 : 저당권 설정시 등록세, 교육세, 국민주택채권 매입의무, 농어촌특별세 등 면제, 주택연금 이용 중 재산세 25% 감면(5억원 초과주택은 5억원 해당 만큼 감면), 대출이자비용 소득공제(200만원 한도)

후순위채

▶ 후순위채는 채권의 발행자가 파산하는 경우 주주보다는 우선하여 상환받을 수 있으나, 다른 채권자보다는 상환순위가 뒤지는 채권으로 채권 발행자가 파산할 경우 다른 채권자보다 상환순위가 늦어 원금손실을 볼 수 도 있으나 상대적으로 금리가 높아 고수익을 올릴 수 있는 장점이 있어 후순위채권에 투자하는 경우 채권발행자의 신용도를 최우선으로 하여 투자 여부를 결정해야 한다

▣ 상품특징 : 고수익·고위험채권, 다양한 이자지급방식, 분리과세 가능

◈ 취급기관 : 은행, 증권회사 ◈ 가입대상 : 제한 없음
◈ 투자단위 : 보통 1,000만원 이상 10만원 단위
◈ 투자기간 : 5년 이상(채권의 발행기관 또는 발행시마다 다름)
◈ 이자계산 : 할인채(할인 발행 후 만기에 채권의 액면금액 지급), 복리채(만기에 원금과 함께 지급), 이표채(일정기간(1개월/3개월)마다 이자 지급, 만기에 원금 지급)
◈ 세금혜택 : 일반과세, 분리과세중 선택 가능 ◈ 예금보호 여부 : 비보호

- 중도해지 및 담보대출은 불가능하나 양・수도절차를 통해서 양도가능 하며, 증권회사를 통하여 매도할 수 있음
- 채권의 발행일로부터 상환일까지의 기간이 10년 이상인 채권은 금융소득 종합과세에 대비하여 채권 이자소득에 대해 분리과세(33.0%)를 신청할 수 있음

주가지수연동증권(ELS)

Equity Linked Securities

▶ **일반적으로 운용자산의 대부분은 국공채에 투자하여 원금을 보전하고, 나머지 일부자산을 주가와 연동되는 파생상품에 투자함으로써 초과수익을 확보하는 구조의 금융상품(유가증권)으로 주가지수연동증권은 주식시장에 직접 투자하는 것과 동일한 효과를 누리면서도 리스크 회피와 비용 측면에서 주식시장에 직접 투자하는 것보다 유리**

▣ 상품특징 : 투자원금과 수익이 주가지수 또는 개별주가에 연계되어 결정

◈ 취급기관 : 증권회사 ◈ 투자금액 : 제한 없음
◈ 투자기간 : 제한 없음(개별 ELS별로 정함)
◈ 중도매매(해지) : 불가능(유가증권시장에 매도, 원금손실 발생 가능)
◈ 수익률 : 실적배당(주가지수에 따라 변동) ◈ 세금혜택 : 일반과세(15.4%)
◈ 예금보호 여부 : 비보호

- **주가지수연동증권에 따라 수익구조가 다르므로, 가입하고자 하는 상품의 특성을 정확히 파악하여야 하며, 다수의 상품에 분산투자하여 적정 한 포트폴리오를 구성하는 것이 유리함**
- **예측 불가능한 주가를 대상으로 투자하는 상품이므로 만기 또는 투자기간 중의 주가지수에 대한 예측을 전제로 투자하여야 함**

상장지수펀드(ETF)

Exchange Traded Fund

▶ 상장지수펀드란 안정적인 수익률이 장점인 인덱스 펀드에 개별 주식의 높은 환금성이 더해진 펀드인데 특정한 주가지수의 움직임을 따라가도록 운용되는 것으로 거래소에 상장되어 주식처럼 거래되는데 예를 들어, 철강업종 ETF라면 철강업종 지수의 구성종목에 연동하도록 종목을 보유하고 운용이 되어 철강업종 ETF를 매입한다는 것은 여러 철강회사 주식을 매입하는 것과 동일하다고 할 수 있음

▣ 상품특징 : 일반주식과 동일하게 증권사에 주식매매 계좌를 통해 매매

◈ 취급기관 : 증권회사 ◈ 투자금액 : 제한없음 ◈ 투자기간 : 주식처럼 거래
◈ 중도매매(해지) : 자유롭게 매매(단, 매도일로부터 3일째 자금 회수)
◈ 수익률 : 실적에 따른 수익 ◈ 예금보호 여부 : 비보호

- ETF 상품은 신문을 통하여 매일 가격 변동을 볼 수 있어 투자판단이 용이하며, 특정 종목을 보유하는 경우의 위험을 분산투자에 의해 줄일 수 있음
- ETF 평균 수수료는 국내 일반 주식형 펀드는 물론 인덱스펀드에 비해 낮은 수준

리츠(REITs)

Real Estate Investment Trusts

▶ 다수의 투자자로부터 자금을 모집하여 부동산 또는 부동산과 관련된 유가증권에 투자·운용하여 발생한 수익을 투자자에게 배당하는 부동산 간접투자 방식이며 부동산투자회사로도 불리는데 일반 투자자는 리츠 주식에 공모하거나 거래소에 상장된 리츠 주식의 매매를 통해 투자에 참여할 수 있고 리츠는 부동산 매입시 발생하는 취득세와 등록세 감면을 통한 세제상의 혜택은 물론 수익성, 안정성, 부동산 투자 기회 확대 측면에서 장점을 가진 부동산 간접투자 상품

▣ 상품특징 : 운용 및 리츠 청산에 따른 주주 수익 배당, 세제 혜택

◈ 취급기관 :운용회사 : 리츠 자산관리 회사 / 판매회사 : 증권회사 ◈ 가입대상 : 제한 없음
◈ 투자금액 :제한 없음 ◈ 투자기간 : 설립 리츠별 개별 설정 ◈ 수익률 : 실적 배당
◈ 세금혜택 : 부동산 매입시 취득세 및 등록세 30% 감면, 배당가능 이익의 90% 이상 배당 시, 법인세 거의 없음, 토지재산세가 0.2%의 단일세율로 적용, 종부세 대상 제외
◈ 예금보호 여부 : 비보호

- 투자대상이 실물자산인 부동산이므로 물가가 상승해도 투자가치의 하락 위험이 적고,
- 부동산의 유동성을 증대시키고 소액 투자자의 대형 부동산 투자기회를 확대하는 상품이나 투자원금이 보장되지 않으며, 운용실적에 따라 손실이 발생할 수 있으므로 리츠 운용사의 과거 운용 실적과 투자전략, 투자설명서 등을 확인한 후 투자 결정 필요

주식시세표 이해 상담에 필요한 금융상식

1000.50

① 종합주가지수(▲8.53)
KOSPI200 : 104.45(▲1.40)
배당지수(KODI) : 1501.70(▲24.47)
② 거래량(천주) : 490,000
③ 고객예탁금(천만원) : 1,047,542
(전일대비) : ▲8,173
④ ▲상승 ▽하락, ↑상한가 ↓하한가
⑤ ×기세 ★권리락 ☆ 배당락 ● 이상급등 ⊙ 신규상장, 신주상장
⑥ 액면분할 : A=100, B=200, C=500, D=1000, E=2500, 무표시 5000, F=무액면

⑦ 종목	종가	전일대비	거래량	시가	고가	저가	최근 60일	
							최고	최저
○○산업 E	11900▽	250	2104	12100	12150	11750	14400	10700
○○전자	58500▼	1000	183	57000	58500	56600	59900	50600
○○물산 C	11350↑	1450	4145	9910	11350	9910	11500	6270

① 오늘의 종합주가지수 1000.50포인트
- 1980년 1월 4일 기준 주가수준을 100으로 산정한 주가지수, 전일 대비 8.53포인트 상승
* KOSPI 200 : 시가총액이 일정규모 이상인 200개 종목대상의 주가지수로 1990년 1월 3일 지수를 100으로 하여 산정한 값
* 배 당 지 수 : 장기주식투자활성화를 위해 개발된 것으로 배당실적이 높으면서 안정된 50개 기업으로 구성, 2001년 7월 2일 주가지수를 1,000포인트로 보고 산정 1501.70포인트로 표시된 바 배당실적이 높은 해당 기업 50개의 현재 시점 주가지수가 2001년 7월 2일에 비해 50% 정도 상승했음을 의미

② 거래량은 당일에 매입 또는 매도된 주식 총수를 의미
- 거래량에 각 종목의 거래가격을 곱해 합계한 것이 거래대금인데 거래량과 병행하여 시장에너지를 판단할 때 사용되는 투자지표의 하나 증권회사의 수수료 및 증권거래세 수입규모를 판단하는 자료로도 활용

③ 고객예탁금란 투자자들이 주식투자를 하기 위해 증권회사에 맡겨 놓은 돈을 말하는데, 고객예탁금이 늘어난다는 것은 그만큼 잠재적인 주식 수요가 많다는 의미

④ 해당 주식종목의 종가 뒤에 붙는 기호(표시)로 전일 대비 오늘의 상승 또는 하락 여부를 표현

⑤ 해당 주식종목의 종가 앞에 붙은 기호이며
기세(×)는 매수 및 매도거래는 없이 전일 종가에 비해 가장 높은 또는 가장 낮은 매수 호가
- 이상급등 종목은 주가가 단기간 내에 크게 올라 거래소가 투자자의 주의를 환기시키기 위해 요주의 주식으로 분류한 종목(하루 동안의 가격 제한 폭을 제한하는 것과 같은 취지) 가수요가 발생할 소지를 줄이기 위해 신용융자대상에서 제외하는 등의 불이익 주기도

⑥ 해당 주식종목에 영문자 A(100원), B(200원), C(500원), D(1000원), E(2500원)로 액면가를 구분하고 영문자가 없는 종목은 5천원이 액면가

⑦ 종목은 해당 주식회사의 명칭이며, 종가는 당일의 최종가격, 시가는 당일의 최초시작가격(전일 종가), 고가는 하루 중 가장 높은 가격, 저가는 하루 중 가장 낮은 가격을 의미

'금융상품 한눈에' 제공 정보

- **금융감독원 '금융상품 한눈에' 제공 정보**
  - 저축 · 펀드, 대출, 연금, 보험 등 금융상품의 장 · 단점 비교 가능

자료:금융감독원

금융 상품		금융 권역	제공 정보
정기예금		은행저축은행	저축기간별 이자율, 우대조건 등
적금			적립방식, 저축기간별 이자율 등
절세금융상품		은행 · 저축은행 · 보험 · 금융투자 · 상호금융 등	세제혜택, 가입대상, 가입한도, 유치의무기간, 중도해지손실 등
펀드		금융투자	펀드수익률, 위험등급, 설정액 등
대출	주택담보	은행 · 저축은행 · 보험 · 여신전문	금리구간, 중도상환수수료, 대출한도 등
	전세자금		상환 · 금리방식, 금리구간, 중도상환수수료 등
	개인신용		신용등급별 대출금리 및 평균금리
	중금리 신용		신용등급별 대출금리, 가입조건, 서민금융진흥원 맞춤대출 이용 정보 등
	주택금융공사	주택금융공사	(주금공 연계) 대출상품별 금리, 가입조건 등
연금저축		은행 · 보험 · 금융투자	유지건수, 연평균수익률, 월예상연금액 등
퇴직연금			유지건수, 연평균수익률 등
실손보험		보험	가입연령 등 조건별 보험료, 담보내역 등
자동차보험			
신용 · 체크카드		카드	상품특징, 주요혜택 등

참고

기준금리

▶ 한 나라의 금리를 대표하는 정책금리로 각종 금리의 기준

- 한국은 1999년부터 콜금리가 기준금리역할을 해왔으나
  2008년 3월부터 7일물 **환매조건부채권(RP)금리를 기준으로 하는**
  '한은 기준금리제'를 도입해 시행

- 한국은행이 일주일에 한 번(매주 목요일)씩만 시장에서
  7일 만기 RP를 팔 때 적용
  * RP란 일정기간 뒤 미리 정해진 가격으로 되사는 조건으로 판매하는 채권

- 한편 미국은 연방기금금리(federal funds rate)를,
  일본은 콜금리(1일물 overnight call rate)를 기준금리로 활용

참고

보험예정이율

▶ **보험사가 가입자가 낸 돈을 굴려서 얼마나 벌 수 있을지를 미리 가늠하여** 운용수익률에 따라서 **보험료를 책정할 때 적용하는 이율**

- 수익률 0%, 사망보험금(1억), 20년납 → 연 보험료 500만원(수수료 無 가정) **만약 보험사가 보험료로 투자수익을 낸다면 500만원 보다 적은 P로 보장 가능 → 예정이율 높아지면 보험료 하락, 예정이율 하락하면 보험료 인상**

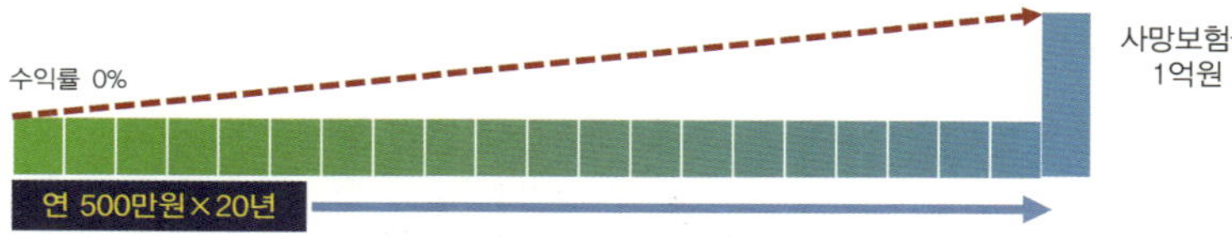

- 보험사는 받은 보험료에서 각종 비용 등을 내고 나머지 돈을 굴려 수익을 내는데 **통상 예정이율이 0.25%P 내려갈 경우 보험료는 5~6% 정도 인상**
- 예정이율이 높아지면 보험료가 저렴해지고, 예정이율이 낮아지면 보험료가 오른다

참고

보험공시이율

2017.2.24 조선일보

▶ **앞으로 10~20년의 금리 예상이 어려워 별도로 공시이율을 산정 사용 공시이율은 보험사가 특정 시점에 돈을 굴려서 얻은 수익률을 지칭**

- 예정이율과 달리 시장금리를 순발력 있게 반영하는데 연금/저축성 보험은 **금리 연동형인 바 실제 보험사의 운용수익률에 따라 최종 받는 금액 상이 → 공시이율이 높아지면 가입시점에 예상했던 금액보다 더 많이 받을 수 있음**

  * 한 달에 한 번씩 회사의 홈페이지에 공시

※ 공시이율이란?

보험회사가 보험개발원에서 공표하는 공시기준 이율을 감안하여 일정기간마다 금리연동형 보험상품에 적용하는 이율

은행정기예금, 이율 국공채 및 회사채의 3년 만기 이율, 자산수익률 3가지 항목 배합 → 공시이율 책정

은행의 예금금리처럼 고객에게 지급되는 이자로 시중금리와 연동해 적용되는 일종의 보험 예정금리다. 보험회사들이 국고채(3년 또는 5년), 회사채(무보증 3년 AA-등급이상),통화안정증권(1년), 양도성예금증서(91일), 유통수익률 등 금융감독원장이 정하는 객관적인 외부지표 금리에 일정이율을 가감한 이율과 운용자산이익률 등을 반영해 자율적으로 매달 산출한다. 다만, 2001년 4월 이전에 판매된 일부 금리연동형 보험계약에 대해서는 보험개발원이 산출 공시한 공시기준 이율의 일정범위 내에서 결정한다.

참고

최저보증이율

2017.2.24 조선일보

▶ **보험사가 '최소한 이 정도의 이자는 지급하겠다'라고 약속하는 이율(現 1.0~1.5% 수준)**

- 시중지표금리나 보험사의 운용자산이익률이 하락하더라도 운용실적에 관계없이 일정수준 이상의 보험금을 지급하기로 보증한 최저한도의 이율
- 보험료 산정 기준엔 **사업비 등 다양한 요소**가 반영되기에 **무조건 예정이율이 낮고, 공시이율이 높고, 최저보증이율이 높은** 상품만 선택하면 안 되고 **보장내용도 살펴야**

〈주요 생명보험사 예정이율, 공시이율, 최저보증이율〉 (2017년 2월 현재)

보험사	예정이율(%)	공시이율(%)	최저보증이율
교보	2.50	2.53	5년 미만 1.25 5년 이상 10년 미만 1.0 10년 이상 0.75
교보라이프플래닛	3.00	2.81	10년 미만 1.5 10년 이상 1.0
농협	2.70	2.50	5년 이내 1.25 5년 초과 10년 이내 1.0 10년 초과 0.75
동양	2.75	2.50	3년 이내 2.0 2년 초과 10년 미만 1.5 10년 초과 1.0
메트라이프	2.50(금리확정형)	2.50	5년 이전 연복리 1.2 5년 초과 10년 이하 연복리 1.0 10년 초과 연복리 0.8
미래에셋	2.50	2.48	10년 미만 1.0 10년 이상 0. 5
삼성	2.50	2.55	5년 이내 연복리 1.25 5년 초과 10년 이내 1.0 10년 초과 연복리 0.5
신한	2.75	2.48	5년 이내 1.25 5년 초과 10년 이내 1.0 10년 초과 0.5
한화	2.50	2.55	10년 이내 1.0 10년 초과 0.75
ING	2.60	2.45	10년 이하 1.5 10년 초과 1.0
KDB	2.75	2.48	10년 이하 1.5 10년 초과 1.0

2022년부터 보험부채 시가평가

2016.6.21 한국경제

▶ **2022년 국제회계기준(IFRS4) 2단계 도입**

- **국제회계 표준기준서(43개) 中 하나 IFRS4(보험계약) 적용**
  → 보험부채 시가평가, 수익인식기준 변경(부채↑, 수익↓)

- 보험료 수익인식 : 현행 납부받은 시점에서 수익으로 잡는 '현금주의 수익'에서 저축성 보험료를 제외한 부분만 수익으로 인식
  → 보험사 수익 규모 현행보다 대폭 감소 예상
- 보험 부채 인식 : 원가 방식에서 미래에 지급할 보험금을 추정해 현재 금리로 할인한 현재가치 개념으로 시가평가하도록 규정
  → 과거 연 7% 이상의 고금리 상품을 판매한 경우 현시점의 금리로 할인 → 미래 지급금액(보험부채) 크게 증가 → 준비금 추가 적립

참고

보험업계 태풍, 새 회계기준 'IFRS4'

2016.6.7 파이낸셜뉴스

▶ IFRS(International Financial Reporting Standard) : 나라별 회계처리 통일 기준

- 국제기구, 국제회계기준위원회(IASB · International Accounting Standard Board)
- 분야별 주식, 금융상품 공시방법, 보험계약 등
  분야별로 총 41개 기준 중에 4번째인 IFRS4가 보험 계약과 관련된 기준
- 한국은 IFRS를 완전히 도입하기로 한 '전면 도입국'

- 만기 **10년 남고, 1,000만원 보험, 매년 10% 확정금리, 운용 수익 5% 뿐이라면**
  - 現 기준 : 1,000만원 쌓고, 매년 逆 마진 손실 50만원씩 10년에 걸쳐 손실 처리
  - 새 기준 : 10년 **앞으로 줘야 할 돈인 500만원(50만원 × 10년)을 한꺼번에 '부채'로 잡아 책임준비금으로 쌓아 놓아야**

소비자 입장에선 더 안전, 보험사 입장에선 **일시에 막대한 돈을 쌓아야**
자본이 넉넉지 않은 중·소형 보험사의 경우 회사 도산 가능 전망
*** 생보업계 RBC 비율 311% → 급락 예상(업법상 100% 이상 유지 규정)**

책임준비금에 평균공시이율 적용

2015.11.25 세계일보

▶ 2016년부터 책임준비금에 적용하는 이율인 표준이율 폐지
→ 책임준비금 적절성 여부를 업계평균 공시이율로 변경

- 평균공시이율 = 각 보험사 공시이율의 평균**(2016년 3.5%)**을
  보험계약 체결연도의 이율을 全 보험기간에 적용
  - **보험료적립금 기준으로 가중평균하여 산출, 0.25%P 단위 반올림**
  - **적립금이 더 많은 보험상품 or 규모가 큰 보험사의 공시이율 중심 평균공시이율이 결정될 확률이 높아질 수 있다는 의미**

- 중소형사들은 대형사보다 높은 공시이율을 적용하는 게 일반적이라며
  "보험적립금에는 높은 공시이율을 적용하고 책임준비금에는 평균공시이율을 적용해 괴리가 생길 수도 있다",
- **"평균공시이율 적용 기간이 길어지면 부실보험사가 증가할 확률도 커진다"**

참고 책임준비금 적정성 평가(LAT)

- **책임준비금 적정성 평가(LAT:Liability Adequacy Test)**는 보험계약으로부터 발생할 **미래의 현금유출입액을 현재가치로 환산해 적립한 장부상 책임준비금이 충분한지를 평가**하고, 부족분을 추가로 적립하는 제도를 의미
- 지난 2011년 보험관련 국제회계기준(IFRS4) 1단계 도입으로 시작됐고, **보험계약 판매시점의 위험률과 금리를 기준으로 책임준비금을 산출해 적립한다**
- 보험 판매 이후에는 위험률 상승 및 금리하락으로 장부상 책임준비금이 보험계약상 의무를 이행하기 곤란한 경우가 발생할 수 있어, **장부상 책임준비금을 위험률 등을 기준으로 재평가해 부족분을 추가로 적립한다**
- 국제회계기준(IFRS4) 2단계가 도입되면 책임준비금 적정성을 평가할 때 적용되는 **부채할인율이 자산이익률에서 '무위험수익률+유동성프리미엄'으로 변경된다**
  지금까지 보험사들은 운용자산실적과 미래 전망을 자체적으로 산정해 4% 전후의 할인율을 적용했지만 최근 20년 만기 국고채 금리가 2%를 밑돌고 있다는 점을 감안하면 **새로 적용되는 할인율은 현재보다 1%포인트 이상 낮아질 것으로 추산**
- 금융감독원은 국제회계기준 2단계 도입에 대비 올해 말부터 LAT를 현실화 방침 **(적정성평가에 적용하는 할인율을 2018년까지 단계적으로 연 2.5% 수준으로 인하)**
  적용 할인율이 낮아지면 보험사는 **보험 가입자에게 돌려줘야 할 보험금의 현재가치가 커지고, 보험부채가 늘어나 책임준비금을 더 쌓아야 한다**

Part 11

직장생활
Guide 101

직장생활과 내 人生의
Navigator는 누구?
후회 없는 직장생활 Guide 101

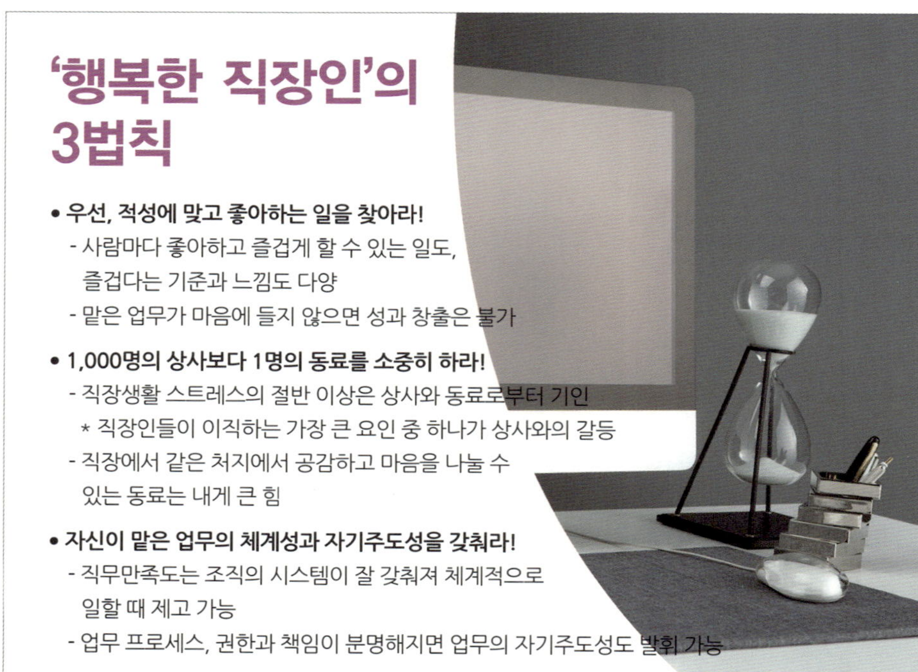
'행복한 직장인'의
3법칙
• 우선, 적성에 맞고 좋아하는 일을 찾아라!
- 사람마다 좋아하고 즐겁게 할 수 있는 일도, 즐겁다는 기준과 느낌도 다양
- 맡은 업무가 마음에 들지 않으면 성과 창출은 불가
• 1,000명의 상사보다 1명의 동료를 소중히 하라!
- 직장생활 스트레스의 절반 이상은 상사와 동료로부터 기인
* 직장인들이 이직하는 가장 큰 요인 중 하나가 상사와의 갈등
- 직장에서 같은 처지에서 공감하고 마음을 나눌 수 있는 동료는 내게 큰 힘
• 자신이 맡은 업무의 체계성과 자기주도성을 갖춰라!
- 직무만족도는 조직의 시스템이 잘 갖춰져 체계적으로 일할 때 제고 가능
- 업무 프로세스, 권한과 책임이 분명해지면 업무의 자기주도성도 발휘 가능

질문

어느 주임의 직장생활 고민?

아침에 날라 온 수많은 메일…나보고 어쩌라고?

Report 쓰는 법 등 직장생활 가르쳐주는 사람은 없고?

지점장들은 맨날 매니저일 때가 좋아?

저녁에 약속 있는데 아무도 퇴근을 안 하네… ㅋ

자기계발? 맨날 술?

상사가 개인적인 일을 많이 시키네?

직장생활에 고민 많은데 상사들과 대화하는 것도 어렵고?

고과? 승격 보장되나?

회사 생활과 내 삶의 균형은 이상적인 얘기?

답변

직장인의 가장 큰 고민?

그러나, 고민하지 않아요…쫌은 언제나 부장님 드시는 것!

직장생활 어떻게 할 것인가?

직장생활 다시 한번 생각해보자!

Staff ⟷ 현장

한번 神命나게 해보자
적어도 후회는 없어야?

여러분의 직장생활은?

나는 지금 **어디에** 있고?
어디로 가고 있으며,
제대로 가고 있는가?

20년 만에 가 본 고교동창회

▶ **고등학교를 졸업 후 20년이 지난 시점, 자신의 경쟁력은?**

- 고교 졸업 후 경쟁력은 좋은 대학, 하지만 40대 경쟁력은?

그러면 나의 한번뿐인 人生! 뭘 준비해야 되지?

그래서, 인생은 속도가 아니라 방향!

지도를 따라가지 말고

나침반을 따라 가라!

중요한 것은

속도가 아니라 방향이다!

– 스티브 도나휴, 사막을 건너는 여섯 가지 방법 中 –

그런데, 어느날 아침에 일어나니…

그래서 생각해보자, 직장 언제 퇴직?

왜, 지금 퇴직을?(Backward Scheduling)

▶ 자신의 죽음을 인정할 때 삶을 좀 더 겸허하게 살 수 있듯이 '언젠가 퇴직'을 받아들일 때 자신을 위한 직장생활이 가능!

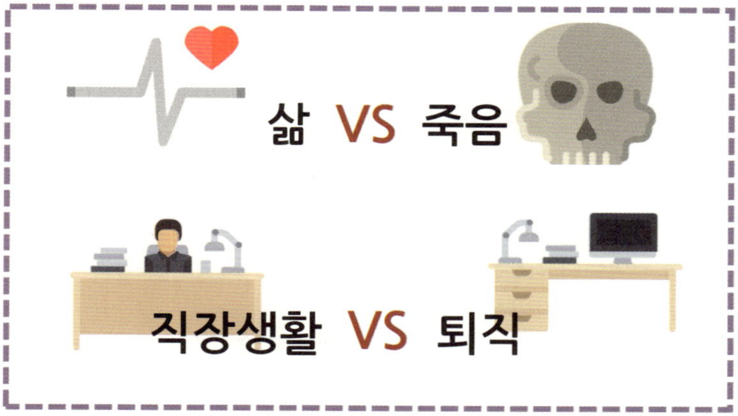

직장인 체감 퇴직 나이는 대기업 48.8세, 중기 50.8세

▶ **전체 평균 예상 퇴직 연령 50.9세(2015년比 △1.2세)**

- **대기업 48.8세**, 중소기업(50.8세), 공기업(54.8세),
  - *** 남성 51.7세인 반면 여성은 평균 49.9세**
- 직급별로는 대리급이 49.3세 → **실무자급의 퇴직 예상 少**
  - * IT/디자인 47세, 서비스직 53.1세, 생산/기술직 52.8세
  - **"10명 中 8명이 예상 퇴직 연령 전에 회사 관둘 수 있다"**

임원이 되든 아니든 누구나 퇴직한다!

기업규모별 체감 정년퇴직 나이

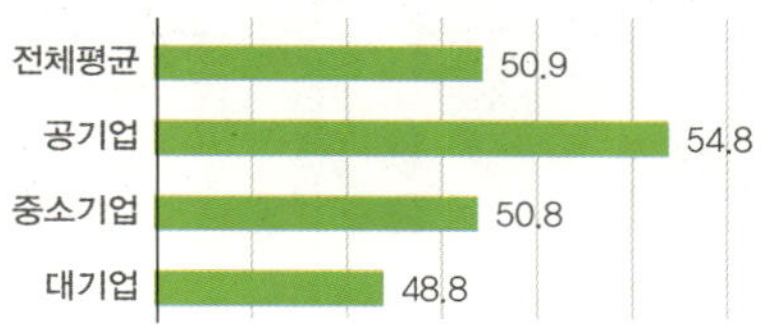

직급별 체감 정년퇴직 나이

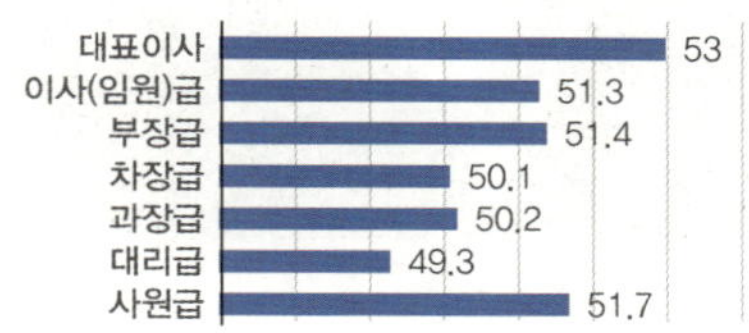

* 잡코리아가 남녀 직장인 1,405명을 조사한 결과

40세에 은퇴 교육, 배려일까 경고일까?

2016.9.23 한국일보

▶ "직원 노후 챙기는 어느 대기업", "빠른 퇴직 대비 신호" 평 갈려

- 지난 19일 서초동에서 S생명, 화재, 카드, 증권 등 S그룹의 금융계열사 소속 직원 40여 명이 모였다
- **이들은 '그룹 직원' + 모두가 1976년생, 만으로 40세인 동년배**
- **연금 준비, 노후자금 알뜰 관리, '새 직업을 찾으려면 무엇을 준비' '은퇴하기 전에 무엇을 준비' 등 '생애설계 교육'(2일) 운영**
- "직장이 직원들의 평생을 책임지지 못하고 평균수명까지 길어지면서, 퇴직까진 아직 시간이 있지만 **인생전환기라 할 40세 직원에게 미리 미래를 준비할 수 있게 돕자는 취지"**
- 올해 6월말 기준 금융계열사의 **평균 재직기간은 딱 10년 정도에 불과**

실패사례

일반적인 직장인의 반성

- 고교 졸업 후 대학과 전공 선택은?
- 대학 졸업 후 직장 선택은?
- 직장에서 나의 Career Path 선택은?
- 퇴직 후 타사 입사, 개인사업 가능 역량?

→ 내일의 나를 위해 스스로 준비했어야 했다!
그런데, 못 했다, 많이 후회된다, 자신에게!

질문 당신은 어디에 서 있나요?

자신의 열정(의지)과
능력으로 본
나의 現 위치는?

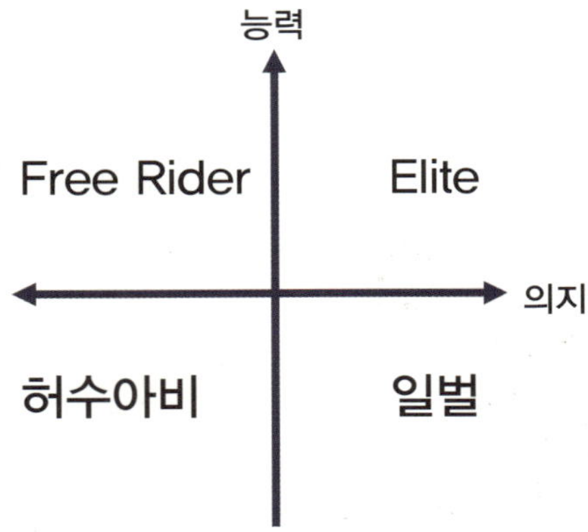

점검 그래서 점검해보자, 자기 점검 이력서

구분	~작년	~현재	비고
프로젝트	예) VIP 세미나 운영, 상품기획 안 마련, 시스템 론칭…		
추진성과	• 회사와 조직의 성장에 기여한 점(예, 이익 ○% 제고 등)		
잘한 점	• •	• •	
미흡한 점	• •	• •	
성장과제	• 더욱 발전시킬 역량과 부족한 역량을 파악 향후 과제화		

그러면, 직장생활 어떻게 해야지?

적응 — **우선, 회사로부터 배우고, 2년**
* 2년 동안의 월급은 미래를 위한 준비 차원, 회사에서 지급

준비 — **來日을 위해 내 일(my job)을 준비하고, 3년**
* 회사의 기회와 자신의 노력으로 미래를 위한 역량 개발

성취 — **이제, 자신의 꿈을 펼치자!, 5년**
* 자신의 부문에서 성과 창출로 회사에 기여하며 자신도 성장
→ 회사목표=자신의 목표화

참고 Made와 Making의 차이를 아는가요?

'일을 잘한다'의 의미

▶ 바람직한 인재상

'지식에 바탕을 둔 상상력을 가진 사람'

"주어진 업무에 문제를 제기하고,
문제에 대한 대안을 도출해
평가까지 내리는,
말 그대로 시킨 것 이상을 해내는 사람
상사가 시키는 대로만 하면 C+!"

– S전자 이 상무 –

사례

직장생활 잘하는 방법

두 젊은이가 같은 회사에 취직을 했는데 얼마 지나지 않아
한 젊은이만 승진을 했고 불만을 품은 직원이 사장에게 따졌다
그러자 사장은 **"당장 시장에 나가 어떤 물건이 거래되는지 알아오라"**고 시켰다

그는 얼마 뒤 **"농사꾼이 감자를 팔고 있습니다"**라고 보고를 했다
사장은 **"양은 얼마나 되던가, 가격을 얼만가?"**하고 재차 물었다
그는 "그것까지 알아 오라고 말하지 않으셨잖아요" 하고 퉁명스럽게 대답했다

사장은 불만을 품은 직원 앞에서 승진한 직원을 불러 똑같은 지시를 내렸다
그는 잠시 뒤 돌아와 이렇게 보고했다
"오늘은 감자 마흔 포대가 거래되고 있으며, 가격은 한 포대에 만원이었습니다"
그리고 감자 하나를 내보이며 **"품질에 비해 가격이 저렴합니다.**
지금 사두면 큰 이익이 될 겁니다"라고 제안했다
사장은 "왜 자네가 적은 월급을 받을 수밖에 없는지 알겠나?"

그러면, 일을 잘하는 사람 그 사람의 행동의 원동력은 뭘까요?

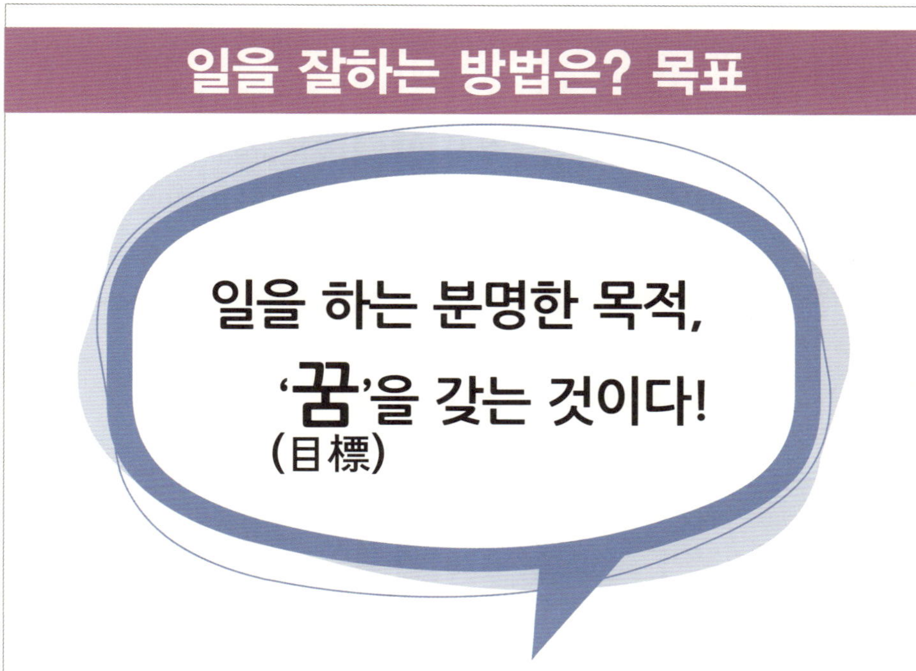
일을 잘하는 방법은? 목표
일을 하는 분명한 목적,
'꿈'을 갖는 것이다!
(目標)

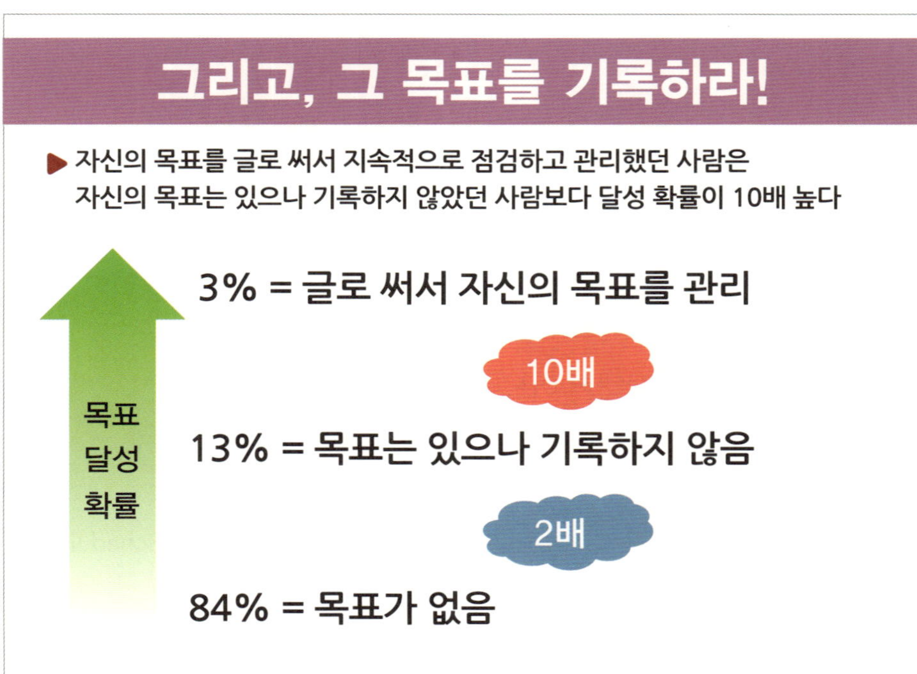
그리고, 그 목표를 기록하라!
▶ 자신의 목표를 글로 써서 지속적으로 점검하고 관리했던 사람은
자신의 목표는 있으나 기록하지 않았던 사람보다 달성 확률이 10배 높다
3% = 글로 써서 자신의 목표를 관리
10배
13% = 목표는 있으나 기록하지 않음
2배
84% = 목표가 없음
목표
달성
확률

나의 Career Path Design

▶ **내가 최선을 다한다면 나의 예상 경력 경로(Career Path)는?**

*** 3년, 5년, 10년, 20년 후 자신의 명함에 인쇄될 자신의 전문분야는?**

이제, 목표 달성을 위해 해야 할 일은?

▶ 우리 사회에서 성공한 사람들은
10년, 20년 후의 **미래를 생각하는 장기적인 전망을**
갖고 있는 사람들이었다

▶ 자신의 미래에 대해서 어느 정도 시간까지 고려하고,
있는지에 대한 감각이 시간전망(Time Perspective)인데
성공한 사람일수록 시간전망이 길다

Backward Scheduling

– 하버드대학의 에드워드 밴필드(Edward Banfield) 교수 –

참고

우선, 직장에 대한 이해 필요!

오늘 당장 사표를 내도 아무도 말리지 않는다. 그러나…

[직장]

Boundary 無

VS

[군대]

Boundary 有

어려운 것이 직장생활, 이제 다시 새롭게 생각해봅시다!

직장생활의 시작, 기본예절을 지켜라!

▶ 기본예절을 잘 지키면 상사나 동료에게 인정받음
- 군사문화 vs 기본예절(배려)

* C 인사부장의 사례
* 人事는 누가 먼저 해야 하나?

➔ **직장의 선배들 대상 설문조사 결과**
- 일 잘하는 후배보다 **誠實한 후배에게 더 情이 간다**
  * 성실한 후배사원 : **항상 긴장하고 노력하는 직원**
- 만약 잘못된 일이 있으면 감추지 말고 **빨리 보고, 수습**

참고

업무의 시작, 전화예절

전화, 언제 가장 불쾌하던가요?

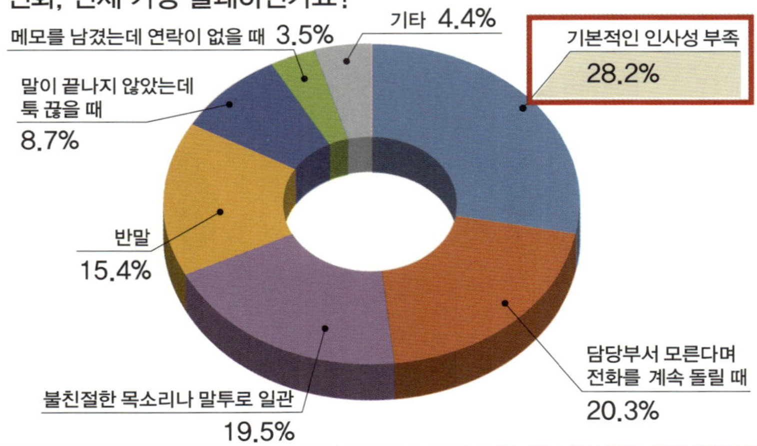

기본적인 습관 하나가 자기 자신을 만들어간다!

업무에 문제의식을 항상 가져라!

▶ **업무를 수행함에 가장 좋은 습관, 문제의식!**
- 모르는 것을 부끄러워하지 말고, 계속 질문하고 질문
- **'왜?'라는 질문에 대한 대답이 자기 성장의 원동력**
- **단, 문제의식과 불만은 구분 필요**

- **'월초 稼動(가동)', 여기 공장?**
- **'對面(대면) 보고', 가장 최선?**
- **'회의 자료', 항상 書面(서면)?**

사례

회식에 대한 斷想(단상)

회사에 와서 어렵다고 느꼈던 점 중에 하나가 會食(회식)문화였음
지금은 회식 종류가 다양해졌는데, 옛날에는 **무조건 술만 마시는 문화**였음
회식이라 것에는 대개 직원들 간에 **'한 번 잘 해 보자'**라는 의미가 있음
직원들과 진솔한 대화를 하기 위해서 회식이란 방법을 사용하는데,
회식을 할 때 꼭 술을 먹어야 하는 건 아니라고 생각함
공연을 같이 볼 수도 있고, 미술관에 같이 가서 작품을 감상할 수도 있고,
강사를 초청해서 강의를 들을 수도 있음
앞으로 더 많은 경력사원과 여성인력이 유입될 것이기 때문에,
조직의 다양성을 존중하고 화합을 만드는 차원에서
앞으로 삼성의 회식문화가 많이 바뀌어야 한다고 생각함

– 회사입문교육
(CEO 특강中) –

회식은 같이 일하는 조직원끼리 '서로 알자, 공동의 목표를 확인하자, 그리고 우리 같이 잘 하자'의 의미가 아닐까?

참고

문제의식과 불만의 차이는?

▶ **직장생활, 긍정의 사고방식으로…**

- 직장인 10명 中 8~9명 '직장인 사춘기 증후군'을 앓고,
- **다람쥐 쳇바퀴 → 권태기 → 회의감 → 이유 없는 불만**

불만과 문제의식 차이는? ➔ 대안(代案)

Work & Life Harmony를 찾아라!

▶ Work & Life Balance → Work & Life Harmony

- **일과 삶의 量的인 균형이 아닌 質的인 조화가 중요**
- **하지만 젊었을 때는 일에 몰입해야 한다**

'일은 일답게' → 절대 시간을 확대하여 死生決斷하듯

참고

일과 삶의 균형, 착각 아닐까?

▶ **일주일 중 보통사람에게** 자기 시간은 21H!

• **먹고, 자는 등 생존을 위한 시간 97H (한국고용정보원)**

> 시간을 이등분하는 '均衡' 이 아니라
> **때로는 어느 한쪽에 시간을 집중하면서**
> **좌우로 흔들이며 나아가는 '中心' 잡기**
> **즉, 자전거 타기와 유사하여**
> **자전거를 타고 앞으로 가고자 하는**
> **'方向'이 어디인가가 중요!**

참고

업무 추진은 우선순위에 따라

▶ **업무 우선순위는 긴급도와 중요도의 두 가지 측면에서 결정**

• Ⅱ 영역의 **인간관계, 장기계획, 예방활동, 권한 위임 등에 더 많은 시간을 투자하여 스트레스를 주는 Ⅰ 영역 업무 축소토록 업무추진**

긴급도 ↑

속임수 Ⅳ	필수 Ⅲ
• 긴급하면 중요한 것으로 착각 • 끼어드는 일 • 중요하지 않은 전화, 이메일 **: 최소화 할 것. 아웃소싱/위임**	• 위기 및 급박한 문제 • 마감시한이 임박한 프로젝트, 보고 등 **: 반드시 관리할 것**
낭비와 무절제 Ⅰ	**생산성과 균형 Ⅱ**
• 하찮은 일, 시간낭비 활동 • 현실도피성의 소일거리 • 과도한 TV시청, 인터넷 **: 피할 것**	• 준비 및 계획 • 관계구축, 재충전 • 가치, 소중한 것 **: 집중할 것**

→ 중요도

참고

Speed or Quality?

▶ 보고서 등 업무수행 시 빨리 하는 것 or 잘하는 것?

• 둘 중에 하나를 택하라 하면 무엇보다 빠른 업무수행 능력

* 입문교육 때는 어떻게 가르치나요?

• 의사결정을 지원할 수 있도록 보고서는 빠른 작성이 중요
물론 70% 수준의 마무리 전제

• 하지만, 선배가 성의가 없다 생각할까 봐
필요도 없는 것에 시간 허비 사례 多大

Tip : Report 작성의 기본 골격 3W
\- 누구에게(Who), 무엇을(What), 어떤 목적으로(Why)

자기계발의 의미를 확장하라!

▶ 자기계발, 외국어와 자격증만이 자기계발?

어머니와 식사

자신의 업무
가치에 대한 이해

➔ 지금 자신이 하는 업무를 통해서도 나는 成長하고 있다!

직장인들의 '새해에 꼭 이루고 싶은 일' (복수응답)
\- 자기계발(54.6%), 외국어(42.5%), 운동 및 건강관리(41.09%),
승진/연봉 인상(41.2%), 여행(29.5%), 재테크(28.8%) 순

나의
자기계발
방향은?

내일의 成長을 위해 오늘 축적한 것은?

내일을 위한
오늘 나의 굳은살은?

– 윤석철 교수의 삶의 정도 中 –

참고

일은 프로답게!

▶ **하루에 일을 일답게 하는 시간이 몇 시간?**

- 혹시 유능한 사람이 한 시간에 해치울 일을 몇 시간씩 끌며 지연시키는 것은 아닌가?
- 업무 중 '**납기**' 의 의미 **[보고서 31日까지!, 언제까지?]**

Q. 가수로 데뷔하기 위해서는 **데뷔 곡 노래 한 곡을 몇 번 부를까?** (평균 200번 이상)
- 100~500번, 500~1,000번, 1,000번, 2,000번, 2,000번 이상

생각을 확장하는 힘, 항상 메모하라!

▶ **머릿속의 복잡함을 해결하는 비밀, 메모!**

- **우선, 노트를 구입**(향후 동일한 Size 구입)
- **남의 말만 받아 적지 말고 자신의 생각을 정리!**
- 그리고, **내 생각만 발췌하여 별도로 스크랩 북**을 만들라

Memo Skill 3가지

1. **좋아하는 펜과 종이를 구입하라**
   * 타이핑보다 손으로 적으면 자신의 생각이 한층 확장
2. **두려움 없이 닥치는 대로 적어라**
   * 일단 적고, 중요한 것과 우선순위를 파악
3. **나만의 방법을 만들어보라**
   * 약어, 그림, Diagram, Mind Map 등**(노트의 기술, 이상혁)**

참고

메모의 기술

1. **언제 어디서든 메모하라** : 메모는 목욕탕에서도 가능, 눈에 잘 띄는 곳에서 메모
2. **주위 사람들을 관찰하라** : 업무능력이 뛰어난 사람을 따라 한다
   지루한 회의에는 다른 사람들을 관찰한다
3. **기호와 암호를 활용하라** : 메모, 글짜만 쓰란 법은 없다, 메모하며 중요 사항 점검,
   중요한 부분이 한눈에 들어오도록 메모
4. **메모시간을 따로 마련하라** : 일부러 혼자 커피숍을 찾는다,
   혼자 여행하는 시간,
   하루에 한 번 수첩을 펼쳐본다
5. **메모, Data Base를 구축하라** : 메모는 가능하면 보관,
   메모를 모아 한 권의 책으로
6. **메모를 재활용하라** : 메모한 후가 더 중요,
   한눈에 알아볼 수 있도록 정리한다

– 사카토 켄지의 메모의 기술 中 –

참고

업무관련 지식, 책을 읽어라!

▶ 알고자 하는 지식을 통합하여 논리적으로 머릿속 정리 가능
→ 본인 직무의 이론적 배경, 업무관련 책을 읽는가?

리더십

직장생활

Sales Skill

사례

그리고, 직무노트를 써라!

▶ 매일 지점장의 조회 테마, 시즌별 프로모션 등을 기록해 두고, 나의 간단한 의견을 적어 놓은 노트가 있다면?

- 동일한 크기의 노트를 구입
  - 업무 지시사항 필기
  - 업무에 필요한 지식 정리
  - 나의 할 일(목표) 정리
  - 나라면…나의 생각 정리
    * 업무의 가치, Concept
    * 도형 중심으로 표현
  - Post it 활용 향후 필요 사항 표기(수시 열람)
  - Concept 중심 책자화 후 후배에게 건네준다면?

상사와의 葛藤(갈등)을 관리하라!

▶ **회사는 선택할 수 있지만 상사는 선택할 수 없다**

상사와의 기본적인 관계는 갈등관계임을 인지하고
'상사의 長點은 본받고,
短點은 내가 메워가겠다' 라고
상사에 대한 시각을 바꾸고,
관계를 좋아지게 노력하는 게 최선

20~30대 직장인 설문결과 약 72%가 상사 때문에 회사를 그만둘 생각 경험
- 반 이상에 달하는 직원들이 '기회만 된다면 다른 상사와 일하고 싶다'고 답했다

참고

上司(상사)의 시각 관리

▶ 인사고과는 업무실적과 관계없다.
당신이 스스로 어떻게 생각하는지는 전혀 중요하지 않다.
문제는 '上司가 당신을 어떻게 생각하는가'이다

완벽한 인사고과를 받으려면
당신을 바라보는 **上司의 시각을 관리**해야 한다

"당신의 중요한 임무는 상사를 돋보이게 하는 일이다"

– 신시아 샤피로(Cynthia Shapiro),
회사가 당신에게 알려주지 않는 비밀 50가지 中 –

참고

항상 신경써야 할 사내정치

사내정치는 필요악이 아니라 현실이다
사내정치는 장기전이다
약삭빠르면 안 된다

사심을 대의로 포장하라
'어떻게 해야만 한다'는 철칙은 없다
현실에 충실하라

회사에 대한 불평은 가족 앞에서만 하라
사원이 조직과 자기를 동일시하도록 이끌어야 한다

모든 부하를 공평하게 편애하라
잘나가는 상사보다 소외된 상사가 이용하기 쉽다

나쁜 상사가 출세하는 건 예외적인 일
교양 있는 상사가 나쁜 상사보다 성공 가능성이 크다

사례

백화점 王 J.C 페니

- 대학에서 경영학을 전공한 젊은이가 친구와 함께 백화점에 취직, 젊은이는 당연히 경영관련 부서에 보직을 받을 줄 알았는데 친구와 함께 엘리베이터 안내 담당으로 발령
- 친구는 크게 실망하고 백화점을 그만두었지만 이 젊은이는 엘리베이터 안내 일을 기꺼이 감당
  - 엘리베이터 안내를 하면 고객들과 쉽게 만날 수 있어 그들의 구매심리를 현장에서 파악할 기회로 삼았던 것
- 젊은이는 얼마 안 있어 부서 책임자가 되었고, 나중에는 CEO가 되었다!

참고

Elevator speech

참고

술값을 낼 줄 아는 후배!

▶ **술 자리를 이용하여 인간적인 관계를 형성하라**

- 대하기 힘들었던 사람들과의 마음의 벽을 허무는 계기
- **먼저 자리를 만들고, (상대의 양해?) 먼저 술값을 낸다면?**
- 그리고 본인의 생각을 자연스럽게 전달한다면?

선배님, 나중에 기회가 된다면 회사생활 이렇게 하고 싶은데요?

직장생활 中 술(酒)에 관한 Tip

- 자신의 주량과 체질에 맞게 마시고 과음은 금물
  - *** 술은 체력이 아니라 구력으로 마신다**
- 기분이 나쁠 때는 상사들과의 술 자리는 피하라
- **남이 누군가를 비판한다고 함께 비판하지 마라!**
- 여성들과 함께할 때는 **여성에 대한 배려를 잊지 마라!**

자신만의 足跡(족적)을 남겨라!

▶ 우선, 절대시간을 투자하여 큰 과제에 용기 있게 도전하라
그리고, 현재의 부서에서 **'이건 내가 했다'**라는
자기만의 자부심을 가질 수 있는 업적을 남겨라!
예) 조직 25명 → 35명 신장, 월초 3,000만원 계약 경험

이런 자신감이 자신을 더욱 成長시킬 것이다!

그리고, 자신의 Resume를 Up date하라!

▶ 나의 모든 활동의 결과는
내 인생에서 중요한 재산이 된다는 생각을 갖고,
일목요연하게 정리하고 보관하는 습관을 가져라!

무엇을 했고, 얻은 것은, 잃은 것은, 남보다 잘하는 것은,
자신의 재능 중에 퇴직 이후에 써먹을 수 있는 재능은?

어떤 업무를 한 것이 아니라 자기 커리어, 강점 및 약점
그리고, 자신의 成果를 명확히!

특히 영업, 두려워하지 마라!

**"영업은 사람을 상대로 하는
그야말로 사람밖에 할 수 없는 일이며,
사람만 존재한다면 어디서든지
어떤 방식으로든 소용될 수 있는 '기술'이다"**

– 일본 푸르덴셜 생명보험의 가와다 오사무 –

▶ **營業은** (P지점장/P단장 사례)
**인간 세상살이에서 가장 필요한 '설득'을 배우는 과정으로
영업에서 배운 것은 사람과의 관계에서 가장 활용도가 높다**

참고

임원 중 영업출신이 많은 이유는?

▶ **영업을 경험해본 사람은
대화나 설득, 협상, 대중연설, 인맥관리, 새로운 아이디어
도출, 자신감을 불어넣거나 좌중을 압도하는데도 탁월**

- 높은 자리일 수록 회사를 대표해 주도적 협상 능력 필요
- CEO는 판매하고, 인맥 맺고, 설득 작업을 해야 하는 자리

➔ **영업교육을 받아라, '무엇'을 팔지가 아니라
'어떻게' 팔아야 하는지에 집중하고, 영업테크닉을 배워라!
이것은 대화와 협상, 이미지, 영향력, 포지셔닝 이야기다**

참고

영업마인드를 배워라!

▶ **직장생활을 원만히 하려면 영업마인드는 반드시 필요하다**
특히 部長 정도에서 적당히 은퇴할 생각이 아니라면,
훗날을 위해서라도 영업에 대한 感(감)을 익혀라!

**"영업직뿐 아니라
다른 직종에서도
반드시 필요한 영업마인드"**

자신이 생각하는 영업마인드는?

참고

영업마인드란?

- 자기 근성 : 줄기차게 얼굴을 들이미는 업무 스타일
- 신뢰 구축 : 고객(상사)에게 자신의 브랜드를 팔아라
- 자 존 감 : 때로는 팔지 않는 용기도 필요(직무 자존감)
- 관계 관리 : 자주 연락하고 자주 찾아라, 상사 관리
- 기 획 력 : Report, 영업은 과학(타깃 고객, 세일즈 플랜)

영업마인드 = 직장생활의 필수역량

- 강사도 Sales(영업)한다! → 현재 수강생이 자신의 Marketer
- Staff도 영업 Mind가 중요! → Report도 Sales Tool의 하나

참고

지점장에 대한 斷想 ①

▶ 영업을 어려워하는 이유 現在

- 영업을 풀어가는 방법을 몰라서 (경험 不足)
- 答을 구하려 하지 않아서 (의욕 不足)
- 자신만의 목표가 없어서 (철학 不足)

* CFA 1차 합격한 후배와의 대화

CFA 2차를 합격하면 영업부서 배치를 희망하라,
그러면 네 Career Path는 스스로 선택할 수 있다!

참고

지점장에 대한 斷想 ②

▶ 지점장의 고민 : 나보다 나이 많은 사람(FC)을
실제 영업경험도 부족한 내가 어떻게 관리하지?

Leader vs. Manager

A Manager Says, "GO"

A Leader Says, "Let's GO"

혹시, 내가 FC 위에 서있어야 한다는 생각 때문 아닌가?
내가 FC를 도와주는 사람, 같이 길을 가는 사람이라면?

참고

영업관리자의 역할(R&R)

▶ **영업관리자의 역할은 동기부여, 코칭, 성과 창출**

단, 內部지향, FC 관리 중심 → '고객·시장' 중심으로 전환하여
자신의 Leadership 함양 관점에서 지점장의 Role 수행 필요

참고

지점장과 그룹리더의 핵심역량

동기부여	조직구성원의 업무성과에 대해 **공정하게 평가**하고,이에 따른 **적절한 보상**을 제공하고, 지속적인 **칭찬과 격려**로 근무만족도 및 **업무의욕이 향상**될 수 있도록 만드는 능력
부하육성	조직원의 **역량수준을 파악**, 강점 강화 및 약점을 보완해주고 **업무적인 코칭과 피드백**을 통해 업무능력을 키워주며 **교육 및 직무경험 기회 제공**으로 역량개발을 지원하는 능력
팀웍구축	팀 공동의 목표달성을 위해 조직원의 신뢰와 협력을 강화하고 **다양한 구성원의 성향과 역량을 적절히 조화하고 활용**하며 내부의 갈등을 관리하여 팀의 시너지를 극대화하는 능력
성과창출	**도전적인 목표를 설정**하고 조직원들과 적극적으로 **공유**하고 이를 위해 필요한 자원, 진행 프로세스를 **철저히 관리**함으로써 장애요인을 극복하고, 목표한 성과를 이끌어내는 능력

그룹리더와 지점장의 필요역량이 동일하다
즉, 지점장 업무를 수행한다는 것은 리더로 성장한다는 것!

참고

어느 지점장의 日課(일과)

시간	업무		
8시	• 영업 준비	조회 준비, Check →	아침 FC 인사
9시	• 아침 조회	FC 이슈 파악 →	FC 면담, 독려
~	• FC 동행	지점장 미팅 →	FC or 고객 중식
4시	• 전략 연구	FC 귀점 맞이 →	FC 석회, 익일 준비
6시	• FC 면담	퇴근, 독려 등 →	퇴근 후 ~(웨라벨)

1 FC의 상태를 항상 파악하라!

▶ **조직원을 아끼는 마음으로 성격, 가족, 고민을 파악하라!**
- 한 번에 한 명씩 FC들의 상태를 파악하라
  : 조직원의 재주, 관심사, 목표와 꿈, 동기부여 대상
- 정기적으로 어울려라
- 눈과 귀를 크게 열고 질문을 던지며
  개인적인 상황에 계속 관심을 가져라

➔ **아침 조회 참석하는 FC의 얼굴을 잘 보라!(관심)**
그리고, 조회 후 1일 3명씩 면담하고(욕구 파악), 메모하라
FC는 FC 자신을 알아주는 지점장을 좋아한다!

참고

低성과 FC 면담을 피하지 말라

▶ **低성과자 면담이 본능적으로 꺼려질 때 자신에게 할 말**
- **이 일을 하는 것은 나의 의무다**
- **이 일을 하지 않으면 팀이 위태로워질 것이다**
- **나는 저 문제직원에게 은혜를 베풀고 있는 것이다**
- **이 일로 내가 죽지는 않을 것이다**

문제 해결보다는
우선, 적극적으로 들어주자!

❷ FC의 됨됨이를 파악하라

▶ **처음부터 건강한 양(FC)을 고른다, 됨됨이(Shape)를 파악하라!**

- **Strength : 강점, 장점, 능력**
- **Heart : 열정, 몰입, 의욕**
- **Attitude : (긍정적) 태도 > 재능**
- **Personality : 성격에 맞게 Feed Back**
- **Experience : 경험**

➔ Recruiting, 팀장 발탁 기준은 학습능력, 긍정적 태도
FC 필요능력과 現 수준을 메모, 잘하는 FC를 칭찬하라!
지점장 자신의 됨됨이도 정리해 글로 써보아라!

❸ FC와 일체감을 가져라

▶ **공감과 신뢰가 있어야 믿고 따른다(믿음과 안정감)**

- 진정성, 성실성, 人情으로 신뢰를 얻어라
- 원하는 것의 기준을 높이 잡아라
- 자신의 가치관과 사명감을 끊임없이 알려라
- 자신이 중요하게 생각하는 것을 분명히 밝혀라
- 남을 이끄는 일은 (단순한 직업×) 삶의 일부라 생각하라!

➔ 지점 운영 철학(가치관/사명감)을 항상 얘기하라!
* FC의 의문 : 지점장이 뭘 알고 일할까? 지점장을 믿어도 되나?
FC에 대한 도움의 의지를 보여줘라!(U/W, 상품, C/P 등)

4 조직을 안전한 곳으로 만들어라

▶ 안전하게 지켜주는 사람이 되어야 한다

- 조직원들에게 정보를 알려준다
- 중요한 일을 하고 있다는 생각을 불어넣는다
- 정기적으로 신선한 풀밭으로 인도한다
- 항상 모습을 보임으로써 양들을 안심시킨다

➔ 지점장, FC에게 필요한 아침 조회에 목숨을 걸어라!
* Ship, 상품 지식, Performance Review, C/P, 나쁜 소식도
책을 읽고(Sales 및 Coaching 원리 등) 정리하라!
FC 소득 향상을 위해 항상 노력하고 있음을 보여주라!

5 방향을 가리키는 지팡이 역할을 하라

▶ 목표달성을 위해 방향을 제시하라 * '지팡이' = 리더로서의 책임

- 앞에 나서서 계속 양들을 움직인다
- 방향을 가리킬 때 설득을 이용한다
- 울타리가 어디 있는지 분명히 알려준다
- 문제가 생기면 직접 나서서 구출한다
- 실패는 치명적이 아니라는 것을 일깨워준다

➔ FC 개인별 스스로 目標 설정을 유도하고
그 목표 달성을 위해 지점장 자신부터 솔선수범하라!
- 후보자 관리는 지점장이 직접 하며, 협조를 구하라!
- FC를 이끌 때는 지팡이와 회초리를 구별하라

참고

동기부여와 경영성과

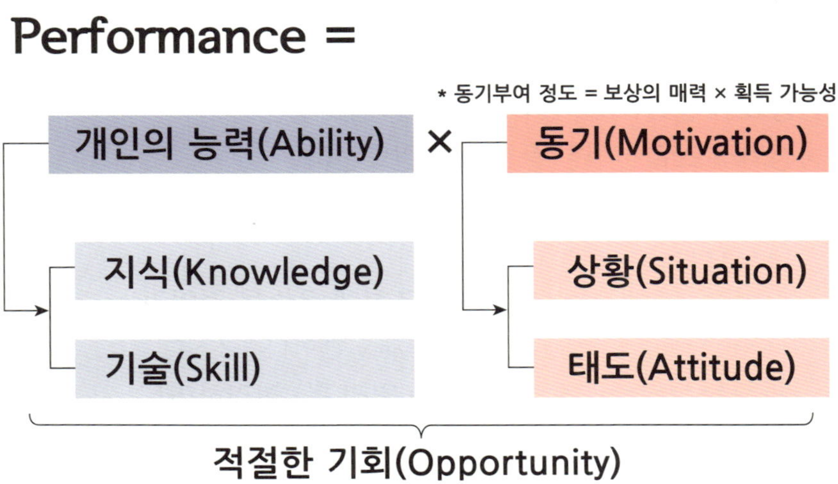

6 때로는 잘못을 바로잡는 회초리 역할도 하라

▶ 제대로 된 방향으로 갈 수 있도록 하라

조직원의 능력이 발전하지 않는 건 조직원의 성장을 막는 양치기 때문 → 事前에 감독하며 회초리를 휘둘러라

- **보호** : 자신의 양을 위해 싸운다
- **바로잡기** : 기강을 잡는 것 = 교훈을 가르쳐 줄 기회
- **감독** : 일의 진행 상태를 정기적으로 체크

➔ 지점운영을 공정하고 현명하게 처리하라!

* 회초리 : 많이 사용 → FC 호의↓, 적게 사용 → FC 존경심↓
(무리에서 이탈하거나, 독초를 먹으려 할 때 사용)

FC의 가치를 중요하게 생각하는 지점장의 생활방식 중요

7 조직원을 사랑하라!

▶ **함께 아파하고 책임지고 헌신하라**

- 위대한 지도력은 기교가 아니라 생활 자체에 의해 결정
- 무엇보다도 조직원들을 아끼는 마음이 있어야 한다

* 리더십의 목표는 조직원의 방향을 정해주는 것이 아닌
내가 원하는 곳으로 조직원을 이끌 수 있는가(Pull) 하는 점

➔ 지점장, 두 발을 진흙에 담고 FC와 적극적 Communication

- 정기적인 과정중심의 Performance Review 실시
- FC를 사랑하기에 FC을 돌보는 지점장(양치기)!

* 훌륭한 vs 평범한 리더의 差 = '부하를 사랑하는 마음'

참고 성과향상의 지름길, 존중과 지원

▶ **대우받고 싶은 만큼 대우하라**

美國의 성공한 CEO들에게 그 비결을 물은 결과 70% 이상이 '자신이 어떻게 대우받으면 기분이 좋을 것인가를 생각하면서 그대로 구성원들을 대해 주었더니 성과가 저절로 난다'

구성원을 어떻게 대하느냐에 따라 조직의 성과 수준을 좌우

정리
The way of Shepherd
• FC의 상태를 항상 파악하라
• FC의 됨됨이를 파악하라
• FC와 일체감을 가져라
• 조직을 안전한 곳으로 만들어라
• 방향을 가리키는 지팡이 역할을 하라
• 때로는 잘못을 바로잡는 회초리 역할도 한다
• 양치기처럼 마음을 품어라

성공적인 지점장 요건을 도출하라!
▶ 성공을 위하여 본인 스스로 점검해보고 필요하다면
조직 내 동일한 직무를 수행하는 사람 다 같이 고민하기!
지점장
발령난다데
영업도
어려운데
뭘 해야 돼?

참고

문제해결 방법론(Fish Bone Chart)

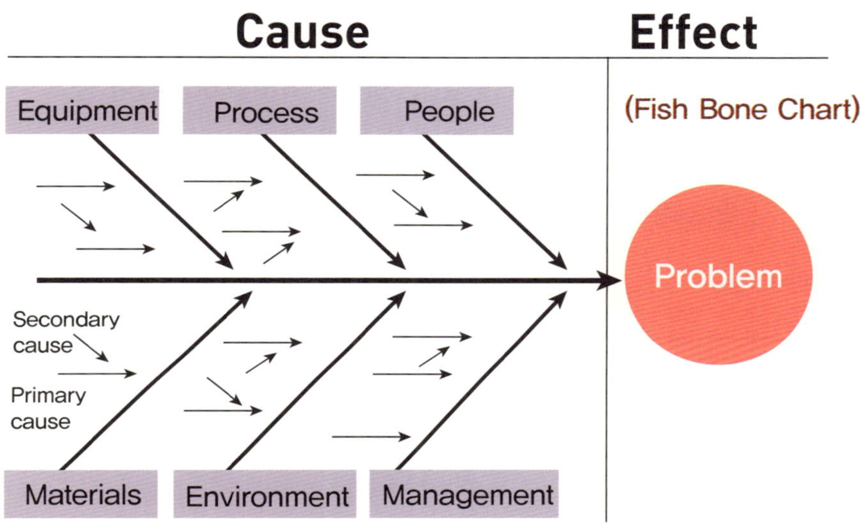

토의

성공요건 찾기(Fish Bone Chart)

1. Flip chart(A4용지)를 횡으로 놓고
   맨 오른쪽에 **'지점장 성공요건'** 이라 우선 적고,
2. **역량, 지식, 관계, 변화/혁신**의 4大 영역으로 구분 후
   * 지점장 직무를 KASH와 연계 4대 영역으로 구분
3. 작은 Post it 활용**(Brainwriting → Action Item),**
   현재의 고민을 해결 가능한 **Action Item 도출**
4. 도출된 Action Item을 실행하면 **현재의 고민이**
   해결되는지 팀 토의를 통해 다시 한번 체크

실습

지점장의 성공요건 도출

▶ **성공적인 지점장 직무 수행을 위해 '어떻게? 무엇을?' 이라는 질문으로 근본적, 실천 가능한 단계까지 Breakdown이 중요**

- 上位 개념을 달성하기 위해 내가 해야 할 일 List Up

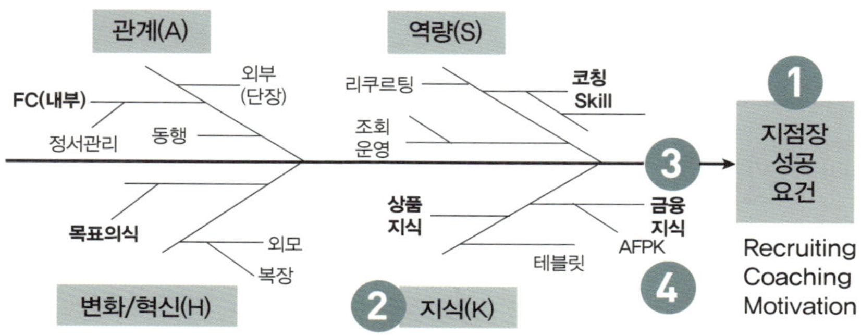

실습

Action Item 도출사례

▶ 팀원들이 지점장 직무를 성공적으로 수행하기 위해 **필요한 Action을 Brain-writing으로 Idea를 도출하고** 도출된 Idea를 **인과관계를 기준으로 체계적으로 Grouping**

▶ **실천 가능한 항목이 도출될 때까지 '어떻게'라고 계속 질문**

- **외부 환경 요인이 아닌 자신 스스로가 할 수 있는 항목**

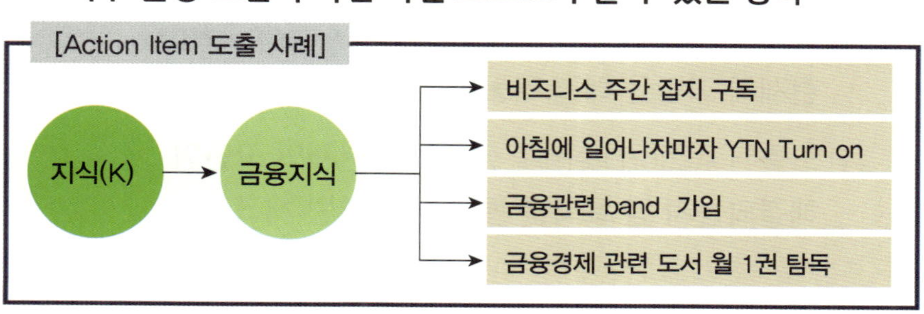

실습

성공요건의 우선 순위화

1. Fish Bone Chart를 활용하여 도출된 **맨 마지막의 Action Item을 팀 토의를 거쳐**
2. 즉시 실행, 의사결정 필요, 우선 순위화 후 실행, 보류 등 4부문으로 구분 Grouping하고
3. 해당 Post it을 A4(Flip Chart)로 이동
4. 본인의 핸드폰으로 찍고, **내일부터 자신의 실천 항목화**
5. 현업에서 일할 때 자주 보면서 본인의 성장 목표를 점검

정리

지점장 성공요건의 구조화

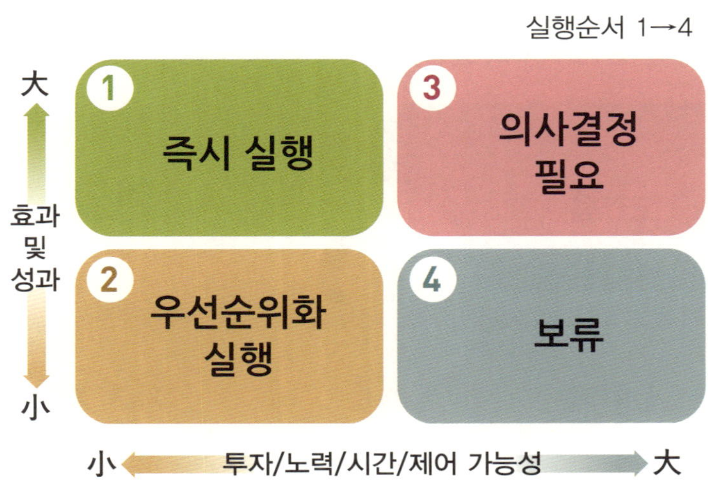

사례

Action Item의 우선 순위화

생각을 정리하여 수정하고 또 수정하여 자신의 실천 항목화

실습

자신의 Action Item 도출

▶ **자신이 도출한 Action Item을 본인의 목표로 전환**
- 개인별 실습 Sheet 활용, 자신의 목표 수립

금월	연말
내년	2년 후

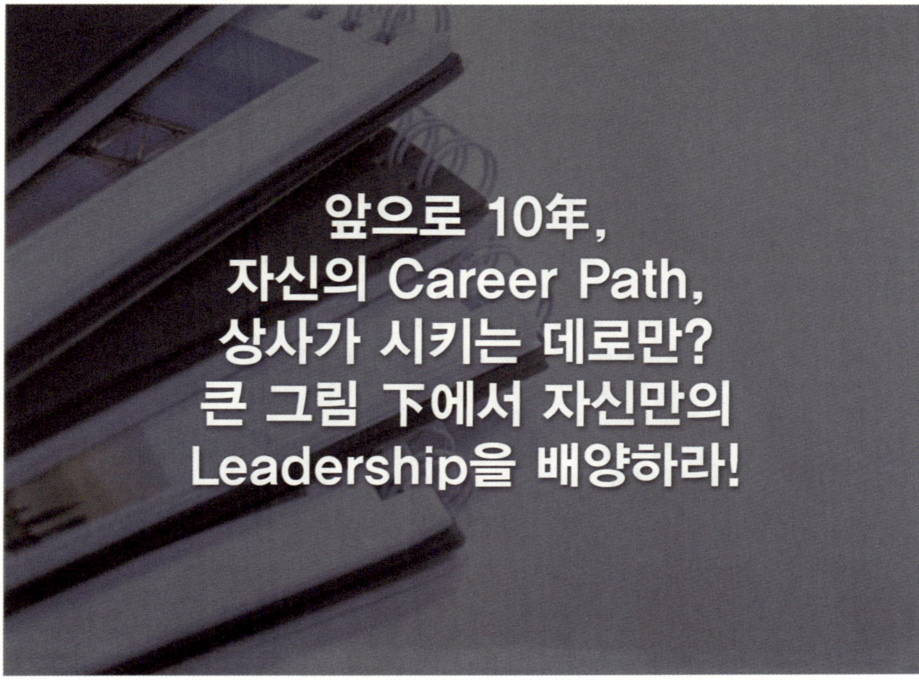
앞으로 10年,
자신의 Career Path,
상사가 시키는 데로만?
큰 그림 下에서 자신만의
Leadership을 배양하라!

자신만의 리더십을 쌓아가라
리더십을 발휘한 경험을 말해보세요?
(Describe your leadership experiences)
- 하버드 비즈니스스쿨 입학심사 질문 -

질문

어떻게 리더십을 함양?

참고

리더십의 첫걸음은 오너십

평소 다양한 과제를 자신이 오너,
즉 자신의 문제라고 인식하고
나라면 어떻게 하지?
자신에게 묻고 또 물어라!

그리고, 메모하라

만약, 나라면 어떻게 할까?

그리고, 멘토(Role Model)를 만나라!

▶ **내가 가장 닮고 싶고, 멘토로 삼고 싶은 사람은?**

- 그 멘토가 나에게 준 영향은?
- 왜 그 멘토를 닮고 싶은가?
- 그 멘토를 닮으려면
  나는 어떤 점을 개발해야 하나?

➔ **그 멘토를 자주 만나라! 그리고 질문하자!**
앞으로 나는 어떻게?, 이렇게 살아가는 것이 맞는지?

그러면, 지금 가장 필요한 것은? 실천

▶ **나중에 후회하는 것은 實踐하지 않았기 때문!**

- 바보는 항상 결심만 한다
- 독하다 = 철저하게 실천한다
- 기회가 왔을 때 끝까지 물고 늘어지는 근성

실천

* NATO(No Action Talk Only)
NAPO(No Action Plan Only)

실습

후회 없이 변화 실천(ERRC)

▶ 성공적인 지점장을 위해 오늘부터 바꿔나가야 할 것 정리

제거 (Erase) 없앨 것 (예, 잔술)	좀 더 추가할 것 (예, 아침인사) 증가 (Raise)
감소 (Reduce) 좀 더 줄일 것 (예, 뱃살)	새로 만들것 (예, 社外 모임) 창조 (Create)

참고

자신감

자신을 믿어라!
자신의 능력을 신뢰하라!
겸손하지만 합리적인 자신감 없이는
성공할 수도 행복할 수도 없다!

– 긍정적인 사고의 창시자,
노먼 빈센트 필 –

| 저자약력 |

이호섭

저자는 1957년 충청남도 대천에서 태어나 장교(ROTC 18기)로 병역의무를 마친 후 삼성그룹 공채(23기)로 삼성그룹의 핵심 금융회사인 삼성생명보험(주)에 입사하여 재무기획실, 금융사업부 등 자산운용 관련부서의 부서장과 팀장을 두루 역임하면서 금융권 최초로 정기 가계자금대출, 재개발·재건축이주비대출, SOC대출 등 금융상품을 개발하여 사내관리자 대상, 그룹모범상, 내외경제신문사주최 혁신상 수상 등 금융산업 발전에 일조를 했으며, IMF 금융위기 시 금융사업부 융자영업팀장으로 삼성생명의 자산 견실화 역할을 완수한 후 개인영업 지역단장(평촌, 양천)으로 직무전환하여 전국 최우수 지역단장 수상 등 영업부문에서 공로를 인정받고 중소·중견기업 전담채널인 GFC(Group Finance Consultant) 사업부의 총책임자인 사업부장을 역임하고 직장생활을 마감하였다. 퇴직 후 삼성생명 목동법인(주)을 창업하여 금융컨설팅, 노후설계 등 생애 재무설계 토탈 컨설팅에 주력하고 있으며 경제학박사 학위를 취득하고 현재는 대림대학교 세무회계학과에서 경제학, 재무분석, 금융, 창업 등의 강의와 관련 학문 연구에 노력을 경주하면서 국민들의 노후가 행복해지기를 염원하고 있다.

노재환

저자는 1990년 삼성그룹 공채(30기)로 삼성생명보험(주)에 입사하여 인력개발팀에서 임직원 교육과 계층별 역량강화를 담당하였고, 대면채널과 非전속채널의 영업전략 업무와 현장에서 직접 채널을 담당운영도 하였으며, 특히 영업부문의 6시그마 MBB와 ERP 시스템 도입을 위한 전사 PI(Process Innovation) 프로젝트 수행 후 지금껏 쌓아온 자신의 역량을 바탕으로 사내 전문교수로 강의와 세일즈 스킬 과제연구를 담당하고 있다.

最高手 영업리더 성공영업의 Tip, 그 보따리를 풀어라!

2019년 1월 20일 1판 1쇄 인쇄
2019년 1월 25일 1판 1쇄 발행

저　자 | 이호섭·노재환
발행인 | 이수영
발행처 | 도서출판 청람
서울시 마포구 독막로 288(대흥동, 세양상가 109호)
전　화 | 02)3272-2601~2
팩　스 | 02)3272-2603
이메일 | crbooks@daum.net
홈페이지 | http://www.crbooks.co.kr
등　록 | 2000.8.26. 제6-0509호

ISBN 978-89-5972-660-8 93320 [정가 25,000원]

이 책의 무단전재 또는 복제행위에 대해서는 저작권법 제136조에 의거 5년 이하의 징역 또는 5,000만원 이하의 벌금에 처하게 됩니다.